C H V

René König

Leben im Widerspruch

Versuch einer intellektuellen Autobiographie

Carl Hanser Verlag

ISBN 3-446-13157-4

Umschlag: Klaus Detjen
Gesamtherstellung: H. Mühlberger, Augsburg
Printed in Germany

Inhalt

Si le grain ne meurt

Vorwort

Obwohl es nahezuliegen scheint, dürfen die folgenden Ausführungen nicht als (deskriptive) »Erinnerungen«, sondern müssen als »Analyse« bezeichnet werden. Wenn es um Erinnerungen gegangen wäre, hätte dieses Buch viele hundert Seiten umfassen müssen. Im Sinne meines Programms beschränkt es sich aber auf eine anthropologische Situationsanalyse und die Darstellung der Antworten auf bestimmte Herausforderungen, die in den Rahmen eines Lebenslaufs eingeordnet werden. Da diese Herausforderungen zu ihrer Zeit viele Menschen ähnlicher Art und Einstellung betrafen, ist es letztlich nur von geringer Bedeutung, daß ein einzelner Mensch, der individuell identifizierbar ist, im Mittelpunkt steht, nämlich der Verfasser selber. Im Vordergrund steht vielmehr eine paradigmatische Situation, wie nämlich dieser Einzelne zur Soziologie als einer möglichen Lösung von Fragen gekommen ist, die ein anderer zu einem anderen Zeitpunkt vielleicht mit einer politischen Handlung, mit einem Kunstwerk oder mit einer weltanschaulichen Verheißung beantwortet hätte. Als Darstellungsmodus habe ich den von mir in meinen anthropologischen Arbeiten schon öfters benutzten der theoretischen Erzählung oder erzählenden Theorie gewählt. Aber auch das ist letztlich strukturell gegliedert, trotz gelegentlich starken Hervortretens einer anekdotischen Tendenz. Denn die entscheidende Klammer, die alles zusammenhält, ist der Lebenslauf in seiner Phasengliederung, strukturiert im Falle meiner Person durch die Entwicklung eines akademischen Lehrers in einer heillos zerfallenen Welt.

Schon ganz zu Beginn der Analyse wird klar, wieso der Verfasser zur Position eines Beobachters gelangt ist, eines Beobachtens nicht im passiven Sinne des einfachen Aufnehmens, sondern als aktive Reaktion auf einen Reiz, in diesem Falle auf erlittene Diskriminierungen, die gleichzeitig zum Rückzug und zur Situationsanalyse veranlassen, um das eigene Handeln in einer feindlichen Umgebung zu orientieren. In der Tat: es gibt keine »unschuldige« oder »naive«

Beobachtung. Immer ist die Wirkung von Erwartungen in sie eingeschlossen, deren jeweiligem Ursprung nachgegangen werden muß. Der Beobachter ist kein »Voyeur«, sondern in einem gewissen Ausmaß stets »Interpret«. Längst bevor ich an die Niederschrift dieser Selbstdarstellung ging, hatte ich die gleiche Analysetechnik auf andere Materialien angewandt und war zu gleichen Resultaten gelangt. Diese Situation hatte mir im übrigen vor mehr als vierzig Jahren ein sizilianischer Freund pointierend beschrieben, als er mir sagte: Gewiß, man muß immer Vertrauen haben, aber gleichzeitig mit den Schultern gegen die Wand stehen. So wird hiermit in der Tat eine systematische Antwort auf die existenzielle Motivation der Beobachtung zu geben versucht, eine Antwort, die nicht nur für den Verfasser, sondern zweifellos in größerer Allgemeinheit gilt – ganz abgesehen davon, daß ihr in der Humangenese eine sehr beachtliche, vielleicht sogar arterhaltende Funktion zukommt. Das ist die wesentliche Rechtfertigung für diese Schrift, die ich allerdings nicht als neutraler Berichterstatter, sondern als zuhöchst engagierter Beobachter geschrieben habe.

Da es sich dabei im wesentlichen um eine Situationsanalyse handelt und nicht um eine Biographie, gab es für mich auch keine Verpflichtung, mich nach der Einheit der Zeit zu richten, also alles nacheinander zu berichten. Recht betrachtet gibt es einen solchen einheitlichen Zeitverlauf von Anfang bis zu Ende im konkreten Falle wohl überhaupt nicht; die gelebte Zeit – *le temps vécu* – ist vielmehr ein aus zahllosen Fäden zusammengesponnener Strang, der in jedem Querschnitt gleichzeitig Zeitpunkte verschiedener Zuordnungen enthält, wie das Kind für einen unabhängigen Beobachter schon Alterszüge aufweist und der Gealterte Elemente seiner frühesten Jugend zu bewahren vermag. So mußte auch ich in meiner Selbstdarstellung zeitlich ständig zurückgreifen auf frühere Wurzeln, und das selbstverständlich aus der Kenntnis der späteren Auswirkungen, wobei allerdings die ontologische Einheit des anthropologischen Themas in der Person des Autors und seines Wollens durchaus erhalten bleibt. Das mag wohl manchmal den Eindruck der Gleichzeitigkeit erwecken statt einer »Entwicklung«, aber das ist eigentlich unvermeidlich, wenn es um den Aufweis von »Beziehungen« geht. Dann muß mindestens zeitweise und vorübergehend die Geschichte »aufgehoben« werden in dem mehrfachen Sinne, wie es bei Hegel geschieht (im Sinne von *tollere, conser-*

vare und *elevare*). Da zudem das entscheidende Ereignis meines Lebens eine zwangsweise Ortsveränderung war, wie man das Problem der Exilierung und der Emigration bezeichnen kann, unternahm ich den Versuch, meine intellektuelle Entwicklung zum Soziologen durch geordnete Aneinanderreihung der verschiedenen Plätze darzustellen, an denen ich die wichtigsten Etappen meines Lebens verbrachte.

Wie so häufig war ein Zufall der Anlaß, diesen Versuch einer intellektuellen Autobiographie zu unternehmen. 1972 wurde ich von Peter Lengyel, dem verdienstvollen Herausgeber der UNESCO-Zeitschrift »Revue Internationale des Sciences Sociales« (»International Social Sciences Journal«) zur Eröffnung ihres fünfundzwanzigsten Jahrgangs mit einem Dutzend anderer Kollegen aus aller Welt eingeladen, ein autobiographisches »intellektuelles Profil« zu diesem Sonderheft beizutragen. Es liegt auf der Hand, daß ich in diesem Zusammenhang vor allem auf die Probleme einging, die von internationalem Interesse waren, wenn ich auch schon damals das Ganze – genau wie in der vorliegenden rund fünfzehnmal umfangreicheren Version – mit einem »existenziellen Vorspiel« beginnen ließ, so daß die persönliche Note in aller Klarheit zutage trat. Da es sich aber um eine internationale Zeitschrift handelte, ließ ich die Probleme zurücktreten, die mit meiner Einstellung zu Deutschland, meinen Erfahrungen während des Ersten Weltkrieges und während des Aufstiegs des Nationalsozialismus, während meiner Emigration und mit meiner Bewertung der Nachkriegssituation zusammenhingen. Das alles konnte ich nicht im Ausland, das mußte ich in Deutschland selber sagen. So ist dies Buch nicht nur viel umfangreicher als der erste Essay, sondern es ist um viele Dimensionen breiter angelegt und rundet damit ab, was ich 1972 auf Grund der geschilderten Situation zurückhalten mußte. Auch enthält es die völlig umgearbeitete und beträchtlich erweiterte Version eines Vortrags über Berlin, den ich 1951 in einem Zyklus über europäische Hauptstädte in der Schweiz hielt und der in der Zeitschrift »Hesperia« (III/8) in Zürich zuerst erschienen ist.

Viel wesentlicher als das war aber eine echte Konvergenz von Zufällen. So fragte mich z. B. Klaus Täubert aus Berlin, der verdienstvolle Mitarbeiter an der Bio- und Bibliographie von Frederick Kroll über Klaus Mann, ausgerechnet in dem Augenblick, als ich selber über Klaus Mann und Wolfgang Hellmert schrieb, was ich mit ihnen damals bei einer bestimmten Gelegenheit besprochen hatte. Auf meine vielen Gegenfragen antwortete Täubert mir mit größter Generosität, wofür ich ihm hier meinen herzlichsten Dank sagen möchte. Ich hoffe sehr, daß den beiden Autoren meine Darstellung jener Jahre in Berlin, die nun schon so weit hinter uns allen liegen, zusagen möge; es mag für sie auch aufschlußreich sein zu spüren, wie sich hier die Fäden verschlingen und Menschen, die durch Welten getrennt scheinen, einander näherbringen. Andere bezeugten nicht nur ihr Interesse, sondern begleiteten auch meine Arbeit mit beständigem, wohlfundiertem und nützlichem Rat. Ich danke insbesondere meinem Freunde Hans-Peter Thurn, der mehr als irgendein anderer dazu beitrug, daß ich immer wieder anfing, bis das Buch die gegenwärtige Form angenommen hatte, nachdem es mir eigentlich bei jeder Umarbeitung und Erweiterung wichtiger geworden war. Schließlich danke ich auch meiner Frau, die sich wie immer geduldig die vielen Gespräche anhörte, in denen das vor Jahrzehnten Erlebte wieder Gestalt annahm, so daß man es den heute lebenden jungen Menschen als Paradigma weitergeben kann. Der gleiche Dank gilt auch Burkhart Kroeber, dem Lektor des Carl Hanser Verlages, der wesentlich dazu beitrug, das Buch in eine adäquate Form zu bringen; durch ihn hat das Manuskript an Konzision und damit an Klarheit erheblich gewonnen.

Genzano di Roma – Köln R. K.

I. Existenzielles Vorspiel: Diskriminierung und Selbstbehauptung

Der Umstand, der für meine intellektuelle Entwicklung von ausschlaggebender Bedeutung war, ist zweifellos die Tatsache, daß ich als Sohn eines deutschen Vaters und einer französischen Mutter über eine Grenze hinweg geboren worden bin. Für einen künftigen Soziologen ist das darum so entscheidend, weil er bei entsprechend zweiseitiger Erziehung von Anfang an instand gesetzt wird zu beurteilen, daß selbst in einer relativ einheitlichen Kultur wie der europäischen für gewisse elementare Lebensaufgaben durchaus mehrere Lösungen möglich sind. Diese sind weder besser noch schlechter, sondern einfach anders.

Gewiß ist ein Kind nicht imstande, Überlegungen solcher Art anzustellen, aber es richtet sich doch insofern nach der Erfahrung, als es sich dem jeweiligen kulturellen Kontext anpaßt und dann die Logik der entsprechenden kulturellen Situation konsequent durchspielt. Das bezieht sich natürlich zuerst auf die Sprache, insofern der zweisprachig Aufwachsende jeweils in der Sprache antwortet, in der er angeredet wird. Aber es bedeutet wohl auch eine Umstrukturierung des Tiefenbewußtseins; so träume ich noch heute auf französisch, wenn ich mich in einem mehrheitlich französischen, und auf deutsch, wenn ich mich in einem vorwiegend deutschen Milieu aufhalte. Da meine Familienerziehung vor dem Ersten Weltkrieg ziemlich gleichmäßig zwischen Paris und Magdeburg (dem Wohnort meines deutschen Großvaters) aufgeteilt war, wurden beide Erziehungssysteme gleichermaßen Teil meiner Person, d. h. Bestandteile meines Unbewußten. Gewisse Mischtendenzen verschwanden bald, so daß ich sprachlich auf zwei völlig getrennten Ebenen lebte, die einander keineswegs durchdrangen, sondern gewissermaßen nebeneinander lagen.

Wenn man schon einmal so begonnen hat, dann fällt es nicht schwer, in gleicher Weise fortzufahren. Für wen einmal das Phänomen »Grenze« relativiert worden ist, für den kommt sehr bald der

Moment, da es in diesem Sinne überhaupt keine Grenzen mehr gibt, sondern nur noch eine Mannigfaltigkeit von Kulturgestalten, die alle ihre eigene Logik und ihr eigenes menschliches Gewicht entwickeln. Als mein Vater 1910 für längere Zeit nach Italien ging, um dort die Montage einer von Großvater König gebauten Zuckerfabrik zu überwachen, lernte ich fast mühelos italienisch, später um 1912 noch spanisch auf die gleiche Weise. Der Kontakt mit Spanien war sogar derart intensiv, daß ich in der Fabrikskantine von Epila (bei Saragossa) in einer Zisterne, die versehentlich ohne Deckel geblieben war, fast ertrunken wäre. Das blieb seitdem eine meiner frühesten Erinnerungen. Man sagte mir später: ein Mädchen, mit dem ich gespielt hatte, sei hinausgesprungen mit dem Ruf: *»El hijo del ingenero! El hijo del ingenero!«* Ich schwebte unterdessen nach meinem Sturz ins Wasser wieder langsam nach oben in dem gläsernen Element, in dem es kein Atmen gibt. Das Licht schien von oben schräg herein und verlor sich in einer dunstigen Ferne. Ich konnte die Mauersteine an der Wand zählen. Da ergriff mich ein Mitarbeiter meines Vaters, den das Mädchen alarmiert hatte und der die Situation sofort begriff, als er den offenen Zisternendeckel sah.

Bei jeder Begegnung mit anderen Ländern wurde ich mir eines anderen Nationalcharakters bewußt, mit neuen Werten, Einstellungen und Verhaltensformen. So hatte ich schon etwas von der großen Variabilität menschlichen Verhaltens erfahren, bevor ich noch wußte, daß es so etwas wie eine Theorie des sozialen Verhaltens gab. Kulturanthropologischer Relativismus war mir eine existenzielle Wirklichkeit, in der ich mich von morgens bis abends ganz mühelos bewegte, obwohl dann seine Bewährung mit dem Ausbruch des Ersten Weltkriegs schwersten Belastungen ausgesetzt war.

Hätte ich wenigstens unmittelbar vor diesem Datum in einem der beiden Länder oder abwechselnd in beiden gelebt, so hätte ich Gelegenheit gehabt, mich an die aufkommenden Feindseligkeiten zu gewöhnen. Aber ich befand mich, nachdem ich eine Zeitlang in Paris zur Schule gegangen war, seit Mai 1914 mit meinen Eltern auf Madeira, wo mein Vater wiederum mit einer dortigen Rohrzuckerfabrik zu tun hatte, und wir trafen erst Ende Juli in Bremen ein, weil unser Schiff wegen eines Streiks in Brasilien ein paar Tage Verspätung hatte. Wir fuhren mit dem Nachtzug nach Halle, wo mein Vater mittlerweile in eine befreundete Maschinenfabrik und Eisengießerei eingetreten war. Als ich am nächsten Morgen auf den Balkon trat, sah ich, wie ein Mann an der gegenüberliegenden Straßenecke (an der sich ein Coiffeur befand) ein rotes Plakat an die Hauswand klebte. Es war die Anzeige der Mobilmachung. Daneben stand in feldgrauer Uniform und hohen Schaftstiefeln, die Hände herausfordernd am Gürtel, ein anderer Mann, den ich erst nach längerer Zeit als Soldaten ausmachte. Ich fühlte mich dabei gar nicht sehr sicher in meiner Diagnose, denn was ich bisher als Soldaten gesehen hatte, waren mehr oder weniger bunte Gestalten, die man kaum ernst nahm. Dieser hier aber sah martialisch aus, er war im wahrsten Sinne unheimlich. Irgendwie spürte ich, daß sich etwas verändert hatte. Eine neue Wirklichkeit kündigte sich an, die mir um so unheimlicher wurde, als ich bald die Begeisterungsstürme erlebte, mit denen bis dahin völlig normale Durchschnittsmenschen eine feldgraue Einheit in Marschformation begrüßten – unter anderem auch meine deutsche Großmutter. Umgekehrt reimte man auf Franzosen etwas von roten Hosen, was gleichzeitig der höchste Ausdruck der Minderwertigkeit sein sollte. »Gott strafe England« war ein weiterer Ruf dieser Art. Es hieß auch: »Immer feste druff!«, und: »Kriegserklärungen werden entgegengenommen.« Das Ganze war ein schwerer Schock für mich, von dem ich mich viele Jahre lang nicht erholen sollte. Die ersten Symptome dieses Schocks waren, daß mein wegen der Schulzeit in Frankreich etwas vernachlässigtes Deutsch spontan und ohne jeden äußeren Grund schlechter wurde. In der deutschen Schule hatte ich sofort Schwierigkeiten, an die ich früher nicht einmal im Traum gedacht hätte. Der Krieg hatte mich überfallen, und damit vieles andere mehr, das mir in Zukunft manche Nuß zu knacken geben sollte. Vor allem aber erfuhr ich plötzlich, daß sich das Hin- und Herwechseln zwischen der einen und der anderen Sprache von einem Tag auf den anderen nicht mehr so nahtlos bewerkstelligen ließ wie bisher. Eine Kraft war dazugekommen, die sich allmählich zur Obsession auswuchs, und die mich zu zwingen suchte, was bisher gut, weil ein Teil meiner selbst gewesen war, zu verteufeln und möglichst spurlos abzulegen. Ich reagierte spontan umgekehrt, stellte mich gewissermaßen mit dem Rücken zur Wand und begann, meine Umgebung scharf zu beobachten, weil ich plötzlich die Gewißheit bekam, daß ich von jetzt an dauernd damit rechnen mußte, von irgendwelchen Seiten her unvorstellbare Nackenschläge zu erhalten. Ein paar Tage später erfuhr ich das sehr konkret. Ich war im Hause eines Schulkameraden und wir spielten irgend etwas, das ich vergessen habe. Da stellte uns seine Mutter eine Frage, die ich nicht genau verstand und darum falsch beantwortete. Die aufgebrachte Frau verwies mich des Hauses mit der Bemerkung, daß man mit »Französlingen« eben vorsichtig sein müsse. Sie fügte noch hinzu, ich möge mich nicht mehr blicken lassen. Obwohl ich erst acht oder neun Jahre alt war, wurde mir sofort klar, daß ich dies Weibsstück für den Rest meines Lebens ignorieren würde. Ich wußte damals noch nicht, wie sehr sich Erlebnisse dieser Art häufen sollten; so kam mir auch nicht der Gedanke, mich zu wehren und der versuchten Diskriminierung Widerstand zu leisten.

Insgesamt hatte natürlich mein bisher idyllisches Leben zwischen verschiedenen Kulturen, wie ich gleich hier bemerken möchte, einen beträchtlichen Nachteil im Gefolge, nämlich eine ausgesprochen defizitäre Einstellung zum Problem des Politischen. Grenzen sind ja nicht nur, wie ich bisher ohne weiteres angenommen hatte, Vermittlungsgebiete zwischen verschiedenen Kulturen, sondern – als gewissermaßen idealtypisch ausdehnungslose Striche – auch politische Größen, die unter Umständen ein enormes Potential an Aggressivität auszulösen vermögen. In dieser Hinsicht ist ihre kulturelle Bewandtnis allzuoft höchst fragwürdig, da sie gelegentlich scheinbar einheitliche Kulturen willkürlich zerschneiden, was aber ihre politische Diskriminationsfähigkeit nicht mindert. Im Gegenteil: es verschärft sie sogar, indem es mit dem Irredentismus diesseits und jenseits des Striches Erlösungsphantasien provoziert, die die verschiedenen Gesellschaften spontan in eine Freund-Feind-Beziehung hineinmanövrieren, was immer wieder eine der wichtigsten Kriegsursachen geworden ist. Im Gegensatz dazu habe ich in der Tat niemals das Bedürfnis gehabt, irgendeine Gruppe von irgend etwas zu erlösen, wie etwa heute die Westdeutschen die Ostdeutschen und umgekehrt. Nachdem nun einmal deutschsprechende Gesellschaften in Europa recht weitläufig zerstreut sind und sich das Erlösungsbedürfnis, ausgehend von bestimmten Stellen (etwa Preußen) immer wieder Luft gemacht hat, erschienen deutsche Kriege häufig als Bürgerkriege, da man meinte, alle Deutschsprechenden müßten in einem »Reich« (wie es früher hieß) oder in einer »Nation« (so heute) zusammenleben. Man verkannte dabei nur, daß es sich um sehr verschiedene Kulturen handelte, etwa die österreichische oder die ostschweizerische, die weder erlöst zu werden benötigten noch es gar wünschten (wie ja auch die Elsässer 1870 einmütig gegen Preußen aufstanden und sich damit kulturell für Frankreich entschieden).

Ich verbrachte den Ersten Weltkrieg und die anschließenden Jahre bis 1922 in Halle an der Saale – und zwar unter höchst verwunderlichen Umständen, die wiederum für meine Entwicklung sehr entscheidend sein sollten. Ein jüngerer Bruder meines Vaters, Chemieingenieur, hatte ebenfalls eine Französin geheiratet, die aber im alten Rußland aufgewachsen war, wo ihr Vater als Generalvertreter der großen französischen Parfümfirma Coty tätig gewesen war. Zu jener Zeit sprachen weder meine Mutter noch meine Tante ein korrektes Deutsch. So wohnten die beiden Familien in nächster Nähe voneinander, um einander notfalls zu Hilfe kommen zu können, wenn die auch bei Zivilisten kriegerisch-alarmierte Situation irgendwelche Probleme schaffen sollte: sprachlich gesehen lebten wir ja im Feindesland, da ich auch mit meinem Vater, der selber perfekt Französisch sprach, nie ein Wort Deutsch wechselte, es sei denn, es waren Fremde dabei. Später spielte sich auch die Familienkorrespondenz ausschließlich in französischer Sprache ab, praktisch bis zum Tode meiner Eltern. So wuchs ich damals im kaiserlichen Deutschland mitten im Kriege in einem ausschließlich frankophonen Milieu auf, was sich übrigens vorübergehend auf meine deutsche Sprachfähigkeit sehr negativ auswirkte, wie meine alten Schulzeugnisse nur allzu deutlich belegen.

In diesem Milieu traf ich auf zwei weitere Phänomene, die mir später zu echten Problemen wurden. Ich sagte schon, daß meine Tante in Rußland aufgewachsen war. Die russische Sprache war ihr voll und ganz vertraut, da sie dort die Schule durchgemacht hatte. So versammelten sich bald in ihrem Hause viele russische Studenten, die der Krieg in Deutschland überrascht hatte. Es hing mit der großdeutschen Politik von damals zusammen, daß man versuchte, diese jungen Leute, insbesondere wenn sie sich als Feinde des zaristischen Systems erklärten, für Deutschland einzunehmen, um sie später als Vortrupp der deutschen Verwaltung im Osten einzusetzen. Darum ließ man sie zunächst weiterstudieren, gab ihnen sogar Stipendien und Arbeitsplätze und beschränkte die Überwachung auf regelmäßige Meldung bei der Polizei. Allerdings vergaß man, daß sich all das auch anders auswirken konnte, nämlich im Sinne »unerwarteter Nebenfolgen«. Es war damit ganz ähnlich wie wenig später mit dem Aufruf des Generals Ludendorff an »Insere lieben Jidden in Paulen«, der viele arme Juden veranlaßte, nach Deutschland auszuwandern (und zwar gegen die Warnung der deutsch-jüdischen Organisationen), wo sie dann einen starken Antisemitismus als Folge des Kulturzusammenstoßes auslösten, der noch dadurch verstärkt wurde, daß aus dem Kreise des gleichen, leicht meschuggenen Generals die Mär verbreitet wurde, diese »Invasion« der Juden aus Polen nach Deutschland sei von den deutschen Juden und den Freimaurern planmäßig betrieben worden. Ganz ähnlich stand es mit den russischen Studenten, unter denen sich nebenbei auch ein paar Juden befanden, wie auch unter den vielen anderen russischen Künstlern, die seit etwa 1906 nach Deutschland oder Paris auswanderten.

Im Hause meiner Tante hörte ich zum ersten Male die russische Sprache im Alltagsgebrauch, ich vernahm aber auch das Wort »Revolution« – und zwar nicht nur im Zusammenhang mit dem zaristischen Rußland, sondern auch mit dem deutschen Kaiserreich. Schließlich hörte ich durch einen Studenten namens Jascha, daß es unter den Russen und anderen Menschen noch eine besondere Unterart von Personen gab, die man als Juden bezeichnete und mit denen es eine besondere Bewandtnis hatte. So erfuhr ich als Kind von zehn Jahren, was Antisemitismus hieß, wobei sich das Problem der sozialen Vorurteile sofort mit meiner – zugegebenermaßen unpolitischen – Erfahrung des kulturellen Relativismus verband. Später erkannte ich dann, daß hier ein allgemeiner Zusammenhang von interethnischen Aggressionen verborgen lag, denen ich mich selbst immer wieder ausgesetzt fühlte und die sich gelegentlich explosiv intensivierten, so daß ich mich unvermittelt fragte, ob man sich dem einfach auszuliefern habe. Vorurteile sind nicht nur eine Realität, sondern sie erregten schon früh in mir eine wahre Leidenschaft, wo immer ich konnte, auf ihre Überwindung hinzuwirken. Ich erfuhr aber auch von den russisch-jüdischen Studenten, was Minoritäten sind, eine Erfahrung, die ich während meiner Schulzeit in Deutschland vielfach am eigenen Leibe machen mußte und später als Erwachsener nochmals, als ich Ende 1936 in die Emigration ging, um mich Hitlers Schergen zu entziehen.

Einstweilen durchlebte ich die deutsche Schule in nahezu totaler Isolation. In der Grundschule hatten wir zwar einen gütigen Klassenlehrer, der völlig unansprechbar war für jede Art von Chauvinismus – und Kinder können schlimmere Chauvinisten als Erwachsene sein, wenn sie von ihren Eltern dazu angestiftet werden, da sie bar jeglicher Hemmungen sind. Aber das änderte sich 1915 mit meinem Eintritt ins Gymnasium, wo ich mich vom ersten Tage an der Alternative ausgesetzt sah, entweder ein allgemein verachteter »Französling« zu bleiben oder zwangsangepaßt zu werden. Da sich dieser letztere Prozeß unter alldeutschen und nationalistischen Phrasen abspielte (Hipp, hipp, hurra hieß die Devise), fiel mir der Gang in die Isolation nicht schwer – ja, er wurde noch durch einen anderen Umstand verstärkt, den ich später eingehend erklären werde. Da sich meine Mitschüler unter dem Schutz ihrer Lehrer zu allem legitimiert fühlten, fielen sie bei jeder Gelegenheit über mich her, wenn sie in Banden waren; waren sie allein mit mir, kam es gelegentlich zu Gesprächen, in denen sie mich immer wieder verwundert fragten, wieso ich an meinem Französisch festhielt, statt wie sie naiv die vielen schulfreien Tage zu genießen, wenn wieder einmal ein deutscher Sieg zu feiern war. Aber die deutsche Rechthaberei ließ mich gar nicht dazu kommen, mich näher zu erklären. Der Gipfel wurde erreicht, als wir in Quinta oder Quarta auch französischen Unterricht erhielten und der Lehrer mit stark hallensisch-sächsischem Tonfall meine französische Aussprache kritisierte, was mich dermaßen deprimierte, daß ich von diesem Augenblick an die Schule total vernachlässigte. Das änderte sich erst zwei Jahre später, als ein neuer Französisch-Lehrer uns Schüler einen nach dem anderen einen Text lesen ließ, um sich ein Bild von unseren Fähigkeiten zu machen. Als ich nur wenige Sätze gelesen hatte, unterbrach er mich auf französisch mit den Worten *»mais vous avez vraiment une prononciation royale«*. Ich konnte ihm den Grund dafür leicht erklären, auch daß ich mich mit seinem Vorgänger nicht hätte einigen können, wozu er nichts weiter bemerkte. Leider behielten wir diesen Lehrer nicht lange.

Alle diese Vorfälle, die für sich allein genommen sicher belanglos, wenn auch lästig waren, verschlimmerten sich aber auf Grund eines Umstandes, den sich viele gar nicht mehr vorstellen können, der aber für die Linie, die ich später einschlug, entscheidend wurde. Darum muß ich etwas ausführlicher werden.

Eine Schwester meiner Mutter hatte sich als Erzieherin bei einer niederländischen Familie 1912 oder 1913 von Marseille aus nach Soerabaya im damaligen Niederländisch-Indien eingeschifft, von wo sie erst zwölf Jahre später zurückkehren sollte. Das hatte natürlich engere Beziehungen geschaffen zwischen meiner französischen und dieser niederländischen Familie, was uns allen sofort nach Kriegsausbruch insofern zugute kam, als die Korrespondenz zwischen Halle und Paris praktisch niemals abriß. Meine französische Familie schrieb an die holländische Adresse, wo die Briefe umkuvertiert und nach Deutschland weiterbefördert wurden. Anfänglich gab es sogar kaum eine Zensur. Später wurden die Briefe von der deutschen Zensur gelegentlich geöffnet, aber wenn man mit Mitteilungen vorsichtig war, geschah eigentlich nichts. Das galt vor allem für die ersten Kriegsmonate. So waren wir in Halle im Gegensatz zur ohrenbetäubenden deutschen Kriegs- und Siegespropaganda über das Mißlingen des deutschen Vorstoßes auf Paris nach Verletzung der belgischen Neutralität bestens informiert. Wir wußten auch, daß deutsche Planung und dank langer Kriegsvorbereitung erreichte materielle Überlegenheit an französischer Improvisationskunst gescheitert waren, da es dem französischen Generalstab gelang, in wenigen Tagen eine zusätzliche Armee zu mobilisieren und in Pariser Taxis an die Front zu werfen, die in jenen Tagen bis in die Vororte von Paris vorgerückt war. Das Scheitern des deutschen Vorstoßes war katastrophal, was noch dadurch verstärkt wurde, daß die schon während des Vormarsches ausgebrochenen Streitereien zwischen den Befehlshabern der einzelnen deutschen Armeen in Frankreich bekannt wurden. Daß es nicht schon im September 1914 zu einem vorzeitigen Kriegsende mit totaler Vernichtung der deutschen Armee kam, lag ausschließlich an der Schwäche Frankreichs, das eben für den Krieg wirklich nicht vorbereitet gewesen war. Trotzdem stand damals bereits fest, daß die Mittelmächte den Krieg verloren hatten, da ihre Strategie ganz auf schnellen Sieg ausgerichtet sein mußte, weil andernfalls eine längere Kriegführung aus Mangel an Rohstoffen nicht aufrechtzuerhalten war. Die deutsche Propagandamaschinerie tat, was sie seitdem – offensichtlich ganz unbelehrbar – immer wieder getan hat: sie sprach von Sieg und siegte unaufhaltsam weiter bis zum November 1918. Sie hätte besser getan, den alten jüdischen Spruch im Sinn zu behalten: Es hat sich schon mancher zu Tode gesiegt.

Seit jener Zeit erkannte ich allmählich immer deutlicher, daß es offensichtlich eine deutsche Moral gibt, die mit massiven Lügen die Wirklichkeit verdrängen zu können glaubt – 1914 wie 1940 nach der »Schlacht um Frankreich«, als man dem deutschen Volke verheimlichte, daß es der britischen Armee gelungen war, nach England auszuweichen, so daß es keine »Katastrophe« von Dünkirchen gab; als man ebenso verheimlichte, daß die Luftschlacht um England im Herbst trotz mangelnder Vorbereitung zugunsten der Engländer ausging. Am gravierendsten aber wurde das Lügengespinst der deutschen Propagandamaschine 1941 nach dem Einfall in die Sowjetunion. Im Herbst dieses Jahres weilte Graf Galeazzo Ciano, der Schwiegersohn Mussolinis, an der deutschen Ostfront und beschrieb in seinem Geheimtagebuch (das ich unmittelbar nach Kriegsende ins Deutsche übersetzte) die Situation der deutschen Armee als Niederlage im strengen Sinne, da der Vorstoß nur bei einem schnellen Sieg ein Erfolg hätte werden können. So war die deutsche Armee nicht auf den russischen Winter vorbereitet – mit den entsprechenden Folgen. Ciano fing damals an, wenn auch erfolglos, seinem Schwiegervater den schleunigen Austritt aus seiner unseligen Allianz mit den Nazis zu raten. Kein weiterer Erfolg konnte diese grundsätzliche Niederlage wieder wettmachen, da unterdessen die sowjetische Armee mobilisiert hatte, was in Rußland bei der Größe des Landes regelmäßig geraume Zeit beansprucht. Trotzdem sprach die deutsche Propaganda auch hier nur von Sieg, als ob es schlechterdings keine andere Möglichkeit gäbe. Als nach dem Überfall auf Polen und nach dem schnellen Sieg über Frankreich die Schlacht um England tobte, hörte ich die andere Möglichkeit von Winston Churchill, der im Herbst 1940 dem britischen Volk einzig »Blut, Schweiß und Tränen« versprach.

Der Vergleich mit Winston Churchill ist auch in anderer Hinsicht lehrreich. Die Armeen der Alliierten nannten ihn bald nur noch »Winnie«, und mit dem gleichen Namen wurde er auch von der Zürcher Bevölkerung nach dem Kriege begrüßt, als er auf dem Platz vor dem Rathaus eine Ansprache hielt. Man versuche, sich ein gleiches vom deutschen Reichskanzler und »Führer« vorzustellen; es wäre je nach Dialekt ein »Adi« oder »Dölfi« gewesen. Ein unvorstellbarer Gedanke! Bestenfalls gebührte ihm der Titel des »Gröfaz« (»größter Feldherr aller Zeiten«). Auch das Ende von Churchills politischer Karriere ist für die deutsche Mentalität unbegreifbar; er wurde als der Kriegspremier, der mit seinem rücksichtslosen Einsatz wesentlich für den Sieg der Alliierten verantwortlich war, bei der ersten Nachkriegswahl nicht wiedergewählt. Das war sicher der größte Sieg der Demokratie; denn was für den Krieg nützlich ist, taugt nicht unbedingt für den Frieden.

Das »Wissen« um die Kluft zwischen der deutschen Propaganda und der deutschen Wirklichkeit war für mich eine schwere Hypothek, die natürlich auch meine Eltern mitbetraf, während jedesmal die Kollektivgewalt meiner Mitschüler über mich hereinbrach, wenn ich auch nur den leisesten Zweifel an den deutschen Siegeschancen äußerte. So blieb ich damals total isoliert, was noch verstärkt wurde, als meine Eltern in eine Vorstadt von Halle (nach Kröllwitz) hinauszogen, nachdem mein Onkel mit seiner Familie nach Dessau übergesiedelt war.

Es muß dies um 1916/17 gewesen sein, soweit ich mich erinnere, und ich wäre sicher moralisch in eine völlig unhaltbare Situation gedrängt worden, wenn ich damals nicht durch einen älteren Mitschüler beim Wandervogel eingeführt worden wäre. Das hatte übrigens zur unmittelbaren Konsequenz, daß meine Gewißheit von den nicht bestehenden deutschen Siegeschancen noch verstärkt wurde; denn die älteren Fahrtenleiter waren häufig Soldaten auf Front- oder Genesungsurlaub, und diese klärten uns Jüngere unerbittlich über die schauderhafte Wirklichkeit des Stellungskrieges auf. Ich wußte jetzt: meine Informationen entsprachen der Wahrheit, gleichzeitig spürte ich aber zum ersten Male einen anderen politischen Wind als den offiziell in der Schule vorgesetzten. Die Wahrheit kam hier von jenen Frontkämpfern, die im Laufe des Krieges zu Sozialisten geworden waren – zu »Sozis«, wie es verächtlich im konservativen deutschnationalen Jargon hieß. Hier wiederholte sich meine Erfahrung mit den russischen Studenten von 1914, nur daß sich der vorausgesagte »Umsturz« jetzt ganz eindeutig auf Deutschland bezog.

Politik und Wahrheit hingen also auf eine verhängnisvoll undurchsichtige Weise zusammen, über die ich mir viele Jahre nach dem Kriege, nun schon in Danzig, nach der Lektüre eines Buches von Heinrich Mann – es war wohl der Sammelband »Macht und Geist« – als Primaner in einem Schulaufsatz Rechenschaft zu geben suchte. Obwohl das Deutsche Kaiserreich schon längst auf eine recht unrühmliche Weise abgetreten war, fand mein Aufsatz keineswegs die Zustimmung meiner Lehrer und Schulkameraden. Für sie existierte das Jahr 1918 überhaupt nicht. Gern hätte ich heute jenen Schulaufsatz nochmals gelesen, aber das Manuskript ist verloren, wie so vieles andere auch. Nur eines blieb: meine moralische Genesung in der geschilderten schizophrenen Situation verdanke ich dem deutschen Wandervogel, und zwar seiner linken Variante, die sich aus den Auseinandersetzungen zwischen dem Altwandervogel (AWV) und dem Jungwandervogel (JWV) ergeben hatte. Meine Beziehungen zum Wandervogel brachen jedoch völlig ab, als wir 1922 von Halle nach Danzig zogen.

Noch vor Kriegsende wurde mein Onkel nach Gniezno versetzt, in der Nähe des damals noch deutsch-kaiserlichen Posen. Er arbeitete dort als Direktor einer Zuckerfabrik, die ebenfalls Großvater König gebaut hatte. Ich kam mitten im Krieg dorthin, um mich von der mittlerweile schlechten Ernährungslage in Mitteldeutschland zu erholen, als deren Folge ich an einem Lungenspitzenkatarrh zu laborieren hatte. Ich mußte die erste Nacht in einem Hotel in Posen verbringen und merkte plötzlich, daß das Personal polnisch sprach, die Oberklasse der Gäste dagegen deutsch. Das war meine erste Erfahrung mit dem Problem der »Überschichtung«, die mir eine Realität war, lange bevor ich in Berlin bei Richard Thurnwald Vorlesungen darüber hörte.

Außerdem schloß sich mir hier eine neue Sprache auf, das Polnische, mit dem ich mich später nach dem Kriege unter dem Einfluß des expressionistischen Dichters Stanisław Przybyszewski weiter beschäftigen sollte, der damals in Zoppot bei Danzig wohnte.

1916 erlebte ich zunächst den polnischen Widerstand; es war bereits deutlich zu spüren, wie es im Untergrund überall brodelte. 1920 oder 1921, bei einem neuerlichen Ferienaufenthalt, erlebte ich dann die neue Polnische Republik; denn mein Onkel war in seiner Stellung als Direktor der Zuckerfabrik in Gniezno verblieben oder gleich nach Kriegsende dahin zurückgekehrt, wo Großvater König schon seit Jahrzehnten mit der sehr einflußreichen Familie Grabski freundschaftliche Beziehungen geknüpft hatte. Ein Neffe dieser Familie, Zygmunt Kittel, hatte mit meinem Vater gemeinsam studiert und ging bei meinem deutschen Großvater ein und aus wie ein eigener Sohn. Er war einer der intimsten Freunde meines Vaters; ich habe ihn erst nach dem Zweiten Weltkrieg, den er wunderbarerweise überlebte, aus den Augen verloren.

Diese Erfahrung des Wandels zwischen 1916 und 1920 hat mich wohl mehr beeindruckt als manches andere, da ich erkennen mußte, daß kein Establishment so fest verankert ist, daß es nicht eines Tages zusammenbricht, wenn entsprechende Gegenkräfte gereift sind. Im übrigen gewann die Erfahrung noch an Relief durch die Selbstsicherheit der deutschen Propaganda, die hier nun plötzlich vor dem Nichts stand. Das wurde mir schlagartig klar, als ich zum erstenmal erlebte, wie auf der Fahrt nach Polen östlich von Frankfurt an der Oder ein Grenzkontrolleur den Zug betrat, der die traditionelle viereckige Mütze des polnischen Militärs trug. Er war das lebende Symbol dafür, daß hier, gewissermaßen über Nacht, eine neue Grenze entstanden war. Ich war so beeindruckt, daß er meine Erregung spürte und mich fragte, warum ich zitterte. Ich weiß nicht mehr, was ich antwortete. Wahrscheinlich war es ihm verdächtig, daß so kurz nach dem Kriege ein sehr junger Mann mit einem deutschen Paß allein nach Polen einreiste, der dort offensichtlich nichts Rechtes zu suchen hatte. Aber ich hätte ihm damals beim besten Willen nicht erklären können, warum ich so beeindruckt war, daß nun hier – wo sich vorher das Deutsche Reich scheinbar für ewig eingerichtet hatte – plötzlich eine neue Kultur, jetzt auch mit politischer Autonomie, aufgestanden war, die vorher nach der Meinung der »Rechtdenkenden« gar nicht bestanden hatte. Seit jener Zeit habe ich die Geschichte Europas bis heute unter einem anderen Aspekt als dem »offiziellen« des »deutschen« Ostens, respektive – was den Tatbestand schon besser wiedergibt – der deutsch kolonisierten und bewirtschafteten westslawischen Gruppen zu betrachten gelernt. Die Wiederauferstehung der Polnischen Republik gab mir ein erstes Beispiel dafür, ein weiteres war das Neuerwachen der Nachfolgestaaten des österreichisch-ungarischen Kaiserreichs. Meine deutschen Freunde mögen es mir verzeihen, wenn ich den europäischen Umschichtungsprozeß seit 1918 und 1945 als die Rückkehr der Westslawen nach langer Unterdrückung und kolonialer Ausbeutung in ihre alten Stammesgebiete östlich der Elbe ansehe. Man ist nicht gewöhnt, diese Vorgänge unter dem Titel der »Entkolonisierung« zu behandeln; aber es ist in meinen Augen kein Zufall, daß sich das Ganze – zeitlich gesehen – zwanglos in die allgemeine planetarische Entkolonisierungsphase einordnet, die vom Ende des Ersten Weltkriegs bis heute reicht. Es kennzeichnet das Selbstmißverständnis der Westdeutschen, wenn sie nicht ohne Schadenfreude die Folgen der Entkolonisierung für die Niederlande, für Belgien, Frankreich und England kommentieren, aber gleichzeitig unentwegt an der Illusion festhalten, daß man ihnen die »Ostgebiete« nach 1945 »abgenommen« habe, obwohl beide Vorgänge soziologisch gesehen auf der gleichen Ebene liegen.

Aber kehren wir zurück nach Polen: meine Vertrautheit mit diesem Lande begann im Grunde sehr früh, obwohl ich mich erst später (nach 1922) von Danzig aus intensiver damit befaßte; polnische Freunde führten mich auch in die anderen slawischen Literaturen und Philosophien ein. So beschäftigte mich viele Jahre lang der Messianismus der slawischen Literaturen, der die Selbstbefreiung unterworfener Völker in die Vision einer Befreiung der Menschheit insgesamt projizierte. Insbesondere die polnische Widerstandsbewegung schöpfte aus solchen Visionen ihre moralische Kraft. In Konzerten in Danzig hörte ich, interpretiert von russischen emigrierten Dirigenten, die moderne russische Musik (Skrjabin, Rimsky-Korsakow, Mussorgsky, Strawinsky u. a.); auch den »Blauen Vogel« erlebte ich in seinen ersten Aufführungen, bevor er seinen Siegeszug durch die Welt antrat als einer der Pioniere des modernen entfesselten Theaters, ebenfalls mit russischer Musik und russischen Tänzern. Aber ich spielte auch aus dem Klavierauszug unmittelbar nach Erscheinen die »Rhapsody in Blue« von George Gershwin, wobei mir sofort die Beziehung zwischen dieser Musik und polnisch-jüdischen oder russisch-jüdischen Traditionen auffiel, die zusätzlich dem Einfluß amerikanischer Neger und ihrer Sehnsucht nach einem neuen Leben (Revival) ausgesetzt gewesen waren.

Diese Periode meines Lebens ist in ihrer zeitlichen Verankerung nicht ganz klar, da mir schon viele Probleme begegneten, als ich noch in Halle lebte, die aber erst später Profil gewannen, als ich sie in Danzig vertiefen lernte. Jedenfalls kam ich nicht plötzlich und unversehens mit dem slawischen Osten in Berührung, vielmehr war diese Begegnung schon seit Jahren vorbereitet. Gleichzeitig aber reichten andere Erfahrungen weit in die Zukunft hinein, so daß ich Jahrzehnte später Fäden wiederaufnehmen konnte, die sich viel früher angesponnen hatten.

Nachdem ich das Wort »Revolution« zum ersten Male während des Krieges aus dem Munde russisch-jüdischer Studenten gehört hatte, erlebte ich sie als Realität ab Herbst 1918 in Halle an der

Saale. Zahllose Male kam es in jenen Tagen zu schweren Straßenkämpfen in der Stadt: Tag und Nacht ertönte das Rattern der Maschinengewehre und das dumpfe Krachen der Handgranaten bis in die Vororte hinaus.

Wieder einmal verlängerten sich die Ereignisse in unmenschlichen Auseinandersetzungen und Polarisierungen. »Licht aus, Messer raus, haut ihn, daß die Fetzen fliegen«, das war die Kampfdevise; oder »Und willst du nicht mein Bruder sein, so schlag ich dir den Schädel ein.« 1919, im Jahre der Ermordung von Rosa Luxemburg und Karl Liebknecht, der ersten Apophanie der deutschen Rechtsreaktion, sang man in Berlin: »Es schwimmt eine Leiche im Landwehrkanal, hol se mir mal her, aber knutsch se nich so sehr.« Das war alles seltsam verschieden von dem, was ich mir als Revolution ausgemalt hatte, die irgendwie dem Bild von Eugène Delacroix zum 28. Juli 1830 ähnelte. Diese Revolution brachte auch nicht das »Proletariat« auf die Barrikaden, also die Arbeiterschaft, sondern nur die Proleten von rechts und von links, das Lumpenproletariat, wie es Karl Marx im »18. Brumaire des Louis Bonaparte« beschrieben hat, angeführt von durch den Krieg aus der Bahn geworfenen Männern, die nicht begreifen wollten, daß der Krieg vorbei war: kleine Lumpen, große Gauner, Wirrköpfe und ganz einfach zahllose Kanaillen, die unter dem Schutz der Parole Revolution marodierten und wie rechte Vandalen alles zusammenschlugen, was ihnen in den Weg kam. Das Erlebnis dieser Tage war für mich eine Art von metaphysischem Erschrecken, das ich immer wieder empfunden habe, wo der Mob in Aktion trat. So meldete ich mich, um zu meinem Teil etwas zur Stabilisierung der ersten deutschen Republik beizutragen, bei neuerlichen Unruhen als freiwilliger Meldegänger bei den Noske-Truppen, welche die Ordnung wiederherstellten; aber ich wurde nach einem halben Tag als zu jung wieder nach Hause geschickt. Bei längerem Nachdenken wurde dieses Erlebnis nur immer erschreckender; denn ich mußte mir bald eingestehen, daß alle diese lausigen Nutznießer einer verworrenen Gegenwart schon *vor* jener sogenannten Revolution dagewesen waren, die Max Weber als einen blutigen Karneval apostrophierte. Das trieb die konsequente Befürchtung hervor, daß sie auch *nach* dem Abklingen der Kämpfe nicht mir nichts dir nichts verschwunden sein würden. Von diesem Moment an sah ich mir die Menschen meiner gewohnten Umgebung genauer an, um zu erkennen, ob sie wohl die gleichen Zeichen der Mordlust im Gesicht trugen wie die Akteure jener Jahre – bis sie dann plötzlich alle wieder da waren, nur hießen sie jetzt »SA«, die »Sturmabteilung« des sogenannten »Führers« Adolf Hitler und seiner lumpigen Kumpane wie Röhm und andere. Es stand für mich vom ersten Tage an fest, daß sie die Organisationen der Arbeiter und Republikaner an die Wand drükken würden – überhaupt all jene, die das hatten, wessen sie ermangelten: Skrupel und konstruktive Ideen von einer neuen Gesellschaft. Unter dem Schutz des großmächtigen nationalen Getues kam 1932 der gleiche Untergrund wieder hervorgekrochen wie 1919 und danach. Die Dummheit der deutschen Konservativen oder besser ihre tiefinnere Verderbtheit und Korruption, die mit den Osthilfe-Skandalen auch vor dem Reichspräsidenten Hindenburg nicht haltmachte und nur in letzter Minute auf den »in der Reichsverfassung nicht vorgesehenen Sohn des Reichspräsidenten« abgewälzt wurde, ließen sie willig übersehen, was sich hinter diesen Schlägerbanden versteckte. Und so nahm das Schicksal seinen Lauf unter erneutem Mißbrauch des Wortes »Revolution«. 1933 war es eine »nationale Revolution« – ein Begriff, der einzig für die Provinzialität des deutschen Denkens bezeichnend war. Revolutionen sind nie nationalistisch, sondern auf die Menschheit im Ganzen ausgerichtet, so ungenügend auch das Menschheitsbild sein mag, das man im einzelnen Falle hat.

Mit diesen Erlebnissen bahnte sich bei mir schon früh eine widersprüchliche oder (wenn man lieber will) dialektische Einstellung zum Phänomen Revolution an, die ich erst sehr viel später verstehen lernte, als ich mich mit der Stellung von Claude-Henri de Saint-Simon und Auguste Comte zur Revolution von 1789 und den Ursprüngen der Soziologie beschäftigte. Nun erst erkannte ich, was ich seither öfters aufgegriffen habe, nämlich daß sich die wesentliche Aufgabe der Soziologie nicht in ihrer zweifellos auch vorhandenen aufklärerischen und revolutionären Kritik an überkommenen Staats- und Gesellschaftsformen erschöpft, sondern darüber hinaus notwendig zu einer realitätsgerechten Reform führen muß. Soziologie im Verständnis ihrer Begründer ist also gleichzeitig radikalisierend und stabilisierend. Ihre Art des Radikalismus ist nur ein Auftakt zur Reform. Das heißt nicht konservativ sein, obwohl auch konservative Momente in jeder Gründung mitbeteiligt sind (man denke nur an den gar nicht immer geheimen Konservatismus eines

Lenin); der Konservatismus der recht verstandenen Soziologie bezieht sich einzig auf den Entwurf einer funktionsfähigen Gesellschaft, mit der sich die Geschichte der Zukunft einleitet, wie schon Saint-Simon mit Entschiedenheit betonte. Damit hatten sich Saint-Simon und Comte ganz bewußt von allem radikalen Jakobinertum wie auch vom restaurativen Konservatismus abgewandt. Ihre Weltformel stand jenseits der Alternative von »Le Rouge et le Noir« im Sinne Stendhals, die für sie beide lediglich Ausdruck der »miserablen oszillatorischen Verfassung unserer sozialen Existenz« war – eines Zustandes also, den zu überwinden sie die Soziologie begründeten.

Die Erfahrung der verschiedenen Wirklichkeiten von Revolution zwischen 1918 und 1933 hätte einen leicht zweifeln oder verzweifeln lassen können am Sinn des Geschehens. Und das wäre für mich eine echte menschliche Katastrophe gewesen: da mir das Deutsche Kaiserreich niemals etwas bedeutet hatte, blieb mir nur die Wahl, der sozialistischen Linie zu folgen; ich wurde in der Tat Sozialist »avant la lettre«, das heißt bevor ich noch wußte, was das eigentlich bedeutete. Immerhin ist es für mich bis heute von entscheidender Bedeutung gewesen, daß ich durch Thomas G. Masaryk zum Sozialismus gekommen bin. Ich fand schon früh seine Bücher in der Bibliothek meines Vaters, vor allem seine zwei Bände über Rußland; Masaryk war es auch, bei dem ich zuerst dem Namen Karl Marx begegnete; in der Schule hatte ich nie etwas von ihm gehört. Als Masaryk 1918 Präsident der neuen tschechoslowakischen Republik wurde, war er für uns alle schon ein wenig der philosophische Staatsmann im Sinne Platons. Er inkarnierte für uns damals das Versprechen einer neuen Staatsform, der »Demokratie«, aus der vielleicht eines Tages eine neue Gesellschaft hervorgehen konnte im Sinne eines reformistischen Sozialismus. Das allein schon kennzeichnet die Größe des Verbrechens der Nationalsozialisten, als sie dieses neue Staatsgebilde mutwillig zerstörten.

Jahrzehnte später, nach dem Zweiten Weltkrieg, nach dem Sturz der Regierung Benesch und nach dem kommunistischen Staatsstreich in Prag, sollte ich durch einen tschechischen Flüchtling und Studenten in Zürich (Jiri Nehnevajsa, der heute an der University of Pennsylvania in Pittsburgh Soziologie lehrt) verstehen lernen, wo die verhängnisvolle Schwäche Masaryks gelegen hatte: er hielt den tiefen Zwiespalt zwischen Tschechen und Slowaken allein schon dadurch für überwunden, daß er selber im Grenzgebiet zwischen den beiden Völkern aufgewachsen war und als Tscheche immer beste persönliche Beziehungen zu slowakischen Politikern gehabt hatte – anstatt, wie man von ihm als Sozialwissenschaftler hätte erwarten können, der speziell über das Verhältnis von Religion und Sozialstruktur nachgedacht hat, an eine Strukturanalyse des neuen Staatswesens zu gehen und die daraus resultierenden staatsrechtlichen Konsequenzen zu ziehen. Was ihm als Theoretiker selbstverständlich gewesen war, berührte ihn als Politiker seltsamerweise nur wenig, so daß die Belastungsfähigkeit der neuen Republik praktisch seit dem ersten Moment ihrer Existenz aufs äußerste in Frage gestellt war. Und als die sudetendeutsche Minorität dann in hochverräterischer Weise den Staat zu untergraben begann, mußte notwendigerweise eine gefährliche Situation entstehen, die die Nationalsozialisten zu nutzen wußten. Irgendwie scheinen sich die Beziehungen zwischen Soziologie und Politik keineswegs wie von selbst zu ergeben, sie sind offensichtlich von einer Fülle von Imponderabilien abhängig. Ich sah damals die Philosophie des Sozialismus – teilweise unter dem Einfluß des deutschen Expressionismus – fast als eine Art Metaphysik der Menschheit, wie sie in der großartigen Anthologie der deutschen expressionistischen Lyrik »Menschheitsdämmerung« von Kurt Pinthus (1919) aufleuchtet. Ich hatte den Band in der zweiten Auflage, die 1922 erschien, in Danzig gekauft, und dieses Buch hat mich bis heute nicht verlassen, trotz meiner manchmal umwegreichen Peregrinationen. Es atmet den gleichen Geist, der als »Prinzip Hoffnung« auch sprachlich bei Ernst Bloch weiterlebte, dessen »Geist der Utopie« ich 1927 in Berlin am Bücherkarren neben der Staatsbibliothek erwarb.

[illegible] der [illegible]
[illegible] Regierungen [illegible]
[illegible]
[illegible] und Sozialismus [illegible]
[illegible] Konsequenz [illegible]
[illegible]
Republik [illegible]
[illegible] syndikalistische [illegible]
[illegible]

II. Danzig: Polen und Juden

Im Jahre 1922 ging mein Vater nach Danzig, wo er als Völkerbundsangestellter die vormalige »Kaiserwerft« (ehemals U-Boots-Werft) unter der Leitung von Professor Noé aus Saarbrücken auf Friedensbetrieb umstellen sollte (auf seinem Spezialgebiet des Maschinenbaus für Zuckerfabriken und chemische Industrien). In Danzig schloß ich 1925 das Gymnasium ab – in seiner klassischen Form mit Lateinisch, Griechisch, (wenig) Althebräisch, Englisch und Französisch. Da mein Vater vor allem für Polen arbeitete, erlaubte mir dieser dreijährige Aufenthalt eine Vertiefung meiner Kenntnisse Polens. Gleichzeitig wurde ich mir der ersten schweren politischen Konflikte bewußt, welche die folgenden Jahre so nachhaltig beeinflussen sollten. Später in meiner Schweizer Emigration lehrte ich ab 1941 neben anderen Kollegen an einer Universität für die nach dem Frankreichfeldzug in der Schweiz internierten Angehörigen der polnischen Armee, wobei ich reichlich Gelegenheit hatte, meine früher erworbenen Polen-Kenntnisse anzuwenden.

Ich habe schon von dem polnischen Dichter Stanisław Przybyszewski gesprochen, der sich meiner während der Danziger Jahre in väterlicher Freundschaft annahm. Die Reisen nach Zoppot, wo er damals als Angestellter der polnischen Eisenbahnverwaltung lebte, waren für mich jeweils unendlich reich an Erwartungen und Erfüllungen. Przybyszewski war einer der wichtigsten »deutschen« Expressionisten, obwohl er in fremder Sprache schrieb; aber nicht das war eigentlich der Kern dessen, was er mir vermittelte, sondern seine »Theorie« des Expressionismus. Im gleichen Zusammenhang zeigte er mir – und das war im Grunde der Beginn unseres Gesprächs gewesen – die tiefgehende Differenz zwischen ihm und einem Mann wie August Strindberg. Erst 1978, also mehr als ein halbes Jahrhundert später, erfuhr ich zufällig, daß er damals gerade an seinen »Erinnerungen an das literarische Berlin« schrieb (sie erschienen in deutscher Übersetzung München 1965), in denen sein Verhältnis zu Strindberg sehr eingehend geklärt, von Klatsch und

Mißverständnissen gereinigt und auch objektiviert wird. Aber wir sprachen im wesentlichen über etwas ganz anderes, nämlich über die Entstehung einer neuen Psychologie, die Strindberg, dem fanatischen Materialisten, verschlossen bleiben mußte und die umgekehrt im Expressionismus ihre erste künstlerische Epiphanie erfahren hatte. Das hieß natürlich auch, daß man beim Expressionismus nicht stehenbleiben konnte, sondern zurückgreifen mußte auf die neue Anthropologie, die sich hier zu Worte meldete. Diese war für Przybyszewski eine eigentliche Tiefenpsychologie, wie sie sich unter anderem auch in der Psychoanalyse von Sigmund Freud zeigte, die allerdings nach seiner Meinung noch schwer zu tragen hatte an Überbleibseln des Materialismus aus dem 19. Jahrhundert. So war er auch interessiert an psychischen Randphänomenen und Dämmerungszuständen, wie er sie in seinen Romanen geschildert hat, und verstand gelegentlich sich selber mehr als Psychiater denn als Dichter. Er nahm im gleichen Sinne auch regen Anteil an den Tätigkeiten der *Society of Psychic Research* in London. Durch ihn lernte ich schließlich Otto Weininger kennen, dessen Schriften ich später in Wien las und der sich dem Gerücht zufolge nach Lektüre der »Totenmesse« von Przybyszewski umgebracht haben soll. Entscheidend aber war, daß Przybyszewski mich vor jeglicher Scharlatanerie warnte und von dem Grundsatz ausging, es gebe seelische Phänomene, die mit der alten Psychologie nicht zu fassen seien und die man darum auch mit anderen als den bisherigen Methoden angehen müsse. Diese dürften aber in keiner Weise weniger exakt sein als jene, sie müßten nur eben andere sein. Es war im Grunde die gleiche Einsicht, wie ich sie später in dem Werk »Vom Jenseits der Seele« meines Lehrers Max Dessoir in Berlin und bei Henri Bergson in Paris wiedertraf und die mich unter anderem zur Ethnologie brachte. Von Soziologie aber war bei all diesen Gesprächen noch nicht die Rede.

Leider währte mein Zwiegespräch mit Przybyszewski nicht sehr lange. Im Herbst 1924 verzog er nach Warschau, wo er eine Staatspension erhielt und eine damit verbundene kleine Wohnung im Zamek Podbłachą (Unterblechen). Hier lernte ich 1924 kurz vor seinem Tode den großen polnischen Epiker und Nobel-Preisträger Władisław Reymont kennen, zu dem mich Przybyszewski eingeführt hatte. In meinen Vorlesungen für die polnischen Internierten in Winterthur benutzte ich später dessen Hauptwerk, den großen

Roman über die polnischen Bauern (Chłopi), als dokumentarisches Material für die Struktur des polnischen Dorfes. Was ich aber bei unserer ersten und einzigen Begegnung noch nicht wußte, war folgendes: Vor 1914 hatte William I. Thomas, einer der großen Pioniere der Soziologen-Schule von Chicago, bei einem Besuch in Warschau einen jungen Assistenten namens Florian Znaniecki kennengelernt, der ihm vorschlug, mit den Mitteln der Wissenschaft das von Reymont dichterisch realisierte Epos der polnischen Bauern nachzuvollziehen, die aus Polen in die Vereinigten Staaten emigrierten und sich dort eine neue Existenz zu begründen suchten. Aus der Zusammenarbeit von Thomas und Znaniecki entstand ein Klassiker der älteren amerikanischen Soziologie (in 5 Bänden erschienen 1918–21). So war meine Begegnung mit Reymont sicher der Moment in meiner Jugend, an dem ich der Soziologie am nächsten gekommen war – sie lag gewissermaßen gleich um die Ecke. Trotzdem erfuhr ich damals noch nichts von ihr. Ich las das Werk von Thomas und Znaniecki erst 1930 in einem Seminar bei Alfred Vierkandt in Berlin, bei dem ich mich auf die Habilitation vorbereitete. Florian Znaniecki traf ich erst 1957 kurz vor seinem Tode in East Lansing (Michigan), wo ihn die State University of Michigan aufgenommen hatte, nachdem der Kriegsbeginn und der Überfall auf Polen im Herbst 1939 ihn an der Rückkehr in seine Heimat gehindert hatten. Aber schon als Leser von Reymont war ich auf die Probleme gestoßen, die Znaniecki später einen Ehrenplatz in der Weltsoziologie sichern sollten: die Entwicklung der ländlichen Familie und der bäuerlichen Gemeinde in Polen, die harten Notwendigkeiten, die zur Emigration nach Übersee zwangen, die Neubegründung der Gemeinde im neuen Land, das Wirken der Beziehungen zwischen der alten Heimat und dem Lebenskreis in Amerika, wohin die jungen Leute sich Frauen aus ihren Geburtsorten nachkommen ließen. Bei der Lektüre eines anderen Werkes von Reymont über die brutale industrielle Entwicklung in Lodz wurde ich mir nicht nur des Problems der Industrialisierung und ihrer Auswirkungen auf die von ihr betroffenen Menschen in einem überwiegend agrarischen Lande bewußt, sondern auch allgemein der Probleme des sozialen Wandels, selbst wenn ich das erste entscheidende Werk über dieses Thema von einem anderen Pionier aus Chicago, William F. Ogburn, erst Ende der zwanziger Jahre bei Richard Thurnwald las.

Erst sehr viel später wurde mir klar, daß die Soziologie keineswegs immer als Spitzenreiter der Erkenntnis auftritt, sondern eigentlich zumeist in zweiter Linie das vorher dichterisch Geschaute zu systematisieren sucht. So finden sich selbst in den Vereinigten Staaten häufig Vorläufer etwa über die Probleme der lokalen Gemeinde in Romanen, die dann später wissenschaftlich »umgesetzt« werden. Die »American Tragedy« von Theodore Dreiser (1925) zeigt die Idee des schicksalshaften sozialen Determinismus; die zahlreichen Romane von Sinclair Lewis, von »Main Street« (1920) und »Babbit« (1922) bis zu »Cass Timberlane« (1945), behandeln das Problem des stereotypen Handelns in den kleinen Gemeinden des Mittelwestens; ein Buch wie »Point of No Return« von John P. H. M. Marquand nimmt die Analyse der Gruppenstrukturen im modernen Bürokratismus vorweg, wobei sogar noch ein soziologisches Forscherteam im Betrieb sanft verulkt wird (gemeint war wohl W. Lloyd Warner). Mein 1976 verstorbener Freund Arie N. J. den Hollander hat in seinem letzten Buch gezeigt, daß die Hauptfunktion der amerikanischen »Muck raker« darin lag, den gesellschaftlichen Schein des Viktorianismus in den Vereinigten Staaten am Ende des 19. Jahrhunderts zu zerstören. Erst danach konnte man an das Studium der Wirklichkeit herantreten, was ohne die vorangegangenen Reportagen und Visionen der Gesamtgesellschaft gar nicht möglich gewesen wäre. Man braucht erst Bilder, bevor man Hypothesen formulieren kann.

In der Periode meines Lebens, die ich bisher dargestellt habe, gab es für mich noch keine Alternative zwischen Kunst und Wissenschaft. Ich begegnete den Problemen existenziell, ohne sie analysieren zu lernen. Dennoch erschien mir eines schon sehr klar, nämlich daß es nicht genügte, diese Probleme, Schwierigkeiten, Konflikte wahrzunehmen, sondern daß man etwas zu ihrer Überwindung tun mußte. Die Leidenschaft der Unzufriedenheit mit den herrschenden Verhältnissen ging nur zu oft der Analyse voraus, was nicht immer ein Vorteil für diese war, wie man leicht verstehen wird.

Trotzdem muß ich – von heute aus gesehen – zugeben, daß ich meinen Weg zur Soziologie über die Kunst gefunden habe. Das Phänomen Gesellschaft fand ich vor allem bei Balzac, von dem ich in Danzig jeden erreichbaren Band verschlang. Dann aber auch bei Flaubert und bei den Brüdern Goncourt (außer in ihren Romanen auch in ihren historischen Studien über das 18. Jahrhundert). Voll und ganz gefangen war ich aber von Zola, dessen Gesamtwerk ich studierte (auch die langweiligen Evangelien seiner letzten Jahre). Schnell erkannte ich, daß er keineswegs der detailsüchtige Reportagenkompilator war, als den ihn eine Dissertation an der Sorbonne in jenen Jahren hinstellte. Ich sah vielmehr den Schlüssel zu seinem Werk in dem Roman »L'œuvre« mit seinen sich überstürzenden Visionen der mörderischen Großstadt Paris, an deren Darstellung ein Maler (hinter dem sich Paul Cézanne verbirgt) hoffnungslos scheitert; in »L'œuvre« erreicht auch Zolas Sprache ihre Höhepunkte. Die gleiche visionäre Kraft begegnete mir in den »Misérables« von Victor Hugo, über dessen Dichtung ich meinen französischen Aufsatz für das Abitur schrieb. Der Zufall wollte es, daß damals ein großer Film nach diesem Roman gedreht worden war, in dem das hintergründige soziale Geschehen bildhaften Ausdruck fand, was mich sehr beeindruckte. Aber ich las auch Eugene Sue und seine »Mystères de Paris«, in denen ich die *»bas fonds«* der großen Metropolen besser kennenlernte, die ich 1918 im kleinen in Halle erlebt hatte. Die Science Fiction von Jules Verne hatte ich schon früher im Hause meines Großvaters mit Leidenschaft verschlungen. Mit Tolstoi und Dostojewskij kam eine andere, teils realistische teils phantastische Note in mein Empfinden, die ich im »Ulysses« von James Joyce wiederfand, dessen naturalistische Akribie (die »unentrinnbare Objektivität alles Sichtbaren«, wie er sagt) letztlich in eine völlig irreale Phantasmagorie ausläuft.

Man wird mir vorwerfen, daß ich wenig deutsche Autoren las; das ist sicher ein berechtigter Vorwurf. Aber die Welt, die sie zeigten, war für mich keine Welt und erschien mir reichlich provinziell. So kam ich später dazu, in meiner Dissertation »Die naturalistische Künstlerästhetik in Frankreich«, die 1931 als Buch erschien, eine Beziehung herzustellen zwischen der Romankunst und Malerei des französischen Naturalismus, der Menschheitsphilosophie eines Pioniers des Sozialismus wie Pierre Leroux, der Geschichtstheorie Auguste Comtes und ganz am Rande der Soziologie Emile Durkheims. Ich war mir, trotz einiger methodologischer Einsichten, die ich seither vertieft habe, damals natürlich keineswegs darüber klar, wie sehr ich mit dieser Arbeit selber die These bestätigt hatte, daß künstlerische Visionen der wissenschaftlichen Analyse zumeist vorausgehen. Denn die Analysen der industriellen (arbeitsteiligen) Gesellschaft, die Durkheim und die anderen französischen Soziologen geben sollten, waren als »Bilder« im französischen Realismus und Naturalismus bereits in nuce vorhanden.

Die intensive Beschäftigung mit dieser Art von Literatur hatte zur Folge, daß ich als Gymnasiast und junger Student in deutscher Sprache eigentlich nur das las, was mit jenen Werken vergleichbar war, also Hauptmann, Sudermann, Wedekind, Thomas und Heinrich Mann und manches andere aus den zwanziger Jahren. Dazu kamen natürlich die großen skandinavischen Autoren: Ibsen und Strindberg. Das war gewiß eine sehr einseitige, aber bewußt betriebene Auswahl, die natürlich den Absichten der Gymnasialpolitik im Deutsch-Unterricht total widersprach. Einmal vergriff ich mich und las versehentlich einen deutschen konservativen Autor, den man uns in der Schule angepriesen hatte, nämlich den Dramatiker Eberhard König; dabei wurde mir jedoch brutal bewußt, wie wenig mir das lag. Das war eine mir total fremde und ferne Welt. Der Gerechtigkeit halber muß ich aber bemerken, daß es ein Deutschlehrer namens Müller war, der uns in einem Kurs an der Volkshochschule die »Menschheitsdämmerung« zu lesen lehrte. Leider wurde er bald als Direktor an eine andere Anstalt versetzt; später erfuhr ich, daß ihn die Nazis ausgebootet hatten. Er war der Typ des Deutschlehrers, von dem man immer träumt, den es aber nur ganz selten gibt. Er interpretierte mit gleicher Eindringlichkeit ein Gedicht von Goethe oder eines von Werfel. Die vereinigten Primen gaben zu seinem Abschied ein Fest.

In Danzig hatte ich auch Gelegenheit, eine für mich neuartige Menschengattung kennenzulernen, als mich mein Freund Erich Ruschkewitz, der damals bereits eine Reihe von Gedichten veröffentlicht hatte und als Journalist tätig war, einem jungen Oberarzt am Krankenhaus – es war Richard Huelsenbeck, einer der Schöpfer des Dadaismus – mit den lakonischen Worten vorstellte: »Auch ein Intellektueller.« So fand ich meine Person plötzlich um eine unerwartete Dimension erweitert, von der ich allerdings bald spürte, daß sie für manche Leute einen eher anrüchigen Charakter hatte, mit dem ich eine neue Diskriminierung gegen mich herausforderte. Daran mußte ich jüngst wieder denken, als ich die haßerfüllten Ausführungen des deutschen Soziologen Helmut Schelsky gegen »die Intellektuellen« las. Wenn es etwas gibt, das dem ganzen Geist widerspricht, in dem die Soziologie einmal aufgebrochen ist, dann sollte es diese Art von Diskriminierung sein. Mit Julien Benda könnte man ihr das Wort von Tolstoi entgegenhalten, als er einmal sah, wie ein Unteroffizier einen Soldaten auspeitschte: »Haben Sie denn das Evangelium nicht gelesen?« – Jener antwortete: »Haben Sie denn das Militärreglement nicht gelesen?« Im Intellektuellen lebt, wie in aller Soziologie, noch immer das Evangelium, wie der »Nouveau Christianisme« von Saint-Simon belegt. Wer aber das Militärreglement vorzieht, sollte die Hände lassen von allen Fragen, die den Menschen betreffen, weil sich seine Worte unversehens in Peitschenhiebe verwandeln könnten. Das war (und ist) bei den deutschen Konservativen leider sehr oft der Fall. Immerhin war ich als »Intellektueller« nicht mehr allein, sondern seither ein Mitwirkender an jenem Ausgang des Menschen aus seiner selbstverschuldeten Unmündigkeit, den Immanuel Kant mit klassischen Worten benannt hat.

Mein Aufenthalt in Danzig hat mich im Grunde wenig gefördert, es sei denn durch ausgesprochen negative politische Erfahrungen. Der Haß der Deutschen auf die Polen war geradezu unerträglich. Da ich während meiner Studienzeit bis 1935 während der Ferien immer wieder ins Haus meiner Eltern zurückkehrte (wo ich auch 1929 die Endredaktion meiner Dissertation abschloß), konnte ich das Anwachsen der Spannung zwischen den Parteien nur allzu gut beobachten. Schließlich hat der Zweite Weltkrieg wirklich in Danzig begonnen, nach dem Willen Hitlers, wie wir später, durch Carl J. Burckhardt, dem letzten Hohen Kommissar des Völkerbundes in Danzig, erfahren haben.

Der Haß auf die Polen machte die Deutschen sogar blind für ihre eigenen Interessen. So verweigerten sie den Polen die Benutzung des Danziger Hafens und überließen ihnen nur die berüchtigte Westerplatte, was die Polen dazu zwang, den Hafen Gdynia zu bauen, einen im Gegensatz zu Danzig technisch hochmodernen Hafen, der bald von den internationalen Schiffahrtslinien angelaufen wurde, während der Danziger Hafen zunehmend verödete.

Der Haß zwischen Deutschen und Polen machte sich auch in der Schule bemerkbar. Dazu kam noch der Haß auf die jüdische Bevölkerung, die sich aus alten einheimischen Familien, aus Familien polnischer Herkunft, vor allem aus Warschau, Krakau und Lodz, sowie seit 1918 auch aus russisch-jüdischen Flüchtlingen zusammensetzte. Ein polnischer Jude zu sein war aber das schlimmste Schicksal, das einem blühen konnte, denn er wurde von Deutschen und Polen gleichermaßen verachtet. In Danzig wurde mir später klar, daß der kulturelle Relativismus in der Frage der sozialen Vorurteile und der nachfolgenden Diskriminierungen seine schwerste Belastungsprobe würde auszustehen haben. Als ich mich in der Schule weigerte, an den üblichen Haßgesängen gegen Polen und Juden teilzunehmen, drohte man mir mit Ausschluß aus der Schülervereinigung. Vor einer Art von Vereinsgericht, vor das man mich zitiert hatte, versuchte ich klarzumachen, wohin die gegenseitigen Diskriminierungen führen mußten. Vergeblich. Niemand hörte mir auch nur zu. Man billigte es auch, wenn betrunkene Studenten das Hoheitsschild des polnischen Konsulats in der Stadt nächtlicherweise beschmutzten. Einen Höhepunkt erreichten diese Chauvinismen, als der spätere Reichspräsident Hindenburg auf der Durchreise von Königsberg nach Stettin an der Reede von Zoppot einen kurzen Halt machte. Dabei wurde mir klar, daß er nicht nur der wirkliche Feldherr der Schlacht von Tannenberg von 1914 war, sondern überdies noch das Symbol der deutschen Ostkolonisation, der Mann, der die Niederlage jener ersten Schlacht von Tannenberg im Jahre 1410 wiedergutmachen sollte, die im Schloß Marienburg bei Königsberg, dem ehemaligen Regierungssitz des Deutschritterordens, ihr Denkmal besaß, wo die Wallfahrtsströme nicht abrissen und den Haß gegen alles Slawische ständig nährten. Doch obwohl ich in den Diskussionen mit meinen Mitschülern sehr entschieden auftrat, schloß man mich aus der Schülervereinigung nicht aus. Mein Verhalten und meine Äußerungen erschienen ihnen wohl derart absurd, daß man mit mir nichts Rechtes anzufangen wußte.

Man verstand auch nicht, warum ich mich historisch und völkerkundlich für die sogenannten »Wasserpolen«, ihre Mythologie und ihr magisches Zeremonial zu interessieren begann und mir viele Bücher darüber in der städtischen Bibliothek auslieh. Sie hatten speziell auf der Halbinsel Hela einen interessanten Ahnenkult, in dessen Zentrum eine Schlange stand, die im Hause gehalten und vom Familienvorstand mit Milch gefüttert wurde. Ich begegnete auf zahlreichen Ausflügen in der »Kaschubei« dieser Urbevölkerung, die der herrschenden Schicht nur noch als verdrängte und für ausgestorben gehaltene Unterschicht präsent war und bestenfalls in dem Schimpfwort »Pomuchelskopf«, dem Danziger Ausdruck für den Dorsch, weiterlebte. Diese Bevölkerung zeichnete sich in der Tat durch kugelrunde Köpfe aus, die man auch bei Mischlingen sofort wiedererkannte. Es dauerte bis zu Günter Grass, der wohl selber kaschubischer Herkunft ist und ihnen in seinem großartigen Romanwerk »Der Butt« ein liebevolles Denkmal setzte, nachdem die Polen wieder in ihre angestammten Lebensgebiete eingezogen sind. Damit sind die Kaschuben davor bewahrt worden, als mißachtetes Trümmerstück eines uralten Volkes in die Proletarisierung abgedrängt zu werden.

Mein schon erwähnter Freund Erich Ruschkewitz, ein Danziger Jude, mit dem ich im Sommer 1924 eine Spanienreise unternahm, hatte das Abitur im Jahr vor mir bestanden und hielt um Ostern 1924 die Abschlußrede im Namen der Schüler. Er schloß mit den klassischen Worten, von denen wir beide naiverweise dachten, daß wenigstens unsere Lehrer sie verstehen würden: »Rassenhaß, Klassenhaß, Massenhaß!« Aber so ernst war wohl der Humanismus, den man uns beibrachte, nicht gemeint gewesen; denn er verhinderte nicht, daß Erich Ruschkewitz und seine Mutter von den vermeintlich humanistisch erzogenen und »gebildeten« Deutschen 1940 oder 1941 vergast und verbrannt wurden. Ein ähnliches Schicksal hatte mein polnischer Freund Alfons Liczmański, den man – soviel ich nach dem Kriege erfahren konnte – erschoß. Man wird es mir wohl nicht verdenken, wenn ich seit jener Zeit am Humanismus als Bildungssystem beträchtliche Zweifel zu hegen begann.

Als das alles geschah, war ich schon sehr fern von Danzig, von dem mir als Erinnerung einzig eine unerhörte Verwirrung der Gefühle haftengeblieben ist, unter denen der Haß die erste Stelle einnahm, übrigens letztlich Haß gegen alle und jeden. Als ich eines Tages mit meinem Vater französisch sprechend in Jäschkenthal spazierenging, begegneten wir meinem Klassenlehrer, einem Herrn Neunast, den wir grüßten. Er zog es vor, unseren Gruß nicht zu erwidern, und sagte mir auch am nächsten Tag in der Schule den Grund: Leute, die auf der Straße französisch sprechen, grüße er grundsätzlich nicht. Ein deutscher »humanistischer« Studienrat muß eben wirklich immer ein Vorbild sein!

Noch schlimmer als mein französisches Erbteil wurden mir aber meine Beziehungen zu Juden angekreidet, wobei ein merkwürdiges Ungleichgewicht zutage trat: Mit meinen jüdischen Freunden habe ich immer ganz unbefangen über die Fragen des Antisemitismus und seiner Ursachen sprechen können, sogar über die Frage einer

Mitschuld der Juden. Wir hatten solche Gespräche in Danzig während der Schulzeit, in Wien und später, seit 1932, in Berlin, wo ich im Hause meines Freundes Edmund Goldberger lebte, der aus Krakau stammte, dessen Eltern aber in Danzig in nächster Nachbarschaft zu meinen Eltern wohnten. Mit nicht-jüdischen Kollegen oder Bekannten war dagegen ein solches Gespräch unmöglich. Der Haß verzerrte jedes Urteil: von einer Annäherung der Wertorientierungen konnte in keinem Falle die Rede sein. Andererseits hatten meine vielen Gespräche mit Juden zur Folge, daß ich zum ersten Male in meinem Leben die jüdische Kultur kennenlernte, sowohl in ihren menschlichen Ausprägungen wie in manchen ihrer geistigen Orientierungen. Mehr und mehr fühlte ich mich angezogen vom Judentum und von jüdischen Menschen, da ich bald eine tiefe Verwandtschaft insofern mit ihnen spürte, als ich mich gleichfalls ständigen Diskriminierungen ausgesetzt sah, aber auch vor der Aufgabe stand, diesen Diskriminierungen gegenüber moralisch standzuhalten und nicht in die bodenlose Dialektik gegenseitiger Beschuldigungen zu versinken. Mir fehlte zwar ein religiöses Organ, mit dessen Hilfe ich einen Standort der Gleichgültigkeit hätte finden können. Aber ich erlebte doch das »Prinzip Hoffnung« am eigenen Leibe, wenn es mir gelang, trotz aller Verdrossenheit über die Mißgunst der Verhältnisse immer wieder neu anzufangen. Der Jude ist der Mensch der Hoffnung, da ihm keine unangefochtene Machtbasis in dieser Welt gegeben ist (auch nicht in Israel). So wurde ich selbst, mindestens teilweise, zum Juden, insofern ich mehr an die Zukunft als an die Vergangenheit und Gegenwart dachte.

Die Torheit der von den Deutschen (speziell den Angehörigen der gebildeten Klassen) vorgebrachten Argumente, die heute noch die gleichen sind, nämlich vom monopolistischen Eindringen der Juden ins Wirtschaftsleben, wurde besonders deutlich in Danzig angesichts der armen Familien der aus dem revolutionären Rußland geflohenen Juden. Nichts hat mich so beeindruckt wie das ganz schlichte Erlebnis der Fröhlichkeit dieser unbefangenen Menschen beim Laubhüttenfest im September 1923 in Zoppot, bei dem ich wahrscheinlich der einzige nicht-jüdische Teilnehmer war. Aus dieser Fröhlichkeit sprach die Erlösung nach langer Bedrängnis, die Hoffnung auf einen neuen Anfang und eine bessere Zukunft – lauter Erfahrungen, die dem jüdischen Volk in seiner Geschichte immer wieder begegnet sind. Was mich die Situation bei dem Fest so intensiv und ansprechend erleben ließ, wie ich mir später bei eingehender Prüfung sagen mußte, war die völlige Abwesenheit von Großsprecherei und Gewaltandrohung, statt dessen eine fast verschämte Zutraulichkeit. Welcher Unterschied zu ähnlichen Veranstaltungen mit einem ausschließlich deutschen oder Danziger Publikum! Damals und in diesem Kreise war es auch, wo ich nach einer Kartenpartie mit jüdischen Freunden zum ersten Male die blauweiße mit einem Hängeschlößchen gesicherte Sparkasse des jüdischen Nationalfonds sah, in die ich – wie die anderen – einen Teil meines Gewinns einzahlte. Auch hier war also das Prinzip Hoffnung gegenwärtig, die Hoffnung auf eine Heimkehr nach Eretz Israel.

Ich fürchte, diese ganz unbefangene Fröhlichkeit ist vielen der damals Beteiligten bald vergangen, falls überhaupt noch irgendwer von ihnen lebt (obwohl das Entkommen aus Danzig einfacher war als aus dem Deutschen Reich). Aber das Gefühl menschlicher Wärme und Unmittelbarkeit der Ansprache ist mir fest haftengeblieben, wie überhaupt mein Verhältnis zu Juden seit jener Zeit ein besonderes war. Jüdische Freunde haben mich mein ganzes Leben bis heute begleitet und mir auch mehr als einmal geholfen, wenn ich ganz unten war.

Ich sagte schon, daß ich in Danzig nicht nur dem jüdischen Menschen, sondern vor allem der jüdischen Kultur in ihren verschiedenen Orientierungen begegnet bin. Bei meinen Reisen nach Polen konnte ich diese Erfahrung beträchtlich vertiefen. Eines Tages besuchte ich mit meiner Mutter in Warschau die große Synagoge, in der gerade ein Totengebet gesprochen wurde. Anschließend sang der Kantor mit großer, geschulter Stimme einige Strophen, die mir deutlich die Quelle des gregorianischen Gesanges offenbarten. Man hatte uns in eine Art Loge geführt, von der wir einen vollen Blick auf die Synagoge und den Sänger hatten. Freilich war das eine Veranstaltung des hochgebildeten jüdischen Bürgertums. Ganz anderer Natur war dagegen, was ich auf Dörfern erlebte: die vergeistigten und ausdrucksvollen Gesichter der armen Juden, die alle lesen und schreiben konnten und »das Buch« studierten. Hier erhielt ich die Gewißheit: falls Christus gelebt hat, kann er nur Jude gewesen sein. Das Christusgesicht, gezeichnet von Armut, Leid, Verfolgung und Hoffnung, konnte man im jüdischen Dorf an jeder Ecke treffen, bei Jungen und Alten.

Ich sah aber noch etwas anderes: da das Studium des »Buches« eine Pflicht für jeden erwachsenen Gemeindebürger war, entstand beim Judentum eine grundsätzlich positive Einstellung zum »Intellektuellen«. Das blieb letztlich auch in Israel erhalten, wo vor allem die Vereinbarkeit von Handarbeit und Intelligenz deutlich demonstriert wurde. Die Antipathie wandte sich gegen alles bourgeoise Scheinenwollen; so erlebte ich es bei einer Abfahrt in einem winzigen (und sehr billigen) griechischen Schiffchen von Tel Aviv, wo der Hafen 1926 oder 1927 nur aus ein paar schweren Planken bestand. Vor mir stand ein riesig erscheinendes deutsches Schiff, aus dem soeben der Kran einen Bechstein-Flügel, wie man in großen Buchstaben deutlich lesen konnte, heraushob. Dazu mein Begleiter, ein sozialistischer Zionist aus Bessarabien in seinem schönsten Jiddisch: »Es ist nichts mehr mit Eretz Israel. Die Jeckes kommen.« Damit war die deutsche jüdische Bourgeoisie gemeint, der das Leben in der »Grenzersituation« oft recht schwer fiel.

Wieder anders wurde ich beeindruckt, als ich in Polen den Chassidim begegnete und zuerst von der Legende des Baal Schem Tof hörte, der die Welt verschleiert, so daß nur der Gläubige hindurchzublicken vermag. Später wurde mir die Malerei Marc Chagalls zum einzigartigen eindrucksvollen Dokument dieser jüdischen Subkultur. Ich begriff auch, welche Rolle für ihn das kleine jüdische Dorf in Galizien oder Rußland spielte. Es war nicht nur Witebsk, wo er geboren war; es war eine Art verklärter jüdischer Gegenwart, die an jedem Ort und zu jedem Moment aufscheinen konnte. Und das war keine gelehrte rabbinische Tradition, sondern ein naiver Volksglaube, der Gott überall in der Welt erblickt, ganz gleich in welcher Verkleidung, und sei es als schwebender Violinspieler in den Wolken hoch über einem tiefverschneiten Dorf. Später fand ich eine Parallele zum Glaubenssystem der Chassidim in der Religion der Hopi-Indianer in Arizona, wenigstens in der Darstellung durch Frank Waters. Was mich aber am meisten beeindruckte, war die fast kindliche Fröhlichkeit dieser ärmsten unter den armen polnischen Juden von damals. Als ich kürzlich das Buch von Saul Bellow über Israel las und seine Beschreibung der vielen Chassidim, die im Flugzeug munter herumsprangen und sich fast reigenhaft beschwingt mit ihren schwarzen Röcken und großen Hüten bewegten, da war plötzlich diese Wirklichkeit aus Ostpolen weit hinter Lemberg wieder vor meinen Augen, als sei es gestern gewesen. Wird sich diese kleine Welt von Menschen heitersten Gemüts in Israel halten können?

In Danzig sollte ich später auch das Erlebnis der Diskriminierung, das ich schon als Kind gehabt hatte, als Erwachsener nochmals durchleben. Nach 1933 kam ich nur noch selten nach Danzig, lernte aber dort den vormaligen Regierungspräsidenten Hermann Rauschning kennen und schätzen, der den Mut hatte, als Präsident zu demissionieren, aus der NSDAP auszutreten und ganz allein den Kampf gegen Hitler aufzunehmen, wovon später sein Buch »Gespräche mit Hitler« zeugte. Als wir einmal gemeinsam in Danzig auf eine Straßenbahn warteten und gerade einsteigen wollten, stand vor uns ein gewisser Rechtsanwalt Schlemm mit seinem Sohn, einem ehemaligen Klassenkameraden von mir. Bevor ich die beiden begrüßen konnte, hasteten sie durch den Straßenbahnwagen und stiegen vorn wieder aus. Rauschning, der natürlich den angesehenen Anwalt kannte, spürte mein Erstaunen, ja meine Verdutztheit und sagte in seiner weichen, westpreußischen Aussprache: »Ja, von jetzt an werden Sie sich daran gewöhnen müssen!« Ich schämte mich so sehr für das Verhalten der beiden Schlemms, daß ich Rauschning nichts davon sagte, daß Vater Schlemm mit meinem Vater in Magdeburg in derselben Schulklasse gewesen war, genau wie ich eine Generation später mit dem Sohn. Hier war also eine Familienfreundschaft von zwei Generationen am politischen Größenwahn deutscher Bildungsbürger jählings zerbrochen. Nach dem Kriege schrieb mir der Sohn, ich war damals noch in Zürich, und bat mich um eine Bestätigung, daß er niemals Nationalsozialist gewesen sei. Ich ließ seinen Brief, den mir meine Mutter vermittelt hatte, zwar unbeantwortet, hege aber doch die verwegene Hoffnung, daß der Absender irgendwann einmal dieses Buch lesen wird. Die Worte Rauschnings, den ich später in der Emigration in England, in Frankreich und in der Schweiz wiedertraf, haben mich auf meinem ferneren Wege noch lange begleitet – auf einem Wege, der genauso diskriminationsreich verlaufen ist wie der seine, nur daß Rauschning – viel älter als ich und arriviert – etwas Geld besaß, mit dem er sich später in den Vereinigten Staaten eine neue Existenz als Farmer aufbauen konnte, was ihn aber nicht hinderte, sowohl vor und während des Krieges einige interessante Bücher zu veröffentlichen (außer den »Gesprächen« noch die vorzügliche Studie »Revolution des Nihilismus«) als auch nach dem Kriege sein Buch »Zeit des Deliriums«, ein Plädoyer für eine Neuorientierung der deutschen Politik, das ich in der Zürcher »Weltwoche« (9. Januar 1948) besprach.

Aus Danzig nahm ich den Abscheu vor deutschem Nationalismus und Rassenwahn auf meinen Lebensweg mit. Doch ich beschloß auch, wo immer ich diesen Einstellungen begegnen würde, ihnen sofort mit aller Härte entgegenzutreten. Erneut war mir klargeworden, daß nicht so sehr die Existenz sozialer Vorurteile das Problem ist – sie gehören gewissermaßen zur Alltagsstruktur der menschlichen Weltorientierung –, als vielmehr die Notwendigkeit des ständigen Kampfes gegen sie. Danzig war für mich gewiß eine negative Erfahrung, und in der Tat ist mir die Erinnerung an jene Zeit weitgehend entschwunden. Ganz anders stand es dagegen mit Wien, wo ich im April 1925 meine Universitätsstudien begann. Im Gegensatz zu Danzig war dieses Erlebnis ganz positiv: ohne die drei Semester in Wien wäre ich nicht, was ich heute bin.

III. Studienbeginn in Wien: Begegnung mit der Türkei im Umbruch

Wien war damals der große Verlierer des Ersten Weltkrieges, aber es war – im Gegensatz zu Danzig und zum Deutschen Reich – ganz durchdrungen von einem humanen Gefühl und von Toleranz, speziell auch bei den Studenten und Professoren, die ich während meines Aufenthaltes kennenlernte. Wien war damals wie schon vorher der Treffpunkt der verschiedenen Kulturen Osteuropas bis nach Rumänien und des Balkans, die hier einträchtig zusammen lebten und arbeiteten. So war es auch auf eine sehr bestimmte Weise höchst unkonventionell im interkulturellen Austausch, selbst wenn als Lingua Franca die deutsche Sprache herrschte. Aber das war ein ganz anderes Deutsch als das der Reichsdeutschen. Es war eben Österreichisch. Nicht nur daß süddeutsche Mundarten insgesamt versöhnlicher wirken als die norddeutschen, auch der Werthorizont ist ein ganz anderer. Ohne den zentralen Gedanken der Toleranz hätte das Habsburger Reich nie zusammenhalten können. Zerstört wurde es noch während des Ersten Weltkriegs durch die Deutschtümelei der Ratgeber des greisen Kaisers Franz Joseph. Aber dieser Anfall von Deutschnationalismus hielt gottlob nicht lange vor. Zu meiner Zeit lebte er einzig bei jenen »einsatzbereiten« reichsdeutschen Studenten weiter, die mich anrüpelten, als sie in der Eingangshalle der Universität den schwer kriegsinvaliden Sohn Hugo Bettauers, des mißliebigen Autors der »Freudlosen Gasse«, in blödem Machtrausch zusammengeschlagen hatten und ich dazwischengesprungen war, um ihm zu helfen. Auch hier also die reichsdeutschen Chauvinisten als Störfaktor erster Ordnung, wobei sie vom deutschen Generalkonsulat noch unterstützt wurden. Es gab in der Tat eine Art reichsdeutscher Studentenvereinigung, zu deren Mitgliedschaft man zwangsverpflichtet wurde, und die Einstellung der Mitglieder war entsprechend. Es war im Grunde eine perfekte Aktionszentrale für rechtsradikale Aktivitäten. Ich machte mich äußerst verdächtig, als ich es ablehnte einzutreten und die mir unverlangt mit Rechnung übersandte Mitgliedskarte ohne ein Wort (und ohne Zahlung) zurücksandte.

Dagegen war der durchschnittliche Wiener Kleinbürger zwar »raunzig« aber tolerant, da er ja selber tschechischer, slowakischer, polnischer, ungarischer, slowenischer, serbokroatischer Abkunft war – ganz abgesehen von den vielen anderen kleinen Völkerschaften. Ohne Toleranz konnte Österreich einfach nicht existieren, darin lag seine menschliche »Genialität«, wie Robert Musil in seinem »Mann ohne Eigenschaften« sagt. Als wir beide als Emigranten in der Schweiz lebten, hörte ich ihn im Zürcher Lyzeumsclub das betreffende Kapitelchen »Kakanien« vorlesen; er wurde am Ende von Tränen übermannt und verließ das Podium für wenige Minuten. Erschüttert und schweigend verharrte das Publikum, das ihn verstanden hatte. Viel später nach dem Krieg vernahm ich das gleiche zutiefst österreichische Bekenntnis aus dem Munde des von mir sehr geliebten Dichters und Dramatikers Franz Theodor Csokor. In einem Gespräch mit einem nationalsozialistischen deutschen Studenten, der plötzlich Toleranz auch für den Nationalsozialismus beanspruchte, erwiderte Csokor schlicht: »Toleranz gilt nur für die, die selber Toleranz zu gewähren bereit sind.« Das heißt: Toleranz bedeutet keineswegs, »alles« tolerieren, sondern steht unter dem Gesetz ganz bestimmter Wertvorstellungen, unter denen Gegenseitigkeit die oberste ist.

Obwohl der Brand des Wiener Justizpalastes im Juli 1927 das Ende dieser glücklichen Periode anzeigte, muß gesagt werden, daß trotz des nationalistischen Zwischenspiels nach dem Tode von Kaiser Franz Joseph und trotz allen Unglücks und aller erbärmlichen Armut um 1925 ein kurzer Moment des Ausgleichs bestand, in dem Österreich sein Bestes zu geben wußte, wie die geradezu unglaubliche Blüte von Literatur, Kunst, Architektur, Musik, Theater und Wissenschaft jener Jahre beweist, an der zudem fast die ganze Bevölkerung Wiens partizipierte. Wien war damals ein erstes Beispiel im deutschen Sprachraum für einen »Kulturkonsum«, der wirklich nahezu alle sozialen Klassen erfaßte, wie man es vorher nur von Paris kannte.

Der Beginn meiner Studien in Wien brachte mir zugleich die Begegnung mit einer weiteren Sprache und einer neuartigen Revolution: mit der türkischen Sprache und dem Aufstieg des großen Reformers der Türkei, Kemal Atatürk. Wie so häufig wirkten mehrere Zufälle zusammen, um mich mit dem türkischen Kulturkreis in Kontakt zu bringen. Dazu gehörte als verhältnismäßig äußerlicher Anlaß, daß ein Vetter meines Vaters, Erich Prigge, geraume Zeit während des Ersten Weltkriegs deutscher Militärattaché bei der Hohen Pforte gewesen war, wo er übrigens auch mit dem späteren Reformer Afghanistans, Amanullah Khan, zusammentraf, den ich bei Gelegenheit seines Besuches in Berlin 1928 im Hause meines Onkels kennenlernte. Mit meinem Onkel hatte ich schon oft über die Türkei gesprochen. Ein zweiter Zufall war das polnische Reisebüro in Danzig, das ich wegen meiner Abiturientenreise nach Wien um Rat gefragt hatte. So fuhr ich im Februar 1925 über Warschau, Lemberg, Bukarest und Constanza nach Istambul und von dort etwa sechs Wochen später im Konventionalzug nach Wien. Ich hatte mir in einem Danziger Antiquariat eine kleine türkische Grammatik gekauft, die meine ersten Schritte erleichterte, obwohl man damals in Istambul alles sprechen konnte: deutsch (resp. österreichisch), französisch, italienisch, levantinisch, spanisch oder spaniolisch bei den sephardischen Juden, aber auch russisch mit den Flüchtlingen von 1917 sowie zahlreiche orientalische Sprachen; nur Griechisch war als Folge des türkisch-griechischen Krieges von 1923 verschwunden. Ein letzter Zufall bestand schließlich darin, daß sich bei der Immatrikulation an der Universität Wien mein Nachbar in der Schlange vor der Quästur im Gespräch als Türke erwies: mein nachmaliger Freund Mehmed Aziz. Er hatte die Türkei aus politischen Gründen verlassen, wie er mir später erklärte. Von ihm lernte ich türkisch anhand einer Kinderfibel, nur daß ich natürlich viel schneller vorankam als ein Kind. Aber es war nicht nur Neugierde, was mich zum Türkischen brachte, sondern auch der Wunsch, außer dem Hebräischen noch eine andere, nicht primär mit den indoeuropäischen zusammenhängende Sprache kennenzulernen. So ging ich auch in den Vorlesungen und Seminaren von Professor Krälitz-Greifenhorst den Ursprüngen des Türkischen im Mongolischen nach. Gleichzeitig las ich das Werk des Wiener philosophischen Außenseiters Fritz Mauthner über Philosophie der Sprache. Da für Mauthner Einheit zwischen Sprechen und Denken bestand, wurde mir gerade durch ihn eine soziologische und kulturanthropologische Grundwahrheit vermittelt, nämlich die Erkenntnis, daß zu verschiedenen Sprachgruppen verschiedene Weltbilder gehören müssen. Im Grunde war das die gleiche Problematik wie bei Edward Sapir, nur daß Mauthner seinen Ausgang von der Philosophie und der Logik nahm, während Sapir umgekehrt verfuhr, von der kulturellen und sozialen Vielfalt zur Logik und zur Unterscheidung von Objektsprache und Metasprache. Später vertieften sich diese Gedanken bei mir in Paris unter dem Einfluß von Marcel Mauss.

Mit Mehmed Aziz sprach ich über ähnliche Dinge. Wir fragten uns zum Beispiel, wie es möglich sein sollte, mit der ganz eigenen türkischen Sprachlogik Wissenschaftsprobleme des rationalistischen Westens zu erfassen. Weil Kemal Atatürk daran glaubte, Mehmed als »Alt-Türke« aber nicht, war er emigriert. Im Unterricht wies er mich immer wieder auf die logischen Differenzen im Bildaufbau der türkischen und der französischen oder der deutschen Sprache hin. Diese Differenzen haben zweifellos zeitweise eine Art schizophrener Spannung in der türkischen Sprache erzeugt. Heute ist das wohl überwunden. Aber das Türkische von heute ist auch nicht mehr das Türkische von damals. Ein wesentlicher Teil der Sprachkrise des Türkischen in den letzten fünfzig Jahren lag zweifellos darin, daß sich die Sprache den neuen geistigen Anforderungen, Bildfolgen und logischen Elementarvorstellungen anpassen mußte. Das war viel einschneidender als der Übergang von der arabischen zur lateinischen Schrift, obwohl dieser gewiß auch dazu beigetragen hat, den Abstand vom Alttürkischen der Hohen Pforte zum Neutürkischen zu vertiefen.

Ein ähnliches Problem wie mit dem Türkischen begegnete mir zur selben Zeit mit dem Ivrit, also dem modernen Hebräischen. Auch hier war wieder der Zufall leitend. Unter den Studenten des Instituts fand ich eine ganze Reihe bessarabischer Juden, die zur Pioniergeneration der Zionisten gehörten. Um sich besser in Europa bewegen zu können, bat mich einer von ihnen, ihm Französisch beizubringen, was ich gern tat. Als wir schon viele Wochen gearbeitet hatten, fragte er mich, ob ich nicht als Gegenleistung meinerseits Unterricht in Ivrit nehmen wollte, was ich dankbar annahm. Er hieß Kaplewatzki und war der Verfasser einer neuhebräischen Konversationsgrammatik, was mir erlaubte, mit ihm dasselbe Problem wie mit Mehmed Aziz zu besprechen, nämlich wie eine »alte« Sprache an »neue« Bedürfnisse angepaßt werden kann, um den völlig neuartigen Entwicklungen geistiger, sozialer, kultureller, politischer und schließlich wissenschaftlicher Art Rechnung zu tragen. Dieses Problem ist mindestens ebenso bedeutend wie das des sozialen Wandels insgesamt, der Modernisierung und Mobilisierung neuer Kräfte, Bedürfnisse und Anpassungstechniken impliziert.

Aus Interesse an diesen Fragen versuchte ich auch, mir im Institut für orientalische Sprachen elementare Kenntnisse des Arabischen, des Persischen, des Chinesischen und sogar des Aztekischen zu verschaffen, um wenigstens die Strukturen dieser Sprachen und gewisse qualitative Grundelemente kennenzulernen. Damit war ich bereits unversehens in die Soziologie hineingeglitten, obwohl ich eigentlich Philosophie und Psychologie studieren wollte.

Eine Zeitlang paukte ich sogar einen arabischen Studenten aus Bagdad für das Nebenfachexamen im Persischen ein. Das erwies sich jedoch als unerwartet harter Job. Nicht nur, weil meine Persischkenntnisse nicht sehr weit reichten, sondern auch weil er gar nicht verstehen konnte, daß das Persische trotz gleicher Schrift vom Arabischen gänzlich verschieden ist. Also Vorurteile auch hier.

Alle diese Erfahrungen lagen im Grunde auf einer Linie mit denen meiner Kindheit, als ich lernen mußte, daß es viele kulturelle Möglichkeiten gibt, die gleichen sozialen Probleme zu lösen. Doch nun wuchs mein Bewußtsein dieser Probleme rasch, besonders bei der Lektüre von Fritz Mauthner.

Eine vollkommen neue Erfahrung machte ich dann im Verlauf meiner Reisen in die Türkei 1925–27: ich erlebte die Folgen einer Revolution, die der Ausdruck einer geplanten Entwicklung war. Während sich damals die Augen der Welt vor allem auf Rußland richteten, vernachlässigte man sträflich das türkische Experiment, das im Grunde eine hochbedeutsame, eigenständige Variante der großen russischen Revolution darstellte. Ich sehe darum in der Türkei eine besondere Bedeutung für die Entwicklung der modernen Weltgeschichte, weil das Land, statt nach dem Zusammenbruch der Hohen Pforte in Apathie und Stagnation zu versinken, spontan in eine neue Entwicklungsphase eintrat, die bis heute – mehr als ein halbes Jahrhundert danach – noch immer andauert. In meinen Augen ist die Türkei das Musterbeispiel für ein altes Volk, das sich durch seinen Imperialismus und Größenwahn zugrunde gerichtet hat, neuerdings aber in einem viel bescheideneren Rahmen – und mit entsprechend großen Problemen – wiederaufersteht (wie etwa die Schweiz nach der Schlacht von Marignano).

So brachte mir die Bekanntschaft mit einer neuen Sprache erneut und verstärkt die Erfahrung des sozialen Wandels, wie ich ihn auch schon in Polen erlebt hatte. Es war dies übrigens ziemlich genau die Zeit, als Kemal Atatürk das Tragen der traditionellen türkischen Tracht und den Fez als Kopfbedeckung verbot; durch meinen späteren Kollegen, den Zürcher Juristen August Egger, wurde zugleich das Schweizerische Zivilgesetzbuch in der Türkei eingeführt. Außerdem wurde die arabische Schrift durch die lateinische und eine aus der ungarischen fortentwickelte Orthographie ersetzt. Das war für die türkische Sprache schon die zweite Schriftreform, nachdem Jahrhunderte vorher das ursprüngliche mongolische Alphabet, das für die besonderen Lautverhältnisse des Türkischen zweifellos am adäquatesten war, durch das arabische verdrängt worden war.

Seit jener Zeit war mir die besondere Problematik dessen bewußt, was man heute im Deutschen mit dem sehr ungenügenden Ausdruck »Entwicklungsländer« bezeichnet; ungenügend und irreführend, weil er den Anschein erweckt, als würden sich die anderen (Industrie-)Länder nicht entwickeln. Darum ziehe ich den Ausdruck »verspätet« oder »wirtschaftlich unterentwickelte Gesellschaften« vor, obwohl gerade der letztere Terminus genauso große Probleme impliziert wie der der Entwicklungsländer: er erweckt nämlich den Eindruck, als seien die anderen Gesellschaften »hinreichend« entwickelt. Doch es bedurfte wohl nicht erst der Kulturrevolutionen in Amerika seit 1964, in Westeuropa seit 1968, um auch dem Blinden klarzumachen, daß in unseren vermeintlich »progressiven« Gesellschaften sehr vieles weit davon entfernt ist, hinreichend entwickelt zu sein. So bleibt eigentlich als relativ brauchbar nur der Begriff der »verspäteten« Gesellschaften übrig, falls man nicht den politischen Begriff der »Dritten Welt« vorzieht.

In den folgenden Jahren der Zwischenkriegszeit erweiterte ich meine Erfahrungen aus der Türkei durch Reisen in Marokko, Algerien, Tunesien, Ägypten, Syrien, Iran und im alten Palästina. Ich wiederholte diese Reisen nach dem Zweiten Weltkrieg 1955–56 und lernte dabei insbesondere Tunesien besser kennen, wo ich bei verschiedenen Gelegenheiten, bei Kongressen und am Institut Ali Bachamba Vorlesungen hielt, zuletzt im Januar 1974 an der Universität Tunis. Eine Fernwirkung dieses Interesses war es auch, die mich dazu geführt hat, von 1962 bis 1978 ein Ausbildungshilfeprojekt im Rahmen einer Partnerschaft der Universitäten Köln, Bonn und Bochum mit der Wirtschaftsfakultät Kabul zu verwalten, wovon in einem späteren Kapitel noch eingehend zu berichten sein wird. Ich hatte mich in der Tat seit 1925 auf eine solche Tätigkeit vorbereitet, wobei ich jeweils auf der Durchreise nach Afghanistan meine alten Beziehungen mit dem Iran wiederaufnahm, dessen Entwicklungstempo in den letzten Jahren einen wahrhaft explosiven Charakter angenommen hat.

In der Person meines Freundes Mehmed Aziz lernte ich aber auch den typischen Intellektuellen aus einem wirtschaftlich unterentwickelten Lande kennen. Zwar war er vom konservativen und nicht vom progressiven Flügel, aber er teilte mit allen die schmale wirtschaftliche Basis, die für ihn noch relativ breit war, da er sich als Emigrant in Wien schon alle möglichen Verbindungen geschaffen hatte. Ganz anders stand es mit den einheimischen Intellektuellen, deren einziger Ausweis oft nur im Besitz einiger weniger Bücher europäischer Herkunft und einiger Sprachkenntnisse bestand. So traf ich etwa Bosnali Riza, einen Flüchtling aus Bosnien nach dem Rückzug der Türken, wie der Name sagt. Die Türken hatten in Bosnien viele Familien islamisiert, um sich einen politischen Rückhalt im Lande zu schaffen, und später wurden diese Familien vertrieben. Ich traf Bosnali Riza in Brussa, einem Landstädtchen hinter Mudania am Marmarameer. Sein Lebensraum war das primitive Kaffeehaus, das ihm auch als Adresse diente. Er konnte lesen und schreiben – und zwar nicht nur türkisch, sondern auch deutsch. Wovon er lebte, war und blieb mir ein Rätsel. Ich machte Ausflüge mit ihm in die Ruinenfelder von Nicea und zahlte ihm eine bescheidene Summe für seine Führung; wichtiger waren unsere Gespräche, in denen er sich als Fürsprecher des Fortschritts deklarierte und Schulunterricht für alle forderte. Es war die gleiche Mentalität, wie ich sie dreißig Jahre später bei dem türkischen Lehrer Mahmud Makal vorfand, der eine ganze Literaturwelle in der Türkei mit seinem Büchlein »Bizim Kjöj« (Unser Dorf) ausgelöst hat. Man hat ihn als Kommunisten beschimpft; das war ein bitterer Irrtum: er war nur ein armer Lehrer. Natürlich wollte das erfolgsbesessene türkische Bürgertum nichts von der Armut im Hinterland fern von den Städten wissen, insbesondere nichts von den Verhältnissen im öden Hochland von Anatolien. Dennoch waren Männer wie Makal die Bewußtseinswächter der Nation, trotz der verzweifelten Armut, in der sie lebten. Um sich ein Bild davon zu machen, lese man in der genannten Dorfbeschreibung nach, wie jeder Fetzen Papier sorgfältig aufbewahrt wurde, um die unverglasten Fenster der auch in bitterkalten Wintern nicht heizbaren Schulzimmer zu verschließen.

Schon während meiner ersten Türkei-Reisen in den Jahren 1925–27 war deutlich zu erkennen, wie ein Teil der Bevölkerung – und zwar weder der kleinste noch der schwächste – den Reformen Atatürks intensiven Widerstand entgegensetzte. Obwohl die Schriftreform gleich nach dem Ersten Weltkrieg beschlossen worden war, wagte sich die neue Schreibweise nur langsam hervor. Ich hatte das Türkische selbstverständlich noch in der alten Schreibweise gelernt. Das brachte mir bei meinen damaligen Touren durch die kleinasiatische Türkei viele Vorteile, da wegen des eben erst beendeten türkisch-griechischen Krieges viele Bestimmungen des Kriegsrechts noch nicht aufgehoben waren und man für jede Fortbewegung von einem Ort zum anderen einen Antrag stellen mußte und einen Passierschein erhielt, der im Paß eingeklebt wurde. An den Polizeistationen standen damals regelmäßig schreibkundige Männer, die davon lebten, daß sie reisenden Ausländern beim Ausfüllen der vielen Formulare halfen. Man nannte sie »Dragomane«, heute ein ausgestorbener Beruf. Da ich mir als Student das »Honorar« für den Dragoman nicht leisten konnte, füllte ich die Formulare selber aus, was regelmäßig zur Folge hatte, daß der betreffende Amtsleiter, nachdem er meine Papiere gelesen und an einigen kleinen Fehlern erkannt hatte, daß ich alles selber ausgefüllt haben mußte, zu mir herauskam, um den ungewöhnlich sprachkundigen ausländischen Studenten persönlich zu begrüßen; die jeweils beantragte Reise wurde mir ausnahmslos sofort genehmigt, häufig bekam ich eine Tasse Kaffee oder ein Glas Tee serviert, dazu ein informatives Gespräch.

Was damals ein Vorteil war, wurde mir später zum Handicap; denn ich mußte mir spätestens seit Ende der zwanziger Jahre sagen lassen, daß ich zur alten Generation gehörte, weil ich eben das Türkische immer noch im arabischen Duktus schrieb, und ich hatte die größten Schwierigkeiten, mich an die neue Orthographie zu gewöhnen. Damit erhielt ich freilich eine gute Lektion darüber, wie schwer es sein mag, eine noch so gerechtfertigte Reform durchzuführen. Wenn es nicht einmal mir als Nicht-Türken gelang, mich von der eben erst gelernten Schreibweise ohne weiteres zu trennen, wieviel schwerer mußte das dann für die Einheimischen sein, die in dieser Sprache und Schrift seit Generationen aufgewachsen waren! Es genügt ja nicht, das Neue zu lernen; man muß das Alte gewissermaßen gleichzeitig »entlernen«, und das macht zweifellos Schwierigkeiten eigener Art. Diese sind um so schwerer zu überwinden, als das Problem von den Linguisten bis heute im Grunde noch nicht untersucht worden ist. Da Sprache das gesamte Wahrnehmungssystem des Menschen in der Tiefe bestimmt, kann man sie nicht mit einem Schlage durch ein Kommando »löschen« wie etwa in einem modernen Computer. Der Wandel impliziert vielmehr eine totale Umstellung des Menschen, die ihre Zeit braucht, selbst wenn zunächst nur die Schrift verändert wird. Da es aber regelmäßig im Interesse der Reformatoren liegt, schnell voranzukommen, ist Gewaltanwendung im Laufe der Modernisierung kaum jemals zu vermeiden, was selbst bei ursprünglich positiv eingestellten Menschen Widerstand hervorruft. Dieser reicht dann von bewußter Ablehnung der Neuerungen bis zu ganz unbewußt weitergetragenen Gewohnheiten, die aber unter Umständen symbolischen Wert und damit eine enorme Kraft des Widerstands gewinnen können.

Ein gutes Beispiel dafür erlebte ich, als im Zuge der Reformen – wie schon erwähnt – den Männern das Tragen des »Tarbusch«, der traditionellen topfförmigen roten Filzmütze mit schwarzer Quaste, die auf der Mitte des runden Deckels befestigt war, untersagt wurde. Sie war ein Symbol des ottomanischen Reiches, von dem man sich losgesagt hatte. Aber selbst Männer, die dem Neuen ganz aufgeschlossen waren, konnten sich von der alten Kopfbedeckung nicht trennen und nahmen lieber eine Polizeistrafe auf sich als nachzugeben. Dazu kamen zweierlei verstärkende Umstände: erstens gab es damals kaum andere Kopfbedeckungen zu kaufen, was aber wahrscheinlich durch irgendein Provisorium zu lösen gewesen wäre; zweitens durfte man die Moschee nicht unbedeckten Hauptes betreten, und das war nun schon viel ernster. Mochte man eine allgemeine Säkularisierung – wie Atatürk sie forderte – wohl noch hinnehmen, so war es doch etwas ganz anderes, nun plötzlich die Moschee zum Gebet am Donnerstagabend oder am Freitag nicht mehr betreten zu dürfen, da man keine geeignete Kopfbedeckung besaß. Und das gab dem ganzen Vorgang im Nu eine symbolische Bedeutung auch für jene, die es schon längst aufgegeben hatten, in der Moschee zu beten.

Da aber gleichzeitig auch das Tragen »nationaler« Kostüme verboten wurde, brach in der Türkei eine regelrechte Kleiderrevolution mit so verheerenden Folgen aus, daß vielen auch sehr gutwilligen Türken wohl einige Jahre lang der Atem verschlagen wurde. Denn plötzlich kam es zu einem Massenimport von getragenen Kleidern aus Europa, die das bisherige wenn auch armselige, so doch bunte Straßenbild innerhalb weniger Wochen in ein Meer von Lumpen verwandelten; das geschah 1926, soweit ich mich erinnere, mag aber schon 1925 eingesetzt haben. 1927 war dieser Prozeß abgeschlossen, die Kleiderreform vollendet. Da die Türkei damals nach den Balkankriegen, nach dem Ersten Weltkrieg und nach dem türkisch-griechischen Krieg von 1923 viel zu arm war, um eine Alternative zu dieser Art von Kleiderreform auch nur in Erwägung zu ziehen, blieb einzig die Gewaltsamkeit des Vorgangs den Menschen im Gedächtnis haften, was zweifellos die Grundlagen für die vielen anderen Widersprüche in der türkischen Entwicklung der folgenden Jahre geschaffen hat, die bis heute nachwirken. Zu Beginn vollzog sich das sicher ganz unbewußt, so wie der Durchschnittstürke von damals den allmählich importierten europäischen Filzhut wie einst den Tarbusch vorn senkrecht auf dem Kopfe trug, was den europäischen Beobachter äußerst seltsam anmutete. Am schnellsten und folgenlosesten verschwand interessanterweise der Gesichtsschleier der Frauen, was wohl ein Zeichen ist, daß die Zeit damals wenigstens dafür reif gewesen war.

Von größerer Bedeutung war aber eine andere Einsicht Makals über das nach wie vor nicht gelöste Verhältnis zwischen weltlicher und religiöser Ordnung. Früher hieß es in einem Gerichtsverfahren: »Der Kadi (Dorfrichter) hat sich erhoben, der Kaymakan hat seinen Platz eingenommen«, wobei letzterer ein Provinzialbeamter war (im Gegensatz zum Kadi, der ein Laienrichter ist). Jetzt dagegen heißt es: »Der Kadi hat sich erhoben, der Hodja (Priester) hat seinen Platz eingenommen.« Denn die Verwaltung ist so weit weg von dem verlorenen Dorf, daß sie es einfach nicht erreicht. Damit bleibt auf Grund mangelnder Reichweite des Staates die Priesterschaft trotz aller Säkularisierung häufig einer der mächtigsten Faktoren im islamischen Orient, was in unseren Tagen in Iran zu einer Priesterrevolution geführt hat, der es gelungen ist, einen in voller Entwicklung befindlichen großen Staat binnen weniger Wochen weitgehend zu paralysieren.

Meine erste Begegnung mit der Türkei – als junger Student, der noch nicht einmal sein erstes Semester begonnen hatte – beeindruckte mich so tief, daß sie mich für Jahrzehnte begleiten sollte, sicherlich mein ganzes Studium hindurch – bis ich im Frühjahr 1955, also 30 Jahre später, von der UNESCO eingeladen, eine Vorlesungsreise unternahm, diesmal als ausgebildeter Soziologe, der mit Kollegen Kontakt aufnahm und von diesen als Ehrenmitglied der türkischen Soziologengesellschaft aufgenommen wurde. Veranlaßt wurde das Ganze durch die Lektüre des schon erwähnten Buches von Mahmud Makal. In Wahrheit hatte ich allerdings mittlerweile erkannt, daß die Türkei von allen orientalischen Ländern zweifellos die größten Fortschritte auf dem Gebiet der Soziologie gemacht hatte, seit Ziya Gökalp (1875–1925), in Paris in der Durkheim-Schule ausgebildet, seine Tätigkeit begonnen hatte, die wesentlich mit den Reformen Atatürks verbunden war. Mitte der dreißiger Jahre kaufte ich mir in Paris eine vorzügliche Biographie über ihn, die Findikoglu Ziyaeddin Fahri 1936 veröffentlicht hatte. Letzteren lernte ich dann später in Istambul persönlich kennen. Unterdessen aber hatte die Türkei ihre größte Leistung für die europäische Soziologie vollbracht, nämlich die Rettung eines der großen Manuskripte Emile Durkheims vor den Deutschen, die es zweifellos vernichtet hätten (wie sie es mit anderen taten), wenn es während des Krieges in Frankreich verblieben wäre. Die Veröffentlichung der »Leçons de sociologie: Physique des mœurs et du droit« (1950) machte der Welt ein klassisches Dokument der europäischen Soziologie zugänglich, das ohne die Türken mit größter Wahrscheinlichkeit heute nicht mehr existieren würde.

Auf alle diese Fragen stieß ich in meinen Wiener Jahren allein dank meiner Begegnung mit einigen türkischen Intellektuellen und der Lektüre des Buches von Fritz Mauthner. Bald wurde ich in Paris von neuem auf die gleiche Problematik gestoßen. Nach wie vor war es aber für meinen Werdegang bezeichnend, daß ich mich mit Soziologie noch nicht abgegeben hatte, als mir zahllose soziologische Probleme bereits recht nahe auf den Leib gerückt waren.

Dementsprechend hatten auch meine Studienfächer nichts mit Soziologie zu tun, ganz abgesehen davon, daß man damals an der Universität Wien Soziologie überhaupt nicht hätte studieren können. So war Islamistik mein Nebenfach, Philosophie und Psychologie das Hauptfach. Geschichte der Philosophie hörte ich bei Robert Reininger, der jedes Wort (auch die Tippfehler) vom Manuskript ablas und bei dessen Vorlesung über Nietzsche man in Tiefschlaf verfiel. Die Vorlesungen über Logik und Wissenschaftstheorie bei Moritz Schlick (der 1937 von einem Studenten ermordet wurde) erfüllten mich mit zwiespältigen Gefühlen; es war meine erste Begegnung mit der Wissenschaftslogik österreichischen Stils, auf die ich sogleich zurückkommen werde. Sehr beeindruckt haben mich die brillant vorgetragenen Kollegs von Karl Bühler und seiner Frau Charlotte über allgemeine und spezielle Psychologie. An dem psychologischen Institut, das sie leitete, hielt ich später mein erstes Referat über Henri Bergson, nachdem ich in Paris ein paar Vorlesungen von ihm am Collège de France gehört hatte. Das Institut befand sich damals am Ring, gegenüber dem Parlament, im gleichen Haus wie das Wiener Schulamt. Dort lernte ich 1925 oder 1926 Paul F. Lazarsfeld kennen, der mich immerhin so nachhaltig beeindruckte, daß ich mir sein Büchlein über »Die Arbeitslosen von Marienthal« bald nach Erscheinen (1934) in der Schweiz kaufte, obwohl mir das in meiner Emigrantensituation alles andere als leicht fiel. Aber in Deutschland war Literatur dieser Art damals bereits nicht mehr verfügbar. Wir sahen uns erst im Herbst 1952 an der Columbia University in New York City wieder, als ich als Rockefeller-Stipendiat in den Vereinigten Staaten weilte.

Es fällt mir heute leicht, meine Stellung zur österreichischen Schule der Wissenschaftstheorie zu umschreiben. Sie beeindruckte mich außerordentlich, vor allem wegen ihres wesentlich »kritischen« Gehalts im Sinne von Kant. Aber zu gleicher Zeit fand ich mich doch verwirrt. Für die meisten Adepten dieser später weitverbreiteten Schule war – mit Ausnahme von Paul Lazarsfeld – die Empirie nur eine theoretische Frage. Über Empirie habe ich unendlich viel mehr beim Ehepaar Bühler, vor allem bei Charlotte Bühler gelernt als bei irgendeinem der Wissenschaftstheoretiker – damals wie heute. Alle sprachen sie nur über Empirie, aber keiner betrieb sie. Abgesehen davon, daß alle Methode vom Gegenstand abhängt, habe ich mich niemals mit der Vorstellung abfinden können, daß man Methodologie um ihrer selbst willen und nicht im direkten Zusammenhang mit einem konkreten Projekt betreiben könne. Das habe ich auch als Universitätslehrer didaktisch befolgt. Wie es einmal Marcel Mauss mit seinem kaustisch-bösartigen Witz ausdrückte: Personen, die in einem Wissenschaftszweig nicht reüssieren, widmen sich viel zu oft seiner Methode, seiner Geschichte oder der Bewertung seiner Tragweite (»Grenzen« der Wissenschaft und dergleichen). In Wahrheit hat die Methode Bedeutung einzig und allein im direkten Bezug zur Forschung. So ist der »Suicide« von Emile Durkheim, trotz seiner vielen Schwächen (von heute aus gesehen), zugleich auch ein nie wieder erreichter Traktat der soziologischen Methode.

Die beste empirische Arbeit wurde aber unter dem Einfluß von Charlotte Bühler und ihrem Interesse für Jugendfragen im Psychologischen Institut geleistet. Ihre Analysen von Tagebüchern (Mädchen und Knaben) haben weithin gewirkt. Dazu kam der Einfluß von Siegfried Bernfeld, der allerdings nicht an der Universität lehrte, mit seinen epochemachenden Werken über Jugend-Probleme, die Lazarsfeld mit seiner späteren Frau Marie Jahoda und Karl Reininger auf Fragen der Berufsplanung und Berufsfindung von Jugendlichen ausdehnten, und zwar mit einem derartigen Vorsprung vor allen anderen Untersuchungen dieser Art im deutschen Sprachbereich, daß die bundesdeutschen Berufsforscher noch nach dem Zweiten Weltkrieg unmittelbar an diese Arbeiten anschließen konnten. Als Lazarsfeld als Rockefeller-Stipendiat nach Amerika ging, hatte er sich bereits in Österreich eine Reputation geschaffen und auch schon eine Karriere als Forscher hinter sich. Bei Bernfeld fiel die Kombination von Jugendpsychologie und Psychoanalyse auf, wobei August Aichhorn mit seiner Studie über die »Verwahrloste Jugend« bis heute als Klassiker gewirkt hat. Was diese Forschergruppe auszeichnete, ist seither für die österreichische Soziologie bezeichnend geblieben. Sie hat zwar hochpräzise Forschung betrieben, sich aber immer von der Versuchung ferngehalten, sich in punktuellen Perspektiven zu verlieren. Vielmehr lag ihre Stärke darin, die Ergebnisse der Forschung allgemein-kulturell zu integrieren und damit gleichzeitig der Praxis aufzuschließen. Dem entsprach auch der Umstand, daß viele der führenden Persönlichkeiten nicht an der Universität tätig waren, die naturgemäß immer mehr oder weniger theoretisch ausgerichtet bleibt, sondern an der

»Urania«, einer Volkshochschule, in der damals die interessantesten Vorlesungen über die soziale Praxis der Nachkriegszeit seit 1918 in Psychologie, Psychotherapie, Jugendarbeit, Familienproblemen u. a. zu hören waren. Die Geschichte der Urania in Wien und ihrer kulturellen Ausstrahlung müßte wohl noch geschrieben werden. Diese Tradition wurde auf Grund der tragischen politischen Ereignisse in Wien am Ende der zwanziger Jahre vorzeitig abgerissen, womit die weltweite Emigration der österreichischen Eliten begann, noch bevor der Nationalsozialismus zuschlug und alldem im März 1938 ein Ende machte.

Ein letzter Einfluß muß noch erwähnt werden, der seit Wien mein Denken bestimmt hat – und zwar bis heute –, nämlich der Althistoriker und Archäologe Oswald Menghin, dessen Werk über die Weltgeschichte der Eiszeit (1931) mich tief beeindruckt hat. Er blühte zwar im stillen an der Universität und hatte nur ganz wenige Studenten. Dafür aber habe ich von ihm gelernt, daß der Goethesche Satz von den dreitausend Jahren, von denen man sich Rechenschaft muß geben können, den auch ich als lautere Wahrheit genommen hatte, ganz einfach falsch war. Für Goethes Zeitalter hätte das genau bis ins Jahr 1200 vor unserer Zeitrechnung zurückgeführt, von dem man sagen kann, daß schon alles Entscheidende vorbei war. Denn die Entstehung der Hochkultur lag zweifellos deutlich vor diesem Datum, nämlich in der Periode von ca. 5000–3000 vor unserer Zeitrechnung; dementsprechend zählten auch die Juden im September des Jahres 1979 das Jahr 5740. Es kommt hinzu, daß die Entstehung der Hochkultur mit der Seßhaftwerdung der Menschheit verbunden ist, was das definitive Ende der Millionen Jahre Vorgeschichte der Menschheit bedeutet und gleichzeitig mit der Ausgestaltung der Hochreligionen jene Entfaltung der Machtorganisation oder des Staates impliziert, die Alexander Rüstow als den Sündenfall der Menschheit bezeichnet. Seit meinem Studium in Wien begann ich mir darüber klarzuwerden, daß unser humanistisches Weltbild nur eine sehr verzerrte Perspektive des Weltgeschehens vermittelt, indem es uns ans Mittelmeer und seine Kulturen fesselt, ohne deren Vorgeschichte zu berücksichtigen, insbesondere im mittleren Osten.

Doch auch im Nahbereich verzerrt es die Geschichte auf höchst folgenreiche Art. So mußte ich vergessen, was ich im Geschichts- und klassischen Sprachunterricht gelernt hatte, nämlich daß die

Griechen Europa vor dem Einfall der »Barbaren«, d. h. der Perser geschützt haben. Hatten doch diese unter Darius eine weitaus höhere Kultur als die Mittelmeer-Anrainer entwickelt, die ihrerseits sowohl aus Ägypten als auch aus dem mittleren Osten und aus Persien zahlreiche Kulturbestandteile entliehen hatten. Mit dieser Erkenntnis war mein humanistisches Weltbild schon beträchtlich lädiert, was sich später unter anderen Einflüssen noch vertiefen sollte. Der Anfang dieses Umdenkens lag aber in den Vorlesungen von Menghin, zu denen sich später in Paris der Einfluß des Abbé Henri Breuil gesellte, bei dem mich Sully Choubelle, ein Studienkamerad von Martinique eingeführt hatte.

Leider mußte ich, als ich zum Winter-Semester 1926/27 nach Berlin umzog, meine islamischen Sprachstudien aufgeben, weil es in Berlin nichts Vergleichbares gab wie das Institut für orientalische Sprachen in Wien, wo Sprachwissenschaft und Landeskunde vereint waren. Außerdem wurden in Berlin die Sprachen ganz im alten und völlig veralteten rückwärtsgewandten und philologisch-literarischen Sinne gelehrt, und es wurde total vernachlässigt, daß es sich dabei schließlich um Sprachen lebendiger Völker und Gesellschaften handelte, die gleichzeitig einen tiefen sozialen Wandel durchmachten und eine Zukunft vor sich hatten. Das ist teilweise auch heute noch so und beweist meines Erachtens einzig ein totales Mißverständnis der Rolle der orientalischen Sprachwissenschaften, die man völlig kritiklos nach dem Muster der Altphilologie betreibt.

In der Tat ist die Sprachwissenschaft für die Soziologie die Fundamentalwissenschaft par excellence, und zwar nicht in ihrem literarischen, historischen und ästhetischen Aspekt, sondern in ihrem soziologischen, sozialpsychologischen und wissenschaftssoziologischen Sinne. Ich will damit die Bedeutung der Geisteswissenschaften nicht herabsetzen, sondern sie einzig an ihren richtigen Platz verweisen. Man kann die höheren kulturellen Sphären einer Gesellschaft erst angehen, nachdem man ihre soziostrukturellen Grundlagen erfaßt hat. Wenn man anders vorgeht, heißt das, den Pflug vor den Ochsen spannen, was nur zu billigen ideologischen Spiegelfechtereien verleitet.

IV. Berlin 1926–1936: Narzißmus und Selbstzerstörung

Es entspricht einer alten Erfahrung, daß sich unsere Erlebnisse oftmals erst in der Erinnerung zu voller Breite und innerer Fülle ausgestalten, während sie in der unmittelbaren Erfahrung leicht über den Anforderungen des Tages verblassen, irgendwie auf der Oberfläche bleiben und nicht ausklingen können. So ist es mir in meinem Leben mit manchen Dingen gegangen, die ich teilweise schon berichtet habe, so auch mit Berlin, seit ich einen Teil dieser Zeilen im Jahre 1951 zum ersten Male formulierte.

Ich kam nach Berlin als junger Student von zwanzig Jahren im Herbst 1926 und sah es zum letzten Mal vor dem Zweiten Weltkrieg im Herbst 1937, bevor ich mit einiger Beschleunigung definitiv nach Zürich übersiedelte, wo ich schon ab Herbst 1936 meinen Wohnsitz vorzubereiten begonnen hatte. Wenn man es so betrachtet, habe ich insgesamt gute zehn Jahre in Berlin verbracht. Allerdings waren diese zehn Jahre unterbrochen zunächst durch mehrere längere Aufenthalte in Paris, ferner seit 1934 durch drei ausgedehnte Reisen nach Sizilien, die bereits mit den Entwicklungen zusammenhingen, die sich mittlerweile in Deutschland angebahnt hatten. Darüber wird später zu berichten sein. Ich muß aber diese wenigen Bemerkungen persönlicher Natur vorausschicken, um den Rahmen abzustecken, innerhalb dessen ich mich bewegen werde, auch darum, weil meine ganze Stellung zu Berlin wesentlich durch die Eigentümlichkeiten dieser seltsam vielbödigen Periode bestimmt wurde, die ganz und gar ein einziger großer »Umbruch« war. So begegnete mir hier neuerlich ein Vorgang sozialen (revolutionären) Wandels, nur in einem anderen Milieu als bisher, nämlich in einer Großstadt, aus der zahllose für mich neuartige Phänomene auf mich zukamen. Wien war zwar auch eine große Stadt gewesen, aber mit starken Einschüssen traditionellen Lebens; Berlin war dagegen im Stil grundanders.

Berlin war in der Tat, wie es sich mir heute darstellt, vom Schicksal dazu bestimmt, der Schauplatz eines Umbruchs im weltweiten Sinne zu werden. War doch hier alles vorbereitet, das Leben in einen ungeheuren Wirbel zu versetzen, in dem alle Maßstäbe verschwinden. Kaum zehn Jahre nach dem Ersten Weltkrieg war Berlin die Großstadt par excellence und irgendwie die geheime Metropole Europas geworden. Paris und London verharrten noch wie betäubt, als sich Berlin schon mit Energie zu regen begann. Während der Inflation kam es dann bereits erstmals zu einem unheimlichen Wirbel, der das unterste zuoberst kehrte und das Maximum an Lebenskraft aus den Berlinern herauspreßte, während allgemein in Deutschland ganze Klassen depossediert wurden, neue von unten aufstiegen (die »Raffkes«) und die deutsche Industrie sich auf Kosten des deutschen Volkes »entschuldete«. Dieser Vorgang war keineswegs ein nur wirtschaftlich bedingter Prozeß, wie bereits damals ein kluger italienischer Beobachter erkannte (vgl. C. Bresciani-Turoni, »Le vicende del Marco Tedesco«), sondern er vollzog sich auf einem unheimlich bewegten Untergrunde, der schon fast das Ausmaß an Irrsinn erreichte, wie wir es alle in den verwüsteten Ländern Europas nach dem Zweiten Weltkrieg erlebt haben. Es muß jedoch zu denken geben, daß dies an und für sich nichts Neues für Berlin war. Sang man doch schon um 1906 in einem Couplet: »Du bist verrückt mein Kind, du mußt nach Berlin, wo die Verrückten sind, da gehörst du hin.« Dem antwortete viel später (um 1930), bewußt oder unbewußt, der junge französische Dichter René Crevel, als er von Berlin aus die einigermaßen verwirrende Frage an seine Zeitgenossen richtete: *»Etes-vous fous?«* Selbst der maßvolle Franzose war angesichts des Erlebnisses von Berlin aus dem moralischen Gleichgewicht geworfen worden. Berlin war in der Tat ein Brennpunkt jener sozialen Desorganisation geworden, die gerade damals begann, sich als Dauerzug moderner Gesellschaften darzustellen.

So möchte ich den Rahmen denkbar weit spannen und sagen: alles in Berlin, seine Lage, seine Geschichte und die Mischung seiner Bevölkerung, trug dazu bei, die Stadt irgendeines fernen Tages zum Schauplatz eines gewaltigen Umbruchs zu machen. Es wäre ganz abwegig, die entscheidende Zeit Berlins nur zwischen 1933 und 1945 oder zwischen 1918 und 1933 oder zwischen 1914 und 1918 oder schließlich zwischen 1914 und 1945 sehen zu wollen; sie reicht in Wahrheit viel weiter. Von hier aus gesehen gewinnt der märkische Sand, auf dem Berlin gebaut ist, seine eigenartige symbolische Bedeutung. Berlin ist im ganzen eine einzige ungeheure Spekulation – war doch die Hauptstadt des Deutschen Reiches buchstäblich aus dem Nichts gezaubert worden – und das auch noch in einer Landschaft, die durch nichts zur Aufnahme einer ausgesprochenen Metropole bestimmt schien.

Erst im 17. Jahrhundert begann die Stadt einiges Profil anzunehmen – zu einer Zeit, da Paris und London sich der ersten Million näherten, gewiß aber bereits Weltstädte waren. Dabei stand Berlin am Anfang im Schatten von Potsdam und seit dem Ende des 17. Jahrhunderts von Charlottenburg innerhalb der Grenzen seines eigenen Weichbildes. 1861 noch hatte Berlin erst 550 000 Einwohner, während London bereits 1845 die Zwei-Millionen-Grenze überschritten hatte. So darf man Berlin wohl in Abwandlung eines Buchtitels von Helmuth Plessner als die verspätete Metropole Europas bezeichnen.

Mit der Erstarkung des preußischen Königtums wuchs die Stadt zwar immer schneller, zu einer reißenden Bewegung wurde dieser Prozeß jedoch erst nach 1870, gleichzeitig mit dem seltsam spätbarocke Züge aufweisenden deutschen Kaiserreich. Mit ihm erst verwirklichte sich restlos der preußisch-deutsche Zentralismus, mit dem auch Berlin nach oben gerissen wurde, um all jene provinziellen Züge abzustreifen, die es früher gegenüber Leipzig, München und Frankfurt am Main noch immer gehabt hatte. Dieser Prozeß akzentuierte sich übrigens nochmals nach 1918 in der Weimarer Republik, und in dieser Hinsicht bedeutet es einen merkwürdigen Einblick in die unterirdische Kontinuität, die das deutsche Kaiserreich mit der Weimarer Republik verbindet, daß Charlottenburg mit manchen anderen Vororten erst 1920 eingemeindet wurde, zugleich mit der Schaffung von »Groß-Berlin«, das im Grunde nur ein administrativer Kunstgriff im Dienste des Zentralismus war. Das Durchstoßen der Mehrmillionengrenze gehörte als Selbstbestätigung ebenfalls dazu.

Vorher traten aber noch andere Züge in Erscheinung, die gewissermaßen die Schrittmacher dieser Entwicklung waren. Gleichzeitig nämlich wie das deutsche Kaisertum mit seiner Erneuerung der Idee des »Reichs« in seinem unbändigen Willen zur Selbstbehauptung als letztarrivierter Bruder der europäischen Großmächte (Helmuth Plessners »Verspätete Nation«) von Berlin aus weitgespannte weltgeschichtliche Perspektiven aufstieß, wurden gerade in der »Reichsidee« merkwürdig eschatologische Züge sichtbar, die zwischen Welterlösung (»Am deutschen Wesen...«) und einem ebenso weltweiten Imperialismus unklar hin und her schwankten. So wird es verständlich, daß schon lange vor 1914 ein tiefer Pessimismus das bessere Deutschland erfaßt hatte, dem vor dem »Kolossalen« schauderte, das als einziger Maßstab dieser Stadt noch geblieben zu sein schien. So beschwor Georg Heym, der aus Schlesien stammende, mit fünfundzwanzig Jahren 1912 einem Unfall beim Schlittschuhlaufen zum Opfer gefallene Berliner Dichter, schon früh die endgeschichtliche Vision:

Die Menschen stehen vorwärts in den Straßen
Und sehen auf die großen Himmelszeichen,
Wo die Kometen mit den Feuernasen
Um die gezackten Türme drohend schleichen.

Aus »Umbra Vitae«

Aus größerer Ferne, aber nicht weniger eindrücklich läßt Stefan George vor 1913 den kommenden Zusammenbruch des überlasteten Gebäudes Wirklichkeit werden:

Ihr baut verbrechende an maß und grenze:
›Was hoch ist kann auch höher!‹ doch kein fund
Kein stütz und flick mehr dient... es wankt der bau.
Und an der weisheit end ruft ihr zum himmel:
›Was tun eh wir im eigenen schutt ersticken
Eh eigenes spukgebild das hirn uns zehrt?‹
Der lacht: zu spät für stillstand und arznei!
Zehntausend muß der heilige Wahnsinn schlagen.
Zehntausend muß die heilige seuche raffen
Zehntausende der heilige Krieg.

Aus »Der Stern des Bundes«

Dieser Traum von Größe hielt sich über alle Wechselfälle des Deutschen Reiches hinweg bis zum Nationalbolschewismus eines Ernst Niekisch, der mich 1935 nach Erscheinen meines Universitäts-Buches für seine Sache zu gewinnen suchte. So erfuhr ich von seinem halbirren Traum eines Reiches von Berlin bis Wladiwostok unter deutscher Hegemonie, eine Idee, die 1945 eine seltsam schillernde

Bedeutung erhalten sollte, als Niekisch geistig ungebrochen, wenn auch blind und krank, von den Russen aus dem Konzentrationslager befreit wurde.

Berlin um die Wende zum zwanzigsten Jahrhundert war wie eine neureiche Kolonialstadt im alten Europa. In dieser Hinsicht unterschied es sich in nichts von den Boom-Städten der Neuen Welt. Einzig der Wille, der diese Stadt bis zum äußersten aufblähte, hatte gewisse Rückverbindungen mit dem europäischen Prachtabsolutismus. Von fern her klingt sogar eine Erinnerung an Madrid an, das ebenfalls kraft fürstlichen Willens aus einer Wüste erwuchs. Doch wenn dort noch gesamteuropäische und westliche Maßstäbe walteten, so treten diese in Berlin immer mehr zurück angesichts ganz anderer Wirklichkeiten, die in unheimlichster Weise aus der Vergangenheit in die Gegenwart hinüberweisen und vielleicht auch in eine gänzlich ungewisse Zukunft. Vergessen wir es nicht: es ist bis heute noch nicht entschieden, ob Berlin – nachdem Wien seit 1918 definitiv politisch ausgespielt hat – die östlichste Metropole Westeuropas oder die westlichste Metropole des Ostens sein will oder sein soll. Nachdem sich als letztes Ergebnis einer großen Berliner Spekulation, nämlich Hitlers Krieg, die Amerikaner und Russen in Berlin getroffen haben, hat diese Alternative eine bestürzende Realität gewonnen, deren verzweifelte Zweideutigkeit zu lösen bisher noch niemandem gelungen ist.

Ein Blick auf die Zusammensetzung des Berliner Kulturmosaiks mag wenigstens zur andeutenden Klärung einiger dieser Probleme beitragen. Neben gewissen rein märkischen Traditionen wurde die kulturelle Erweckung Berlins zur Zeit seines ersten Wachstums vor allem von holländischen und französischen Calvinisten geprägt. Wir sind allzu leicht geneigt, einzig der Ausbreitung des Calvinismus nach Westen in die Neue Welt nachzugehen, und vergessen darüber, daß auch das kontinentale Mitteleuropa durch den Calvinismus dem modernen Wirtschaftsstil erschlossen wurde. Auf seine Weise heißt auch Berlin – genau wie New York – in einer verborgenen Tiefenschicht seines Wesens Neu-Amsterdam. Das Holländerviertel Potsdams, das von einer beliebigen Grachtengegend in Amsterdam kaum zu unterscheiden ist, legt neben vielen anderen Monumenten im eigentlichen Berlin davon ein beredtes Zeugnis ab. Erst Andreas Schlüter überwand in Berlin die holländischen Bauelemente in der Architektur. Die ruhelosen Holländer zogen aber bald weiter nach Osten, über Danzig ins Baltikum bis nach St. Petersburg, wo sie von Peter dem Großen mit offenen Armen aufgenommen wurden; über Frankfurt an der Oder nach Warschau führte sie ein anderer Weg, und überall brachten sie mit sich neue Handwerke und Industrien, neue Techniken, vor allem aber die Technik des modernen Steuer- und Verwaltungswesens. Die Franzosen blieben dagegen größtenteils in Berlin sitzen und bildeten dort eine kompakte Kolonie, deren Spuren man im alten Westen noch zu meiner Studienzeit verfolgen konnte. Der Franzosen bediente sich nicht nur Friedrich der Große für seine Reformen und für die Entwicklung der preußischen Industrien. Schon 1613 waren die Hohenzollern zum Calvinismus übergetreten, von dessen Geist sich der Große Kurfürst Friedrich Wilhelm in Holland selber hatte zutiefst beeinflussen lassen. Das ließ ihn auch die Revokation des Edikts von Nantes durch die Proklamierung des Edikts von Potsdam beantworten, auf Grund dessen 20000 französische Hugenotten allein in Brandenburg Aufnahme fanden. Unter dem »Soldatenkönig« Friedrich Wilhelm I. hatten die holländischen Mennoniten hohe Staatsämter inne, obwohl sie aus religiösen Gründen den Militärdienst ablehnten, was in den Augen einer reinen Militärmonarchie ein einziges Greuel und ständiges Ärgernis sein mußte. Aber man brauchte sie eben dringend als Entwicklungshelfer, und so wurden sie toleriert. Das gleiche gilt übrigens für die Juden, ohne die das Berliner Kulturbild überhaupt undenkbar wäre. Und wenn das Volk sagte: »Außen Friedrich, innen Ephraim«, in einer Anspielung auf den jüdischen Bankier gleichen Namens, der im Auftrag des Königs eine Münzreform verbunden mit einer Münzverschlechterung durchführte, so bewies es damit eine richtige Einsicht in die entscheidenden Träger der Entwicklung, selbst wenn es sich im Grunde gegen die Anerkennung dieses Tatbestandes sträubte. Wie die Dinge aber lagen, war dieses Volk noch lange nicht imstande, seine Dinge und Geschäfte selber in die Hand zu nehmen, so daß es Entwicklungshelfer brauchte. Auch die preußischen Herrscher trauten dem Volk nichts zu, wie die verschiedenen überlieferten Wendungen besagen, nach denen den preußischen Untertanen der politische Sinn abgehe. Im Grunde war das auch so falsch nicht. Denn die Lutheraner versperrten sich selber den Zugang zu dieser Welt, deren Unbill und Widrigkeiten sie mit Heulen und Zähneklappern trugen, während sich der Pietismus demütig in ein engräumiges und besinnliches Kleinbürgertum zurückzog, das froh und glücklich war, wenn es nicht in die Händel der großen Welt hineingezogen wurde. Es begnügte sich mit der Rolle der »Stillen im Lande«, während die Calvinisten unbeirrbar am Ausbau des modernen Lebenssystems arbeiteten.

Aus diesem Zusammenstoß verschiedenster westlicher Kulturbestandteile erwuchs dann auf dem dürren Boden märkischer Phantasielosigkeit jene trocken-nüchterne Atmosphäre, von der sich später die Berliner Aufklärung nährte, auch jene Nüchternheit, die dann in säkularer Entwicklung zu einem Grundzug des Berliner Volkes wurde. Sie sozialisierte sich schließlich zu einer gewissen Unbeirrbarkeit des Charakters und der Seele, die den Berliner in einer bestimmten Schicht seiner Person auch dann nicht verließ, als er seit 1933, danach im Frühjahr 1945 und später vor die größten Proben gestellt wurde. Diese Haltung ist gemischt aus calvinistischer Selbstentäußerung, französischem Rationalismus, jüdischem Witz und jüdischer Weisheit, das Ganze aufgelagert einer ebenfalls fast calvinistisch anmutenden spezifisch berlinerischen Variante des Preußentums, die sich – wie oben gesagt – zutiefst vom umgebenden Luthertum und Pietismus unterscheidet; aus dem Ganzen erwuchs der Berliner Unternehmergeist, der sich nicht nur industriell, sondern ebenso kulturell zu äußern wußte.

Mit alledem haben wir aber nur die eine Seite des Berliner Problems erfaßt. Daneben steht noch der große slawische Unterbau aus überwiegend sehr unterentwickelten agrarischen Gebieten, dessen im öffentlichen Bewußtsein so ungeklärte Stellung Entscheidendes beiträgt zu jener tiefen Zweideutigkeit Berlins, wie sie in der Zeit des akuten Umbruchs von 1933 in erschütternden Zuständen ausgesprochenster Massenhysterie mit einem mystischen Anspruch auf Verwirklichung einer geheimnisvollen substanzhaften Gemeinschaft zutage trat. Es steht nicht fest, ob Berlin schon zu wendischer Zeit besiedelt war; dies spielt auch keine wesentliche Rolle. Denn das Hinterland Berlins war durch und durch wendisch, insbesondere der Spreewald, die Ober- und Niederlausitz, praktisch fast das ganze Gebiet bis Saale und Elbe. Sprachlich stehen die Wenden in engster Verwandtschaft zu den anderen Westslawen, also den Tschechen und Polen. Potsdam, ursprünglich »Poztupimi«, war eine rein wendische Gründung, bekannt seit dem Ende des 10. Jahrhunderts, ebenso – um nur noch ein Beispiel zu nennen – die Stadt Brandenburg (wendisch: Brennabor), deren Germanisierung nach mehreren Aufständen überhaupt erst im 12. Jahrhundert richtig begann. Aber nicht nur die Wenden treten hier ins Spiel, sondern noch eine ganze Reihe anderer westslawischer Elemente, von denen man keineswegs sagen kann, sie seien »germanisiert« worden; denn das Wachstum Berlins wird seit dem 18. Jahrhundert begleitet und genährt von einer kontinuierlichen Einwanderung größter Bevölkerungsmengen aus dem Osten. »Jeder echte Berliner stammt aus Breslau«, lautet ein altes Berliner Sprichwort; die Bevölkerung Schlesiens hat sich aber immer rein slawisch gehalten (nebenbei war hier auch das Christentum autochthon und nicht durch die deutsche Kolonistenschicht eingeführt worden). Genauso oberflächlich war auch die »Germanisierung« Posens geblieben, aus dem ein weiterer Strom nach Berlin floß. So hat sich mindestens zwei Jahrhunderte lang ein Einwanderungsprozeß ganz anderer Natur nach Berlin vollzogen: die kulturelle, wirtschaftliche und administrative Oberschicht war innerlich und äußerlich ganz unmittelbar nach Westen orientiert, mit ihr auch ein Teil des märkischen Adels; die großstädtischen Massen aber kamen weitgehend aus dem Osten. Dabei entstand eine zutiefst zweideutige Situation. Wurde im Protokoll des Wiener Kongresses das Königreich Preußen noch als »slawische Nation unter deutscher Dynastie« geführt, so war das vielleicht eine Art von Anachronismus; denn die alte slawische Bevölkerung war wahrscheinlich zu dieser Zeit mindestens an der Oberfläche bereits germanisiert. Darüber aber vergaß man regelmäßig, die Bedeutung der mit dem Anwachsen Berlins gleichzeitig vor sich gehenden slawischen Einwanderungen richtig einzuschätzen. Diese bedeuteten für die Massen – wie immer der Zug in die Stadt – nicht nur den sozialen Aufstieg, sondern gleichzeitig eine tiefe kulturelle Umformung im Dienste des sozialen Aufstiegs, die regelmäßig und notwendigerweise eine gewisse Labilität mit sich bringt. Eine Umformung aus der katholischen Atmosphäre Schlesiens; eine Umformung in der Sprache und in den Sitten im Sinne einer allgemeinen Verdeutschung, die aber kaum Zeit hatte, sich abzurunden und auszureifen. Dementsprechend trug auch die Umgebung der ostberliner Bahnhöfe (Alexanderplatz, Frankfurter Allee, Schlesischer und Görlitzer Bahnhof) rein slawisches Gepräge, das nur darum dem Berliner Bürgertum verborgen bleiben konnte, weil es selber vor sich gern verbarg, daß es ohne den dauernden Nachschub aus dem Osten schon längst ausgestorben wäre. »Der Zug nach dem Westen« hieß der bezeichnende Titel einer Berliner Revue zwischen den beiden Weltkriegen – eine schlagende Zusammenfassung der städtischen Binnenwanderung, die aus dem sozialen Aufstieg resultierte. Wenn wir nun bedenken, daß sich die vom Lande kommenden (meist katholischen) slawischen Unterschichten schneller vermehrten als die Oberschichten, so können wir ermessen, daß sich hier ein »Unterwanderungsprozeß« allergrößten Maßstabs vollzogen hat, der dadurch, daß er in der offiziellen Kulturideologie verdrängt wurde, nichts an Bedeutung verlor. Und wenn im Grunde die altansässige wendische Bevölkerung des Hinterlandes so wenig eingedeutscht war, daß noch 1918 (wesentlich stärker 1945) wendische Autonomie-Bestrebungen spürbar wurden (nebst einer regelrechten »Sprachbewegung«), so wird es ohne weiteres begreiflich, ein wie großes Gewicht den späteren Einwanderungen der Westslawen aus dem 18., vor allem aber aus dem 19. Jahrhundert zugeschrieben werden muß.

So sehen wir zwar auf der einen Seite eine Ausbreitung des praktisch-nüchternen Geistes, der aufs Nützliche bedacht ist, noch dazu genährt durch die allgemeine Großstadtatmosphäre, auf immer größere Massen. Daneben aber bleibt die urslawische Möglichkeit des Ausbrechens ins ganz und gar Ungreifbare. Diese liegt sogar um so näher, als der drängende Elan der von Osten her eindringenden Massen sie allzu häufig in die Lage brachte, den Grund ihres Wesens hinter der deutschen Maske zu verstecken. Dieser Vorgang vollzieht sich unabhängig vom persönlichen Willen der Beteiligten, er ist ganz einfach ein Attribut der Aufstiegssituation. Und wo sich diese derart beschleunigt, wie es in Berlin allgemein der Fall war, dort liegt auch die Versuchung nahe, den Aufstieg durch die Pose zu erzwingen. Dies spricht weder gegen die Slawen noch gegen die Deutschen, sondern einzig für die tiefe Zweideutigkeit jener Situation, die sich wesentlich an den Namen Berlin heftet. So finden wir denn auch in Berlin neben dem harten und unbeirrbaren Charakter des Calvinisten mit seinem Drange, sich in dieser Welt zu verwirklichen, die bäuerliche slawische Demut und Unterwürfigkeit, Bedürfnislosigkeit und geduldige Hartnäckigkeit – gleichzeitig vermengt mit einem fanatischen Aufstiegswillen, der alle Unbilden und Katastrophen mit unbeirrbarem

Gleichmut, gelegentlich auch mit einer gewissen Stumpfheit durchstehen läßt, dem aber auch alle Mittel recht sind, selbst die deutsche Maske, die Maske des seit mehr als einem Jahrtausend verhaßten Nachbarn, Kolonisators und Ausbeuters, des »Niemiec«, des Menschen, dessen Sprache man nicht versteht.

Das war die Wirklichkeit, die ich im Herbst 1926 vorfand, als ich mich nach einigen kurzen früheren Besuchen, diesmal von Wien herkommend, für längere Zeit in Berlin niederließ. Eine merkwürdig doppelbödige Wirklichkeit, die dem Auge neben einer fast glasklaren Oberfläche, wie sie etwa für den »alten Westen« so bezeichnend war, sobald man näher hinblickte überall unheimliche Hintergründe und Abgründe zeigte. Nach der ungeheuren Erschütterung der unmittelbaren Nachkriegszeit, der Revolution und der Inflation wurden diese Untergründe vielleicht sichtbarer, als sie es vorher gewesen waren, wo die protzig-erdrückenden Fassaden des wilhelminischen Deutschland scheinbar noch unberührt dastanden. (So hörte ich eine Mutter zu ihrem Söhnchen sagen: »Nein, mein Kind, das ist keine Kirche, das ist ein vornehmes Haus.«) Irgendwie war nach dem Krieg der Untergrund wieder lebendig geworden und harrte vorläufig in einer ziel- und gestaltlosen Erwartung des Kommenden. Aus dem Erlebnis dieser Lage ergab sich für uns alle, die wir damals gleich jung und selber in beneidenswertester Weise »in der Erwartung« waren, die merkwürdig und unwiderstehlich faszinierende Anziehungskraft Berlins, das gerade in diesen Jahren zu einem neuen enormen Aufschwung ansetzte. »Es liegt was in der Luft«, hieß es in einem anderen Revue-Song; und in der Tat: es lag allerhand in der Luft, wie wir im Laufe der Zeit feststellen konnten.

Diese verzaubernde Kraft Berlins war allerdings nicht ohne Gefahren; denn sie reizte zum Abenteuer, sie forderte geradezu heraus zu höchst fragwürdigen Exkursionen in die Rand- und Grenzgebiete des Lebens, von denen es oft genug keine Rückkehr gab. Der klassische Ausdruck dieser Stimmung fand seinen Niederschlag in Bert Brechts unvergeßlicher »Dreigroschenoper«, deren durchschlagenden Erfolg einzig diejenigen verstehen können, die damals in Berlin lebten, wo mitunter wirklich alle Ordnungen aufgelöst erschienen, die obersten Spitzen der Gesellschaft in engster Gemeinsamkeit mit den *»bas fonds«* der großen Stadt lebten. Schwere Skandale erregten damals die Öffentlichkeit: organisierter Diebstahl an kleinen Leuten durch bankmäßig aufgezogene Wettbüros; betrügerische Konkurse großer Revue- und Theaterunternehmungen, die von den obersten Stadtbehörden geschützt wurden; ein Skandal um den Oberbürgermeister Böss (eine »bösse Sache«, spottete der Berliner Volkswitz) schaffte eine auch politisch zutiefst gefährliche Situation, die von den radikalen Parteien rechts und links weidlich ausgenutzt wurde; der Polizeipräsident spielte als Privatmann in den Spielklubs der Rankestraße, die er als Amtsperson verboten hatte. Und das ist nur eine ganz kleine Blütenlese! So erfüllte sich die Szene in Brechts Moritat, in welcher der Polizeipräsident Brown und Macheath als alte Freunde erscheinen, für jeden Berliner Zeitgenossen mit einem tiefen und nur allzu realistischen Sinn. Die Dreigroschenoper war Berliner Lokalgeschichte.

Entscheidend aber blieb, daß nicht nur die äußeren Ordnungen schwankten, sondern gerade auch die inneren. Eine unheimliche Experimentiersucht am lebendigen Objekt befiel die Menschen, die künstlich (in veritablen Selbstversuchen) die Belastungsfähigkeit der menschlichen Existenz auszuloten versuchten. Das war der praktisch gewordene Existenzialismus, der sich genau wie heutzutage mit einer spontanen Welle der Drogensüchtigkeit verband. In einem Boulevardstück in der »Komödie« am Kurfürstendamm wurde das in einer Zwischenszene verulkt, in der ein Zigarettenverkäufer mit seinem Bauchladen über die Bühne ging und ausrief: »Kokain, Heroin, Brotella!« (Letzteres ein damals bekanntes Abführmittel.) An der Ecke Kurfürstendamm/Joachimsthalerstraße konnte man beim Zeitungshändler unter den Augen der Polizei kleine Prisen Kokain, sorgsam in eine Tageszeitung versteckt, kaufen. Bei den Toilettenfrauen (und -männern) zahlloser Bars und Nachtklubs erhielt man Heroin. Viele sind dabei auf der Strecke geblieben, selbst nachdem sie Berlin schon lange verlassen hatten. So mein Freund, der junge Dichter Wolfgang Hellmert, für den ich 1927 eine Rohübersetzung von Arthur Rimbauds »Une saison en enfer« verfaßte, die er aber wohl nicht mehr in eine poetische Form zu bringen vermochte, jedenfalls nicht, solange wir beide in der Fürther Straße wohnten, bei einem uralten dänischen Ehepärchen, Pappi und Mutti Arfstens, die sich rührend um uns kümmerten. Hellmert starb in der Emigration in Paris, wahrscheinlich an einer Überdosis Heroin, im Jahre 1934. Klaus Mann, der älteste Sohn Thomas Manns, hat ihm in seinem Roman »Der Vulkan« unter dem

Namen Martin Korella ein liebevolles Denkmal gesetzt, wenn auch das im Roman nahegelegte Todesdatum (etwa 1939) mit dem wirklichen sicher nicht übereinstimmt. Das Berliner Schicksal erreichte aber auch Klaus Mann selbst, der 1949 in Kalifornien einen ersten Selbstmordversuch unternahm – woraufhin sein Vater, wie Frederick Kroll und Klaus Täubert in ihrer erstaunlich gut dokumentierten und einfühlsamen Biographie des Sohnes berichten, in einem Brief an Theodor W. Adorno meinte, Klaus habe einen »Trieb« zum Selbstmord. Die Tatsachen scheinen Thomas Mann recht zu geben, denn am 21. Mai beging Klaus in Cannes einen neuerlichen, diesmal erfolgreichen Selbstmordversuch, von dem jedoch nicht ganz klar ist, wie man ihn deuten soll. Täubert berichtete mir, Klaus habe zu dieser Zeit gerade eine Entziehungskur abgeschlossen gehabt, als ein Bote aus Amerika neuen »Stoff« brachte, an dessen Überdosis er gestorben sei. Ich möchte meinen, daß Klaus Mann, der ursprünglich total gegen Drogen eingestellt gewesen war, das Experiment des Lebens aus Berliner Sicht noch nach der Emigration und nach dem Kriege bis über alle Grenzen hinaustrieb, wohl in dem vermessenen Willen, der uns damals alle irgendwann einmal ankam, auch die äußerste Grenze noch auszukosten. So lautete ein Gedicht von Hellmert (Klaus Täubert bereitet soeben eine Neuausgabe vor):

Als Narziß das Licht der Welt erblickte,
Sah er sich nur schön in ihr.
Später, da er tödlich sich entzückte,
Stand er längst schon fern und über ihr.

Wie Narziß gelebt ist er gestorben,
Unentfesselbar an sich geschmiegt,
Glühend lächelnd und verdorben,
So wie einer, der sich selbst erliegt.

Als ihn erstes Mal ein Weib erwärmte,
lachte er gebeugt zu ihrem Schoß.
Da er jäh verzückt von Liebe schwärmte,
Riß er sich geschüttelt von ihr los.

Schweifte er durch Monde, Stern und Nächte,
Stob er durch die gottgewollte Welt,

Immer war der letzte Sturz der Prächte
außerhalb des Seins in ihn gestellt.

Eigenes Geschlecht wollt ihn entflammen,
aber keine Gleichheit war so groß,
Daß sie mit des andern Samen
Über ihn, auch in ihn sich ergoß.

Hyacinthos mag die Götter lieben,
Ganymed sei gern von Zeus entrückt:
Was Narzissos zu sich selbst getrieben,
Hat ihn königlicher noch entzückt.

Eines Tages ist Narziß gegangen,
O sein Bild im Strome fing ihn ein!
Sanft umströmten Fluten seine Wangen,
Und die kleinen Wassertiere sangen
Ihn in Kuß und Traum und Tod hinein.

Aus: »Anthologie Jüngster Lyrik«, 1927

Die Wendung in der ersten Strophe »da er tödlich sich entzückte« war der Hinweis auf die Droge, wofür außer bei Georg Trakl und Gottfried Benn (O, Nacht!), um nur die Bedeutendsten zu nennen, viele andere Beispiele anzuführen wären. Wahrscheinlich veranlaßt durch Jean Cocteau und sein »Tagebuch« Opium leistete Klaus Mann selber einen sehr interessanten Beitrag dazu in seinem Aufsatz über Thomas de Quincey, den Baudelaire »le génie enfant« nannte; dieser Aufsatz erschien in der Zeitschrift der deutschen literarischen Emigration »Die Sammlung, Literarische Monatsschrift« (Bd. 1, Amsterdam 1934), worauf mich Klaus Täubert hinwies. Darin fällt eine interessante Bemerkung über Baudelaire, der »Herr« über die Droge blieb, während de Quincey zugrunde ging, wie so viele andere »Opiumesser« auch. Mir scheint der wesentliche Unterschied zwischen den Drogen nehmenden Menschen aus modernen Industriegesellschaften und den »Primitiven« darin zu liegen, daß letztere Herren der Droge sind, wie es auch Carlos Castaneda von einem Medizinmann der Yaqui-Indianer berichtet und Florian Deltgen in einer aufschlußreichen Schrift über südamerikanische Indianer sehr eingehend gezeigt hat. Der Drogenmeister tritt zurück, wenn er spürt, daß die Droge ihn beherrscht. In einer Kultur, die vom Narziß und nicht von Traditionen beherrscht ist, gibt es allerdings keinen Raum für solche Kräfte der Selbstheilung, so daß der Adept die Droge nicht »nimmt«, sondern umgekehrt von ihr »vereinnahmt« wird.

Hellmert und ich verkehrten auf sehr freundschaftlichem Fuß und vertraulich miteinander. Ich befand mich damals gerade in einer entscheidenden Phase der Selbstklärung und las Heinrich Rickerts Hauptwerk über naturwissenschaftliche und geisteswissenschaftliche Begriffsbildung. Wenn Hellmert nachmittags in mein Zimmer kam (er schlief meist sehr lange, da er jeden Abend ausging), verulkte er mich sanft wegen meiner ihm sinnlos erscheinenden Tätigkeit. Er sagte wohl auch: »Und wenn der Tod dich holt, wirst du wahrscheinlich keine Zeit für ihn haben.« Nun, ich erfuhr aus dritter Hand von seinem Tode, als ich schon in Zürich lebte; ihm ist er nicht nahe getreten, sondern er hat ihn selbst gerufen. Wenn er so sprach, spielte ein fast unwirkliches, wissendes Lächeln um seine Lippen. Was soll's? schien er zu sagen. Doch wir haben kein einziges Wort über die Droge verloren, obwohl ich einigermaßen ahnte, was vor sich ging. Klaus Mann habe ich seit der Berliner Zeit nicht wiedergesehen, kann mir also kein direktes Bild über seine Entwicklung während der Emigration machen, bestenfalls in der Hinsicht, daß er – im Gegensatz zu Hellmert – rastlos gearbeitet hat. Aber auch sein Tod war sicher nicht Ausdruck eines »Triebes«, sondern wohl umgekehrt einer etwas puerilen Freiheitsvorstellung ohne Nachgedanken, die noch nicht gelernt hat, daß es Einbahnstraßen gibt, und die gewissermaßen mit dem Tode kokettiert. Umgekehrt hatten beide, Hellmert und Mann, einen unversiegbaren Charme gerade auf Grund dieser Puerilität.

Anders war es bei Werner Ziegenfuß, der an mindestens einem Gespräch zwischen Willi R. Fehse, Klaus Mann, Wolfgang Hellmert, evtl. auch Herbert Schlüter und mir über den Aufbau der geplanten »Anthologie Jüngster Lyrik« in der Fürther Straße teilgenommen hat. Er war einerseits älter als wir, andererseits, wie später Max Dessoir von ihm gesagt hat, von »jungsiegfriedhafter« Enthobenheit aus den Niederungen dieses Lebens, die ihn aber leider nicht davor schützte, gelegentlich recht arrogant zu sein und dabei über die niederen Wirklichkeiten zu stolpern, so z. B. über den Nationalsozialismus, dem er sich 1933 völlig unkritisch (auch gegenüber seinen Freunden) anschloß. Da er etwas zu voreilig dabei gewesen war, bekam er Schwierigkeiten mit der Partei, über die ich nicht genau informiert bin, da ich sehr bald meine eigene Emigration betreiben mußte. Ich muß übrigens gestehen, daß in meinem Entschluß auch Verzweiflung darüber mitgewirkt hat, daß ein so guter Mann wie Ziegenfuß den Verlockungen der »nationalen Revolution« so leicht erlegen war. Man mußte sich damals rasch in Sicherheit bringen, wollte man sich nicht in dieser Mausefalle fangen lassen. Auch Werner Ziegenfuß starb 1975 durch Selbstmord, nicht mit Drogen, sondern durch einen Sturz aus dem Fenster seiner Wohnung in Berlin. Ich habe andernorts über die Umstände berichtet, die ihn vermutlich dazu bewogen haben, ohne dabei einen Unterschied zu machen zwischen äußerem Anlaß und wirklicher Ursache.

Alle drei, Hellmert, Klaus Mann und Ziegenfuß, hatten damals zweifellos einen Zug miteinander gemein, von dem ich mich übrigens keinesfalls ausschließen will, nämlich einen gewissen Narzißmus. Darum hatte mich auch das Gedicht von Hellmert so tief berührt, daß ich es noch fünfzig Jahre später fast auswendig wußte. Aber dieser Zug scheint mir, von heute aus gesehen, nur ein Teil der Geschichte zu sein; denn der Narzißmus als Selbstliebe ist wohl bei jeder begabten Jugend eine gewaltige Triebkraft, das Sich-in-Szene-Setzen, worin Klaus Mann virtuos war bis zur Travestie, überhaupt das schwerelose Sich-über-alles-Hinwegsetzen, das uns gelegentlich zu geradezu unglaublichen Arbeitsleistungen befähigte. »Begabt sind wir alle, was ist das schon?« sagte irgendwer einmal, ich weiß nicht mehr wer. Aber es war unser aller Meinung, jeder hätte es sagen können; und die Gruppe junger Dichter war durchaus im Kommen, selbst wenn sie noch kein Werk hatte, um sich auszuweisen. Sie bestand vor sich selbst einzig durch den Willen, sich nicht aufzugeben. Überleben und Weiterkommen war also letztlich Selbstbespiegelung im Sinne des Narzißmus.

Auch das ist im übrigen ein Element jeder begabten Jugend, und so hätte es im Grunde nicht viel bedeutet in diesem Zusammenhang, hätte Wolfgang Hellmert in seinem Gedicht nicht zwei Themen miteinander verbunden, deren Zusammenhang erst heutzutage Profil gewinnt, nämlich Narzißmus und Selbstzerstörung. Der Mythos vom Narziß wird gemeinhin immer nur halb zitiert, obwohl schon Ovid keinen Zweifel darüber läßt: Narziß ist irgendwie verstockt, hochmütig und hart. Folglich lehnt er alle Knaben und Mädchen ab, die sich in ihn verlieben. Er weist auch alle Nymphen zurück, die ihn verfolgen, bis eine von ihnen betet, Narziß möge lieben und abgewiesen werden und nicht erhalten, was er wünscht. In dieser Situation erblickt er sein Bild im Wasser und verliebt sich darein, ohne zu wissen, daß er sein eigenes Abbild vor sich hat. Als er es erfährt, weiß er, daß er sich nie mit dem Anderen vereinigen kann, da es keinen Anderen gibt. Er ist selber der Andere. So liebt er sich zu Tode. Selbstliebe und Selbstmord scheinen in der Wurzel vereint. Diese Perspektive eröffnet eine interessante Alternative: der schöpferische Narziß wird seine Aggressivität und Kreativität stets gegen sich selbst richten: der Selbstmord ist seine *ultima ratio;* der passive Narziß schlägt nach innen: er verlöscht einfach. Es liegt übrigens noch eine andere Beziehung auf der Hand, nämlich die zur Homosexualität als Audruck narzißtischer Selbstliebe, die ebenfalls ein zentraler Aspekt der jungen Berliner Intellektuellen von damals war. Manès Sperber sagte mir einmal vor vielen Jahren, die Problematik des Homosexuellen liege in einer totalen Überwucherung der Mutterbindung, so daß ihm die Mutter im Grunde das Leben nimmt, das sie ihm zuvor gegeben hatte; auch der Homosexuelle findet keinen Anderen, weil er immer nur seine Mutter sucht, und muß darum gewissermaßen vertrocknen, sobald sie gegangen ist, weil kein Liebesobjekt mehr vorhanden ist, so daß ihm einzig die Selbstliebe bleibt. Neben dem Selbstmord und dem Verlöschen steht also noch die Einsamkeit, die mit den beiden ersten zu einem echten Syndrom verschwimmt, sofern der Zauberkreis nicht gebrochen wird.

Begabt waren wir alle, gewiß, aber was war das schon, solange kein Werk (im Sinne von *un œuvre*) vorlag? Man muß kein bedingungsloser Fürsprech des Realitätsprinzips sein, um einzuräumen, daß der Wille zum Werk das Werk selber nicht ersetzen kann. Sonst kommt es zu jener Situation, die Jules de Goncourt in der Charakteristik eines Künstlers einmal so umschreibt: »sein Meisterwerk war sein Leben« – was im Grunde das Schlüsselwort für die Bohème ist. Es vergingen schließlich noch mehrere Jahre bis zum Aufstieg des Nationalsozialismus, in denen mehr hätte geschaffen werden können, als heute tatsächlich vorliegt. Einzig Klaus Mann war immerfort tätig, gleichwohl wurde auch er irgendwie vom

Schicksal der Zeit überholt; denn sein Werk, obwohl sich selbst als antifaschistisch empfindend, war nicht antifaschistisch von innen heraus und seiner ganzen Struktur nach, das politische Moment haftete ihm vielmehr höchst äußerlich als Etikett an. Als ich jüngst seinen »Roman unter Emigranten« mit dem Titel »Der Vulkan« las, der zuerst 1939 erschienen ist, vermißte ich vor allem den Vulkan, der als Symbol für den Nationalsozialismus steht. Davon war nichts zu spüren: es ist im Grunde ein zutiefst unpolitisches Buch, das sich im Gewirr privater Schicksale verliert. Was bleibt, ist die überaus zarte und verletzliche Erinnerung an einige Gesichter, an ein verfliegendes Lächeln, an ein Bild oder an die Zeile eines Gedichtes. Aber die Schleier der menschlichen Vergeßlichkeit werden auch das allmählich auslöschen. Faßbarer ist einzig die Erinnerung an Berlin, damals zwischen den beiden Weltkriegen wohl die einzige Stadt Europas, in der ein so fragwürdiges Beginnen in diesem Ausmaß möglich war – ähnlich wie in Paris zur Zeit Baudelaires und seiner *»paradis artificiels«* oder zur Zeit von Joris-Karl Huysmans, der mit dem Wort *»A rebours«* zuerst das Programm einer Gegenwelt und Gegenkultur aussprach. Das gesamte Dasein war im Berlin jener Jahre durchsichtig geworden. Auf einer glänzenden Oberfläche, die kaleidoskopartig Bild an Bild reihte, so daß man im Schauen immer wieder den Atem verhielt, malten sich vielerlei Zeichen ab, die den einen wie den anderen verlocken mochten, in letzter Entäußerung selbstmörderisch Hand an sich zu legen als Ausdruck eines äußersten Lustaktes. Unterdessen aber warteten die großen, grauen und stumpfen Massen auf ihren Tag.

In seinem Aufsatz über de Quincey spricht Klaus Mann von dem »Zweifel an der absoluten, eigentlichen Existenz des Realen« – ein erstaunlich deutlicher Hinweis auf ein frühkindlich gestörtes Wirklichkeitsbewußtsein, das gleichzeitig von dem Gefühl einer »ungeheuren Schuldbeladenheit« geschärft wird. Quincey erhält das Opium von einem Kameraden, als er an rheumatischen Zahnschmerzen leidet. So wird ihm die Droge »zum großen Du, der Ergänzung des unvollständigen Ich«, eine Situation, die der des Narziß genau analog ist, da der Süchtige glaubt, sich selbst zu finden im Anderen, im Träumenden, der doch nur er selber ist. Nie ist wohl der Zauberkreis des Solipsismus klarer beschrieben worden. Wenn Narziß überleben soll, muß zuerst diese frühkindliche Störung des Wirklichkeitsbewußtseins behoben werden.

Mir wurde das zum Anlaß langen Nachdenkens, bis ich erkannte, daß die frühkindliche Störung des Wirklichkeitsbewußtseins im Grunde Ausdruck einer echten Invalidität ist. Narziß liebt einzig sich selbst, weil es für ihn noch gar keine »Anderen« gibt. Der empfundene Schmerz beweist aber, daß ein unbewußter Anspruch auf den Anderen besteht, der erfüllt werden kann oder auch nicht. Wird er nicht erfüllt, so vollzieht sich unabänderlich das Schicksal des Narziß. Doch er erfüllt sich nur, indem das Individuum als Mitmensch erkannt wird, wie es Karl Löwith fast im selben Jahr ausdrückte (1928). Man kann auch vom »Primat des Du« sprechen, so daß Narziß sich selber gewissermaßen aus dem Anderen erkennt. Hier liegt in der Tat ein ontologischer Umschwung vor, der mir damals unter den genannten Eindrücken immer klarer wurde und der mich nun essentiell und nicht zufällig zur Soziologie geführt hat. Zu einer Soziologie, deren erstes Axiom lautet, daß die Menschheit nicht in Individuen und Gemeinschaften zerfällt, sondern einen Zusammenhang eigener Natur darstellt, in dem Personen, d. h. Mitmenschen, in Verhältnissen, Konstellationen, Interdependenzen leben. In dieser Hinsicht erscheint der Narzißmus nur noch als Phänomen der Entfremdung. In Wahrheit trennen sich wohl hier die beiden Richtungen der Ontologie – die eine, die vom ursprünglichen sozialen Zusammenhang der Menschen ausgeht, den man nur sekundär in einzelne Personen zerlegen kann, und die andere, die vom isolierten, entfremdeten und für sich seienden (*solus ipse*) Menschen ausgeht, der im Grunde den Weg zum Anderen niemals von selbst findet, sondern ihn durch irgendwelche Institutionen künstlich vermittelt erhält, Institutionen, die dann auch die Chance haben, Herr über den oder die Menschen zu werden. Es liegt auf der Hand, wenn man die Entwicklung der neueren Philosophie bedenkt, daß dieser *Solus* nicht mehr das Atom-Individuum des alten Naturrechts ist, sondern die »Existenz« des Einzelnen, wie sie seit Sören Kierkegaard zum Problem geworden ist, dessen »Verführer« im Grunde dem »Narziß« sehr ähnlich ist. Theodor W. Adorno hat dieser Linie in seiner Habilitationsschrift über Kierkegaard (1932) einen neuen Auftrieb gegeben; dementsprechend gipfelte sie in einem elitären Solipsismus, für den jede Beeinträchtigung der existenziellen Subjektivität des Einzelnen eine »Entfremdung« ist, der die »Vergesellschaftung der Gesellschaft« entspricht, was in meinen Augen letztlich absurd ist.

So wurde mir schließlich die Soziologie als Symptom einer ethischen Entfaltungsstufe des Menschen zum Mittel der Überwindung des Narzißmus und zugleich des Existenzialismus. Freilich mußten noch einige Jahre vergehen, bevor mir das ganz klar wurde. Vorläufig bewegte ich mich in lauter Provisorien, deren bunte Aufeinanderfolge mir nicht viel Sinn zu machen schien, obwohl ich irgendwie darauf vertraute, einen Weg aus dieser höchst fragwürdigen Situation finden zu können.

Eine merkwürdig schillernde Formel für diesen zwielichtigen Zustand fand einmal mein Lehrer an der Universität Berlin, Max Dessoir, als er von der »heiligen Waldesstille Ecke Leipziger- und Friedrichstraße« sprach. Was er damit meinte, ist wohl klar: das Tosen des Verkehrs war nur ein Symbol für die Millionen Möglichkeiten, die sich immerfort vor den Menschen auftun. Angesichts dieser entfesselten Wirklichkeit (die sehr handgreiflich war und nicht bloßes Gedankenexperiment) blieben dem Großstädter nur zwei Auswege: entweder im allgemeinen Wirbel abzustumpfen, oder durchzubrechen in eine wiederum seltsam zweideutige, quasireligiöse Verheißung, die bis ans Ende der Welt führen konnte, wie es dann 1945 auch wirklich geschah.

In der bereits erwähnten Anthologie »Menschheitsdämmerung« von Kurt Pinthus, die ohne das Erlebnis Berlin nicht denkbar ist, kam diese Vision zu ihrem klassischen und unübertroffenen Ausdruck: »Sturz und Schrei«, »Erweckung des Herzens«, »Aufruhr und Empörung« und »Liebe den Menschen« hießen die einzelnen Kapitelüberschriften, die für sich selber sprechen. Diese Anthologie war im Grunde das Symptom einer spontanen metaphysischen Eruption, wie sie am Ende eines verlorenen Krieges zu erwarten war, mochten die warnenden Stimmen auch deutlich auf die letzte Phase der Vorkriegszeit zurückgehen. Aber nun kam noch etwas ganz Neues zum Zuge, das in allen Darstellungen der zwanziger Jahre bisher weitgehend vernachlässigt worden ist. Denn diese metaphysische Eruption beschränkte sich keineswegs auf einige kleine elitäre Zirkel, sondern erreichte sofort die großen Massen dank einiger neuer technischer Entwicklungen, die sich parallel dazu verbreiteten, nämlich der Massenkommunikations-Medien des Films und des Rundfunks. Selbst wenn die Anthologie von Pinthus verlegerisch ein »Erfolg« war, blieb ihre Käuferzahl doch verschwindend gering gegenüber den Millionen, die die aus gleichem Geiste erwachsenen expressionistischen Filme sahen. Bereits mitten im Kriege erschien »Die Rache des Homunculus« (1916), und seit 1919 riß die Serie nicht mehr ab: »Das Kabinett des Dr. Caligari« (1919), »Der Golem« (1920), »Der verlorene Schatten« (1920), »Von Morgen bis Mitternacht« (1920), »Die Hintertreppe« (1921), »Scherben« (1921), »Torgus« (1921), »Nosferatu« (1921), »Der müde Tod« (1921), »Das Phantom« (1922), »Vanina« (1922), »Dr. Mabuse« Teil I und II (1922), »Schatten« (1923), »Der Schatz« (1923), »Raskolnikow« (1923) und viele andere mehr. Das waren die Filme, die ich in meiner Jugend mit Leidenschaft sah und durch die ich gewissermaßen die Realität des expressionistischen Lebensgefühls in dynamisch-visueller Form aufnahm als Erweiterung der Klangdimension des Gedichts. Aber ich stand damit nicht allein, und es scheint mir kein Zufall, wenn gerade während der Zeit der tobsüchtigsten Entwertung der deutschen Mark (bis zur Einführung der Rentenmark 1923) der expressionistische Film seine größten Erfolge erzielte. Gewiß folgten nach diesem Datum noch einige Produktionen der gleichen Gattung (bis zum Beginn der dreißiger Jahre), aber sie waren bereits Ausnahmen und wurden durch einen mehr dokumentarischen Stil abgelöst, der gewissermaßen die Einleitung zur sogenannten »Neuen Sachlichkeit« darstellte.

Es konnte natürlich nicht ausbleiben, daß nicht nur progressive sondern auch reaktionäre Kräfte von den neuen Massenmedien Gebrauch machten, wie etwa die UFA mit ihren nach Pappe und Versatzstücken riechenden Nibelungenfilmen und den zahlreichen Streifen über Fridericus Rex, die ganz unverhüllt den Krieg verherrlichten. Das waren bereits die Vorboten des Nationalsozialismus, der einen hemmungslosen Gebrauch von den Massenmedien machte, und zwar nicht nur um seine Ideen bei den großen Massen populär zu machen, sondern um sich selber gleichsam in einer ununterbrochenen Präsenz darzustellen. So nahmen an den Parteitagen in Nürnberg nicht nur die hunderttausend Anwesenden teil, sondern praktisch die ganze Nation. Es war kaum möglich, dieser ständigen Berieselung zu entgehen. Gelegentlich tönte in Berlin aus allen Fenstern die grölende und grobe Stimme des »Führers«, und der von Leni Riefenstahl kreierte Stil der Parteitagsfilme wurde auf die Wochenschauen übertragen, ein wegen der engen zeitlichen Nachbarschaft der Lebenswelten des Expressionismus und des Nationalsozialismus gelegentlich verwirrendes Vexierspiel zwischen gut und böse. Eines der bedeutendsten Mittel der Massenerziehung war damit zum Instrument der Gegenwelt geworden, der Metaphysik des menschlichen Aufbruchs folgte eine planmäßige Massenverderbnis von nie gesehenen Ausmaßen.

Über diesen Großereignissen der Zeit, die weithin sichtbar waren, darf man jedoch die intimeren, gewissermaßen sektenartigen Aktionsgruppen vieler Tausender von »Propheten« im Berlin der zwanziger Jahre nicht vergessen, die teils mit Weißkäse, teils mit Worten die Menschen aus ihrer kreatürlichen Angst zu befreien suchten. Durch meinen Lehrer Max Dessoir, der – soweit ich mich erinnere – ein Gerichtsgutachten abgeben mußte, lernte ich flüchtig den »Magier« Hanussen kennen, der in einem großen Varieté auftrat. Was ich von ihm im Gedächtnis habe, sind seine unruhigen Augen in einem großflächigen Gesicht; was Max Dessoir ihm attestierte, war eine ungewöhnliche Empfindsamkeit, die ihn für menschliche Ausstrahlungen, die anderen sonst entgehen, ansprechbar machte. Anfang 1933 wurde er von den Nazis ermordet. Sie waren wohl der Meinung, es dürfe nur einen einzigen Propheten geben.

Alle diese Menschen, die Mörder inbegriffen, wirkten in einem konturlosen Niemandsland zwischen gut und böse. So konzipierte ein Freund von mir einmal das Romanepos eines Propheten, der zum eigentlichen Herrscher der Großstadt aufsteigt, obwohl (oder weil) er ein Findelkind ist, geboren von einer Magd in einem rüttelnden Bauernwagen auf der Landstraße zwischen den beiden Dörfern Bielebog und Czarnebog (dem weißen und schwarzen Gott der Slawen). Da der slawische Untergrund gerade im Ausmessen dieser eigentlichen Grenzsituationen allgegenwärtig war, hätte man damals schon voraussehen können, daß hier der Nationalsozialismus seinen fruchtbarsten Boden finden mußte, selbst wenn Berlin daneben gleichzeitig zum unermüdlichen Schöpfer des politischen Witzes wurde. Aber dieser Witz war mehr ein individueller Selbstschutz als eine wirkliche Waffe, und hinter jeder noch so brillanten Wendung spürte man die treibende Angst, selber von dieser unterirdischen Grundwelle mitgerissen zu werden und auf einer Untiefe hilflos zu stranden. Der abgründigste Witz stammt vom kleinen jüdischen Moritz. Wie hat er sich das Dritte Reich vorgestellt? Genauso wie es war ...

Vorerst aber blieb eine tiefe Lockerung unseres gesamten Daseins, die uns eine geradezu grenzenlose Aufnahmebereitschaft und Aufnahmefähigkeit bescherte. Ich habe in jenen Jahren wenig studiert, aber unendlich viel gelernt. Ich glaube, keiner von denen, die damals mit mir in Berlin lebten, wird bestreiten, daß dies gewissermaßen die reichsten Jahre unseres Lebens waren. Auch für die, die von uns gegangen sind und für die der freiwillige Drogentod vielleicht die höchste Erfüllung war. Daß wir dabei aber dauernd an Grenzen entlanggingen und sie wohl auch mehrfach überschritten, wurde uns erst sehr viel später klar. So hatten wir auch am Anfang eine mehr staunende und ironisierende Einstellung gegenüber dem Nationalsozialismus, die uns die metaphysischen Hintergründe dieser Bewegung zunächst nicht ermessen ließ. Ich verstand eigentlich erst am 1. Mai 1933, worum es ging, als ich vom Balkon der Mutter von George Grosz in ihrer Wohnung am Kreuzberg gemeinsam mit Bermann-Fischer und seiner Frau und Richard Huelsenbeck (sie alle verließen Deutschland schon wenige Monate später) die tobenden Massen auf dem Tempelhofer Feld sah. Jetzt war die Masse aktiv geworden und hatte alle vermeintlichen Sicherungen des Lebens endgültig durchgeschlagen. Die Verheißung war im Geburtsstadium, an die Stelle der vielen (falschen und echten) Propheten trat der »Führer«, der das Fazit aus der gegebenen Situation gezogen hatte, selbst ein Geschöpf all dieser Zweideutigkeiten. Als ich etwas verspätet aus der Untergrundstation Kreuzberg stieg, waren die Straßen bereits leer, einzig ein schwarzer Mercedes kam mit großer Geschwindigkeit angefahren; darin sah ich Hitler in nur wenigen Metern Abstand und fragte mich, was wohl die Deutschen an diesem Gesicht eines böhmischen Mausefallenhändlers finden mochten, ein Gesicht, das so undeutsch war, wie es überhaupt nur sein konnte, mit einem Loch anstatt eines Mundes, mit stieren Augen und darüber die affektierte Militärmütze der SA, die verbarg, daß er auch keine Stirn und daher keinen offenen Blick hatte.

Dabei kommt mir folgende Erinnerung, die das eben Gesagte unterstreichen mag: es muß um 1931 herum gewesen sein, als es in Berlin bei der Aufführung des Filmes »Im Westen nichts Neues« nach dem Roman von Remarque zu wilden Demonstrationen der Nationalsozialisten kam. Unter dem Druck der Straße wurde der Film zunächst untersagt, durfte dann aber schließlich doch in einem Kino am Nollendorf-Platz unter dem Patronat irgendeines republikanischen Vereins weiterlaufen. Am Eingang bekam man zugleich mit dem Billett eine Mitgliedskarte, für die man – soweit ich mich erinnere – nur eine symbolische Zahlung zu leisten hatte. So wurde es möglich, den Film zu sehen, wenn auch die SA alles in die Wege leitete, um die Aufführungen zu stören. Eines Tages ließen sie sogar Hunderte von weißen Mäusen los, die das Publikum erschreckten, und das Merkwürdige geschah: die Zuschauer rissen vor den Tierchen aus, indessen die anderen nicht zögerten, das Ganze als Demonstration für den Krieg zu benutzen – für jenen Krieg, an dem zweifellos auch manche der Ausreißer später teilgenommen haben.

Da man befürchten mußte, daß der Film definitiv abgesetzt werden würde, und da die Abendvorstellungen für lange Zeit ausverkauft waren, wollte ich ihn mir in einer Nachmittagsvorstellung ansehen. Als ich mich dem Kino näherte, bemerkte ich eine riesige Zusammenballung von Menschen auf der Straße, die sich plötzlich um ein schnell vorfahrendes Auto scharten. Bis ich herangekommen war, hatte sich die Tür geöffnet und ein zierlicher, magerer Herr mit energischen, aber zackigen Bewegungen verließ den Wagen, kletterte auf das Dach und begann unter allgemeinem Jubel eine Hetzrede gegen die pazifistische Tendenz des Films, gegen das Weimarer Regime, das »System«, wie er es nannte, gegen die »Asphaltliteraten, die Juden und die Plutokraten« und für den Heroismus des unbekannten Soldaten. So nervös, fast fahrig seine Bewegungen vorher gewesen waren, so ruhig war er jetzt. Scharf pointiert, jedes Wort vom anderen getrennt, hallte seine Stimme über den Platz. Und wenn ein Witzwort fiel, wartete er genau einige Sekunden, bis sich das aufflammende Gelächter wieder gelegt hatte, um dann mit eiskalter und ungerührter Präzision genau da fortzufahren, wo er innegehalten hatte. Es war wie eine Trapezakrobatik des gesprochenen Wortes: eins griff ins andere, keine unnötige Pause, kein Nachdenken, nur absoluteste Sicherheit, gelegentlich ein ruhiges Atemholen, um dann zu einer neuen rhetorischen Figur auszuholen, die mit der gleichen millimetergenauen Kälte und Präzision absolviert wurde. Dieser Mann hieß Dr. Goebbels, er war der »Gauleiter« von Berlin, wie ich von Umstehenden erfuhr.

Dr. Goebbels war nicht ohne Mut: diese Szene beweist es. Im Mai 1945 sollte er es nochmals mit seinem freiwilligen Tode beweisen. Als er am Ende seiner Hetzrede von seinem Wagen herunterstieg und ein paar Schritte ging, sah ich, daß er hinkte. Doch sein Gang war trainiert wie der eines Schauspielers, der es gelernt hat, jede körperliche Behinderung zu überwinden oder wenigstens den Zuschauer vergessen zu lassen, daß er ein Krüppel ist. Gewiß ist das die beste Disposition für eine ausgewachsene Organneurose. Aber ich mußte auch an den Satz von Heinrich Mann denken: »Der Schauspieler ist der repräsentative Mensch unserer Zeit.« Dieser Dr. Goebbels war ein einziger lebender Beweis für die Wahrheit dieses Satzes. Dann verschwand der Wagen um die Ecke, genauso schnell wie er gekommen war, und ich ging ins Kino, das ich zwei Stunden später wieder verließ, zutiefst erschüttert von der Einsicht, daß es offensichtlich Menschen gab, die sich noch immer nach dem Kriege sehnten. Der zuletzt Gefallene war der Muschkote Stanislaus Katczinsky, ein Pole, der nun das Fußvolk für den deutschen Krieg darstellte. Der Zeitungsbericht vom nächsten Tage bemerkte dazu lakonisch: »Im Westen nichts Neues.«

Wer war dieser Dr. Goebbels? Über sein äußeres Leben braucht man heute nicht viel zu sagen. Doch wie mag es in der Seele eines solchen Menschen ausgesehen haben? Das war die Frage, die mich seit jenem Tage nicht mehr losließ und die ich mir zum letzten Male stellte, als ich in den Frühlingstagen 1945 – die Russen standen bereits unmittelbar vor Berlin – von Zürich aus seine Stimme im Radio hörte. Immer noch die gleiche Stimme, sorgfältig skandierend, noch immer ohne die geringste innere Teilnahme, ganz der abstrakten Wirkung des Wortes hingegeben, und noch immer verkündete sie den Endsieg. War er ein Krüppel mit Minderwertigkeitsgefühlen, die ihn zur Überkompensation verleiteten? Diese oft gehörte Meinung scheint mir am Wesentlichen vorbeizugehen. Man hatte bei ihm eher das Gefühl eines Menschen, der im Glashaus, unter einer Isolierglocke sitzt, für den der Nebenmensch nicht existiert, sondern nur eine ganz abstrakte Größe ist, mit der man umgeht wie mit Marionetten, indem man bald am einen, bald am anderen Faden zieht. Er war wie ein Mensch, dem man es nicht zutraut, daß er Freunde besitzt; der nicht lieben kann, weil er nie geliebt worden ist. So trug er schwer an der Einsamkeit der großen Stadt. Nur wenn er von seinem »Führer« sprach, erwärmte sich seine Stimme ein wenig. Sein ganzes Liebesbedürfnis konzentrierte sich in diesem Punkt. Und später konnte man spüren, wie er über sich hinauswuchs, als er seine derart konzentrierte Liebe über sämtliche deutschen Sender hinausposaunte, als er die Massen im Berliner Sportpalast zu wilden Begeisterungsstürmen hinriß (»Wollt ihr den totalen Krieg?«), in denen die slawische Seele Berlins sich austoben konnte. Zu dieser Zeit war seine Rhetorik bereits zur äußersten Kunstfertigkeit ausgereift, er beherrschte alle Register der Massenbeeinflussung und brachte das deutsche Volk und das Volk von Berlin zum Appell vor seinen Führer wie ein unermeßliches, mystisches Liebesopfer. Goebbels war ein Zauberer, der alle Untiefen des Berliner Bodens kannte und wie kein zweiter mit seinem scharfen Witz an die Untergründe der großstädtischen Massen rührte. Er stand im Grunde in einer Linie mit den vielen anderen Propheten, die seit der Inflation aufgestanden waren. So spannte sich sein Leben zwischen einer großen, visionär erlebten Illusion und einem zynischen, gelegentlich geradezu frechen Realismus, wofür der Berliner seit jeher leicht ansprechbar war. Und er benutzte alle Mittel, zum Teil recht beträchtliche Mittel, um seiner Illusion zu dienen. Das Ergebnis war eine Doppelbödigkeit der eigenen Existenz, die genau mit der Doppelbödigkeit Berlins korrespondierte, nur ins Monströse übersteigert. So war Goebbels wirklich der eigentliche Herr Berlins. Er hatte übrigens eine Art von moralischem Doppelgänger: damals lebte in Berlin der große Schauspieler Gustaf Gründgens, der in gleicher Weise die absoluteste Gemütskälte mit ebenso absoluter technischer Vollkommenheit verband und dennoch sein Publikum hinzureißen wußte; er spielte auch in der gleichen Inszenierung abwechselnd Faust und Mephisto.

Warf Julien Benda in seiner berühmten Streitschrift »La trahison des Clercs« (1927, deutsch 1977 im Carl Hanser Verlag als »Der Verrat der Intellektuellen«) den politischen Literaten aller Schattierungen vor, daß sie die transzendenten und humanen Werte an einen vordergründigen Opportunismus verraten hätten, so kann man sagen, daß der in die Dimension der praktischen Politik eingebrochene Literat (und ein solcher war Goebbels) die Gerissenheit, die Niedertracht, die Wahllosigkeit einer Hyäne in der Benutzung aller, auch der unsaubersten Mittel auf ein Idealbild projizierte, das selber nur eine höchst fragwürdige Existenz darstellte. So kam es zu einer totalen Verkehrung aller Werte, wie der Zuschauer später schaudernd erfahren mußte. Kein Ort aber hätte sich besser geeignet für dieses teuflische Experiment als das vielschichtige Berlin vom Ende der zwanziger Jahre mit seiner großen, ziellosen Erwartung, die nur auf das Signal harrte, um in unselige Ekstasen auszubrechen.

Das letzte Rätsel dieser Stadt mit dem Doppelgesicht mußte sich klären, sowie sie vor die Probe der politischen Entscheidung gestellt wurde. Dies geschah denn auch in der verhängnisvollsten Weise. Die Berliner Zweideutigkeit hatte jeden Rest von politischer Klarsicht und rationaler Vernunft erweicht. Mein Freund Werner Ziegenfuß, damals Oberassistent am Philosophischen Seminar, gab dem auch unverblümt Ausdruck: »Die Politik ist wert, daß sie der Demokratie überantwortet werde.« Einige Wochen später stand er in SA-Uniform vor mir. Er war konsequent: er gab jede eigene Aktivität und Entscheidung auf und ließ fortan das politische Treiben an sich geschehen in einer merkwürdig femininen Passivität, die einzig in der Vergewaltigung ihr Glück findet.

So wurde die glashelle intellektuelle Oberschicht Berlins fortgeschwemmt von der großen Grundwelle, die sich aus einer unsagbaren Tiefe erhob, ungreifbar und in ihrer Existenz vorher auch nur von wenigen vorausgeahnt, obwohl an und für sich die Möglichkeit des Blicks in die Tiefe überall und jedermann offenstand. Die slawische Unterschicht mit ihrer drängenden Messias-Erwartung hatte der westlichen Aufklärung des 18. Jahrhunderts, die in Berlin ihre schönsten Früchte gezeitigt hatte (bis hin zu dem Hugenotten Fontane), einen bösen Streich gespielt, der den neutralen Beobachter oftmals wie eine Art geheimer Rache der Urbevölkerung an der aufgezwungenen deutschen Kultur anmutet. Aufgezwungen auch dann, wenn sich die Urbevölkerung freiwillig dieses Mittels bemächtigt hatte – blieb ihr doch nur dieser Ausweg zur Verwirklichung ihres sozialen, wirtschaftlichen und politischen Aufstiegs. Im übrigen ist das die logische Konsequenz der Kolonialsituation, ob in Afrika oder Asien oder Zentraleuropa, man muß nur den Mut haben, es sich einzugestehen.

Was in Berlin geschehen war, war die umgekehrte Aufklärung, wenn ich so sagen darf, die heilssüchtige Rückkehr des Menschen »in die selbstverschuldete Unmündigkeit«. Sicher ist das immer viel einfacher, da damit das Ausharren in der Ungewißheit ein Ende findet, auch die Verpflichtung, »sich seines Verstandes ohne Leitung durch einen Anderen zu bedienen« (Kant). Für mich aber war es ein besonders schwerer Schock, daß der längjährige Freund von tausend Gesprächen beim ersten Zusammenstoß der Versuchung prompt erlegen war. Es war wohl der gleiche Schock wie für Klaus Mann, als er erleben mußte, daß Gustaf Gründgens ihm nicht in die Emigration folgte, sondern sich zum »Staatsschauspieler« ernennen ließ. Man ist niemals betroffener, als wenn man von einem Freunde enttäuscht wird, den man liebt.

Es war praktisch unmöglich, sich dieser Berliner Atmosphäre zu entziehen, wenn auch jeder auf eigene Weise reagierte; ich selber erkrankte im Herbst 1933 an einer schweren Bronchitis, während der mich Richard Huelsenbeck pflegte. Als Ende 1932 (ich kam gerade aus Frankreich zurück) die Ereignisse einander in immer schnellerer Folge jagten, als der integre und tiefernste Brüning als Regierungschef dem leicht hochstaplerischen und snobistischen Herrenreiter und vormaligen deutschen Spion in den Vereinigten Staaten, Franz von Papen, den Platz räumte und dieser wiederum einem wenig bekannten General von Schleicher, der indessen gleich nach 1918 eine nie ganz geklärte Rolle in der deutschen »Revolution« gespielt hatte, war wohl der Gipfel der Zweideutigkeit erreicht. Im Winter 1932 sah ich im Theater am Gendarmenmarkt Goethes Faust in der Inszenierung von Gründgens. Bei den Worten, »daß die Fülle der Gesichte mir der trockne Schleicher stören muß«, brach ein allgemeines Gelächter aus. Und keiner ahnte, was wir alle mit Erschütterung erleben sollten, daß wenige Wochen später ganz Berlin fasziniert und gelähmt sein würde von der Fülle dieser Gesichte. Gelegentlich noch reagierte der Berliner Witz in aller Öffentlichkeit; bei einem plötzlichen Wettersturz im Februar 1933 stand unter einer Zeitungskarikatur, auf der ein Wintersturm tief vermummte Straßenpassanten umtobte, als Legende zu lesen: »Gestrenge Herren regieren nicht lange.« Doch das war auch die letzte Nummer der betreffenden Zeitung. Dann kam atemberaubend schnell der große Zusammenbruch auf der einen Seite und auf der anderen die große Welle, die alles davontrug in einem wilden Begeisterungstaumel, an den sich heute freilich nur noch wenige erinnern mögen. Die Grundwelle hatte alles davongeschwemmt; sie hatte dazu nur einige Wochen gebraucht.

Als ich später mit Rauschning über diese Periode der »Machtübernahme« sprach, die er noch selber in Danzig durchgeführt hatte, bevor er zurücktrat, erzählte er mir, wie feige damals speziell das deutschnationale Bürgertum in Danzig reagiert hatte. Es gab viele Leute, mit denen er gern zusammengearbeitet hätte, aber sie rissen einfach aus, bevor er mit ihnen hätte Kontakt aufnehmen können. Als er in ihre Büros trat, waren die Sitze noch warm, aber der zuständige Ehrenmann war verschwunden. Ähnlich wird es wohl auch in Berlin gewesen sein. Der einzige Widerstand kam von der SPD, die jedoch in den Märzwahlen ausgeschaltet wurde. Der Zusammenbruch Berlins wurde dann das Signal, das alles übrige nach sich zog. Nur Süddeutschland vermochte noch eine Zeitlang Widerstand zu leisten – wandelte sich doch gerade damals schon München von der »Stadt der Bewegung« zur »Stadt der Gegenbewegung«. Das gleiche galt für einige Stadtstaaten wie Hamburg und Bremen, auch das katholische Köln war eher zurückhaltend und hatte von allen Großstädten Deutschlands die niedrigste Stimmenzahl für die NSDAP. All das war jedoch nur ein kurzer Aufschub. Und die einzelnen Menschen blieben zumeist hilflos und allein.

Aus dieser Einsamkeit heraus hatte ich ein seltsames Erlebnis, das der eigentliche Auftakt zu meinem Weggang aus Berlin wurde. Es mag gegen Ende Mai oder Anfang Juni 1933 gewesen sein, jedenfalls an einem lauen Frühlingsabend. Ich ging mit zwei Freunden über den Kurfürstendamm in westlicher Richtung. Vielleicht wirkte in mir noch das Erlebnis des Reichstagsbrandes nach, dem ich wenige Monate vorher zugesehen hatte, vielleicht war ich auch aufgewühlt von der allgemeinen Erschütterung jener Tage, so daß ich plötzlich Bilder greifbar vor mir sah, die ich im normalen Alltag verdrängte. Wie dem auch sein mochte: in einer plötzlichen Vision sah ich den Himmel über den unruhig wehenden Ästen der Bäume glutrot, während schwarze Schwaden streifig nach oben zogen. Flammen schlugen aus den Häusern, die keine Häuser waren, sondern hohle Ruinen mit leeren Fenstern. Zickzackartig zeichneten sich darüber die unregelmäßig zerrissenen Fassaden ab, so daß ich erschreckt zusammenfuhr. Die Straßen erschienen mir plötzlich gespenstisch leer und ein bedrückendes Schweigen lastete auf mir, ich schwankte und rang nach Atem. Für einen Augenblick fand ich mich grenzenlos allein in der großen Stadt.

Was ich damals vor meinem inneren Auge erblickt hatte, war Berlin, wie es 1945 aussah. Meine Begleiter, denen ich diese Vision erzählte, Bruno E. Werner und Gerhard Bahlsen, haben den Krieg überlebt. Sie waren mir nach dem Kriege leicht unwillige Zeugen dieses Erlebnisses, das sie zur Kenntnis nahmen, wie man die Exzentrizitäten eines Freundes tolerant zur Kenntnis nimmt, um dann zur Tagesordnung überzugehen. Mir selber wurde die Vision zu einer Warnung, daß ich auf diesem Boden nicht mehr würde leben können. Es bleibt indessen, daß Berlin die Fähigkeit hatte, den jungen Menschen bis zum Letzten aufzuwühlen und auch die älteren nicht alt werden zu lassen. Darum möchte ich diese Zeit niemals missen, wenngleich mir seither klar geworden ist, daß auf märkischem Sande nichts Dauerhaftes gedeihen kann.

In seinem Gedicht »Der Krieg« von 1911 hat Georg Heym der Stadt Berlin und ihrem kommenden Untergang ein Denkmal gesetzt, wie es in solch visionärer Kraft wohl nur ein Berliner aus Schlesien zu konzipieren vermochte:

Eine große Stadt versank in gelbem Rauch,
Warf sich lautlos in des Abgrunds Bauch.
Aber riesig über glühnden Trümmern steht,
Der in wilde Himmel dreimal seine Fackel dreht
Über sturmzerfetzter Wolken Widerschein,
In des toten Dunkels kalten Wüstenein,
Daß er mit dem Brande weit die Nacht verdorr,
Pech und Feuer träufet unten auf Gomorrh.

Angesichts dieser Ereignisse wird es niemanden wundern, wenn ich die Frage meines Studiums nur am Rande behandle. Ich sagte schon: ich habe in Berlin unendlich viel gelernt, aber wenig studiert. Die ganze Konstellation an der Universität Berlin, speziell an der Philosophischen Fakultät, war für meine sich mittlerweile deutlicher abzeichnenden Interessen nicht sehr günstig. Die zweite Generation der Dilthey-Schule herrschte völlig unangefochten, insbesondere Eduard Spranger, der in seinen Vorlesungen und Seminarien eine der Soziologie eindeutig feindliche Atmosphäre verbreitete. Die Probleme der Distanz von Theorie und Praxis fanden für ihn eine klare Lösung in der Pädagogik, und die Behandlung der spezifisch soziologischen Probleme wurde Personen eines besonderen Typs überlassen, die man als »Positivisten« bezeichnete. So war ich also nicht mehr nur ein »Intellektueller«, sondern erhielt zusätzlich das Etikett »Positivist«, das mir teilweise heute noch anhängt. Trotzdem verteidigte ich mich gegen Spranger bis in meine Dissertation und meine mündliche Doktorprüfung hinein, wobei er sich recht tantenmäßig bei Max Dessoir, meinem eigentlichen Doktorvater, beschwerte, als ich in seinem Seminar über die Idee der deutschen Universitäten (aus dem später – 1935 – mein Universitätsbuch erwuchs) gegen die weltanschauliche Aufweichung der Universität protestierte mit dem Hinweis darauf, daß damit einzig die Weltanschauungskämpfe der Gegenwart in die Wissenschaftserziehung eindringen würden – und zwar nicht zum Nutzen der Wissenschaft. Das bekümmerte aber Spranger nicht groß, der später als Propaganda-Redner des Nationalsozialismus nach Japan ging und »interessante« Parallelen zwischen der »arischen« und der »japanischen Rasse« entdeckte. Über sein feiges Ausweichen vor einer Stellungnahme zu meinem Universitätsbuch habe ich mich im Vorwort der Neuausgabe (1970) geäußert und möchte das hier nicht wiederholen. Grundsätzlich sei nur bemerkt, daß diese letzte Phase der Philosophie Diltheys, wie ich es wenig später (1936) in meiner Habilitationsschrift an der Universität Zürich dargestellt habe, gewissermaßen die Totalität der Wirklichkeit des »Menschen, der Gesellschaft und der Geschichte« aus dem Erlebnis der »Innerlichkeit« hervorgehen ließ, was jeden Versuch einer »Veräußerlichung« der Lebensstrukturen, wie es die Soziologie vornimmt, als unstatthafte »Hypostasierung« erscheinen lassen mußte. Am erschütterndsten kam dies bei Friedrich Meinecke zum Ausdruck, für den sich das Jahr 1945 zur deutschen »Katastrophe« transformierte, obwohl es sich als Resultat einer strukturellen Logik der deutschen Gesellschaft ganz folgerichtig einstellte. Allerdings wurde damit auch der Nationalstaatsgedanke Meineckes von der Wirklichkeit selber widerlegt, so daß man ihn in seiner erschreckten Reaktion wenigstens verstehen konnte, obwohl die Kategorie des Verstehens insgesamt ihren Dienst versagte, da für Meinecke das ganze Geschehen »verstehensjenseitig« war. So blieb nur die »deutsche Katastrophe«.

Meine Auseinandersetzung mit Spranger hätte sehr wohl mit einem Fiasko enden können, wären nicht meine eigentlichen Lehrer in Philosophie und in Ethnologie, Max Dessoir und Richard Thurnwald gewesen. Diesen beiden schulde ich die entscheidendsten Anregungen, sie lenkten meine Arbeit für viele Jahre in eine Richtung, die ich hier kurz charakterisieren möchte.

An sich gehörte auch Max Dessoir (wie Georg Simmel) zur Dilthey-Schule, aber wie Simmel sich der Soziologie und Kunstwissenschaft zuwandte, so Dessoir ebenfalls der Kunstwissenschaft und der Realpsychologie. Der Umstand, daß er durch das Erlebnis der Wirklichkeit des Kunstlebens und des Kunstwerks zur Ästhetik (als einem Zweig der Psychologie) gekommen war und daher die Kunst nicht wie eine philosophische Utopie ansah, die »selig in sich selbst« ruht, war für ihn höchst bezeichnend. Das vermittelte allen seinen Ausführungen einen erstaunlichen Realismus. Hier genau spürte ich zum ersten Male die Voraussetzungen für eine empirische Kulturanthropologie, die er am Phänomen der Kunst illustrierte. Aber Dessoir blieb hier nicht stehen, sondern behandelte mit uns im Seminar psychische Grenzphänomene, die bis in die Parapsychologie hineinreichten. Sein Werk über »Das Jenseits der Seele« wird bis heute schamlos geplündert und kaum zitiert. Es gibt übrigens noch ein ungedrucktes Manuskript über den »Doppelgänger« von ihm, das er meines Wissens auf Grund einer älteren Schrift nach 1945 neu bearbeitet hat (es liegt heute beim Ferd. Enke Verlag in Stuttgart). Diese Erfahrungen spielten wenig später eine große Rolle in meinen ethnologischen Studien bei Thurnwald. So beauftragte dieser mich sogleich nach Abschluß meines Doktorats (1930), für seine »Zeitschrift für Völkerpsychologie und Soziologie« (später »Sociologus«) einen Bericht über »Die neuesten Strömungen in der gegenwärtigen französischen Soziologie« zu schreiben, sofern und soweit sie Interesse für die Ethnologie boten. Die Veröffentlichung dieser Arbeit (1931/32, 1978 neu erschienen unter dem Titel »Bilanz der französischen Soziologie um 1930«) brachte mir die Aufmerksamkeit des Afrikanisten Dietrich Westermann ein, der mich seinerseits mit einer Analyse der Beziehungen zwischen Magie und Technik in der Mentalität des »Primitiven« beauftragte. Ich habe diese Arbeit nie abgeschlossen, obwohl ich sie mehrere Jahre mit mir herumtrug, besonders in meinen Diskussionen mit Lucien Lévy-Bruhl in Paris. Aber die immer drängenderen politischen Probleme irritierten mich und hielten mich von der Fortsetzung dieses Auftrags ab. Auch Leopold von Wiese und Werner Sombart wurden auf meine Arbeit aufmerksam und zitierten sie.

Ich verdanke es jedoch dem direkten Einfluß von Richard Thurnwald, daß ich seit jener Zeit Soziologie und Ethnologie gemeinsam betrieben habe, auch wenn sich meine Dissertation noch mit Soziologie der Literatur befaßte. Allerdings ging ich auch dabei bereits vergleichend vor, indem ich mich auf die Analyse reeller »Situationen« im naturalistischen Roman stützte, um die verschiedenen Lösungen ein und desselben Themas zu präzisieren und bis in die Stildifferenzen hinein verfolgen zu können, insbesondere jene, die sich aus der »Künstlerästhetik« herleiteten. Das eröffnete mir einen neuen Zugang zum Problem der »Objektivität« der Erkenntnis in den Sozialwissenschaften, um mich der Sprechweise Max Webers zu bedienen, in dem ich schon damals das einzig echte Gegengift gegen die geisteswissenschaftliche Analyse erkannte, die sich mehr in subtilen Stilübungen über Kunst und andere Gegenstände erging als in Strukturanalysen. So stellten mir die künstlerische und die soziale Realität die gleichen logischen Probleme. Hierbei wurde ich nicht nur von Thurnwald beeinflußt, sondern auch von Bronislaw Malinowskis Meisterwerk über »Die Argonauten des westlichen Pazifik« (deutsch jetzt im Syndikat Verlag, Frankfurt 1979), das ich auf Veranlassung von Thurnwald studierte.

Unter dem Einfluß der sozialen Probleme jener Jahre (vor allem der Massenarbeitslosigkeit) und der politischen Probleme (Untergang der Weimarer Republik und Aufstieg des Nationalsozialismus) entschied ich mich also definitiv für die Kombination von Soziologie und Ethnologie, auch um die Besonderheiten der industriellen Gesellschaften im Vergleich mit anderen erkunden zu können. Damit hörten meine Studienjahre im engeren Sinne auf. Im Februar 1930 bestand ich mein philosophisches Doktorexamen mit Philosophie im Hauptfach, Romanistik und Ethnologie im Nebenfach. Meine Dissertation »Die naturalistische Ästhetik in Frankreich und ihre Auflösung. Ein Beitrag zur systemwissenschaftlichen Analyse der Künstlerästhetik« erschien 1931 in Leipzig als Buch. In ihr zeichnete ich am Beispiel der Kunst in systematischer Absicht den Weg nach, der von Comte und Durkheim zu Henri Bergson und Marcel Proust führt. Dazu waren bereits mehrere längere Aufenthalte in Paris erforderlich gewesen, wo andere Einflüsse auf mich einwirkten, die ich im folgenden zu beschreiben versuchen will. Nach meiner Promotion verließ ich Berlin und ging erneut nach Paris, wo ich nicht nur meine französische Familie wiederfand, sondern auch die zweite Generation der Durkheim-Schule, der ich mich für viele Jahre anschloß.

V. Paris: Auf dem Wege zu einer eigenen Konzeption

Als ich im März 1977 das Centre Georges Pompidou bis zum letzten Stockwerk erklommen hatte und – vom Plateau Beaubourg aus gesehen – von der rechten oberen Ecke aus über Paris schaute, erhielt ich zu meiner großen Überraschung zum ersten Male in meinem Leben einen Gesamtüberblick über jenen Teil von Paris, in dem ich als Kind aufgewachsen war. Es war ein für Paris so typischer stürmischer Vorfrühlingstag mit Kanal-Wetter. Die Wolken hingen in langen Schleppen tief über der Stadt. Als plötzlich, für wenige Augenblicke nur, die Sonne durchbrach, stand die Kirche von Sacré-Cœur mit ihren klaren Konturen grellweiß über dem Häusergewimmel, das von den äußeren Boulevards zur Butte de Montmartre aufsteigt. In kurzer Distanz von dort nach links, wo sich heute große fünf- bis sechsstöckige Wohnhäuser erheben, die erst Anfang der zwanziger Jahre gebaut worden sind, hatte das Haus meines französischen Großvaters gestanden, ziemlich am Ende der Impasse Girardon, einer Sackgasse, die vor dem Ersten Weltkrieg an einer Art von Tor endete, durch das man auf dem jenseitigen Hang die Schafe weiden sah. Darüber hinaus war der Blick damals frei gewesen bis zum Friedhof von Colaincourt. Von der Place Blanche führt in großem Schwunge die Rue Lepic auf die Höhe, links unten an der scharfen Kurve stand der Moulin de la Galette, eine alte Windmühle, die schon lange verschwunden ist. An eine andere Mühle der gleichen Art erinnert heute am Boulevard der Name des Moulin Rouge, der nach dem Ersten Weltkrieg zu einer weltberühmten Varieté- und Revue-Bühne wurde, wo ich als Student Mistinguette, Josephine Baker und Maurice Chevalier erlebte. Damals war Montmartre das Zentrum der Pariser Bohème, die spätestens zu Beginn der Zwanziger Jahre nach Montparnasse auf die andere Seite von Paris verzog und in Montmartre ein trauriges Hurenquartier für den billigsten Tourismus hinterließ, wahrscheinlich als Folge der letzten Kriegsmonate. Auch hier war der soziale Wandel über ein Stadtquartier dahingefegt, in seinen Anfängen vielleicht schon vor dem Ersten Weltkrieg, wodurch eine Art Slum entstanden war, in dem halbverfallene und verwanzte Häuser einander abwechselten mit Restaurants, Nachtklubs, Bordells, Stunden-Hotels, großen Uraufführungskinos am Place Pigalle und billigen Wohnungen für Heimarbeiterinnen, die ihren kümmerlichen Lohn durch ihre Tätigkeit auf der Straße aufbesserten.

Übrigens erlebte ich gerade hier, daß der Auszug einer Bevölkerungsschicht niemals total ist, sondern stets einzelne Reste hinterläßt, zumeist ältere Personen, die beim Beobachter eine Zeitlang die Illusion der Kontinuität des Quartiers am Leben erhalten. So lebte noch 1927 am Anfang der Impasse, jetzt im Kellergeschoß eines großen Mietshauses, die uralte Mère Leclerc, bei der ich als Kind Bonbons gekauft und die Zeitung für die Familie geholt hatte. Am Boulevard Montmartre wohnte der Hausarzt der Familie, der Docteur Villette, bis zu seinem Tode. Am Anfang der Rue Lepic hatte der Kupferstecher Eugène Delâtre, der mit meinem Großvater befreundet gewesen war, noch bis tief in die zwanziger Jahre sein Atelier, wo zahllose Schüler aus ganz Paris und sogar aus dem Ausland seine Kunst erlernten. Bevor das Atelier nach seinem Tode aufgelöst und die vielen Erinnerungsgegenstände verstreut wurden, gelang es der jüngeren Schwester meiner Mutter, meiner Tante Lily, eine Handvoll seiner Stiche vom alten Montmartre zu retten, die ich heute noch besitze. Der Maler Utrillo, der in unmittelbarer Nachbarschaft meines Großvaters lebte, war ein weiterer Rest jener alten Zeit, wie ich auch einen spanischen Bildhauer um 1928 wiederfand, der lange auf dem Grundstück meines Großvaters mit seinem Freund Paul Gauguin gewohnt hatte, bis dieser (1891) Europa verließ. In dessen Atelier sah ich 1928 ungefähr 50 Bilder, Skizzen und Zeichnungen von Gauguin, die sein spanischer Freund aufbewahrte, der jahrzehntelang an irgendeinem sagenhaften Staatsauftrag arbeitete, ohne ihn je fertigzubringen. Das Vorkriegs-Paris war zwar vom Montmartre verschwunden, weshalb sich auch meine Familie weigerte, jemals wieder den Fuß dorthin zu setzen, aber für mich als den Nachfahren war die Erinnerung teuer, so daß ich immer wieder durch die alten Sträßchen und über die Place du Tertre strich, aus denen der Atem des Lebens verschwunden war.

Mit dem Montmartre verbindet sich auch meine früheste Kindheitserinnerung. Es muß um 1910 gewesen sein: an unserem Gartentor wehten einen Tag lang schwere schwarze Tücher mit einem hellgestickten großen A für Alexander, den Vornamen meines Großvaters. Es war der Tag seines Begräbnisses, also ein Ende, das sich in der Folge in vielerlei Weise wiederholen sollte.

Das war das Paris meiner Kindheit, das heute unwiederbringlich verschwunden ist; keine Metropole, sondern eine Sammlung deutlich unterschiedener Stadtteile, deren Erinnerung weiterlebt in der bildenden Kunst und im Roman. So war mir auch das Nachkriegs-Paris nach 1918 nicht unheimlich wie Berlin, obwohl man auch hier manches munkelte von kollektiven Sexorgien im Bois de Boulogne. Aber Paris hatte doch seine »urban villagers« behalten, wie die amerikanischen Großstadtsoziologen sagen, was für viele eine Art von Provinzialismus bedeutete, der sich auch in der Zeit nach dem Zweiten Weltkrieg in Saint-Germain-des-Prés wiederholte, wohin die Bohème von Montparnasse inzwischen verzogen war. Erst in jüngster Zeit verliert auch dieses Quartier seinen Charakter, seit Jean-Paul Sartre nicht mehr im Café des Deux Magots residiert, verbittert, alt, halbblind und menschenfeindlich geworden, nachdem er fast zwei Jahrzehnte lang den künstlerischen Stillstand durch provokatorische Aktivitäten politischer Art zu übertönen versucht hatte und nun – gewiß ungewollt – fast schon in die Transzendenz des Klassikers entrückt ist. Im Quartier Latin wohnte auch mein Zürcher Freund Herbert Lüthy, als er sein Buch »Frankreichs Uhren gehen anders« schrieb. Sie gehen wirklich anders. Und das ist gut so, denn wie auch meine Tante Lily meinte: es müssen nicht alle Uhren gleich gehen.

Trotzdem – oder vielleicht gerade darum – fällt es immer wieder leicht, an Paris Anschluß zu finden.

Als ich 1930 in dieses Paris meiner Kindheit zurückkehrte, sah ich es nicht mehr als Student, der das Material für seine Dissertation sammelt, sondern zum ersten Mal als einer, der ein Lebenswerk aufzubauen sucht. Damit wiederholte ich nur, was unendlich viele andere vor mir und nach mir getan hatten. Paris war für ein solches Vorhaben unendlich günstig; es war, wie Marie Bonaparte einmal sagte, die einzige Stadt der Welt, in der man arm sein konnte, ohne unglücklich zu sein. Ich möchte das paraphrasieren und fortfahren: in der man einsam sein konnte, ohne verlassen zu sein. Paris schenkte aus seinem Überfluß immerfort Anregungen, die – im Gegensatz zu Berlin – nicht schockierten oder aufrüttelten, sondern sensibilisierten, wie überhaupt für mich die französische Kultur trotz ihrer Strenge – Frankreich ist das protestantischste aller katholischen Länder – die Kultur der Sensibilität ist, wie ich sie am intensivsten in meiner französischen Familie erlebte. Aber auch das Verhältnis von bildender Kunst, Dichtung, Literatur und Wissenschaft zum Leben des Pariser Alltags ist ein anderes als irgendwo sonst in der Welt, so daß Paris nicht nur die Stadt ist, in der am meisten gelesen wird, sondern auch der beste Ort, den ich mir denken kann, um irgendwelche Gedanken ausreifen zu lassen.

Allerdings hat es in Paris mit Reifungsprozessen eine sehr eigenartige Bewandtnis, da die Stadt von unzähligen Gruppen und Grüppchen übersät ist, in denen unentwegt Diskussionen über die mannigfaltigsten Gegenstände stattfinden. Paris ist gewissermaßen die Stadt des Dauergesprächs, aus dem immerfort neue »scientific communities« wie literarische, künstlerische und politische Zirkel, Cliquen und Klüngel herauswachsen. Es geht für einen jungen Menschen nur darum, »Anschluß zu finden«. Hat man das einmal erreicht, so ist man nolens volens eingespannt und entfaltet sich selber, indem man am Selbstfindungsprozeß der vielen anderen teilnimmt.

Hierbei wird eine kulturelle Atmosphäre spürbar, die von der Sensibilität sehr verschieden zu sein scheint, obwohl beide wahrscheinlich aus der gleichen Wurzel kommen – wie ja auch Aggressivität und Zärtlichkeit ein und dieselbe Sache (nur in verschiedenen Perspektiven) sind. Der Sinn des Diskutierens liegt in der Gewinnung jener Klarheit, die das Grundelement des Reifungsprozesses darstellt. Mit der Klarheit wird der Reflektierende aber nicht nur für seinen Gegenstand sensibilisiert, sondern dieser wird gleichzeitig griffig, und das heißt angreifbar. Mit anderen Worten, Klarheit ist ihrerseits eine Form der Aggressivität, die sich vorwiegend verbal äußert. Diskussion ist für den Franzosen nicht nur Abgrenzung verschiedener Standpunkte, sondern zugleich als Selbstverteidigung eine besondere Art von Angriff.

Es ist überdies leicht zu sehen, wie diese verbale Aggressivität bereits in der französischen Kinderstube gesteuert wird, wo die typische Norm lautet: *Disputez-vous, mais ne vous battez pas;* streitet euch, aber schlagt euch nicht. So wird die kindliche Aggressivität ganz und gar aufs Wort gelenkt, wo selbst in der Formulierung noch eine »Spitze« (*pointe*) liegt. Das ist zweifellos ein ungewohnter Aspekt des Cartesianismus mit seiner Grundforderung, *clare et distincte* zu denken, wobei sich die Klarheit auf die Herausarbeitung des Gegenstandes und die Distinktion auf seine inneren Differenzierungen bezieht. Aber mir scheint er für die Entwicklung der Intellektualität im speziellen Pariser Milieu nicht von der Hand zu weisen zu sein. Indem sie sich auf sich selbst besinnt, wird die Kultur der Sensibilität wie zu einem Skalpell, das auch die feinsten Nuancen des Fühlens noch voneinander abzuheben erlaubt. Ich habe das niemals deutlicher empfunden, als wenn ich im Collège de France der kristallklaren Sprache Henri Bergsons folgte, wenn er die Irrationalität der *durée* analysierte. Die Partizipation am lebendigen Strom der Dauer verpflichtet nicht zur Irrationalität des Diskurses, sondern umgekehrt: erfaßt ist das unabänderlich Fließende erst, wenn es wie ein Insekt auf eine Nadel, das heißt auf ein Wort gespießt wird, das selbst ein Teil des Flusses und zugleich des sich entfaltenden Bewußtseinsprozesses ist. Worte werden zu Messern und Nadeln, wo es um die Erhellung des Bewußtseins geht.

Als ich nach Abschluß meines Studiums unter neuen Voraussetzungen nach Paris zurückkehrte, stand die Soziologie ganz und gar im Zeichen des 1917 verstorbenen Emile Durkheim, gefiltert durch seinen Neffen Marcel Mauss, mit dem mich sehr bald enge Arbeitsbeziehungen verbanden, seit ich an meiner Abhandlung über die neuesten Strömungen in der gegenwärtigen französischen Soziologie arbeitete. Es ist sicher richtig, daß in diesem Übergewicht Durkheims auch eine gewisse Polarisierung zwischen politischer und wissenschaftlicher Aktion zum Ausdruck kam: der politische Einfluß der Durkheim-Schule, der auch nach Durkheims Tode noch in den Staatsprüfungen und in einer großen Zahl von Lehrbüchern vorherrschte, blieb seltsamerweise an der dogmatischen Vorstellung der Lehren des Meisters hängen, während die neuen Ideen, die den aristotelischen Panzer Durkheims durchbrachen, in der politischen Dimension ohne Wirkung blieben. Da ich im Kontakt mit der »progressiven« Gruppe der Durkheim-Schule stand, erfuhr ich in dieser Konstellation zwar eine enorme wissenschaftliche Bereicherung, aber die politische Dimension, die in meinen Augen am besten durch Célestin Bouglé vertreten wurde, blieb einigermaßen vage. Vielleicht lag es an ihm, vielleicht auch an mir (man bedenke mein damaliges politisches Defizit), jedenfalls arbeitete ich mit Bouglé nur in einem Seminar über Ästhetik an der Ecole Normale Supérieure in der Rue d'Ulm hinter dem Pantheon, wo er damals Charles Lalo vertrat.

Im Laufe der Jahre habe ich seither öfter Gelegenheit gehabt, über Durkheim zu schreiben und über das, was ich ihm verdanke (man kann das jetzt nachlesen in meinem Buch »Emile Durkheim zur Diskussion«, München 1978).

Ich will das hier nicht wiederholen, wohl aber hervorheben, daß der Dogmatismus eher auf seiten derer lag, die Durkheim für die Lehrererziehung der Dritten Republik eingespannt hatten, als bei ihm selbst. Sein Denken besaß, wie ich kürzlich in einer kleinen Monographie hervorgehoben habe (1976), eine erstaunliche Durchlässigkeit für neue Ideen, und das hätte sicher seine Entwicklung auf ganz andere Wege geführt, wäre es ihm vergönnt gewesen, das Ende des Ersten Weltkrieges auch nur um ein paar Jahre zu überleben.

So entsprach es keineswegs Durkheims Bedeutung, was in Frankreich 1958 zur hundertsten Wiederkehr seines Geburtstages geschah und was, noch dazu mit großer Verspätung, über ihn veröffentlicht wurde (während ich selber einen umfangreichen Gedenkartikel pünktlich herausgebracht hatte; anderes erschien in Mexiko und in den Vereinigten Staaten). Da Durkheim in der öffentlichen Meinung Frankreichs nach dem Ende der Dritten Republik auf politischer Ebene jegliche Gefolgschaft verloren hatte, war er politisch tot. Leider dachten nun viele, er sei auch auf dem Gebiet der Wissenschaft tot, was aber ein schwerer Irrtum war. Wenn Talcott Parsons 1937 fragen konnte: »Herbert Spencer ist tot, wer hat ihn ermordet?«, so wäre eine solche Frage bei Durkheim völlig unangemessen. Er mag politisch tot sein, aber er lebt weiter im System der Soziologie, wie es nicht zuletzt Parsons gezeigt hat.

Es lag auf der Hand, daß ich seit meiner Rückkehr nach Paris mit Marcel Mauss über Durkheim zu sprechen suchte. Aber er wich meinen Fragen beharrlich aus oder gab vor, sie nicht zu verstehen. Vielleicht habe ich ihn auch in Verlegenheit gebracht; denn wenn ich heute an diese Gespräche zurückdenke, kreisten sie häufig um ein Thema, das man hätte in die Frage kleiden können: Wer hat denn nun eigentlich wen beeinflußt? Allerdings ist es mir erst sehr viel später klargeworden, daß man speziell im Hinblick auf die Entstehung des Strukturalismus sehr wohl von einem Einfluß des Neffen auf den Onkel sprechen könnte. Im Laufe langer Spaziergänge durch Paris diskutierte ich diese Fragen mit Raymond Lenoir, der manche Grundideen von Mauss übernommen und sie in einer sehr subtilen literarischen Sprache weiterentwickelt hatte. Ich verfolgte dabei den gleichen Weg wie Georges Gurvitch, ein Flüchtling aus dem revolutionären Rußland, den ich bereits ein paar Jahre vorher im Romanischen Café in Berlin kennengelernt hatte, bevor er zuerst nach Prag und von dort nach Frankreich ging, wo er bald französischer Bürger und Professor in Straßburg wurde. Die eingehende Kenntnis des Werkes von Marcel Mauss hat mich zu dem Versuch verleitet, vor allem nach Erscheinen von Henri Bergsons letztem Hauptwerk »Les deux sources de la religion et de la morale« (1932), die neue Orientierung im Rahmen der Durkheim-Schule, die sich vom ursprünglichen Dogmatismus befreit hatte, mit dem Denken von Bergson zu vereinen. Damit war ich äußerlich weit abgerückt von Durkheim selber, der sich dem akademischen Klatsch zufolge in einer Vorlesung bei der Nennung des Namens Bergson unterbrochen haben soll, um erst nach einer kurzen Pause fortzufahren: *»Monsieur Bergson ... ce brillant littérateur.«* Um die gleiche Zeit wie ich zog auch Mauss die Konsequenzen aus der neuen Entwicklung und anerkannte voll die Bedeutung Bergsons für die Theorie der Symbole und die des Gedächtnisses, was dann auf seine Weise der etwas jüngere (und noch immer unterschätzte) Maurice Halbwachs aufgriff und weiterführte. Damit wäre der Weg für eine vollkommene Umformulierung vieler Hypothesen eröffnet gewesen, wenn nicht ein neuer Krieg all das unterbrochen hätte. Im Sommer 1942 hielt ich schließlich in Zürich eine Gedenkvorlesung über Bergson, damit wenigstens an einer Stelle im ansonsten nationalsozialistisch besetzten Europa seines Lebenswerkes gedacht wurde.

Vor diesem kritischen Moment hatte ich selber Deutschland verlassen, nachdem mein Buch »Vom Wesen der deutschen Universität« (1935, Neuausgabe 1970 mit Vorwort über die Entstehungsumstände dieses Buches) vom nationalsozialistischen Propaganda-Ministerium verboten worden war. Ich habe mich andernorts über die seltsame Einstellung Eduard Sprangers zu mir und zu diesem Buch geäußert und habe dem weder etwas hinzuzufügen, noch will ich es wiederholen. Wohl aber möchte ich hier darauf hinweisen, daß mich die »Freie Universität Berlin«, die sich früher so gern als Traditionsträger der jetzigen Humboldt-Universität in Ost-Berlin gebärdete, 1960 beim hundertfünfzigjährigen Geburtstag der Friedrich-Wilhelm-Universität zur offiziellen Feier nicht einlud, obwohl ich in gefährlichen Zeiten als einziger in ganz Deutschland für sie eingetreten war und obwohl damals noch viele lebten, die das sehr genau wußten, auch an der Freien Universität Berlin! Im übrigen bemerke ich nur soviel zu meinem Buch, daß ich damit keinen Beitrag zur Universitätsreform leisten, sondern einzig und allein das ungewöhnliche geistige Niveau jener alten Humboldtschen Reform nachzeichnen wollte, um zu verhindern, daß die geplanten Reformen weit hinter diesem Anspruch zurückblieben. Ich glaubte das auch im Interesse der Wahrung einer deutschen Tradition zu tun, die mir beispielhaft erschien. Sie war es aber offensichtlich weder für die Nationalsozialisten noch für die Verantwortlichen an der Freien Universität Berlin im Jahre 1960.

Die Angriffe von nationalsozialistischer Seite beschränkten sich nicht auf Kritik, sondern wurden schnell zu regelrechten Drohungen. So wurde ich damals zum Beispiel im Organ der SS »Das Schwarze Korps« angegriffen, was viele alte Bekannte und Kommilitonen dazu veranlaßte, mich fortan zu meiden. Alfred Bäumler, Ernst Krieck u. a. warnten denunziatorisch vor mir, so daß ich erkannte: ich mußte meine Lebenspläne ändern. Im Prinzip hatte ich vorgehabt, mich an der Universität Berlin zu habilitieren, wozu mich außer Max Dessoir vor allem Alfred Vierkandt, Wolfgang Köhler, Werner Sombart u. a. aufgefordert hatten; ich hatte meine Arbeit in Paris auch durchaus darauf eingestellt und meine Habilitationsschrift im Herbst 1932 praktisch abgeschlossen. Bei meiner Rückkehr nach Berlin mußte ich aber definitiv einsehen, daß Durkheim nicht nur ein Theoretiker, sondern auch ein (sozialistischer) Bildungspolitiker war und dazu – was viel schwerer wog – ein Jude (wie übrigens auch Marcel Mauss). So reichte ich meine Arbeit nicht ein, sondern erst 1937 in beträchtlich umgearbeiteter Form, in der ich bereits meine Erfahrungen mit dem Nationalsozialismus einbaute, an der Universität Zürich, wo ich vom Sommer-Semester 1938 bis zum Sommer-Semester 1953 erst als Privatdozent, später als Honorar-Professor lehrte.

Der Abschluß meiner Habilitationsschrift, die sich zentral mit

Durkheim befaßt, fiel fast genau zusammen mit dem Erscheinen zweier anderer Bücher, die ähnliche Ansätze vertraten wie ich. Das eine war eine (übrigens Marcel Mauss gewidmete) Aufsatzsammlung von Georges Gurvitch, »Essais de sociologie« (1938), in der ebenfalls kritische Gedanken über Durkheim vorgetragen wurden, das andere war Talcott Parsons' Werk »The Structure of Social Action« (1937). Speziell im Falle von Parsons war meine Intention der seinen völlig analog, nur daß ich – meiner anderen Herkunft entsprechend – die Akzente anders verteilte. So gab ich der Diskussion um den Utilitarismus kein großes Gewicht, denn letztlich sah ich darin eine speziell angelsächsische Tradition. Später habe ich mich jedoch in London eingehender damit beschäftigt, nachdem ich erkannt hatte, daß sich diese Tradition seit Hegel in der deutschen Vorstellung von »Gesellschaft« eingenistet hatte und dort über Lorenz von Stein und Karl Marx bis in die Gegenwart weiterwirkte. Ich komme später darauf zurück. Dagegen griff ich in der genannten Schrift als zentrales Thema die »Kritik der historisch-existenzialistischen Soziologie« auf, was dem Buch auch den Titel gegeben hat, wobei ich mich auf Wilhelm Dilthey, Hans Freyer, Carl Schmitt, Martin Heidegger u. a. bezog und Soziologie – schon damals – in ihrer hegelschen wie in ihrer marxistischen Variante (Siegfried Landshut) faßte. Was Durkheim und Max Weber betraf, so teilten Parsons und ich mehr oder weniger die gleiche Meinung, während ich ein neues Element mit einbrachte, das bei Parsons völlig fehlte, nämlich das Problem der Gewalt und seine Behandlung bei Georges Sorel, dem großen Gegenspieler Durkheims, in dem ich einen wesentlichen Fortführer von Karl Marx erblickte. Das entsprach meinen neuen Erfahrungen mit der Entwicklung in Deutschland von 1918 bis 1933. Durch Sorels Brille gesehen erschien mir Karl Marx – wie ich offen bekennen möchte – sozusagen als »die jüdische Großmutter« des Nationalsozialismus. Ich bin in der Tat seit jeher der Meinung gewesen, daß der Nationalsozialismus die deutsche Variante des Bolschewismus oder des revolutionären Syndikalismus darstellt. Meine Ansicht über den autoritären Charakter des Marxismus teilen übrigens auch manche Sorelianer wie z. B. jener, der von ihm sagte: »Du sprachst von Hippolyte Taine, aber du meintest Karl Marx.« Vilfredo Pareto stand für mich damals jedoch noch völlig im Hintergrund. Trotzdem waren die Übereinstimmungen zwischen meinem Buch und dem von Parsons erstaunlich genug, wobei ich nur noch hinzufügen muß, daß mir Parsons' Werk noch lange unbekannt blieb: ich lernte ihn und sein Buch erst im Sommer 1947 kennen, als ich für die amerikanische Militärregierung Vorlesungen in Marburg und München hielt. Das Werk von Gurvitch dagegen kam mir schon vor Kriegsanfang in Zürich in die Hände (meiner Erinnerung nach erhielt ich es sogar von ihm selber als Geschenk).

Der Sinn meiner Habilitationsarbeit war die Definition einer Grundlage für die Analyse des sozialen Tatbestandes (*le fait social*) in seiner Allgemeinheit, also nicht der Besonderheit einer Gesellschaft als kapitalistischer, vorkapitalistischer oder mittelalterlicher. Die besonderen Gesellschaften sind Gegenstände der Geschichte. Gibt es in den zahllosen Formen von Gesellschaften, die ich zu ordnen suchte – und zwar nicht nur im engen europäisch-amerikanischen Rahmen, sondern in ihrer planetarischen Ausdehnung – allgemeine Strukturen, die es erlauben würden, ein einheitliches System soziologischer Kategorien aufzustellen? Das war meine Frage, zu deren Beantwortung ich außerdem durch einige andere Vor- und Folgearbeiten beizutragen suchte. Da ich als mittelloser Emigrant nicht in der Lage war, mein Buch auf eigene Kosten drucken zu lassen, und da kein Schweizer Verlag es wegen seiner radikal antinationalsozialistischen Einstellung herauszubringen wagte, mußte ich mich an einen französischen Verlag in Straßburg wenden; dort verhinderte aber der Krieg das Erscheinen des Buches, so daß es bis 1975 liegenblieb und nun erst auf Veranlassung von Freunden erschienen ist, nachdem ich all die Jahre nach meiner Rückkehr nach Deutschland nicht die Zeit gefunden hatte, mich selber der alten Arbeit anzunehmen. Gleichwohl hat die späte Publikation – so scheint mir jedenfalls – dem Buch nichts von seiner Aktualität genommen. Vor allem aber hat sie vielleicht dazu beigetragen, manche Vorurteile, die mir gegenüber in der bundesdeutschen Öffentlichkeit bestanden, zu zerstreuen oder wenigstens zu modifizieren.

Die Arbeit an meiner Habilitation war aber nur ein Teil meiner Pariser Erfahrungen in jenen Jahren, vielleicht aufs Ganze gesehen nicht einmal der wichtigste. Viel entscheidender war, daß mein Gespräch mit den Intellektuellen aus den Kolonialländern hier seinen Höhepunkt erreichte, nachdem ich ein Jahrzehnt zuvor in der

Türkei schon ein paar wichtige Schritte in dieser Richtung getan hatte.

In Nordafrika und Westasien bereitete sich damals unter den Intellektuellen etwas Neues vor, wenn auch unter anderen Umständen als in der Türkei, wo immerhin die Entwicklungspolitik in nationalen Händen lag (wenn sie auch nicht immer perfekt war, wie das Beispiel zeigt). Die Studenten dieser Länder, oft genug »ewige Studenten«, waren der Vortrupp der Entkolonisierungsbewegung. Ich traf sie bei meinen Reisen in die betreffenden Teile der Welt und – zumeist – in Paris.

Einige von ihnen haben inzwischen glänzende Karrieren gemacht. Anfang der sechziger Jahre unterhielt ich mich mit Bourguiba, dem Staatspräsidenten von Tunesien; anwesend war auch Professor A. Isambert aus Paris, mit dem ich ein Seminar über Elternschulen besuchte. Bourguiba zeigte uns in seinem Arbeitszimmer die Dokumente seiner Studienzeit, einer Zeit, die er in Armut, auf der Flucht und mehrfach im Gefängnis verbracht hatte. Das war die typische Geschichte vieler Vorkämpfer der Entkolonisierung. Bourguiba zeichnete sich durch eine erstaunlich ressentimentfreie Einstellung aus; »Pas de rancune«, wie er sagte, »wir haben ein neues Blatt aufgeschlagen.« Ich besuchte ihn später mit meiner Frau in seinem Schloß in Karthago, das unter seinen Gegnern soviel böses Blut gemacht hat; hier war er ein Gastgeber von unvergleichlichem Charme, der in seiner Laufbahn voll und ganz reüssiert hatte. In anderen Fällen erregte er Ärger im Lande durch manchmal etwas ausgefallene Bemerkungen, die man allerdings auch als Äußerungen eines wahrhaft unabhängigen Geistes interpretieren konnte. Doch auf einen, der reüssiert hat, kommen Zehntausende, die hoffnungslos und in der Anonymität leben.

In Paris stammten die meisten Vorkämpfer der Entkolonisierungsbewegung zu meiner großen Überraschung von den Antillen, vor allem aus Jamaica und Martinique, teilweise auch aus Guadeloupe. Ich lernte sie kennen bei Ausstellungen schwarzafrikanischer Kunst in Paris, die insbesondere vom Kreis der »Nouvelle Revue Française« sowie von den Meistern der kubistischen Malerei und Bildhauerei gefördert wurden. Auch Pablo Picasso war zeitweise stark von dieser Kunst beeinflußt. Das begann gegen Ende der zwanziger Jahre, gleich nach meinen Erfahrungen mit den türkischen Reformen, vor allem aber während der dreißiger Jahre. In dieser Periode wuchsen die Männer heran, die unmittelbar nach 1945 aktiv wurden, wie auch Bourguiba; sie standen gewissermaßen in Wartepositionen bereit zum Einsatz, der sich allerdings länger hinzog, als sie alle gemeint hatten. Und je länger das Warten dauerte, desto weltflüchtiger wurden sie. Das äußerte sich gelegentlich in subtilen künstlerischen Offenbarungen, wie etwa bei dem Dichter Aimé Césaire, der in seinen Gedichten die Emanzipation der afrikanischen Welt vorausnahm, auch die Bewegung der »Négritude« mit ihrer heftigen Kritik der weißen Zivilisation (Frantz Fanons »Peaux noires et masques blancs« wurden hier vorweggenommen). Es war dies im Grunde eine ganz ähnliche Bewegung wie bei den antiwestlerischen Polemiken der frühen russischen Revolutionäre, insbesondere bei den »Narodniki«.

Ich war tief beeindruckt von der ruhigen Selbstverständlichkeit, mit der diese Menschen, die fast alle von den Antillen stammten und über Westafrika nach Paris gekommen waren, ihre Ideen entfalteten. Dergleichen war wohl nur in Frankreich möglich, wo es bisher kaum eine Diskriminierung der Farbigen gegeben hatte – vorausgesetzt, sie beherrschten die französische Sprache, was viele von ihnen souverän taten. Die Kehrseite war die fast hoffnungslose Armut, in der sie lebten. Als mich eines Tages mein Freund Sully Choubelle aus Martinique in meinem Pariser Studentenquartier in der Rue Monge (bei den Arènes de Lutece, schräg gegenüber dem Sterbehaus von Pascal) besuchte und ich ihn fragte, was ich ihm anbieten könne, antwortete er nur: »Es gibt ein afrikanisches Sprichwort: kein schöneres Geschenk als ein unerwartetes Glas frischen Wassers.« Er ist heute Oberschullehrer in Tunesien, wo ich ihn vor einigen Jahren wiedertraf. Durch ihn lernte ich damals auch das Buch von W. B. Seabrook über den Vaudou-Kult in Haiti kennen, der als Symbol kolonialer Unterdrückung angesehen wurde. In jenen Jahren hörte man auch immer wieder munkeln von einem indochinesischen Studenten und Intellektuellen namens Ho Chi Minh, der als die große Hoffnung Südostasiens galt und 1939 den Viet Minh, die Revolutionspartei Indochinas gründete. Man sprach überall in Paris von ihm, meist leise und nur im Vorübergehen wie von einer Art Geheimtip. Aber er war eigentlich allgegenwärtig. So nahm es mich nicht weiter wunder, als er später in einer weltpolitischen Mission auftrat, deren Folgen noch lange nicht abgeschlossen sind.

Viel später, als ich mich mit Claude-Henri de Saint-Simon beschäftigte, mußte ich oft an diese Erfahrungen mit den Intellektuellen von den Antillen zurückdenken, und ich malte mir aus, wie die gleichen republikanischen Strömungen, die im letzten Drittel des 18. Jahrhunderts in den Negerkulturen der Antillen grassierten und damals sogar auf den nordamerikanischen Kontinent übergriffen (New Orleans), vielleicht auch Saint-Simon beeinflußt haben könnten, der als junger Offizier bei der französischen Expeditionsarmee Lafayettes mehrere Wochen auf den Antillen verbracht hatte sowie später nochmals als Kriegsgefangener der Engländer auf Jamaica. Demnach hätte dann die Französische Revolution von 1789 nicht nur das Volk von Frankreich befreit, sondern auch die Völker der »France d'Outre-mer«.

VI. Im Zwischenland: Sizilien. Die ersten Schritte in der Emigration

Ich habe schon angedeutet, daß ich infolge der vielen moralischen Belastungen und Ungewißheiten, die alle gleichzeitig auf mich zukamen, im Herbst 1933 an einer schweren Bronchitis erkrankt war. Kaum hatte ich mich erholt, erlitt ich Anfang 1934 einen schweren Rückfall. Auch dieser ging vorüber, doch einige Wochen später fühlte ich plötzlich, daß ich unmittelbar vor einem neuen Rückfall stand. Als ich eines Tages auf der Straße Unter den Linden in Richtung Universität ging, erblickte ich in einem Reisebüro ein buntes Plakat, das mit verbilligten Fahrten für die *Primavera Siciliana* warb und im Bild das Teatro Greco von Taormina zeigte. Fast automatisch trat ich ein, kaufte mir eine Fahrkarte 3. Klasse und fuhr bald darauf nach Italien. Seit jener Zeit ist Italien das Land geblieben, in dem ich neue Kräfte schöpfe, wenn ich gesundheitlich labil oder einfach übermäßig abgespannt bin.

Ich verbrachte hintereinander drei lange Sommer in Sizilien; während dieser Zeit lebte ich gewissermaßen in einem Zwischenland: ich war mir darüber klar, daß ich Deutschland verlassen mußte, aber ich wußte nicht wohin. Eine Emigration nach Frankreich mit beschleunigter Einbürgerung wäre für mich grundsätzlich möglich gewesen, aber sie hätte auch eine Entscheidung gegen meinen Vater und damit gegen Deutschland bedeutet. So mußte ich nach einer anderen Lösung suchen, die sich bald nach mehreren Zwischenaufenthalten in der Schweiz ergab, nachdem Ernst Howald in Zürich sogleich nach Erscheinen eine sehr positive Besprechung meines Universitätsbuches in der »Neuen Zürcher Zeitung« geschrieben hatte. Allerdings war bei meiner ersten Abreise das Buch noch keineswegs fertig: ich arbeitete in Taormina daran und kam im Spätsommer mit abgeschlossenem Manuskript zurück. Es erschien im Winter 1934 und wurde bereits im Frühling 1935 verboten, bevor ich mich auf meine zweite Sizilienreise begab, die mich auf der Hin- wie auf der Rückreise wiederum nach Zürich brachte, wo ich meine persönlichen Beziehungen vertiefte (außer zu Howald noch zu Hans Barth, Ernst von Schenck, Hans Kunz u. a.). Man machte mir keine großen Hoffnungen; Howald war sogar, wie er mir schrieb, »ängstlich«, ob sich eine Habilitation in Zürich würde bewerkstelligen lassen. Schließlich willigte er ein, nachdem ich auch noch mit Eberhard Grisebach Kontakt aufgenommen hatte, in dessen Seminar ich dann im Sommer-Semester 1937 zeitweise hospitierte.

Das sind freilich alles nur Einzelheiten, die einem Außenstehenden nicht viel sagen, weil es unmöglich ist, die Erwartungen, Rückschläge, unverhofften Fortschritte und ganz massiven materiellen Hindernisse zu beschreiben, die immerfort neue und unerwartete Konstellationen mit sich brachten. Es mag hinreichen, wenn ich sage: es gelang mit Freundeshilfe. Im Herbst 1937 reichte ich meine Habilitationsschrift in Zürich ein und wurde im Februar 1938 habilitiert. Meine Vorlesungen begann ich im folgenden Sommer-Semester. Als ich von der Erziehungsdirektion des Kantons Zürich die Urkunde meiner Ernennung zum Privatdozenten erhielt, las ich im Horoskop der »Weltwoche« unter meinem Sternbild: »Ihre Freunde haben schon für sie gesorgt.« So war es in der Tat, wie mir überhaupt Freundeshilfe während der ganzen schwierigen Jahre immerfort zur Seite gestanden hat.

Wichtiger als die Mannigfaltigkeit dieser Umstände ist aber die geistige Umstellung, die ich in dieser Zeit erfuhr. Ich sagte schon, daß ich Ende 1932 mit einer praktisch fertigen Habilitationsschrift aus Paris zurückkehrte und es aufgab, mich mit ihr zu habilitieren. Statt dessen schrieb ich mein Universitätsbuch mit dem bekannten Erfolg respektive Mißerfolg. Das war damit eine erledigte Episode. Genau in dieser Zeit aber, spätestens nach meiner ersten Italienreise im Sommer 1934, überraschte mich das Erlebnis Sizilien, und zwar in einer höchst unerwarteten philosophischen Konstellation, die sehr deutliche Spuren in der zweiten Fassung meiner Habilitationsschrift hinterlassen hat.

Ich ging darin aus von einer Kritik an Dilthey, die zunächst recht schulmäßig war, bis ich plötzlich auf das italienische Reisetagebuch von Diltheys Freund Graf Yorck von Wartenburg und auf die Korrespondenz der beiden stieß, die mir einen echten Schlüssel zur »Aufhebung« dieser ganzen Position gab. Hier ging es nicht mehr um Schulphilosophie, hier traf eine existenzielle Position auf eine andere. Ich schrieb versuchsweise im Februar 1936 einen Essay über Sizilien, den der unvergeßliche Anreger Peter Suhrkamp sofort in der »Neuen Rundschau« drucken ließ. Die meisten haben ihn nur als eine philosophische Reisebetrachtung gelesen; Karl Löwith, mit dem ich damals in einem noch zu beschreibenden Zusammenhang eng zusammenarbeitete, erkannte dagegen sofort den neuen anthropologischen und ontologischen Ansatz (der vielleicht auch dadurch mit angeregt worden ist, daß ich damals bei Nikolai Hartmann ein Ober-Seminar über die griechischen Vorsokratiker mitmachte). Gleichzeitig ergab sich damit für mich der Ansatz zu einer Kritik an Martin Heidegger, die man am entsprechenden Ort nachlesen mag. Wieder fand ich in der Kunst, diesmal in Gerhart Hauptmanns Meerwunder-Novelle, den entscheidenden Anstoß, der mir im Bild rechtfertigte, was ich mit intellektuellen Mitteln nachvollziehen mußte. In diesem hinreißend geschriebenen Büchlein, das an die besten Novellen aus Hauptmanns Frühzeit erinnert, steht auf der einen Seite die volle Realisierung aller Lebensmöglichkeiten im kosmischen Sinne durch den Menschen, auf der anderen der »Klub der Lichtstümpfe«, die sich verzehren, während sie leuchten: mir sprang sofort die Parallele mit Heideggers »Sein zum Tode« ins Auge, doch nun gab es dazu eine greifbare Alternative.

Damit war es für mich entschieden, daß ich nun imstande sein würde, meine Habilitationsschrift neu zu schreiben aus einem Horizont, der durchaus jenseits der bisher erwähnten Alternativen lag, was mir auch Löwith bestätigte. Ich sprach das letzte Mal mit ihm, der damals in Italien lebte, im Jahre 1936 auf dem Hauptbahnhof in Rom vor Abgang meines Zuges nach Sizilien. Für ihn hatte sich die Emigrationssituation gerade geklärt: er hatte eine Berufung an die japanische Universität in Sendai erhalten. Einige Wochen danach sah ich frühmorgens in Taormina unten in der Meerenge ein japanisches Schiff nach Osten fahren und malte mir aus, daß es Löwiths Schiff sein mußte. Eine Postkarte aus Daressalam ließ meine Vermutung bald zur Gewißheit werden. Als meine Habilitationsschrift Jahrzehnte später (1975) endlich erscheinen konnte, war es nur gerecht, daß sie ihm gewidmet wurde.

Aus den gleichen Zusammenhängen ist später mein Sizilienbuch entstanden (1943), in das manche Teile aus dem Essay von 1936 eingegangen sind. Auch dieses Buch ist ein philosophischer Traktat, den ich gewissermaßen als Abschluß der entsprechenden Partien meiner Habilitationsschrift »nachlieferte«, obwohl er vorher konzipiert worden war.

Von heute aus gesehen hält das Buch darüber hinaus eine bestimmte Phase in der Entwicklung Siziliens fest, nämlich die *»destino«*-Philosophie des Ausgeliefertseins an übermächtige Kräfte. Das Bild des Aetna erhebt sich über dem Ganzen als Symbol für das ständig gegenwärtige Hereinstehen der Transzendenz in den Alltag. Es ist im Grunde die gleiche Vision, die auch aus Giovanni Vergas Roman »I Malavoglia« spricht, auf den mich ebenfalls Löwith aufmerksam gemacht hatte und den ich 1944 in Zürich für die Büchergilde Gutenberg übersetzte, die schon mein Sizilienbuch herausgebracht hatte. So verschlangen sich Landschaftserlebnis, ontologische Spekulation und historische Gegenwartsanalyse zu einer Einheit, die mir vor allem die Gewißheit vermittelte, moralisch überleben zu können und nicht nur weiterzuvegetieren. Daß aber mein Sizilienbuch auch andere ansprach, zeigte sich daran, daß es in zahlreichen Gedenkartikeln zum 1. August 1943, dem schweizerischen Nationalfeiertag, erwähnt und oft seitenlang abgedruckt wurde. Ich selber griff dieses Thema in einem Nachwort für die zweite deutsche Ausgabe von 1957 auf, in dem ich es als mein »Kriegsbuch« bezeichnete; denn hinter dem »Widerstand« des sizilianischen Volkes allen Unbilden der Geschichte gegenüber versteckt sich selbstverständlich ein handfester Gegenwartsbezug, den einige deutsche Freunde, die sich schon im Kriege das Buch zu verschaffen vermochten, sofort erkannt hatten. Jenseits eines fortlaufend sich selber kommentierenden Erlebnisses wollte ich in eine Dimension hineinleuchten, die alle Erlebnismöglichkeiten übersteigt und damit im Sinne des Boëtius einen philosophischen Trost verspricht. Ich werde unten im Kapitel über Italien darauf zurückkommen.

Genau wie für uns alle miteinander hat sich heute aber die Situation auch für Sizilien ganz grundsätzlich geändert. Die alte Schicksalsergebenheit ist umgeschlagen in einen (auch politisch) postulatorischen Aktivismus. Man versteht vielleicht die Schärfe der heutigen Auseinandersetzungen in Sizilien besser, wenn man sich die Passivität der Vergangenheit vor Augen hält. Selbst wenn es mir beim Schreiben meines Sizilienbuches um den Entwurf einer neuen Art zu leben ging, war doch die »Stimmung« des Ganzen noch durchaus gedämpft. Ich war wohl zu sehr beeindruckt von der sizilianischen Mentalität, die ich als »statisch und pessimistisch« empfand, was mir durch Giovanni Vergas Bezugnahmen auf den großen italienischen und europäischen Pessimismus des 19. Jahrhunderts (repräsentiert durch Giacomo Leopardi, Arthur Schopenhauer und Gustave Flaubert) bestätigt wurde. Die Kriegsereignisse trugen das ihre dazu bei, um keinen Übermut aufkommen zu lassen (ich schrieb das Buch im Sommer 1942). Ich ließ mich aber auch nicht dazu verleiten, in der sizilianischen Armut nur die Idylle zu sehen, wie es etwa die nordeuropäischen Maler so oft getan haben. Vielmehr spürte ich in all der unbeschreiblichen Armut ein unerschütterliches Weltvertrauen, das sich aber noch nicht auszusprechen vermochte. Daraus ergaben sich übrigens unerwartete Darstellungsprobleme. Wie kann man den »sprachlosen« Raum erhellen, das heißt mental begreifbar machen? Ich löste das durch eine Ästhetik der Chiffre und des Fragments, für die mir die Mosaikkunst Siziliens ein hervorragendes Beispiel zu bieten schien, wobei ich zusätzlich den Trost gewann, daß es Formen gibt, die aus sich selber wirken und ohne »Beschädigungen« von außen zu überdauern vermögen.

Meine Begegnung mit der neu sich anbahnenden Mentalität des Südens fand ziemlich gleichzeitig mit der Veröffentlichung des Buches in Zürich statt. In Ignazio Silone (dessen Frau zeitweise bei mir studierte) traf ich den neuen Typ süditalienischer Dichter und Politiker. Er stammte zwar aus den Abruzzen, aber sein Buch »Fontamara« (1933) rezipierte ich in einer Stimmung engster Verwandtschaft; mit seinem zweiten Werk »Pane e vino« (1937) hatte ich erst einige Schwierigkeiten, bis ich in »Il seme sotto la neve« (1941) definitiv erkannte, daß das Neue schon da war: das Ende des passiven Geschehenlassens war erreicht. In Italien selber lag das Datum für diesen Umschwung zum Aktivismus genau in der gleichen Zeit, erschien doch Elio Vittorinis »Conversazione in Sicilia« (deutsch: »Tränen im Wein«) schon 1939. Vittorini war es auch, der mir unmittelbar nach dem Kriege in Zürich, wo wir 1946 zusammentrafen, den entscheidenden Schritt in der Bewußtseinserweiterung der sizilianischen Dichter und Politiker erklärte. Es liegt auf der Hand, daß dieser Entwicklungsstoß durch die Kriegsereignisse beschleunigt wurde, die mit der alliierten Landung in Sizilien einsetzten. Damit begann ein neues Kapitel in der Geschichte des Mezzogiorno.

In der Auseinandersetzung mit der Realität Siziliens, mit dem Existenzialismus und der damit Hand in Hand gehenden Fixierung des Gegenstandes der Soziologie hatte sich – weitgehend ebenfalls in Sizilien – auch meine Konzeption des Humanismus gewandelt. Von Haus aus stand ich dem traditionellen Humanismus nahe, wie ich ihn gewissermaßen in der Schule übernommen hatte. Mit Nietzsche hatte ich jedoch gelernt, den rein antiquarischen Aspekt abzulegen. Den ästhetischen (Bildungs-)Humanismus streifte ich ab, als ich durch Wolfgang Frommel (alias Lothar Helbing) eine Stefan George nahestehende Form des sogenannten »Dritten Humanismus« kennenlernte, die mich jedoch in der Folge zu einer intensiven Auseinandersetzung mit dem Humanismus überhaupt veranlaßte. Um die Gruppe des Dritten Humanismus hatte sich der Verlag »Die Runde« gebildet, der mein Universitätsbuch herausgebracht hatte und für den ich zeitweilig auch als Lektor arbeitete (wobei ich z. B. das Nietzsche-Buch von Karl Löwith redigierte). Der Verlag wurde von meinem alten Studienfreund Gerhard Bahlsen finanziert, der mich als eine Art Wachhund bestellt hatte, um zu verhindern, daß allzu bildungsmäßig verstiegene Publikationen aus dem George-Kreis übernommen wurden. In diesem Zusammenhang wurde mir allmählich immer klarer, daß dem Humanismus die Gefahr innewohnt, an die Stelle der Wirklichkeit bildungsgefilterte »Bilder« der Wirklichkeit zu setzen; dieser Vorgang ist ganz ähnlich jenem, bei dem aus der existenziellen Erschlossenheit vom Sinn des Daseins »Existenzialien« herauswachsen, die nicht etwa wie bei Kant als bloße »Schematismen«, also transzendentale »Formen« konkreter Wirklichkeit »überhaupt« wirken, sondern geradezu substanziell an deren Stelle treten. Damit wird Realität zu einem Reflex der »Bildung«. Eine der Wurzeln der Soziologie liegt aber darin, diesen Kreis zu durchbrechen. Es ist hier nicht der Ort, das im einzelnen zu diskutieren; ich wollte es nur erwähnen, um meine veränderte Stellung zum Humanismus zu erklären, die schon damals jener näherrückte, die in den »Tristes Tropiques« von Claude Lévi-Strauss vorherrscht.

Im übrigen war diese Distanz zum Humanismus respektive dieser Art des Humanismus schon durch meine ganze Herkunft bestimmt. Mein Vater, mein deutscher Großvater und Urgroßvater waren Techniker, Ingenieure und Unternehmer; meine französischen Verwandten waren ebenfalls stark naturwissenschaftlich ausgerichtet und repräsentierten eine höchst eigenartige Mischung von angewandter Wissenschaft und militärischen Laufbahnen. Insbesondere mein französischer Großvater, Alexandre Godefroy-Leboeuf, stand der »Société de Géographie de Paris« nahe, in der ethnologische, botanische, wirtschaftspolitische und kolonialadministrative Interessen zusammenliefen, importierte er doch aus Hinterindien junge Gummibäumchen, die auf seinem Grundstück auf der Butte de Montmartre in Gewächshäusern akklimatisiert, dann nach Westafrika exportiert und dort angepflanzt wurden. Außer Beziehungen zu West- und Nordafrika waren die zu Französisch-Indochina, wo ein Cousin meiner Mutter, Henri Lejeune, das Amt des Gouverneurs bekleidete, sehr stark ausgebildet, teilweise schon seit dem 18. Jahrhundert, so daß in diesem Hause ein weltumspannendes Interesse vorherrschte; diese Welt reichte in der Tat weit über den Mittelmeerraum hinaus, auf den sich der klassische Humanismus gemeinhin begrenzt.

Mich erinnerte der alte Typ des Humanismus immer mehr an die Einstellung jenes Hofhistorikers Alexanders des Großen, der den Mazedonier auf seinen Feldzügen begleitete und dessen Taten zu seinem eigenen Ruhm beanspruchte, da sie ja, wie er sagte, ohne ihn niemals bekannt geworden wären. Das ist der typische Hochmut des »Spiegelmenschen«, für den das Bild realer ist als die Tat. Ich verhehle mir nicht, daß ich selber ursprünglich weitgehend in diesem Gespinst verfangen war, wovon ich mich aber in meinem Sizilien-Buch zu befreien versuchte; denn das war intellektuelle Hybris im schlechten Sinne, und ich verstand, warum Alexander den lästigen Schwätzer einfach zum Zelt hinauswarf.

Für mich realisierte sich diese Erkenntnis, nun schon in Zürich, im Erlebnis der Kunst meines verstorbenen Freundes Fritz Wotruba, des großen österreichischen Bildhauers, den ich Ende 1942 durch einen anderen emigrierten österreichischen Freund, den Dramatiker Fritz Hochwälder, kennenlernte. Wotruba bei der Arbeit zu beobachten, wie er seine Figuren noch selbst aus dem Stein schlug, war schon ein Erlebnis eigener Art. Dazu kam eine Kunst der Plastik von überwältigender Präsenz. Er wurde mir zum Vorbild der Überwindung des Intellektualismus in Richtung einer substanziellen Wirklichkeit. Wieder erfuhr ich, wie bei meinem Lehrer Max Dessoir in Berlin, daß die Logik der Kunst und die des Sozialen auf der gleichen Ebene real sind. Eines Nachts träumte ich von

Wotruba, der damals eine künstlerische Krise durchmachte, wie er seinen schweren Hammer in den Spiegel warf, der klirrend zerbrach. Das Loch in der Wand aber führte nicht etwa ins Nichts, sondern in ihm erhob sich eine vollkommene Figur, die der Künstler soeben vollendet hatte. Dieser Traum ist mir heute noch so plastisch gegenwärtig wie damals: er markierte das Ende meines naiven Humanismus.

Zu jener Zeit stellte ich auch mit Franz Fein, dem 1947 frühverstorbenen Bruder von Maria Fein, der Mutter von Maria Becker, aus Notizen von Fritz Wotruba ein Büchlein zusammen »Überlegungen. Gedanken zur Kunst« (1945). Wotruba war auch als Schreiber ein Bildhauer: ein Freund klarer Statements, wie man heute sagen würde, Aussage neben Aussage stellend, ausdrucksvoll und endgültig wie seine Figuren. Es war gar nicht leicht, aus den vielen losen Blättern eine Einheit herzustellen, doch da wir beide in Wotrubas Stil bestens zu Hause waren, gelang es uns schließlich gar nicht schlecht, wie auch das Echo des Büchleins beweist, das damals in der Schweiz viel diskutiert wurde. Wir hatten schon monatelang vorher Wotrubas These diskutiert, die damals etwas Umwerfendes hatte, sich aber aus heutiger Sicht voll und ganz bestätigt, nämlich daß in Österreich, Italien, Deutschland und Frankreich nicht der Nationalsozialismus und Faschismus allein die Kunst an eine Art von Nullpunkt gebracht hatten, sondern daß diese Ideologien bereits auf einen weitverbreiteten Erschöpfungszustand und eine große Unsicherheit trafen. Es war daher im Grunde meist gar nichts mehr zu zerstören da, nachdem die wenigen schon älteren Meister vertrieben worden waren. Im übrigen machte Wotruba schon damals einen Unterschied zwischen Künstlern und »Kunstmachern«, wobei er letztere als Kopisten bezeichnete, die kommerziell ausbeuten, was die großen Meister dreißig, vierzig Jahre früher geschaffen haben. »Schließlich ist der beste Kopist auch der einzig wahre Künstler.« Dem stehen dann die Künstler im totalitären Staat mit derselben Gedankenlosigkeit gegenüber. »Ihre Aufgabe ist denkbar einfach; es handelt sich in erster Linie darum, eine Serie nackter Herren und Damen von besonders zeugungskräftigem Aussehen in gigantischem Maßstab darzustellen. Diesem zeitgenössischen Arsenal langweiliger und hohler Schönheiten wird dann das ästhetische Mäntelchen spätrömischer oder spätgriechischer Gestik umgehängt.«

Dabei hatte Wotruba selber einen sehr ausgeprägten Sinn für die monumentalen Aspekte des menschlichen Körpers, so etwa wenn er von einem Modell in seinem ausdrucksvollen »Weanerisch« sagte: »Jessas, die hot so aan Oaasch«, was er mit einer entsprechenden Handbewegung begleitete, wobei ein für ihn typisches, blitzartiges, fast spitzbübisches Lächeln sekundenlang über sein hartes Gesicht zuckte, während meine Frau die Hände vors Gesicht schlug und dann lachte. Entscheidend für mich war aber an diesen Gesprächen der bewußte Abschied vom Expressionismus, den er gewissermaßen vom »Ismus« befreite, um das expressive Moment der Kunst um so reiner und von Nebengeräuschen ungestört gestalten zu können. Gestalten aber hieß für ihn, die Kunst vom überschrienen Charakter der vielen kleinen Nachfolger zu befreien. Das war es auch, was uns alle an seiner Kunst so faszinierte, deren Entstehung und Entwicklung einige von uns aus intimster Nähe erleben durften. Zum Abschluß sollen hier ein paar Sätze von Fritz Wotruba stehen, die ich niemals vergessen habe: »Es geht ein Gespenst um unter den Künstlern und den Freunden der Kunst, und dieses Gespenst heißt Unfruchtbarkeit. Es grinst die besten unter uns höhnisch an, und nur die Kritiklosen sehen es nicht. Wir fürchten, den guten Boden verloren zu haben, auf dem die Kunst wachsen kann. Ich glaube, wir irren; der Boden ist der gleiche geblieben, und das ewige Element des Bildners – die vielfältigen Formen der Natur – liegt vor uns wie seit Jahrtausenden. Uns ist die Entscheidung überlassen, ob wir damit tändeln oder daraus den Traum verwirklichen wollen, der uns ein Recht darauf gibt, unser Werk neben die Werke der Vergangenheit zu stellen.« Er verwirklichte diesen Traum unentwegt bis zu seinem vorzeitigen Tode. Die Welt ist ärmer ohne ihn.

Fritz Hochwälder, der uns zusammengebracht hatte (und den gleichen harten Dialekt sprach wie Wotruba), half mir ebenfalls ein Stück weiter bei der Überwindung bestimmter intellektualistischer Züge des Humanismus. Er bewies schlagend die Vereinbarkeit von Handarbeit und künstlerischer Kreation, indem er als Polsterer lebte, um seiner dramatischen Kunst in voller Unabhängigkeit nachgehen zu können. Irgendwie war das damals ein allgemeines Gespräch. So hatte ich in Zürich reichlich Gelegenheit, diese Probleme mit Ernst Howald, Theophil Spoerri und dem vorzeitig verstorbenen Hans Barth zu besprechen, die mir mit schweizerischem

Realismus halfen, mich aus der Verkünstelung der verschiedenen Humanismen zu befreien. Das dauerte allerdings eine ganze Weile. So gibt es etwa sechs teilweise noch in Berlin geschriebene Aufsätze von mir, die meinen Sinneswandel vorbereiteten und die zumeist aus politischen Gründen nicht gedruckt wurden (oder so stark gekürzt, daß ihnen gewissermaßen der Lebensnerv ausgerissen wurde). Damals gab es schon nur noch zwei Stellen, wo meine Texte in Deutschland gedruckt werden konnten. Die eine war die von meinem Freund Gustav René Hocke herausgegebene Kulturbeilage der »Kölnischen Zeitung«, mit der wir gemeinsam dem Dr. Goebbels manchen Ärger verschafft haben mögen. Die andere war die Zeitschrift »Das Wort«, herausgegeben von Hans Bott, dem nachmaligen Staatssekretär im Bundespräsidialamt unter dem unvergessenen Theodor Heuss. Im »Wort« erschienen bis 1938 fortlaufend Buchbesprechungen und Artikel von mir. Danach veröffentlichte ich nichts mehr in Deutschland, bis ich 1949, eingeladen von Hans Wallenberg, einem Schulkameraden aus Danzig, in der amerikanisch finanzierten »Neuen Zeitung« in München wieder wichtige soziologische Publikationen zu besprechen begann.

Meine ersten Veröffentlichungen in der Schweiz waren mein Habilitationsvortrag vor der Philosophischen Fakultät I der Universität Zürich und meine öffentliche Antrittsvorlesung (beide in den »Schweizerischen Monatsheften«) sowie einige Buchbesprechungen in der von Thomas Mann herausgegebenen literarischen Emigrationszeitschrift »Maß und Wert«, wo ich mich unter dem Pseudonym Paul Kern, das der Redakteur Ferdinand Lion für mich erfunden hatte, vor allem mit Hans Freyer und Carl Schmitt auseinandersetzte. Es war dies übrigens auch eine Zeit intensivsten neuen Nachdenkens über die Probleme des Sozialismus unter dem Eindruck der großen Schauprozesse in Moskau sowie des faschistischen Krieges gegen die legal gewählte republikanische Regierung in Spanien und der deutschen Intervention in Guernica.

Zwischen den beiden Daten 1938 und 1949 liegt die Periode meiner eigentlichen Emigration. Da darüber in der Bundesrepublik höchst inadäquate Vorstellungen bestehen, sehe ich mich gezwungen, zum ersten Male, mehr als 25 Jahre nach meiner Rückkehr, etwas deutlicher zu werden, nachdem ich 1959 zum fünfzigsten Geburtstag der Deutschen Gesellschaft für Soziologie in einer Analyse der deutschen sozialwissenschaftlichen Emigration in Europa bereits ein erstes Bild davon zu geben versucht hatte. Unterdessen habe ich natürlich eine Unzahl von weiteren Informationen sammeln können, die das Bild von damals bestätigen und beträchtlich vertiefen.

Mein Ausgangspunkt ist dabei eine Dutzende von Malen gehörte Bemerkung: »Da haben Sie es ja gut gehabt, Sie waren vom Nationalsozialismus und vom Krieg verschont.« Diese Bemerkung ist pure, fast schon böswillige Heuchelei; denn für den zukünftigen Emigranten fing der Krieg genau in der Nacht vom 30. Januar 1933 an und dauerte bis nach 1945, also wesentlich mehr als zwölf Jahre, während die im Lande Verbliebenen alle miteinander – willentlich oder unwillentlich – zunächst von dem wirtschaftlichen Aufschwung profitierten, den die Nazis ausgelöst hatten, dabei schneller in ihrer beruflichen Entwicklung aufrückten, nachdem viele Tausende Juden in höheren akademischen Berufen vertrieben worden waren, und bis 1942/43 weitgehend normal lebten, solange die Herren des Dritten Reiches fast ganz Europa ausplünderten, um der deutschen Zivilbevölkerung ein annehmbares Leben zu ermöglichen – während die anderen hungerten und mit ihnen besonders die Emigranten, falls man sie nicht jagte wie die Kaninchen, um sie in den Verbrennungsöfen umzubringen. Und wer ermißt den rasenden Schmerz, wenn man zusehen mußte, wie ein Volk, das einmal zu den großen gehört hatte, als es politisch unbedeutend war, von Jahr zu Jahr mehr verkam, ohne daß man ihm noch hätte helfen können?

Für die deutsche Zivilbevölkerung begann der Krieg eigentlich erst 1943, und die Nachkriegszeit war spätestens mit der Währungsreform im Sommer 1948 zu Ende. Mit Marshall-Plan-Geldern wurde der Wiederaufbau finanziert, an dem sich die Deutschen gesund und reich verdient haben. Niemand wird ihnen das neiden, aber wir möchten uns doch das heuchlerische Gejammer verbitten, mit dem die Erzählungen aus jenen Jahren gewürzt zu werden pflegen. Sechs Millionen Juden wurden von den Deutschen gezielt ermordet, dazu unzählige andere Personen, so z. B. die Intelligenz in Polen, die eine grauenhafte Ausblutung erlitt. Selbst wenn sich später niemand mehr daran erinnern will, ist es völlig unmöglich, daß nicht alle davon gewußt und – geschwiegen haben. Einzig Theodor Heuss wagte zu bekennen: »Wir haben es alle gewußt.« Aber wie es unmittelbar nach dem Kriege hieß: entweder man hat die Deutschen an der Gurgel oder winselnd an den Füßen. Ein unbekannter Schweizer Student faßte damals die Situation prägnant zusammen: »Wir hatten einst das größte Reich, jetzt haben wir die größte Katastrophe.« Ohne Superlative geht es eben im Deutschen nicht. Die wenigen Stimmen, die das Geschehen bewußt und adäquat kommentierten, waren leicht zu zählen. Außerdem wurden auch sie von Schuldgefühlen gequält, die sie stellvertretend für die anderen zu bewältigen versuchten. Ja, viele Emigranten fühlten sich mitschuldig für die deutschen Verbrechen, die die eigentlich Schuldigen mit ganz wenigen Ausnahmen von sich wiesen. Ein ungarischer Flüchtling in England, George Mikes, hat diese Einstellung klassisch charakterisiert: »Die Deutschen sind sehr großzügig, sie verzeihen uns alle ihre Verbrechen.«

Dieses seltsam zwielichtige Bewußtsein der sich zweifellos zumeist für »unschuldig« haltenden Deutschen wurde mir erst sehr viel später klar, als ich schon wieder einige Zeit in Deutschland lebte. Im Sommer 1948 hielt mein Freund Alexander Mitscherlich, mit dem ich vor dem Kriege zeitweise in einer kleinen Pension in Zürich zusammengelebt hatte und der dann nach Heidelberg zurückgegangen war, wo er sich als Oberarzt unter zahlreichen Schwierigkeiten durchschlug, in Zürich einige Vorträge. Unser gemeinsamer Freund, der Zürcher Psychoanalytiker Gustav Bally, hatte mich auf diesen Besuch vorbereitet, so eilte ich hocherfreut zu der Veranstaltung. Ich war dann allerdings recht perplex, als Mitscherlich mit den Worten begann: »Wir Deutschen haben schreckliche Dinge getan . . .« – denn ich fragte mich, warum er sich selbst darin einschloß und seinen Schuldgefühlen so offen Ausdruck gab. Ich muß gestehen – und darum bat ich ihn auch, diese Zeilen vor der Veröffentlichung zu lesen –, daß ich recht betroffen war, denn ich »wußte« einfach, daß er nicht dazugehörte. Ich sagte mir gelegentlich geradezu: »Mitscherlich, warum lügst du? Du bist ja nicht mitschuldig. Ist das nicht eine falsche Schuldpose, die dem, der immer im Widerstand war, nur schlecht ansteht?« Später erst ging mir die ganze fürchterliche Wahrheit seiner Reaktion auf. Da sich im Deutschland von damals offensichtlich kaum einer schuldig fühlte, mußte er sich stellvertretend schuldig bekennen, um das Geschehene zu erklären, das ja wirklich geschehen war und nicht nur – wie die heutigen Neonazis und leider auch viele junge und weniger junge Deutsche meinen – eine Erfindung alliierter Greuelpropaganda ist. Aus Mitscherlichs Haltung sprach auch eine berechtigte Sorge vor jener eilfertigen Vergessensbereitschaft der Deutschen, die ja dann auch tatsächlich bald wieder dominant werden sollte, nicht ohne Zutun der höchsten Regierungsstellen, die das Aussprechen der Wahrheit gern als »Nestbeschmutzung« bezeichneten. Heute, nach mehr als fünfundzwanzigjähriger Erfahrung in diesem Lande, muß ich sagen: Mitscherlich hatte recht gehabt und das Kommende klarer gesehen als ich, wofür ich ihm nachträglich danken möchte. Im übrigen entsprach seiner Haltung eine Anekdote, die damals von dem Schauspieler Hans Albers erzählt wurde. Dessen jüdischer Lebensgefährtin Hansi Burg war es gelungen, sich nach England zu retten, was jedermann wußte, auch die britischen Besatzungsbehörden. Als ein britischer Offizier ihn nach Kriegsende verhörte und ihn fragte, ob er Nazi gewesen sei, antwortete Hans Albers mit einem deutlichen »Ja«, das er auch nach einer zweiten Frage wiederholte. Um eine Erklärung gebeten, sagte er sinngemäß nur: »Da heute niemand Nationalsozialist gewesen sein will, und da es doch offensichtlich welche gegeben haben muß, habe ich mich als solchen bekannt, um die beschämende Wirklichkeit wenigstens etwas aufzubessern.« Beide, Mitscherlich und Albers, meinten offensichtlich das gleiche, wenn auch aus ganz verschiedenen Einstellungen heraus. Beide reagierten mit ihren scheinbar paradoxen Stellungnahmen auf die gleiche deutsche Wirklichkeit, in der eben die Stimmung vorherrschte, daß es im Grunde unbegreiflich sei, warum die deutsche Lösung nicht die einzig richtige gewesen sein sollte. Vor einiger Zeit sah ich einen Film im Fernsehen, der die Frage aufwarf: »Was wäre geschehen, wenn die Deutschen den Krieg gewonnen hätten?« Die Antwort entsprach genau der heutigen Wirklichkeit: mit Fremdarbeitern aller Art, nur daß die deutsche Besetzung Europas heute mehr touristischer als militärischer Natur ist. Aber nicht nur, daß sie deutschen Ungeschmack überall hingebracht hat, die ganze Geschichte hatte einen gespenstisch hintergründigen Charakter, der mich sehr nachdenklich gemacht hat.

Für den Soziologen war der Krieg aber auch eine einmalige Erfahrung; denn nun »bedachte« er nicht mehr »soziale Vorurteile«, sondern erfuhr sie am eigenen Leibe. Diskriminierung, Flucht, Armut, Gefängnis, Lager waren keine »Worte«, sondern ständig gegenwärtige Möglichkeiten. Schuldenmachen war eine Selbstverständlichkeit geworden. Die meisten von uns mußten ohne gültige oder nur mit kurzfristigen und provisorischen, eventuell sogar falschen Papieren leben, die sie völlig hilflos der Willkür des kleinsten Bürokraten auslieferten.

Der Gerechtigkeit halber muß jedoch gesagt werden, daß die kleinen Polizeibeamten meist verständiger waren als die mittlere Bürokratie. Da viele Bürokraten in den von Deutschen besetzten Ländern mit dem Feind kollaborierten, ließen sie ihr schlechtes Gewissen mit Wonne in Schikanen an den hilflosen Emigranten aus. Entscheidend aber war der ganz neue Erfahrungshorizont, der sich vor uns auftat. Als ich eines Tages – um 1938 – mit Friedrich Wilhelm Förster und Hermann Rauschning in Genf in einem Kaffeehaus saß, sprachen wir darüber, welche Impulse von dieser Wirklichkeit auf die Sozialwissenschaften ausgehen mußten, nachdem Gelehrte die Gefängnisse nun nicht mehr nur von außen und als Studierende, sondern von innen und als Insassen kennengelernt hatten. Das war in der Tat für uns alle eine unersetzliche Lehre.

Die Emigration war aber auch der Ort, wo große Künstler einsam und unbekannt starben. In Zürich lebte während des Krieges James Joyce, wie ich zufällig von Ernst Howald erfuhr; sein Sohn, der Sänger, wohnte unmittelbar in meiner Nachbarschaft, wo ich ihn oft am See entlanggehen sah. Auch Joyce betrachtete sich als Emigrant, wenn auch aus anderen Gründen als ich. Ich hatte gerade Howald gebeten, ob er uns nicht zusammenbringen könnte, als Joyce am 13. Januar 1941 starb, so daß aus unserer Begegnung nichts mehr wurde. Ich sagte schon, daß ich den »Ulysses« kurz nach Erscheinen der deutschen Ausgabe zu Anfang der zwanziger Jahre gelesen hatte; in Zürich las ich dann die »Dubliners«, vor allem aber das – für meinen Geschmack – Meisterwerk aus seiner Jugend »A Portrait of the Artist as a Young Man«, das mich intensiv an Marcel Proust erinnerte, der in meiner Dissertation von 1931 eine zentrale Rolle gespielt hatte. Gerade darüber hatte ich mit Joyce reden wollen. Da nun aus der lebendigen Begegnung nichts geworden war, ging ich wenigstens zu seinem Begräbnis, und zwar mit Armin Kesser, der gemeinsam mit Klaus Mann die Odenwald-Schule besucht hatte, auch er der Sohn eines Dichters, wenn auch eines weniger bedeutenden als Thomas Mann. Als wir auf die Höhe zum Friedhof kamen, blies uns ein eisiger Wind entgegen, und wir fanden nur mit Mühe die kleine Kapelle, in der einige wenige Trauergäste Platz genommen hatten. Die Verwalter des »heiligen« Ortes hatten alles davongeschleppt, was an eine Kapelle erinnerte, da Joyce dem Vernehmen nach aus der Kirche ausgetreten war. Die Abdankungsrede hielt Max Gailinger, der Präsident des schweizerischen Schriftstellerverbandes, mit übersteuert lauter Grabesstimme, die einen frösteln machte. Nach ihm sprach Lord Derwent von der britischen Botschaft in Bern. Als er geendet hatte, wußte keiner, was tun, so verkrümelten wir uns auf den Friedhof, wo wir weiter hinten einige Totengräber beschäftigt fanden; zwei andere rollten den Sarg dorthin und wir versammelten uns um das offene Grab, ohne daß noch irgendwer ein Wort gesagt hätte. Wenn das Christentum vielleicht nicht immer viel zu bieten hat, so hat es doch Rituale, und alle Anwesenden empfanden in diesem Augenblick den Mangel einer Anweisung auf das peinlichste. Neben dem Totengräber, der die Kurbel drehte, um den Sarg hinuntergleiten zu lassen, stand der – wie ich erfuhr – älteste Stadtbürger von Zürich, der sich einen Spaß daraus machte, viele Begräbnisse zu besuchen, wohl um sich an seinen eigenen Tod zu gewöhnen, insbesondere an die Gesichter der Überlebenden. Er mußte sehr schwerhörig sein, denn er hielt ein riesiges schwarzes Hörrohr ans Ohr und fragte den Totengräber, wer denn da begraben würde. Und so tönte es mit heiserer Stimme, gerade als der Sarg nach unten verschwand: »James Joyce, James Joyce!« Er war wirklich in der Fremde gestorben, nur wenige Trauergäste; alles war irgendwie improvisiert und unvorbereitet. Kesser und ich waren so betroffen, daß wir uns schweigend zum Ausgang bewegten, wo wir Robert Faesi, den Zürcher Literaturhistoriker trafen, der uns fragte, wer denn das gewesen sei; seinen Informationen nach »irgendso ein kommunistischer Emigrant«. Das war wirklich ein Ende ohnegleichen, selbst wenn am nächsten Tage in der Presse einige Nachrufe erschienen. Wenn man schon als Emigrant oder Flüchtling nicht leben kann, worüber sich manches sagen läßt, so hat man doch wohl ein Anrecht auf einen würdigen Tod, vor allem wenn man James Joyce heißt.

In der Schweiz habe ich zwar jahrelang die Funktionen mindestens eines Extra-Ordinarius ausgeübt (ich habe in der Zeit von 1938 bis 1953 rund ein Dutzend teilweise ausgezeichneter Dissertationen betreut, von denen die meisten als Bücher erschienen sind und sich gut verkauft haben), aber ich erhielt erst nach Kriegsende einen (schlecht) bezahlten Lehrauftrag; vorher erhielt ich nur, was die Studenten zahlten, nämlich fünf Franken pro Semesterstunde. Da ich sehr viele Hörer hatte, kam ich immerhin zu einem Minimaleinkommen; aber darüber hinaus war mir jede Arbeit untersagt. Ferner hatte ich jahrelang überhaupt kein Aufenthaltsrecht, lediglich das gelbe Fremdenbüchlein »Für Dienstmädchen und Milchknechte und Personen, die die Schweiz wieder zu verlassen haben«. Doch genug davon. Für Schweizer Leser bemerke ich noch, daß dies keine Klage sein soll; denn es gab ja in der Tat für die Schweiz keinerlei Grund, einen Fremden bloß deswegen aufzunehmen, weil er aus seinem eigenen Land vertrieben worden war oder es freiwillig verlassen hatte. Was ich hier ausgeführt habe, ist einzig für deutsche Leser gedacht. Ich muß noch hinzufügen, daß es für meine deutschen Kollegen nach dem Kriege zumeist völlig rätselhaft war, warum einer freiwillig das Deutsche Reich verlassen hatte. Das war für mich die vielleicht deprimierendste Erfahrung nach dem Kriege in Köln (von anderen wird in einem späteren Kapitel noch die Rede sein). So erfuhr ich, daß sich einige Kollegen einen Vers zurechtgelegt hatten, ich sei gegangen, weil meine Mutter eine »sehr gescheite Pariser Jüdin« gewesen sei. Aber sie waren wohl zu einfältig oder zu verlogen, um die Tatsache zur Kenntnis zu nehmen, daß meine beiden Eltern während der ganzen Zeit des Dritten Reiches ungeschoren in Deutschland geblieben waren, was wohl der obigen These einigermaßen widerspricht, wenn sich auch meine Mutter sofort bei Kriegsende rückbürgern ließ und als Französin starb. Doch genug davon: es soll all dies nur belegen, daß wir viele »Probleme« der Soziologie sehr unmittelbar am eigenen Leibe erlebt haben. Für uns ist Soziologie kein intellektuelles Abenteuer gewesen, sondern ein leidvoller Weg durch eine ununterbrochene Reihe immer neuer »sozialer Probleme«.

Ich erwähne nur nebenbei, daß mich diese Probleme bis in die Universität hinein verfolgten, wo ich an sich von allen Schweizer Kollegen höchst wohlwollend gefördert wurde. Vor allem half mir der Wirtschaftshistoriker Hans Nabholz mit unbeirrbarem und noblem Wohlwollen; er war der eine Referent meiner Habilitationsschrift gewesen. Dagegen hatte ich wenig erfreuliche Erfahrungen mit dem anderen Referenten, dem Reichsdeutschen Eberhard Grisebach, der wohl meine Arbeit nie gelesen hatte, denn er sagte mir eines Tages: »Wenn ich gewußt hätte, daß Sie Emigrant sind, hätte ich Sie nie habilitiert.« So verfolgte mich das welthistorische Unverständnis des deutschen Philosophen bis in meine berufliche Tätigkeit hinein. Dieser Umstand läßt es auch wahrscheinlich erscheinen, daß Grisebach 1937 die Berufung von Karl Jaspers nach Zürich sabotiert hat (wie Hans Sauer in seinem Buch »Jaspers in Selbstzeugnissen und Bilddokumenten«, Reinbek 1970, S. 45 f., behauptet), nachdem Hans Fleiner gestorben war, der sich für diese Berufung eingesetzt hatte. Ob die Vermutung Sauers zu Recht besteht oder nicht, vermag ich nicht zu sagen, obwohl ich nach der Totenfeier im Großmünster mit Ernst Howald, Emil Staiger und Gotthard Jedlicka noch ein Stündchen in einer benachbarten Weinstube beisammen saß. Es hätte nahegelegen, über Fleiners Pläne zu sprechen, über die Howald sicher informiert war; aber es fiel kein einziges Wort darüber, soweit ich mich erinnern kann. Man muß aber an die Weisheit des Satzes »Lux a non lucendo« denken; von etwas nicht sprechen heißt nicht, daß etwas nicht existiert. Im übrigen ging es auch anders, wie das Verhalten des Althistorikers Ernst Meyer mir gegenüber beweist. Auch er war Reichsdeutscher, kannte meine Einstellungen und war unbeirrbar kollegial und fair zu mir.

Ich wohnte damals ein paar Schritte vom Zürichsee, und trotz aller Widrigkeiten hatte ich, besonders wenn der Föhn in der Nacht vom Glarnischmassiv her über den See peitschte, die Wellen klatschend an die Quaimauern schlugen und die Wasserhühner gicksten, ein überwältigend starkes Gefühl von heimatlicher Verbundenheit, wie ich es niemals vorher und auch nicht mehr nachher empfunden habe. Das hinderte mich freilich nicht daran, immer häufiger über das Schicksal der Kultur in Deutschland nachzudenken. Einer nach dem anderen fiel um und »schaltete sich gleich«, um der vermeintlich »gleichmacherischen« Tendenz der Weimarer Demokratie zu entgehen, von der deutschen Sprache gar nicht zu reden, die unter dem Einfluß des Nationalsozialismus einem Verluderungsprozeß sondergleichen unterlag, über dessen Folgen man sich bis heute noch nicht klargeworden ist. Denn es steht fest, daß das »Wörterbuch des Unmenschen« mit dem Ende des Nationalsozialismus keineswegs abgeschlossen ist, sondern munter weiterfloriert. Zürich und andere Zentren der Schweiz waren damals in jeder Hinsicht die Bewahrer der deutschen Kultur und Sprache. Um das zu begreifen, mußte man nur einen Blick in die Schweizer Presse werfen, deren sprachliche Gepflegtheit eine wahre Wohltat war gegenüber dem undisziplinierten Geschreibe aus dem »großen Kanton«.

Einzelne Ereignisse ragten als Höhepunkt heraus und sind bis heute nicht vergessen. So mitten im Vorkriegslärm vom Ende der dreißiger Jahre eine Ausstellung von Otto Dix (soweit ich mich erinnere, bei der Galerie Wolfensberger). Das Plakat für die Ausstellung zeigte eine Reproduktion des Bildes »Christophorus mit dem Christusknaben«, einen Bach durchschreitend. Dieses Bild wurde unversehens zu einem Symbol der damaligen Situation, in der einige wenige das Vermächtnis der deutschen Kultur durch die Wildwässer der Gegenwart in Sicherheit bringen mußten. Das änderte übrigens nichts daran, daß noch im Jahre 1978 Plakate einer anderen Ausstellung von Otto Dix in Stuttgart beschmiert wurden! Das größte Ereignis jener Jahre war aber die Uraufführung der Oper »Matthis der Maler« von Paul Hindemith, die ganz unerwartet eine höchst aktuelle Gegenwartsbedeutung annahm. Als Matthis am Abend über das Schlachtfeld schreitet und den Bauern Schwalb unter den Toten findet, singt er: »Auch du warst nur ein mißratener Mönch!« Erschütternd der Abschied von Matthis, der in die Einsamkeit geht, nur mit einigen bescheidenen Zeichen der vergangenen Liebe im Gepäck. Das war die Kapitulation der Kultur vor einer übermächtigen Gegenwart. Es galt im Grunde für uns alle.

Waren das einzelne herausragende Ereignisse, so wurde das Zürcher Schauspielhaus sehr schnell zu einer dauerhaften Institution: zum einzigen Theater in deutscher Sprache, das in aller Freiheit operieren konnte. Viele Erinnerungen an Berlin lebten hier weiter, aber es erschienen auch neue Gesichter, bis am Kriegsende alles auseinanderbrach. Das Zürcher Schauspielhaus ging 1946 zugrunde an den ungelösten Spannungen zwischen links und rechts, die das Dritte Reich den Überlebenden hinterlassen hatte.

Zuvor aber kam es noch zu einem der großartigsten Höhepunkte dieser einzigartigen Bühne mit der Premiere von Carl Zuckmayers Stück »Des Teufels General« (1945). Das Theater war zu einem Viertel sicher von lauter Menschen gefüllt, die sich seit Jahren mehr oder weniger gut kannten, die den gleichen Erlebnishintergrund wie der Autor des neuen Stückes hatten und diesseits wie jenseits der Grenze das Schicksal des Fliegergenerals Udet ermessen konnten, weil sie vielleicht irgendwann einmal in die gleiche Lage wie er gekommen waren. Das Publikum war elektrisiert, die Schauspieler waren es auch, und so kam es zu einer Aufführung, als sei das Stück soeben erst als Improvisation entstanden. Es gibt eine alte dramaturgische Regel: bring nicht zu viele Personen im ersten Akt auf die Bühne, sonst kennt sich nachher keiner mehr aus. »Zuck«, wie ihn seine Freunde zärtlich nannten, hatte sich in seinem Leben als Dramatiker schon gegen viele Regeln vergangen, und so machte es ihm nichts aus, in diesem Stück eine Unmenge von Personen nacheinander auf die Bühne zu bringen, die die dramatische Handlung wie in tänzerischen Arabesken durch die mannigfaltigsten Wechselbeziehungen anbahnten, so daß eine geradezu explosive Spannung entstand. Diese entlud sich am Schluß des ersten Aktes, als das Publikum und wir alle spontan aufsprangen und stürmisch applaudierten. Es war für uns aber nicht nur die artistische Leistung, die uns elektrisierte, sondern die Gewißheit, daß damit ein neuer Anfang gesetzt war und eine Zukunft vor uns stand.

[illegible]

VII. Kriegsbeginn in London

Da mir die kontinentaleuropäischen Kulturen hinreichend vertraut waren, legte man mir nahe, im Sommer 1939 ein Forschungs-Stipendium für einen Aufenthalt in England zu beantragen, was ich um so lieber tat, als mir schon seit längerer Zeit, besonders seit meiner öffentlichen Antrittsvorlesung in Zürich, meine Unsicherheit in bezug auf die Vorgeschichte der englischen Soziologie aufgefallen war. Ich erwähnte bereits, daß eine wesentliche Differenz meiner Habilitationsschrift gegenüber dem ersten Hauptwerk von Talcott Parsons in meiner Vernachlässigung des englischen Utilitarismus lag. Es kam aber noch mehr hinzu, nämlich die damit eng verbundene Rolle des weltlichen Naturrechts, mit anderen Worten des »Gesellschaftsvertrags«, in der Entwicklung des soziologischen Denkens. Der tiefste Unterschied zwischen dem deutschen und dem französischen sozialwissenschaftlichen Denken liegt wohl darin, daß die Franzosen die Vertragstheorie in der Auseinandersetzung mit Rousseau schon ungewöhnlich früh überwunden hatten auf Grund der Einsicht, daß darin die nicht-kontraktuellen Elemente des Kontrakts übersehen wurden (worüber sich auch Parsons selbstverständlich klar ist), während diese Einsicht den deutschen Philosophen, insbesondere seit Hegel, verborgen blieb. Bei Lorenz von Stein, Karl Marx und Ferdinand Tönnies wird dieser Gesellschaftsbegriff unbesehen übernommen und nicht in Frage gestellt. Hegels »System der Bedürfnisse« verwandelt sich zunehmend und völlig unkritisch in den Begriff der »bürgerlichen Gesellschaft«, der dann teils als historische Größe, teils als ein Modell für »Gesellschaft überhaupt« erscheint. Mir schien das alles reichlich unklar, und so nahm ich mir vor, den Hintergründen des weltlichen Naturrechts in England nachzugehen, wobei sehr bald die politisch-polemischen Funktionen dieses Begriffssystems seit der Reformation und der Gegenreformation hervortraten. Mein damals im Sommer 1939 konzipiertes und Anfang 1940 abgebrochenes Manuskript ist leider bis heute noch unfertig.

Die großen Bibliotheken Europas, die Bibliothèque Nationale in Paris und die Bibliothek des British Museum in London, waren damals die Zufluchtsstätten der großen intellektuellen Emigration aus Deutschland, Österreich und am Ende auch der Tschechoslowakei. In London traf ich als den bedeutendsten von allen Ernst Cassirer, aber auch wieder einmal Hermann Rauschning, vor allem die Mitarbeiter des Warburg-Instituts (vormals Hamburg), unter ihnen Erwin Panofsky, den ich seinerzeit beim Kongreß für Ästhetik und allgemeine Kunstwissenschaft in Hamburg durch Max Dessoir kennengelernt und der mich sehr beeindruckt hatte. Ich selber war Ende Juli eingereist und hatte sofort meine Arbeit aufgenommen, die auch auf Grund einiger glücklicher Funde gute Fortschritte machte. Da ich im Hause des Anthropologen John Layard wohnte, der auf dem Lande lebte, hatte ich denkbar günstige Arbeitsbedingungen, die allerdings von der immer näher auf uns alle zukommenden Kriegsdrohung überschattet wurden.

Nie ist wohl ein Krieg einseitiger und willkürlicher vom Zaun gebrochen worden als der Zweite Weltkrieg. Seit Mitte August sprachen wir tags und nachts über nichts anderes. Und immer wieder kamen wir zu dem Schluß: Nein, es kann einfach nicht sein. Und doch geschah es. Der »Evening Standard« brachte die Nachricht: *Warsaw bombed.* An diesem Tage saß ich wie gelähmt zu Hause am Fenster in Hampstead. Es war Freitag, der 1. September 1939. Die Straße war leer. Da tönte von gegenüber ein Telefon. Es läutete und läutete und läutete. Niemand nahm ab. Dann hörte es auf. Ein banales Alltagsereignis, gewiß, aber es schien mir in diesem Moment symbolisch: so war nun auch in ganz Europa für lange Jahre alle Kommunikation unterbrochen, weil ein Teil meinte, er könne, dürfe und müsse auf die anderen nicht mehr hören. Am übernächsten Tage, Sonntag, dem 3. September, fuhr ich irgendwohin in die Vorstädte zu Peter Seckelmann, einem Mitarbeiter von Alexander Corda. Dort hörten wir am Radio Neville Chamberlains Rede zur Kriegserklärung. Noch nie hatte ich einen Premierminister in aller Öffentlichkeit weinen gehört. Er weinte wirklich und mußte seine Rede immer wieder unterbrechen. Und das war der Mann, der einst von Bad Godesberg mit dem Jubelruf heimgekehrt war: *Peace for our time!* Die Enttäuschung mußte grausam sein. Dieser Menschlichkeit, von der jedermann beeindruckt war, stand auf der anderen Seite die totale Unmenschlichkeit gegenüber. England versank zwei Tage in tiefe Trauer. Die Menschen auf der Straße waren ernst, in Nachdenken versunken, nur indirekt konnte man an kleinen Gesten die innere Spannung erkennen, etwa wenn einer eine eben erst angezündete Zigarette ungeraucht fortwarf. Keine Massenhysterien, nur Versenkung und Sammlung. Welcher Unterschied zu Deutschland: die Berichte von dessen allgemeiner Kriegsbegeisterung konnte ich nach meiner Rückkehr in die Schweiz lesen. Das gleiche wurde mir nach dem Kriege in vielen Gesprächen bestätigt, wenigstens von den Aufrichtigen. Die anderen beschwerten sich über die Luftbombardements der Alliierten und hatten vollständig vergessen, wie sie vor Begeisterung gejubelt hatten, als ihr Führer brüllte: »Ich werde ihre Städte ausradieren ...« Das Wort »coventrieren« wurde von Dr. Goebbels an die deutsche Presse weitergegeben, die lakaienhaft schluckte, was der kleine Zyniker ausspuckte.

Nach zwei Tagen tiefer Trauer schöpften die Engländer wieder Mut. Männer und Frauen meldeten sich freiwillig für die verschiedensten Aufgaben, andere gingen zur Armee, obwohl jedermann wußte: England war total unvorbereitet für den Krieg. Aber die komischen Fesselballons, die als Luftsperre über London aufgelassen wurden, genossen sofort die Sympathie der Londoner, die sie zärtlich »Colonel Blimps« nannten. Jedermann ging an eine nützliche Arbeit. Ich selber machte drei Häuser lichtdicht, die Fensterscheiben splitterfest und besorgte einen Anderson-Shelter für das Haus meines Gastgebers John Layard, eine Art von Stahlbunker für wenige Personen. Niemand schien darüber verwundert, daß ich mich als offensichtlicher Ausländer (viele wußten natürlich auch, daß ich Deutscher war) an den Maßnahmen zum Luftschutz beteiligte. Jeder griff einfach zu, wo er konnte, und erwartete von seinem Nächsten, daß er das gleiche tat.

Nach Sicherung meiner drei Häuser ging auch ich wieder an die Arbeit, da die Bibliothek ein paar Tage später schon wieder öffnete. »Business as usual«, war die Devise, die ich mir zueigen machte. Erst hatte ich versucht, in einen Transport zu kommen, der Schweizer nach Hause brachte. Aber der Reiseleiter lehnte es wegen mangelnder Schweizer Fremdenpapiere ab, mich mitzunehmen, was ich ihm nicht verdenken konnte. Einige Tage lang hatte ich über eine gewichtige Versuchung nachzudenken, als einer der Inhaber des großen wissenschaftlichen Verlags Allen and Unwin mir vorschlug, meine Arbeit für den Verlag fertigzustellen, wofür er mir ein Stipendium und Aufenthaltserlaubnis in England beschaffen würde. Ich lehnte mit sehr herzlichem Dank ab, weil ich dachte, ich müsse in die Schweiz zurück, um dort meine Kräfte zur Verfügung zu halten, falls es zu einer deutschen Bedrohung kommen sollte. Welche Ironie: England wurde schon wenige Monate später schwer bedroht, während die Schweiz relativ ungeschoren blieb, wohl sicher auch auf Grund eines radikalen Verteidigungswillens, den der kluge General Guisan nach der Niederlage Frankreichs im Mai 1940 geschickt und mit sanfter Hartnäckigkeit zu erzeugen wußte.

Nachdem mein erster Versuch zur Rückkehr gescheitert war, versuchte ich, zu Schiff nach Jugoslawien und von dort über Italien in die Schweiz zu kommen. Aber es war die Zeit der magnetischen Minen und ein Schiff nach dem anderen ging unter. So schrieb ich an meinen Freund Henri Jourdan, bis zum Kriegsausbruch Direktor des Institut Français in Berlin, aufs Geratewohl an die Adresse des Quai d'Orsay in Paris, ob er mich durch Frankreich nach Zürich bringen könnte. Im Dezember 1939 erhielt ich Antwort von ihm, er sei nach Bern versetzt worden, wo er mich bald zu sehen hoffe; die Postkarte war sichtlich im Moment der Abreise schnell gekritzelt worden. Aber sie erreichte mich gleichzeitig mit einem offiziellen Schreiben des französischen Generalkonsulats in London, das mich aufforderte, meinen Paß für die Erteilung eines Sondervisums einzureichen. Auf Grund dessen erhielt ich anstandslos das britische »Exit permit« und von einem verständnisvollen Schweizer Generalkonsul ein Einreisevisum, nachdem der Rektor der Universität Zürich mich empfohlen hatte.

Versehen mit allen diesen Stempeln reihte ich mich nach den Feiertagen, die ich mit britischen Freunden verbracht hatte, in die Schlange ein, die in Folkeston auf das Schiff drängte, das außerhalb der Sicherheitszone nach Dieppe fuhr. Da mein an sich seit Kriegsausbruch nicht mehr gültiger Paß (ich besitze ihn heute noch) auf dem Deckel ein großes Hakenkreuz trug, legte ich ihn dem Hafenzöllner aufgeschlagen mit dem britischen Ausreisevisum nach oben hin. Er schlug ihn jedoch zu, sah das ominöse Zeichen und fragte mich, ob das alles sei, was ich hätte. Ich bemerkte, man habe mir noch einen Brief für den Hafenkommandanten mitgegeben, den ich diesem dann überreichte, nachdem ich von zwei britischen Soldaten aus der Reihe der Wartenden geführt worden war. Der Hafenkommandant, ein höherer Offizier, neben dem noch zwei andere Offiziere standen, lächelte nach Lektüre des Briefes (ich habe nie erfahren, von wem er stammte) und unterzog mich einem kurzen Verhör, visitierte auch mein Gepäck, in dem sich außer Hemingways »A Farewell to Arms« nichts Schriftliches befand. Mein Manuskript über Soziologie und Naturrecht war über den diplomatischen Kurier direkt nach Bern gegangen.

Ich erklärte dem Kommandanten in aller Kürze meine Situation, erklärte ihm auch, wieso ich ein französisches Visum im Paß hatte, was ihn zu der Frage veranlaßte, daß ich dann wahrscheinlich französisch wie ein Franzose spräche. Als ich das bejahte, lachte er und meinte, das sei eine ganz neuartige Technik, als naiver Gelehrter Spionage zu treiben. Dann wurde er wieder ernst und meinte: »Was Sie in Ihrem Kopf mitnehmen, kann ich nicht kontrollieren. Aber Sie sind sich klar darüber, daß jeder Mißbrauch, den Sie mit diesem Wissen begehen, moralisch auf Sie zurückfällt.« Schließlich brachte er mich zum Fallreep. Vorher von zwei Tommies aus der Reihe der Wartenden abgeführt, sahen mich die anderen Passagiere jetzt mit einem höheren Offizier zurückkehren, was sie zu seltsamen Gedanken veranlaßt haben mag. Ich allein aber hörte seine letzten Worte: »God bless you my friend, and good luck to you.« Das war eine Sprache, wie ich sie von einem Offizier nicht gewohnt war.

An diesem Tage tat das französische Schiff Dienst. Ich befand mich also jetzt bereits auf französischem Boden. Sowie wir abgelegt hatten und die Bar geöffnet war, trank ich eine Flasche Bordeaux ganz für mich allein.

Ich habe schon Gelegenheit gehabt zu schildern, wie mich Freundschaft auf meinem etwas mühseligen und höchst unbürgerlichen Lebensweg vorangebracht hatte (ironischerweise in einem höchst bürgerlichen Beruf wie dem eines Universitätsdozenten). Aber jetzt stand ich vor einer noch nicht erlebten Situation: es war Krieg und ich hielt in der Hand einen Paß der feindlichen und noch dazu angreifenden Nation. Alles bisher Geleistete konnte umsonst gewesen sein, wenn es mir nicht gelang, den Kanal zu überqueren, und vor einem Moment noch hatte mich ein britischer Offizier angesichts dieser wirklich total unmöglichen Situation als Freund bezeichnet. Auf dieser Nachtfahrt, die übrigens durch deutsche Kampfflieger zeitweise empfindlich gestört wurde, so daß ich im Speisesaal des Schiffes mit der Schwimmweste neben mir sitzen blieb, dachte ich nach über die Rolle von Freundschaft in Extremsituationen. Eine solche Freundschaft muß dabei gar nicht althergebracht sein; das ist wahrscheinlich ein Vorurteil. Die Rolle der Freundestreue ist vielleicht sogar einigermaßen fragwürdig wegen ihres exklusiven Charakters, der so leicht in Aggressivität umschlagen kann. Eine Freundschaft kann schon lange bestehen, auch ohne aktiviert worden zu sein; aber sie muß es nicht, um wirksam zu werden. Sie kann genauso spontan aufspringen, erkennbar an einem Blick oder an einem Lächeln der Sympathie, und damit über die Entwicklung eines ganzen Lebens entscheiden. Während das Schiff bei den Detonationen der Druckbomben, die unter Wasser explodierten, jedesmal beinahe aus dem Wasser sprang, sagte ich mir, daß ich wegen der herrschenden Kälte auch mit Schwimmweste bestenfalls eine Stunde überleben konnte. Das war die knappste Spanne, die ich jemals vor mir gehabt hatte. Dann verschwanden die Flugzeuge, wohl auf der Suche nach einem anderen Opfer oder verscheucht von den aus verschiedenen Richtungen im Dunkeln heranbrausenden Kanonenbooten, und ich konnte bis zur Ankunft in Dieppe im Morgengrauen ein paar Stunden schlafen.

Da ich nicht weiß, ob es mir jemals vergönnt sein wird, das am Kriegsanfang in England begonnene Manuskript fertigzustellen, möchte ich zum Abschluß wenigstens andeuten, worum es mir dabei ging. Wer auch immer sich jemals mit den Anfängen der Soziologie bei Auguste Comte befaßt hat, kennt die Stelle zu Beginn des vierten Bandes seines »Cours de philosophie positive«, wo das neue Wort »Soziologie« eingeführt wird und er sein eigenes Unternehmen von dem des Restaurationsdenkers Joseph de Maistre abzuheben unternimmt. Die Differenz ist im wesentlichen politischer Art: de Maistre bemüht sich, die Revolution von 1789 ungeschehen zu machen, Comte dagegen, sie zu überwinden in Richtung einer »Geschichte der Zukunft«; der Ausdruck stammt von Saint-Simon und wurde zuerst in seinen »Lettres philosophiques et sociales« von 1812 ausgesprochen, also lange bevor Ludwig Feuerbach (1839), Moses Hess (1840) und Karl Marx (1843) ihn aufgriffen. Trotzdem haben einige Interpreten Comte im Lichte der katholischen Reaktion und sogar als einen Vorläufer des totalitären Staates gesehen, was natürlich völlig absurd ist.

Dennoch aber verdient das Problem eine weitere Vertiefung, wie auch Comtes vorsichtige Formulierung an der erwähnten Stelle zeigt, nämlich, daß er in manchem der Philosophie de Maistres nahestand, ohne jedoch dessen politische Ansichten zu teilen. Das führt unmittelbar zur nächsten Frage, in welcher Hinsicht und in Beziehung auf was er wohl de Maistre nahegestanden haben mag? Damit stoßen wir auf ein zentrales Problem der Entstehung der Soziologie, bzw. auf eine fundamentale Alternative: das soziale Leben der Menschen wird entweder als ein ursprüngliches, nicht reduzierbares Urphänomen angesehen (*communitas*), das analytisch zergliedert werden kann, oder als Ergebnis eines Vereinigungsprozesses (meist) vertragsähnlicher Art (*societas*), der sich also aus Elementen durch Vorgänge organisatorischer Art aufbaut. Man kann die beiden Zweige auch als Komplex- und Elementen-Soziologie einander gegenüberstellen, wobei letztere im wesentlichen durch das weltliche Naturrecht repräsentiert wird. Während meines Aufenthaltes in England wurde ich mir schon ganz zu Beginn darüber klar, daß der Komplexansatz historisch in zwei verschiedenen Ideensystemen auftaucht, nämlich in der englisch-französischen Königsdoktrin und im alten Genossenschaftsdenken im Sinne von Otto von Gierke oder auch von Ferdinand Tönnies. Zudem gab es damals bereits eine erste großartige soziologische Analyse von Ursprung und Entwicklung der Königsdoktrin in der Doktorthese des ersten bedeutenden Sozialhistorikers unserer Zeit, Marc Bloch, über die »wundertätigen Könige« aus germanischem Recht. Hieran ansetzend verfolgte ich nun einerseits die Königsdoktrin in ihrem regelmäßigen Säkularisierungsprozeß bis zu König Jakob I., in dem die Wirklichkeit der religiösen Aura des Königtums derart überhöht wird, daß sie in der Übertreibung ihr Ende findet. Andererseits verfolgte ich die Entfaltung des weltlichen Naturrechts, das sich dieser Doktrin politisch entgegensetzte und das seine politische Funktion vor allem bei den »Monarchomachen« in England und in Frankreich übte, und zwar im Sinne einer eigentlichen Rechtfertigungsideologie. Damit verlor das weltliche Naturrecht seinerseits alle analytische Bedeutung und wurde während der Gegenreformation zu einem polemischen, d. h. also politischen Werkzeug, das jedermann zur Verfügung stand, den Katholiken und Jesuiten, wenn sie gegen protestantische Könige kämpften, den Protestanten und Calvinisten in ihren Kämpfen gegen katholische Könige. Mit anderen Worten, der Wahrheitsanspruch des weltlichen Naturrechts war bereits seit Anfang des 17. Jahrhunderts völlig verschlissen. Die Königsdoktrin wurde nun im Laufe der gleichen Entwicklung ebenfalls mehr und mehr zu einem politisch eingesetzten Mittel, das bald rein zynisch, bald im Sinne eines echten Konservatismus angewendet wurde, der aber trotzdem nur politisch und nicht im Sinne eines kognitiven Systems bewertet werden kann. Letzteres hindert aber nicht, daß die Idee eines sozialen Zusammenhangs aus dieser Doktrin überlebt, dessen Kontinuität durch einen Komplex normativer Vorstellungen garantiert wird. Das aufzuweisen, ist genau identisch mit der Absicht Comtes in seiner Begründung der Soziologie einerseits und tritt andererseits auch bei de Maistre auf, der aus der Tradition der Königsdoktrin stammt. Nicht letzteres ist aber für Comte das gemeinsame Problem, sondern das erstere. Dieser ideengeschichtliche Zusammenhang scheint mir jedoch von der größten Wichtigkeit für das Verständnis der Entwicklung des Sozialdenkens in England, für das keineswegs einzig der Utilitarismus und das weltliche Naturrecht, auch nicht in seiner ökonomischen Form bezeichnend sind, sondern ein eigener Zugang zur Soziologie als Naturgeschichte der vergesellschafteten Menschheit in ihrer planetarischen Ausdehnung, die seit der Mitte des 17. Jahrhunderts das Kernstück der englischen Sozialforschung ausmachte, aus dem später die Sozialanthropologie erwuchs. Das vollzog sich vor allem bei den schottischen Sozialphilosophen und kommt bei Adam Ferguson zu einer ersten klassischen Ausgestaltung. Soweit in wenigen Worten zu meiner damaligen Forschungsarbeit in der Bibliothek des Britischen Museums.

Das war aber nur ein Teil meiner Beschäftigung in England, wie man leicht verstehen wird; denn ich stieß bei meinen Untersuchungen zunehmend auf das Problem der Auseinandersetzung mit Machiavelli in der englischen Königsdoktrin, die zu meiner großen Überraschung durchaus negativ war. Bei eingehenderem Nachdenken war dies allerdings nicht mehr so verwunderlich; denn bei Machiavelli erschien der nackte Machtstaatsgedanke, während die Königsdoktrin immerfort nach einem höheren Ausweis für die Machtausübung suchte, was sie von Machiavelli und vom Machiavellismus zutiefst unterschied. Da nun gerade in jenem Moment auch in Europa das Problem Machiavelli wieder aktuell wurde, hielt ich im Sommersemester 1939 (also vor meiner Ausreise nach

England) eine Vorlesungsveranstaltung über Machiavelli ab, so daß mir der Stoff sehr gut vertraut wurde. Dies, unterstützt durch die geschilderten Erfahrungen in der Analyse eines Zweiges englischer Sozialforschung, ließ in mir den Gedanken reifen, eine größere Darstellung Machiavellis mit soziologischen Mitteln zu unternehmen. Obwohl das Buch dann erst im Frühjahr 1940 in Zürich geschrieben wurde, liegt sein eigentlicher Anfang in England, weshalb ich auch hier zum Abschluß des Englandkapitels meine Absichten damit wenigstens kurz erläutern will. Im übrigen muß das Buch, das nun ebenfalls nach 38 Jahren neu erschienen ist, für sich selber sprechen.

Als ich Anfang Januar 1940 nach Zürich zurückkehrte, hielt ich für den verbleibenden Rest des Semesters zunächst eine zweistündige Vorlesung über die Entwicklung des englischen Sozialdenkens. Ich erwartete ungeduldig das Ende des Semesters, ruhte mich ein paar Tage aus und begann auf Grund meiner Vorlesungsnotizen am »Machiavelli« zu schreiben. Mehr und mehr wurde das Unternehmen zu einem Wettlauf mit dem eigentlichen Kriegsbeginn; denn die »drôle de guerre« jener Monate, die seit der Niederschlagung Polens eher ein Stillstand war, konnte weder als Krieg noch als die entscheidende Auseinandersetzung angesehen werden, die sich anbahnte. Ich arbeitete derart fieberhaft und fast verzweifelt, mit meinem Buch nicht rechtzeitig fertigzuwerden, daß ich von einer Grippe überrascht wurde, die mich fast aus der Bahn geworfen hätte. Aber ich wurde genau am Tage des neuen Semesters und mit Ausbruch des deutsch-französischen Krieges fertig. Das Buch erschien dann auch im Herbst des Jahres, nachdem ich noch eine Einleitung und ein analytisches Kapitel über den »Principe« als Kunstwerk eingeflochten hatte. Die Schlußbemerkung über das Datum der Fertigstellung des Buches (6. Mai 1940) war mit dem Hinweis auf den »Sacco di Roma« vom 6. Mai 1527 eine klare Erklärung zu meiner Voraussicht des Kriegsausgangs und ist auch von den Lesern zumeist so empfunden worden. Um diesen harten Schlußakzent wenigstens etwas zu mildern, setzte ich noch das Datum für den Beginn der Niederschrift hinzu, wobei zu berücksichtigen ist, daß die entscheidende Vorbereitung dafür seit etwa März 1939 erfolgt war.

Francis Bacon lobt Machiavelli, weil er uns die Menschen gezeigt habe, nicht wie sie sein sollen, sondern so, wie sie tatsächlich sind.

Das entspricht auch der üblichen Darstellungsweise, die ihn als den großen Realisten der Staatsraison anspricht, der die Renaissancefürsten lehrte, nur die Ausweitung ihrer Macht im Auge zu halten, ohne nach irgendwelchen »moralischen« Lebensordnungen zu fragen – als hätten die Renaissancefürsten eine solche Lektion nötig gehabt. Ich versuchte demgegenüber, von einer Krisenanalyse auszugehen, wobei das Werk Machiavellis als Mittel der Krisenüberwindung erscheint. Da er aber in einer Zeitenwende lebt, in der sich eine alte Welt bereits aufgelöst hat, ohne daß von der neuen mehr als nur die Umrisse sichtbar geworden sind, hat er keinerlei festen Boden, auf dem er stehen könnte. Die soziologische Standortanalyse des Menschen Machiavelli zeigt ihn als einen zutiefst wurzellosen Menschen, an dem sich ein welthistorisches Schicksal vollzieht.

So schließen sich auf dem Boden dieser besonderen Lebenslage die fürchterlichen und heillosen Maximen der Fürsten seiner Zeit zusammen zu dem ästhetischen Bilde eines kühnen Täters, als dessen lebendiges Vorbild ihm Cesare Borgia erscheint. Dieses Bild erfährt seine Gestaltung in einem Kunstwerk, genannt »Il Principe«, das sich geradezu als Roman des sterbenden Italien darstellt und nicht etwa als »Lehrbuch« der Politik. Machiavellis Werk steht also auf einer Ebene mit dem großartigen Kunstschaffen der Renaissance und der Plünderung Roms in seinem Todesjahr, in dem mit seinen persönlichen Hoffnungen auch sein Werk als politisches Lehrbuch zu Grabe getragen wird. Als Kunstwerk aber steht es jenseits der immer sich wandelnden Zeit.

VIII. Zürich: Das Lehren der Soziologie

An sich besteht die Tätigkeit eines Privatdozenten darin, sich zu Lasten seiner Zuhörer in der von ihm vertretenen Disziplin auszubilden. Dieses üble Geschäft habe selbstverständlich auch ich in den ersten Jahren meiner Lehrtätigkeit in Zürich betrieben. Es wurde mir allerdings sehr bald klar, daß es dabei nicht bleiben konnte. So versuchte ich nach einiger Zeit, auch nachdem sich die Rechts- und Staatswissenschaftliche Fakultät (außer der Philosophischen Fakultät I, der ich angehörte) an meiner Tätigkeit zu interessieren begann und meine Vorlesungen sowohl am Schwarzen Brett als auch im Vorlesungsverzeichnis ankündigte, mir einen Vorlesungszyklus von vier Semestern zurechtzulegen, wozu mich auch der Vertreter der allgemeinen Volkswirtschaftslehre, Manuel Saitzew, angeregt hatte. Diese Maßnahme erwies sich als um so dringlicher, weil das Interesse der Studenten an Soziologie sehr groß war und auch bald junge Leute anfragten, ob sie wohl auf diesem Gebiet promovieren könnten, wofür beide beteiligten Fakultäten volles Verständnis hatten. So begann ich, wenn ich mich recht erinnere, im Winter-Semester 1942/43 meinen Zyklus, was zunächst zur Folge hatte, daß ich meine ersten Vorlesungsskripten fortwarf und alles von vorn begann, um den Stoff besser und planmäßiger aufzuteilen. Diesen Zyklus wiederholte ich bis nach Kriegsende mehrere Male, indem ich die Grundvorlesungen allmählich von zwei auf vier Wochenstunden ausbaute, daneben ein- oder zweistündige Spezialkollegs über aktuelle Themen hielt und die Forschung in den Übungen behandelte, wo ich das Glück hatte, schon früh eine Reihe sehr kluger und selbständiger Studenten zu haben, mit denen mich teilweise noch heute freundschaftliche Beziehungen verbinden.

Als 1966 die erste Nummer der Schweizerischen Zeitschrift für Soziologie, betitelt »Soziologische Arbeiten«, erschien, bat man mich, zur Eröffnung einen Artikel über »Das Lehren der Soziologie« beizusteuern. Die Ausführungen dieses Artikels knüpften an meine Zürcher Erfahrungen an, die ich dann allerdings zu einem Idealplan für das Lehren der Soziologie auszuweiten versuchte, den man am angegebenen Ort nachlesen kann. Natürlich ging dieser Plan von der (utopischen) Annahme aus, daß eine Art von soziologischer Abteilung (Department) in der Fakultät bestand mit entsprechendem Personal. Zur Zeit der Niederschrift dieses Lehrplans waren in meine Lehrvorstellungen allerdings bereits meine ersten Kölner Erfahrungen eingegangen, so daß der Aufsatz buchstäblich die Bilanz zog zwischen meiner Tätigkeit an zwei in ihrer Art verschiedenen Universitäten und als Gastprofessor an einer ganzen Reihe von anderen, insbesondere amerikanischen Universitäten, worüber später mehr zu sagen sein wird.

Meine Lehrtätigkeit an der Universität Zürich verteilte sich gleichmäßig auf 1. die Grundbegriffe der Soziologie (was mich zu einer intensiven Kritik der Antinomie Gemeinschaft – Gesellschaft führte), 2. die Theorie der menschlichen Gruppen, 3. die Entstehung und Entwicklung von Familie, Wirtschaft, Recht und Staat; wobei sowohl die »primitiven« wie die »archaischen« Gesellschaften berücksichtigt wurden (soweit möglich, wurde auch die Archäologie mit hinzugezogen), und schließlich 4. die Strukturanalyse der Gegenwartsgesellschaft. Bei letzterer kam mir schon bald der Gedanke, daß dieses Thema eigentlich nicht in einer einzigen Vorlesung erledigt werden könne, sondern eine ganze Folge von Spezialvorlesungen nach sich ziehen müsse, mindestens über die fortgeschrittenen Industriegesellschaften Europas und Amerikas, die sozialistischen Gesellschaften Osteuropas und die Gesellschaften der Dritten Welt. Das überschritt natürlich meine Möglichkeiten, so beschränkte ich mich auf die Darstellung der Entwicklungsprobleme der Dritten Welt. Dazu kamen noch Vorlesungen über Geschichte der Soziologie (britische, französische, deutsche und amerikanische) sowie über Soziologie der Gegenwart. Schließlich las ich auch neben den Hauptvorlesungen Spezialkollegs über mich besonders interessierende Themen (etwa Familie in der Gegenwart, Beruf, Schichtung, Industrie- und Betriebssoziologie, Recht, das Problem der Masse), die zumeist mit Übungen kombiniert waren oder überhaupt als Übungen angekündigt wurden, in denen Forschungsprobleme oder -projekte diskutiert werden sollten. Hier waren vor allem die zukünftigen Doktoranden aktiv. Mit einigen interessierten Studenten betrieb ich auch Forschungsarbeiten über ländliche und städtische Gemeinden in der Schweiz, unter anderem auch mit der Absicht, den gelegentlich leicht utopischen (da harmonistischen) schweizerischen Gemeindegedanken realistisch zu untermauern. Von diesen Arbeiten erschienen einige nur als Dissertationsteildrucke, andere als Abhandlungen, wieder andere als Bücher (Hansjürgen Beck, Hans Weiß, Max Leutenegger, Peter Atteslander). Später (1958) versuchte ich, die theoretischen Aspekte dieser Forschungsrichtung zusammenzufassen, nachdem ich unterdessen einige entsprechende Untersuchungen in der Bundesrepublik durchgeführt hatte. Die städtisch-großstädtischen Aspekte habe ich erst viel später theoretisiert, obwohl es natürlich in meiner Vorlesung über die Struktur der Gegenwartsgesellschaft ein eigenes Kapitel über Stadt und Großstadt gab. Bei allen meinen theoretischen Arbeiten stand aber die vergleichende Methode im Vordergrund, die insbesondere in meiner 1977 erschienenen Großstadt-Soziologie auch die Ergebnisse der Archäologie sowie die Probleme der Dritten Welt mit einschließt. Entscheidend für meine theoretische Ausrichtung war aber die empirisch gesicherte Voraussetzung des inhärenten Konfliktcharakters der Gemeindestruktur, die sich sowohl in Klassenspannungen als auch in anderen »Spaltungen« (cleavages) kundtat, was z. B. in der Schweiz genauso wenig gern gesehen wurde wie später in der Bundesrepublik. Ich wies wohl als erster auf die Diskriminierungen von Minoritäten und Unterprivilegierten hin. In meinem Buch über die lokale Gemeinde vertrat ich die Theorie, die später eine ganze Reihe empirischer Arbeiten nach sich gezogen hat, daß selbst in einer kleinen, relativ unkomplizierten Gemeinde Integration weder auf sozialer noch gar auf wirtschaftlicher, sondern einzig auf symbolischer Ebene erreicht werden kann. Heiner Treinen nannte das später symbolische Ortsbezogenheit.

Ein besonderes Forschungsgebiet war schon damals für mich der Komplex Arbeit, Industriebetrieb, Beruf (und teilweise Berufsberatung) und vor allem akademische Berufe. Ich erinnere mich hierbei an ein besonders gelungenes Seminar, in dem Jacob Taubes über die Arbeitsvorstellung des Judentums, ein Theologe, dessen Namen ich vergessen habe, über die Arbeitsvorstellung des Christentums, der Ägypter Hussein Monès über die besonderen Arbeitsvorstellungen des Islam und des Koran, ein Katholik über die katholische Welt und Clara Vontobel über die Arbeitsvorstellungen der protestantischen Sekten berichteten. Aus letzterem Referat entstand später eine interessante Dissertation über die Diffusion des protestantischen Arbeitsethos in die »Alltagsmoral«.

Auch die spätere Dissertation von Taubes ging aus diesem Seminar und meiner Vorlesung über Karl Marx hervor. Eine umfassende und sehr sorgfältig durchgeführte Studie von Rinaldo Andina über die Doktoranden der Philosophischen Fakultät I der Universität Zürich, die wir über insgesamt 11 Jahre fast vollständig erfaßten, war sicher eine der ersten Arbeiten dieser Art in Europa, die sich auch mit dem Problem des Studienabbruchs und dem Problem von Akademikern in inadäquaten Berufen (als Spätfolge der Wirtschaftskrise von 1929) befaßte.

Ein spezielles Interessengebiet von mir war das Studium der Rolle des internationalen Anarchismus in der Schweiz (Michail Bakunin) und in Italien sowie die Auseinandersetzung mit dem eingeborenen Schweizer Anarchismus, speziell in der Welschen Schweiz in Genf und im Jura in der Uhrmacherstadt La Chaux-de-Fonds. Über letztere verfaßte Rolf R. Bigler eine Arbeit (»Über den libertären Sozialismus in der Schweiz«), die dann bereits in Köln eingereicht wurde. Peter Heintz habilitierte sich in Köln bei mir mit einer Arbeit über Pierre-Joseph Proudhon. Damit sollte im Gegensatz zum autoritären Sozialismus von Marx und Engels die andere Seite des Sozialismus besser beleuchtet werden, wie sie im Französischen Jura (Besançon) durch Proudhon entwickelt worden ist. Das war insgeheim als Gegengift gegen den deutschen Autoritarismus von rechts und von links gedacht gewesen, erwies sich aber leider nach beiden Richtungen als wirkungslos.

Ein letztes spezielles Arbeitsgebiet war für mich schon damals die Familiensoziologie, an der ich bis heute interessiert geblieben bin. Meine Behandlungsweise war die gruppentheoretische, die ich jedoch früh (1949) mit dem Begriff der »überorganisierten Familie« psychoanalytisch erweiterte, ein Zugang, der mir schon durch Richard Huelsenbeck in Danzig und während meiner Studienzeit in Wien durch Vorlesungen an der »Urania« erschlossen worden war. In Zürich vertiefte ich diese Ansätze im Kontakt mit Gustav Bally, bei dem ich auch meinen Freund Alexander Mitscherlich wiedertraf, der 1935 mein Universitätsbuch besprochen hatte. In der Dissertation von Lucie Stampfli über »Die unvollständige Familie« wurde ein Sonderfall paradigmatisch ausgebaut und in seinen verschiedenen Aspekten und Variablen empirisch zu sichern gesucht. Eine wichtige Anregung zur angewandten Forschung kam mir 1943 mit einem Gutachten für den Schweizerischen Bundesrat zu dem Volksbegehren »Pro Familia«, das eine Verfassungsänderung intendierte. Meine Aufgabe lag darin zu prüfen, wie es empirisch und theoretisch gerechtfertigt werden konnte, die Familie verfassungsmäßig als ein schutzwürdiges Institut anzuerkennen. »Familienschutz« war damals eine völlig neuartige Größe. Entsprechend meiner vergleichenden Arbeitsweise hatte ich vorher eine historische Studie über die Entwicklung der russischen Familie in der Gegenwart angebahnt, der ich dann 1944 voraussagte, daß sie in einer Familienschutzgesetzgebung enden würde, was sich durch die Folge, bis zum Gesetz von 1969, voll bestätigen sollte. Es war dies einer der seltenen Fälle, in denen eine präzise (und nachprüfbare) soziologische Voraussage auch wirklich eintraf, obwohl fast alles gegen sie gesprochen hatte. Meine Abhandlung wurde zuerst 1944 veröffentlicht, dann 1946 nochmals in erweiterter Form in dem Sammelband »Materialien zur Soziologie der Familie« und schließlich ein letztes Mal erweitert und à jour gebracht in der beträchtlich umgearbeiteten Neuauflage dieses Buches von 1974.

Im allgemeinen waren aber die schweizerischen akademischen Verhältnisse damals der Forschung nicht günstig, besonders nicht auf dem Gebiet der Sozialforschung. Eine Ausnahme hierbei stellte die Schweizerische Landesplanung und ihr Sekretär Hans Aregger dar, der damals mit Stadtstudien begann; in diesem Zusammenhang habe ich selber eine kleine Pendler-Untersuchung angestellt, die 1953 in einem Sammelband meines Freundes Georges Friedmann in Frankreich erschien. Als ich aber versuchte, eine kleine Forschungsstelle über Zürich aufzubauen, wurde mir der Bescheid des damaligen Stadtpräsidenten Landolt zuteil, Zürich sei keine Großstadt, daher sei Forschung dieser Art unerwünscht! »Weil nicht sein kann, was nicht sein darf«, möchte man diese Vogel-Strauß-Politik charakterisieren. Genauso scheiterte damals ein sehr interessanter Vorschlag der Schweizerischen Landesplanung, unmittelbar nach dem Kriege mit dem reduzierten Autoverkehr zu experimentieren, um herauszufinden, wie man bei dem zu erwartenden Anwachsen des motorisierten Verkehrs diesen beherrschen konnte. Hier hieß die offizielle Prognose, es werde für absehbare Zeit keine Zunahme des Automobilverkehrs geben.

Dieses geringe Interesse an der Forschung hatte für mich persönlich zur Folge, daß ich zumeist die entstandenen materiellen Unkosten aus eigener Tasche bezahlen mußte, was für mich als Emigranten, der trotz des Titels als Honorarprofessor (seit 1947) sein Leben mit einem kleinen Lehrauftrag fristen mußte und dem zudem jede weitere Erwerbstätigkeit in den ersten Jahren untersagt war, auch später aus Mangel an Gelegenheit nicht ganz einfach war. Mein Nachfolger in Zürich, Alexander von Schelting, fragte mich eines Tages nach einer Verhandlung mit der kantonalen Erziehungsbehörde, wie ich eigentlich eine solche Behandlung so lange hätte ertragen können. Er war allerdings der erste, der sich darüber Gedanken machte; vorher hatte mich niemand danach gefragt. Ich mußte mich abfinden mit dem, was man mir zugestand. Dagegen haben sich einige meiner Bücher in der Schweiz besonders gut verkauft, obwohl sie aus politischen Gründen bis 1945 weder in Österreich noch in Deutschland verkauft werden durften. So z. B. mein Buch über »Machiavelli. Zur Krisenanalyse einer Zeitenwende« (1941), von dem übrigens wunderbarerweise ein Posten nach Deutschland gelangte (zum Buchhändler Buchholz in Berlin); aber auch mein Buch über Sizilien (1943) und meine Übersetzung von Giovanni Vergas Meisterwerk »I Malavoglia« (1945), die beide in Auflagen von je 10000 Exemplaren in der Büchergilde Gutenberg erschienen. Das zweite wurde allerdings in der Schweiz als »Arme-Leute-Literatur« eingeschätzt und hatte keinen großen Erfolg. Von italienischer Seite erhielt ich dagegen viel später (1967) den »Premio Verga« in Form einer kleinen goldenen Eule, dem Wappentier der Stadt Vizzini in Sizilien, wo Verga geboren sein soll. Mein Familienbuch (1946) verkaufte sich ebenfalls gut, wie auch meine »Soziologie heute« (1949), die ich zuerst 1948 auf Einladung in Köln vorgetragen hatte; bald folgten Übersetzungen in verschiedene Sprachen (niederländisch, italienisch, spanisch, japanisch). Damit war für mich der Krieg vorbei und die beengte Situation des Emigranten beendet. Ich konnte aufatmen. Aber ich hatte eigentlich trotz aller Schwierigkeiten niemals an meinen beruflichen Chancen gezweifelt. Nebenbei übersetzte ich Hethketh Pearson über Oscar Wilde, die Memoiren des Grafen Ciano, zahlreiche Kriminalromane und arbeitete schließlich am Schweizer Lexikon mit, für das ich von 1945–48 das ganze Gebiet der Soziologie in insgesamt 365 Artikeln behandelte. So ging es trotz mancher

Schwierigkeiten langsam aufwärts. Aber die zahllosen moralischen Belastungen wurden reichlich ausgeglichen durch intime freundschaftliche Beziehungen mit ehemaligen Studenten, Schweizern, Flüchtlingen und Emigranten, wie ich selber einer war. Dazu gehörten insbesondere Peter Atteslander, Rolf R. Bigler (†), François Bondy, Lucien Goldmann (†), Willy Guggenheim, Robert Jungk, Jiri Nehnevajsa, Werner Rings, Henry Tanner, Wouter van Wijk und Ernest Zahn.

Die wichtigste Lektion, die ich in Zürich erhielt, betraf aber das allmähliche Vertrautwerden mit einer Gesellschaft, die durch und durch anders war als die meisten, die ich bisher kennengelernt hatte. Darüber nachzudenken, wurde mir nicht nur durch meine Arbeit an einer schweizerischen Universität nahegelegt, sondern auch durch den Umstand, daß die Eidgenossenschaft mitten im Kriege, im Jahre 1941, ihre 650-Jahrfeier abhielt, was zu zahlreichen öffentlichen Erörterungen Anlaß bot (die wegen des naheliegenden Vergleichs mit den totalitären Staaten nicht immer frei von ideologischen Einschüssen waren). Zudem zählte ich in der Fakultät, der ich angehörte, mindestens zwei bedeutende Historiker zu meinen Kollegen, den feinnervigen und höchst differenziert denkenden Ernst Gagliardi, ursprünglich aus dem Tessin stammend, und den mehr in einfachen Linien im Sinne der offiziellen Ideologie sprechenden Karl Meyer, von dem 1941 eine Schrift über den Ursprung der Eidgenossenschaft erschien, die mich sehr anregte. Noch mehr beeindruckte mich jedoch die Rede des Gemeindepräsidenten von San Bernardino, unterhalb des gleichnamigen Passes, wo ich auf einer Bergtour durch Graubünden in den Tessin am Abend des 1. August 1941 übernachtete. Er hielt die kürzeste Rede zum Nationalfeiertag, die ich je gehört habe, vielleicht auch die beste, so daß ich mich ihrer noch nach 38 Jahren erinnere. Sie lautete ungefähr (in deutlicher Anspielung auf die Kriegsereignisse und die politischen Nachbarschaften im Norden und Süden, Osten und Westen): »Auch wir Schweizer haben unseren Duce, nämlich unser Gewissen. Obwohl die Eidgenossenschaft heute 650 Jahre alt ist, kann keiner von uns behaupten, daß unser Gewissen immer ein gutes gewesen sei. Viel bleibt uns dazu noch zu tun, und wir müssen uns noch kräftig bemühen. Aber wir vertrauen auf die Zukunft. Eviva la Svizzera!« Ich stimmte begeistert ein.

Der Schweizer hat zuzeiten eine fast bestürzende Fähigkeit zum bekennenden Realismus, der wohl das beste nationale Erbe ist, wenn man einen so komplexen Wert in ein Wort pressen will. Auf diese Rede gab es in der Tat nur Zustimmung und besinnliche Einkehr, wozu in diesem Moment des Krieges wahrlich Grund genug vorhanden war. Denn unterdessen hatte sich die Schweiz in einen Leuchtturm verwandelt, der in völliger Isolierung ringsum von tobenden Stürmen und gefährlichen Mächten umgeben war, nachdem die Deutschen an drei Grenzen standen und die Italiener an der vierten. Es war dies auch der Moment, an dem der kluge General Guisan, der Oberbefehlshaber der schweizerischen Armee, den Widerstandswillen des Volkes systematisch zu wecken begann; denn allzu viele – insbesondere konservative Gruppen – waren der Meinung gewesen, daß nach dem Waffenstillstand mit Frankreich der Krieg eigentlich zu Ende sei, so daß man in Ruhe demobilisieren könne. Genau in diesem Augenblick wurde die Idee des »Réduit« geboren, d. h. der Gotthardfestung als letzter Rückzugsstellung im Falle eines »Angriffs durch Überfall« (d. h. ohne vorausgegangene Kriegserklärung). Der General hat damals nicht nur selber großen Mut bewiesen, sondern auch einen enormen moralischen Anspruch an alle Schweizer gestellt, als er sie darauf hinwies, daß im Kriegsfall das gesamte Mittelland preisgegeben werden müsse und daß in diesem Moment niemand fremden Befehlen gehorchen dürfe, selbst wenn sie von Schweizer Kollaborateuren ausgegeben würden. Die Armee werde sich geschlossen ins Réduit zurückziehen, in dem auch Flugplätze vorgesehen waren, so daß eine Versorgung aus der Luft gesichert sein würde. Dieses große Werk wurde dann in der Tat trotz ungeheurer technischer Schwierigkeiten in kürzester Zeit realisiert – und zwar unter Wahrung einer völligen Freizügigkeit im Inneren des Landes. Letzteres war vielleicht die größte demokratische Leistung der Schweiz im Kriege. Im übrigen hörte ich noch vor Kriegsbeginn in Luzern bei einer Tagung über geistige Landesverteidigung das Schlüsselwort für diese Politik, die ebenfalls auf das Konto des Schweizer Realismus geht: »Liberalität schließt Wachsamkeit nicht aus.« Man hat sich wirklich bedingungslos und ohne jede Verwässerung an diese Devise gehalten. Eine mehr humoristische Wendung, aus der jedoch der gleiche Realismus sprach, hörte ich auf dem schon erwähnten Kongreß: »Wenn sie nicht kommen, verteidigen wir uns bis zum letzten Blutstropfen, und wenn sie kommen, ziehen wir uns geordnet zurück.« Man darf das jedoch nicht als Ausdruck von Defaitismus verstehen, was damals auch niemand tat, sondern vielmehr als Ausdruck eines grimmigen Selbstbehauptungswillens, der seine an sich aussichtslose Situation begreift, aber dennoch nicht aufgibt.

Mit der kriegsbedingten Neubelebung des Symbols vom Gotthardmassiv wurde für mich die Frage nach den Determinanten einer Gesellschafts- und Staatsentstehung in den Zentralalpen höchst akut, die ich auch mehrfach in meinen Vorlesungen behandelte; denn dahinter standen höchst bedeutsame soziologische Probleme, wie ich sehr bald spüren sollte.

Gewiß gibt es mancherlei »Berggesellschaften«, in den Pyrenäen, in den Alpen, ja sogar im Himalaja. Und trotzdem hat auf die Dauer einzig die Schweiz ein eigenes und dauerhaftes Staatswesen ausbilden können, obwohl sie in manchen Zügen an Tirol erinnert, das den Brennerpaß kontrollierte, wie die innerschweizerischen Kantone den Gotthardpaß, der übrigens erst relativ spät eröffnet wurde (im 13. Jahrhundert), nachdem er vorher und in der Antike nur wenig benutzt worden war. Man hat die Schweiz als »Wächter der Pässe« betrachtet. Aber das ist wohl eine zu billige Erklärung wie auch die Vorstellung von der Schweiz als einem Wasserschloß (André Siegfried), das die vier Ströme kontrolliert, die am Gotthard entspringen, den Rhein, die Rhône, die Reuß und den Ticino. Denn das alles setzt ja die Existenz einer geordneten Gesellschaft schon voraus. Der geographische Determinismus bleibt hier durchaus hilflos vor den wirklichen Problemen. Wohl aber führen die Soziologie sowie die historische Sozialgeographie hier weiter, indem sie zeigen, daß sich hohe und steile Gebirge keineswegs nur als Grenze zwischen verschiedenen Kulturen auswirken, sondern gleichsam zum Anlaß von autonomen Gruppenbildungen werden können. Gerade angesichts dieser Theorie stellt die Schweiz in der Tat eine einzigartige Erscheinung dar. Sie ist ein echtes »Grenzgebiet« zwischen den vier europäischen Großmächten Österreich, Italien, Frankreich und Deutschland und umfaßt dazu Elemente aus vier Sprachbereichen (deutsch, französisch, italienisch und rätoromanisch). Adolf Günther hat darum den Ausdruck vom Paßstaat durch den des Grenzvolkes ersetzt, das aus der Eigendynamik des Grenzraumes lebt und dessen Entfaltung auch durch Mehrsprachigkeit nicht gestört wird; denn der Zusammenschluß dieser Gruppen zu einer größeren Einheit erfolgte freiwillig, selbst wenn dabei gelegentlich Kriege eine Rolle spielten. Das Entscheidende aber war, daß es – im Gegensatz zu einer noch immer stark verbreiteten Auffassung – in der Schweiz keinerlei nennenswerte irredentistische Bewegungen gegeben hat. Im Gegenteil: als man der Schweiz nach 1918 nahelegte, Teile von Vorarlberg zu annektieren, die kulturell, sprachlich und wirtschaftlich dem Kanton St. Gallen nahestanden, wurde das Ansinnen von vorneherein abgewiesen. Es besteht eben in der Schweiz trotz vieler Kriegszüge ein deutliches Gefühl der Selbstgenügsamkeit, auch wenn es gelegentlich »Untertanenländer« gab, man denke etwa an die Herrschaft des Kantons Uri über den Tessin, woran heute noch eine Zwingburg in Bellinzona erinnert. Es gab auch andere »Untertanenländer«. Aber das blieb eben nie ein Dauerzustand. Umgekehrt haben die verschiedenen umgebenden Großstaaten jeder für sich gelegentlich die Versuchung empfunden, irredentistische Bewegungen in der Schweiz auszulösen und waren dann zumeist sehr enttäuscht, wenn diese von den Betroffenen selber abschlägig beschieden wurden.

Das Zusammengehörigkeitsgefühl der verschiedenen Kulturgruppen in der Schweiz wird wesentlich dadurch unterstützt, daß es zu einer Zeit entstanden ist, als die nationalistischen Konflikte Europas noch nicht aufgebrochen waren, auch die Konfessionskämpfe noch nicht. Das ist ein historischer Vorsprung und zugleich ein sozialer, insofern das genossenschaftliche Gemeindewesen praktisch ungestört bis in die Neuzeit hinein fortleben und dank der besonderen politischen Struktur der Eidgenossenschaft auch nicht durch das Landesfürstentum zerstört werden konnte. Das heißt natürlich nicht, daß in der Schweiz nur Harmonie und Sonnenschein herrschen; es gibt sehr reale Spannungen in diesem Gemeinschaftszusammenhang, wie etwa im Ersten Weltkrieg offenbar wurde, als die Ostschweizer ihre Sympathien dem Deutschen Reich und die Welschen Frankreich zuwandten. Im Zweiten Weltkrieg war es teilweise umgekehrt, da gewisse ultrareaktionäre Strömungen im kulturellen Leben der Welschschweiz sich am nationalsozialistischen Deutschland orientierten, nicht aber die deutschsprachigen Schweizer – mit nur wenigen Ausnahmen (vor allem Elemente einer gewissen begrenzten Oberschicht). Man denke etwa an jene Kreise, die 1940, nach dem Waffenstillstand in Frankreich, die Adresse der sogenannten »Zweihundert« an den Bundesrat sandten, er möge dafür sorgen, daß die stark antideutsche Strömung in der deutschsprachigen Schweizer Presse gezähmt werde. Der Bundesrat besaß den Mut, die Namen der Betreffenden allmählich und nacheinander zu veröffentlichen, wobei das Volk eifrig nachzählte, ob auch alle zweihundert angeführt worden waren. Es war die Zeit, wo man von der »Neuen Zürcher Zeitung« sagte, daß ihr Morgenblatt proalliiert, ihr Mittagsblatt dagegen – das sowieso nur wenige lasen – prodeutsch orientiert sei. Im übrigen hieß es: wir sind neutral, es fragt sich nur, gegen wen. Gelegentlich stießen auch diskriminatorische Strömungen hart aufeinander. So erlebte ich eines Tages im Kino, wie während der Wochenschau ein Deutschschweizer auf züritütsch eine abfällige Bemerkung über die Franzosen machte, die sofort von einem vor ihm sitzenden Welschen mit dem Wort *»tais-toi, sale boche«* quittiert wurde. Entscheidend ist aber hierbei, daß ein solches Verhalten in der Schweiz von niemandem gebilligt wird, auch nicht von den Akteuren, die solche Bemerkungen machen oder ausgelöst haben.

Es ist übrigens interessant zu bemerken, daß sich die Sprachgrenze kaum verschoben hat; es gibt keine Versuche zur Majorisierung. Die Prägungskraft der verschiedenen Kulturen ist etwa im Falle der deutschsprachigen zur französischsprachigen Schweiz genau umgekehrt zu ihrer numerischen Bedeutung. Ein Ostschweizer, der ins Welschland geht, ist sehr schnell »verwelscht«; Welsche dagegen leben jahrzehntelang in der Ostschweiz, ohne ihren Sprachakzent aufzugeben. Schließlich erlebte ich selber, wie 1938 die raetoromanische Sprache als vierte Landessprache anerkannt wurde (obwohl sie damals nur noch von ca. 40000 Menschen gesprochen wurde); an der Universität Zürich, wo die Romanistik besonders intensiv betrieben wurde, las Reto R. Bezzola aus Sils Bazeglia regelmäßig eine Vorlesung für zukünftige Lehrer auf romanisch, nebenbei las er auch auf italienisch, französisch und deutsch. Durch diesen Staatsakt und durch den akademischen Einsatz ist die romanische Sprache zweifellos gerettet worden, die vorher deutliche Züge des Absterbens aufgewiesen hatte. Der Tessin hat seit jeher unter dem Bewußtsein gelitten, über keine eigene Universität zu verfügen, weshalb er sich stark nach Mailand ausrichten mußte. Das beginnt sich erst in der jüngsten Gegenwart zu ändern. Außerdem gab es auch schon vor dem Kriege eine starke deutsch-schweizerische Einwanderung in den Tessin, und zwar nicht nur von Leuten mit Zweitwohnsitzen und von Pensionären, sondern auch von Gewerbetreibenden aller Art, die teilweise besser reüssierten als die kapitalschwachen Tessiner. Das führte unmittelbar vor dem Kriege zu starken Spannungen, wobei das Wort von der »colonizzazione interna« aufkam, das genauso ernst war wie der Schimpfname für die Ostschweizer im Tessiner Dialekt, die »Zücchitt«, d. h. Gurken, genannt wurden, worauf die Ostschweizer sich mit dem weniger harten Ausdruck der »Tschinkeli« revanchierten. Diese Spannungen wurden aber weitgehend ausgeglichen durch starke Einwanderung von Tessinern nach Zürich und St. Gallen, die dort gewissermaßen die Vorhut der späteren italienischen Gastarbeiter bildeten. Tessiner und Italiener wohnten damals schon vorzugsweise im Kreis 4 (Außersihl) der Stadt Zürich, der seit langem einen entsprechend mediterranen Charakter aufweist.

Von nicht geringerer Bedeutung als das Element der Vielsprachigkeit, das auf einer Ebene jenseits des Nationalismus liegt, ist die Religionsfrage. Erst diese besiegelt gewissermaßen die ungewöhnliche kulturelle Vielfalt der Schweiz, die ihre Kraft aus dem Umstand bezieht, daß hier im Gegensatz zum Luthertum, das die Konfession der Willkür des Landesfürsten unterwarf und damit die Religion entpolitisierte, die Religion in der Zeit der Glaubenskämpfe zu einer Angelegenheit der Räte in den alten Orten wurde, also im Grunde im gleichen gemeindlich- und marktgenossenschaftlichen Sinne behandelt wurde wie das soziale Leben insgesamt. Das sicherte trotz aller Glaubenskämpfe eine starke Kontinuität der Einstellung. Die reformatorischen Kirchen wurden Staatskirchen (unter dem Einfluß von Zwingli, Ökolampad, Bullinger und Calvin). Die damit begründete Gefahr der Intoleranz, die etwa in Genf zeitweise sehr ausgeprägt war, wurde aber später durch die Freikirchen im Sinne einer demokratischeren Sicherung der Freiheit des Bekenntnisses korrigiert. Es kann mir hier nicht darauf ankommen, die schweizerische Kirchengeschichte auch nur andeutungsweise nachzuzeichnen (ich werde später nur auf einen mich persönlich angehenden Fall eingehen). Vielmehr kommt es dem Soziologen vor allem auf die sozialstrukturelle Bewandtnis der Ergebnisse dieser Entwicklung an. Und diese ist leicht zu umschreiben.

Vergleicht man heute die Bevölkerung der verschiedenen Kantone nach ihrer konfessionellen Zusammensetzung, so springt einem sofort der noch immer ungewöhnlich hohe Integrationsgrad der katholischen Kantone ins Auge. Das gilt natürlich besonders für die beiden Halbkantone Appenzell Außerrhoden (mehrheitlich protestantisch) und Appenzell Innerrhoden (fast rein katholisch). Das gleiche wird aber auch in anderen Fällen sichtbar, wie etwa in der Innerschweiz bei den Kantonen Schwyz, Uri und Unterwalden, die extrem katholisch sind mit Sätzen von über 90 % Katholiken. Dem variableren Charakter der protestantischen, vor allem der protestantisch-städtisch-gewerblich-industriellen Kantone entspricht dagegen eine auch konfessionell stark gemischte Bevölkerung, die übrigens in letzter Zeit auch beträchtlich Zuwachs von arbeitsuchenden Einwanderern aus katholischen und wenig industrialisierten Gebieten zu verzeichnen hatten, wie etwa Stadt und Kanton Genf aus dem Oberwallis, das selbst einen höchst komplex strukturierten Kanton mit zwei Sprachen (deutsch und französisch), einer komplexen und variierten Wirtschaft und einer katholischen Mehrheit darstellt, die teilweise bis vor kurzem sehr arm war. Ähnliche Wanderungen finden wir auch in Zürich, wohin früher klassischerweise die Berner auswanderten und neuerdings auch Katholiken aus der Innerschweiz, aus St. Gallen-Land und aus dem Ausland (Italien). Das Ergebnis ist hier eine immer weitergehende kulturelle und ethnische Varietät, welche eine adäquate Darstellung der schweizerischen Sozialstruktur, wie es die Soziologie versteht, zu einem ungewöhnlich schwierigen Geschäft macht, insbesondere aber eine starke lokale Verschiedenheit bei sehr heterogenen Bevölkerungen aufweist. Übrigens hat schon Emile Durkheim diesen Umstand in seiner Untersuchung über den Selbstmord als Ansatz für eine hochinteressante vergleichende Analyse der Selbstmordursachen benutzt.

Daß sich nun dieses ungeheuer komplexe System von Systemen als Grenzlandgebilde mit autonomer Dynamik ausgerechnet um das Gotthardmassiv herum entwickelte, hat in der Tat wenig mit dem Bergsystem als solchem zu tun, sondern ist aus zahlreichen Wurzeln entstanden, denen im folgenden noch mehr beigefügt werden müssen. Äußerlich gesehen, ging die Vergruppung buchstäblich von der Mitte aus, d. h. von dem Bund der drei Waldstätte Schwyz, Uri, Unterwalden (1291), dem sich aber bald andere »Orte« anschlossen wie Luzern (1332), Zürich (1351), Glarus und Zug (beide 1352) und schließlich Bern (1353). Das war die Eidgenossenschaft der VIII Orte. Später erwuchs daraus die Eidgenossenschaft der XIII Orte. Gewiß war der Gotthard dabei wichtig, wichtiger aber war die Idee des »Bundes«, der als »Ewiger Bund« beschlossen wurde. Bünde ähnlicher Art als Landfriedensbünde hat es insbesondere in der Zeit des Interregnums viele gegeben, aber alle waren sie zeitlich befristet oder beruhten auf besonderer gegenseitiger Hilfe gegen Gewalt von außen. Davon sind die eidgenössischen Bünde durchaus verschieden. Eine geringere Bedeutung hatte gewiß auch die Frage nach der Erhebung in einen kaiserlichen Stand, um die lästigen Landesfürsten loszuwerden. Nur wäre das niemals möglich gewesen, wenn eben die autonome Gemeindeordnung hier nicht noch voll lebendig und historisch kreativ gewesen wäre. So kommt meines Erachtens auch der formellen Loslösung vom Kaiserreich im Westfälischen Frieden von 1648 nicht die große Bedeutung zu, die man ihr früher, besonders bei deutschen Historikern, zuschrieb. Die neue soziale Wirklichkeit war damals schon längst über eine obsolete politische Struktur hinausgewachsen. Das politische Faktum, daß hier unter ganz besonderen Bedingungen ein staatlich locker organisiertes Gesellschaftsgebilde entstanden ist, scheint mir auch um vieles bedeutsamer zu sein als die Frage nach der Rolle des Gotthards. Letztere wurde erst in einem zweiten Gang akut, insofern sich dieses Gebilde an den Gotthard anlehnte und von den drei bis vier Orten in seiner nächsten Nähe angebahnt wurde; andererseits schlossen sich aber auch sehr bald andere Orte an wie Zürich, Zug und Bern, die mit dem Gotthard nur sehr indirekt zu tun hatten und eher zum schweizerischen Mittelland gehören. Trotzdem besteht aber eine Beziehung zwischen dieser Staatsgründung und dem Gebirgsmassiv der Alpen; man muß nur versuchen, es nicht bei Allgemeinheiten bewenden zu lassen, sondern den Prozeß spezifischer und damit soziologischer zu sehen.

Goethe spricht einmal von der »Umschriebenheit« der helvetischen Existenz; ähnlich äußerte sich Machiavelli, als er auf der Reise zu Kaiser Maximilian die Schweiz durchquerte. Zu dieser Vorstellung hat zweifellos die im Gebirge so auffällige Kleinkammerung der Innerschweiz in zahllose einzelne Talschaften beigetragen, die sich nicht nur ihre eigene Gemeindeordnung, sondern auch ihre eigene Gerichtsbarkeit zu erhalten gewußt hatten. Erst als sich die Fürsten in die Gemeindeangelegenheiten einmischten und das Recht der Gerichtsbarkeit beanspruchten, begann die Unruhe. Dafür ist aber keineswegs nur die Entlegenheit der Bergtäler verantwortlich zu machen, sonst wäre ja der Ursprung der sehr ähnlichen niederländischen Konföderation nicht zu erklären, die alles andere als unzugänglich war. Beiden Konföderationen ist indessen gemeinsam, daß die Macht des Kaisers nicht wirksam bis in ihr Gebiet reichte; nur die Macht der Fürsten war lästig geworden. Um sich von der nahen Plage zu befreien, wandte man sich also an den ferneren Kaiser, was aber soziologisch resp. realistisch gesehen keine reale Abhängigkeit involvierte und politisch relativ folgenlos blieb. Soziologisch entscheidend war vielmehr das tatsächliche Vorhandensein und Funktionieren der genossenschaftlichen Gemeindeordnung und der Markgenossenschaften. Daß sich diese in einem kleingekammerten Gebirgsland befanden, war sicher von Bedeutung, hatte aber nur den Charakter einer Begleitursache oder eines Verstärkers von Verhältnissen, die sehr wohl ohne das bestehen konnten.

Das Verhältnis der Mitglieder in einem solchen bündischen Gemeinschaftszusammenhang ist im Prinzip das der Gleichheit: Gleichheit schließt aber Verschiedenheiten nicht aus. Diese sind entweder befristet, dann spricht man von einem (geschäftsführenden) »Vorort«, eine Funktion, die in der alten Eidgenossenschaft zwischen Zürich, Bern und Luzern abwechselte. Oder aber die Verschiedenheiten sind dauerhafter Natur, dann gibt es Genossen minderen Rechts. Im Falle der Eidgenossenschaft traf dies etwa auf Glarus zu, insofern sich die anderen vorbehielten, Glarus Hilfe zu versagen, wenn es ihnen bei ihrem Eid so schien, daß es sich um eine ungerechte Sache handele. Im übrigen schien das, wie etwa der Verfassungsrechtler Andreas Heusler meinte, auch eine Art erzieherischer Maßnahme zu sein, damit sich Glarus nicht im Vertrauen auf seine Bundesgenossen in unbedachte Kämpfe stürzte. Daneben gab es noch andere Ungleichheiten, so die Unterscheidung zwischen den »eigentlichen« Orten und den »zugewandten« (was sich als Realität schon im 14. Jahrhundert beobachten läßt, aber als Wort erst im 15. Jahrhundert auftaucht). Neben den Zugewandten (St. Gallen-Stadt, Graubünden, was selber ein Bund war, Wallis, Neuenburg und Genf) gab es ferner als unterste Stufe noch die »Untertanenländer« (St. Gallen-Land, Thurgau, Aargau, Tessin). Aber selbst diese waren nicht etwa rechtlos, wenn sie gelegentlich auch reichlich drangsaliert wurden, wie etwa Bellinzona von den

Urnern; außerdem setzte sich das Prinzip der Gegenseitigkeit auf die Dauer durch. So spricht man soziologisch hier besser nicht von einem eindeutigen Unterwerfungsverhältnis, sondern von »Staffelung«, die ein Relief von Machtspannungen und gewissen Ungleichheiten entstehen läßt, ohne deswegen die Gegenseitigkeit als Grundvoraussetzung aufzuheben. Verhältnisse dieser Art lassen sich schon in den alten griechischen Amphiktyonien und den mittelalterlichen Städtebünden aufweisen wie auch in den Ligen bestimmter nordamerikanischer Indianer, insbesondere der Irokesen. Das hier bestehende Machtverhältnis ist ein durchwegs anderes als etwa im gleichzeitigen Feudalismus, obwohl es parallele Institutionen gibt, wie das Klientelwesen im Feudalismus und in den alten Bünden (populär als »Vetterliwirtschaft« bezeichnet).

Für die Schweiz insbesondere charakteristisch ist jene durchgehende und fundamentale Ungleichheit, die zwischen Stadt und Land besteht. Die letzten Ergebnisse dieser Ungleichheit werden erst in unserer Gegenwart angegangen, nämlich die Probleme der verarmten Bergbauern. Trotzdem gilt aber für die Schweiz weiterhin, daß zahllose Verhaltensweisen nach Stadt und Land verschieden sind, vor allem, wenn sich dieser Unterschied noch mit dem zwischen Konfessionen und Wirtschaftsformen kombiniert. Dann finden wir als Extrem die Kombination ländlich-bäuerlich-katholisch-handwerklich-gewerblich. Aber Protestanten auf dem Lande haben eine von der Stadt ebenfalls verschiedene Verhaltensweise, selbst wenn diese eventuell sogar industriell gefärbt ist – ein in der Schweiz häufiger Fall, wo die Industrie mit der hohen Entwicklung des Verkehrswesens und der Standortunabhängigkeit moderner technisch hochentwickelter Industrien bei nahezu vollständiger Elektrifizierung seit langem aufs Land gezogen ist. Das andere Extrem sind die hochentwickelten Großstädte in der Schweiz, insbesondere heute natürlich Zürich. Aber frühere Landkantone, wie etwa der Halbkanton Basel-Land, haben sich unter dem Eindruck neuer Industrien (Chemie, Pharmaindustrie) völlig verwandelt und heute, im Zeitalter der multinationalen Gesellschaften, zu echtem Weltformat entwickelt. So ist es auch verständlich, wenn nach der Begründung des neuen Kantons Jura (mit zwei Ständeräten im Berner Bundesrat) auch die Halbkantone Basel-Stadt und Basel-Land nunmehr jeder für sich ebenfalls zwei Ständeräte verlangen, was wohl auch zweifellos ihrer wahren Bedeutung entspricht.

Je mehr man sich der Gegenwart nähert, als desto komplexer erweist sich das schweizerische Sozialsystem, was zur Kenntnis zu nehmen den europäischen Flachland- und Großstaaten nur guttun würde, die allzu leicht geneigt sind, die Kleinheit eines Systems als Grund für die Unterschätzung seiner Differenziertheit anzusehen. Größe und Kleinheit hat nichts mit der Komplikation des Sozialsystems zu tun. Es gibt Groß-Gesellschaften von äußerster Einfachheit, ja Simplizität. Das beste Beispiel ist etwa Indien, wo es zwar enorme Großstädte gibt, daneben aber ungefähr 300 000 Dörfer von einfachster Struktur. Demgegenüber steht die hochkomplexe Struktur eines Landes wie der Schweiz, bei der sich landschaftliche, kulturelle (konfessionelle, sprachliche), wirtschaftliche und historische Verflechtungen mit einer trotz allem Regionalismus weltweiten Ausrichtung der Perspektiven verbinden – und das nicht nur seit heute, sondern schon sehr früh (Reisläuferei, Beziehungen rheinabwärts zum Elsaß, zu den Niederlanden und den flandrischen Städten wie in südlicher Richtung zu den italienischen Stadtstaaten, aber auch Beziehungen der Schweizer Reformer zu den englischen und amerikanischen Zentren der Reformation wie etwa Boston). Dazu kommt noch die bekannte Devise schweizerischer Wirtschaftspolitik, manche Produkte nicht im Inland, sondern im Ausland zu produzieren und den Kapitalgewinn zu importieren. Angesichts dieser Situation fragt man sich vergeblich, wer wohl die Mär vom schweizerischen Hirtenknaben erfunden hat, die nicht nur von allem bisherigen, sondern zusätzlich noch durch die Existenz der sogenannten »Fünften Schweiz«, den über die ganze Welt verstreuten und mehrheitlich in höchsten Stellungen befindlichen Auslandsschweizern widerlegt wird. Ähnlich wie Holland und Schweden gehört die Schweiz zweifellos heute zu den differenziertesten und auch industrialisiertesten Ländern der Welt mit entsprechenden Ausbildungssystemen, die wohl völlig unvergleichlich sind. Wenn man sich etwa in der Bundesrepublik über zwei Millionen Gastarbeiter bei sechzig Millionen Einwohnern ereifert, so bedenke man, daß die Schweiz zeitweise die genau gleiche Zahl an Fremdarbeitern bei nur einem Zehntel der Gesamtbevölkerung hatte, was natürlich sehr kräftig zu weiteren Komplikationen der an und für sich schon hochkomplexen Sozialstruktur beigetragen und gewisse kritische Situationen geschaffen hat. Im übrigen hatte die Schweiz im Laufe ihrer Geschichte mehrfach ganze Wellen von

Fremdarbeitern, Glaubensflüchtlingen aller Art und, nach den Sozialistenverfolgungen in Bismarcks Deutschland, auch von den politischen Flüchtlingen aufgenommen, die sich jeweils vollkommen assimilieren konnten. Das extremste Beispiel dieser Art ist wohl der Italiener Carlo Cattaneo, der als Emigrant in den Tessin kam und dort in bedeutende politische Ämter gelangte, bis man entdeckte, daß er nicht einmal die Schweizer Staatsbürgerschaft besaß, woraufhin man ihn schleunigst einbürgerte.

Wenn ich soviel Raum verwendet habe, um die ältesten Zeiten der Eidgenossenschaft in ihrer soziologischen Eigenart zu beleuchten, so soll das beileibe nicht heißen, daß seitdem keine neuen Elemente hinzugekommen wären. Wohl aber meine ich, daß man sich diese Hintergründe vergegenwärtigen muß, wenn man die heutige Schweiz verstehen will. Wenn man von England hat sagen können »in England everything is the other way round«, so kann man das gleiche von der Schweiz im Verhältnis zu ihren vier Nachbarn behaupten. Die Sprachgleichheit oder Sprachähnlichkeit läßt nicht den geringsten Rückschluß auf analoge Strukturen zu, und das gilt sowohl sozial als auch kulturell und politisch. Vielmehr sind in die heutigen Aspekte der schweizerischen Sozialstruktur neben den starken Anreizen aus der allgemeinen Wirtschaftsentwicklung der Welt zum Hochindustrialismus durch unendlich viele und feinste Kanäle Impulse aus jener fernen Vergangenheit eingegangen. So hat man mit Recht sagen können, daß etwa der Kapitalismus schweizerischer Prägung von dem in anderen Ländern, speziell in Deutschland üblichen zutiefst verschieden ist. Die schwerste Prüfung, die die Schweiz erfolgreich bestand, war aber wohl der Dreißigjährige Krieg, den sie – trotz starker Spannungen – ohne Krisen überstand. Das Überleben der alten Ordnungen hatte sich hier sogar gegen jene Glaubensstreitigkeiten durchgesetzt, von denen der Rest Europas in die bekannten Wirren gestürzt wurde. Die zweite große Krise war der Generalstreik von 1918, der ein echtes Trauma geschaffen hat, von dem man sich fragt, ob es auf Grund der gleichen überlieferten Ideen oder neu daraus zu entwickelnder Ansätze definitiv überwindbar sein wird.

Die besondere Verfassung dieser schweizerischen Sozialstruktur haben insbesondere deutsche Beobachter (oder gelegentlich sogar von Deutschland her beeinflußte Schweizer) als »Volkskultur« im Gegensatz zur bürgerlichen Gesellschaft zu charakterisieren versucht. Auch der Ausdruck von der »alpenländischen Gesellschaft« (A. Günther) hat hier seinen Ursprung. Der Hauptgrund für diese Entscheidung liegt natürlich in der überragenden Rolle der Mundart im deutschsprachigen Teil der Schweiz. Das hat Richard Weiß, den Volkskundler an der Universität Zürich, dazu geführt, einen eigenen Volksbegriff zu entwickeln, der zur letzten Abrundung des oben Gesagten dienen mag. Sein Volksbegriff ist im strengen Sinne »tiefenschichtlich«, insofern darin zur Tradition geprägt wird, was sich in der Oberschicht des Bewußtseins als rational oder intellektuell sowie als im wesentlichen auf »Fortschritt« eingestellte Aktivität des Alltags darstellt. Damit bahnt sich ein Volksbegriff an, der sehr verschieden ist von dem deutschen; auch ein Volksbegriff, der es sich leisten kann, mit gutem Gewissen progressiv und modern zu sein, ohne sich darum an die Modernität zu verlieren. Jeder einzelne ist im gleichen Sinne und Maße »Volk«, wie er Angehöriger einer sehr dynamischen und progressiven Wirtschaft ist. So erhält aber auch das Volk seine eigene Dynamik, und das erklärt das unangefochtene Überleben der Mundart bis in die Gegenwart. Mit anderen Worten: auch die Volkskultur stellt keinen ein für allemal feststehenden Fundus bestimmter Kulturgüter dar, sondern wandelt sich immerfort, da ja auch immer neue Güter, Vorstellungen, Techniken, Verfahrensweisen, Einstellungen und Glaubensbestandteile aus der Oberschicht des Individualbewußtseins in die Tiefenschicht des traditionellen Volkslebens hindurchgefiltert werden. Diese Volkskultur wandelt sich in der Tat, wenn auch in langsameren Rhythmen als denen einer der Modernität und der Entwicklung sich hingebenden Wirtschaftsgesellschaft. Schneidet man aber diesen Lebenskanal des volkstümlichen Lebens von der Welt des rationalen Fortschritts ab, so verkümmert die Volkskultur zu einer Art musealer Existenz, in der nur antiquarische Überbleibsel aus älteren Zeiten ein ziemlich zusammenhangloses Leben führen. Der schweizerische Volksbegriff kam natürlich auch zustande unter dem Eindruck der vom nationalsozialistischen Deutschland ausstrahlenden Theorie der »Volksseele«, die vermeintlich die »Quell- und Brunnenstube aller Kultur« sein sollte. Von einer solchen Auffassung ist die schweizerische Konzeption des Volkes zutiefst verschieden: sie ist im Grunde bipolar, insofern jede Innovation sich in Tradition zu verwandeln vermag, aber auch jede Innovation sich vor der bestehenden Tradition zu verantworten hat.

Das wichtigste Moment, das sich in dieser Entwicklung herausgeschält hat, und das gleichzeitig von wachsender Bedeutung für alle anderen modernen Gesellschaften geworden ist, liegt im Problem der Minoritäten. Mein Kollege Theophil Spoerri hat das Problem einmal in einer knappen Formel zusammengefaßt: »Hier ist im Grunde ein jeder seine eigene Minorität, so daß Minoritätenschutz mit dem Persönlichkeitsschutz zusammenfließt.« Das ist natürlich bewußt überzogen. Wenn man aber bedenkt, daß der Charakter der Minorität im wesentlichen in der Existenz einer von den anderen – von der Majorität – abweichenden »Individualität« (personell oder kollektiv) liegt, dann mag man den Satz wohl akzeptieren. Angesichts der angedeuteten ungewöhnlich komplizierten Sozialstruktur der Schweiz wird man wohl leicht begreifen, daß Minoritätenschutz eine Lebensfrage für diese Gesellschaft ist. Ich habe schon gesagt, daß alle von außen geschürten Versuchungen zum Irredentismus an ihr abliefen wie das Wasser an der Ente. Ursache war dafür zweifellos die zentripetale Integrität der eidgenössischen Idee, die sich trotz aller empfundenen Spannungen immer wieder durchsetzte. Unter selbstverständlichster Anerkennung des »Right to be different«, wie man heute sagen würde, kam es mit den Jahrhunderten zu einer ausgeklügelten Strategie der Spannungsbewältigung, die sich im Alltag und in der großen Politik bewährt. Ein letztes Beispiel ist die Entwicklung der Autonomiebestrebungen des neuen Kantons Jura, die nach jahrzehntelangem Taktieren und Verhandeln, in das sich höchst radikale Aktionen einbauten, 1978 zu einem guten Ende gekommen ist, nachdem die Schlußabstimmung eine gewaltige Majorität für die Rechte der Minorität ergab (4 : 1). Es liegt auf der Hand, daß bei der Verteilung der Sprachen in der Schweiz für die Bürger italienischer Zunge, die etwa zehn Prozent ausmachen, theoretisch nie eine Chance bestanden hätte, einen eigenen Bundesrat unter den sieben (resp. neun) in Bern amtierenden zu stellen. Trotzdem sind Tessiner Bundesräte immer wieder – und zwar zum Teil in hervorragenden Funktionen, die die Eidgenossenschaft im Ganzen angingen – ernannt worden. Das gleiche gilt für die Verteilung der Konfessionen, wobei mir ein Grundsatz vorzuherrschen scheint, den ich als Überrepräsentation der Minoritäten bezeichnen möchte. Das mag gewissen traditioneller- und manchmal recht gedankenloserweise als demokratisch angesehenen Vorstellungen widersprechen, z. B. der paritätischen

Machtverteilung. Aber dies hätte im Grunde den Effekt, daß die Minoritäten dauernd majorisiert, also im undemokratischen Sinne vergewaltigt worden wären. Daher kehrt man das Prinzip der paritätischen Verteilung gewissermaßen um, indem man Minoritäten auf- und allzu augenfällige Majoritäten abwertet. Das Ziel dieser Strategie liegt kurz gesagt darin, Minoritätssituationen, wenn irgend möglich, gar nicht erst aufkommen zu lassen. Das erklärt auch das oft so auffällige Zögern der verantwortlichen Instanzen vor klaren Entscheidungen. Die schweizerische Demokratieauffassung ist somit im Grunde das Gegenteil zu allem »Dezisionismus«; Umsicht und Abwägen der gegebenen Verhältnisse sind dagegen die Regel.

Ich habe aus alldem gelernt, definitiv allen Globalzahlen zu mißtrauen, weil in ihnen unter Umständen alles Entscheidende – nämlich die Differenzierung – verschwindet. Man erinnere sich der Rede zum Nationalfeiertag 1941 des Gemeindepräsidenten von San Bernardino; das Gewissen, von dem da die Rede war, interpretiere ich genau im Sinne des Abwägens »gerechter« Chancen für alle, was nicht unbedingt gleiche Rechte für alle bedeuten muß, sondern *adäquate Rechte*, durch die man jeweils versucht, existierende »Unterprivilegierungen«, wie man heute sagen würde, auszugleichen.

IX. Die internationale Ebene (UNESCO)

Wenn man es unternimmt, eine Soziologie aufzubauen, die nicht nur der Reflex einer besonderen und damit notwendigerweise flüchtigen Situation ist, sondern ihren Gegenstand mit einem relativ allgemeinen Kategoriensystem, mit einer rationalen Methode und bewährten Forschungstechniken anzugehen sucht, so stößt man am Ende unausweichlich auf eine transkulturelle Perspektive, nämlich die einer internationalen Organisation der Soziologen. Völlig unerwartet rief mich im Herbst 1948 mein alter norwegischer Freund Arvid Brodersen, damals Acting Head des Social Science Department bei der UNESCO, aus Paris an. Das letzte Mal hatten wir uns vor dem Kriege in dem erwähnten Verlag »Die Runde« getroffen, in dem er ein gezielt antinationalsozialistisches Buch unter dem Titel »Nationalsozialismus, vom Ausland gesehen« herausgegeben hatte, zu dem unter Pseudonym auch Wolfgang Frommel beigetragen hatte. Er fragte mich, ob ich bereit sei, an einer vorbereitenden Kommission für die Begründung einer internationalen Soziologen-Gesellschaft unter den Auspizien der UNESCO teilzunehmen, die später den Namen »International Sociological Association« erhielt. Ich nahm mit Freude an, und das um so lieber, als ich schon seit Beginn meiner Emigration mitgearbeitet hatte am »Institut international de coopération intellectuelle« in Paris und auch mit Julian Huxley seit meiner Londoner Zeit in Verbindung stand, dem späteren ersten Generaldirektor der UNESCO. Schon diese erste Arbeit für eine internationale Organisation (ab 1937) hatte unter anderem bibliographischen Charakter, einen Ansatz, den ich später auch bei der UNESCO einbrachte und der dort unter dem Titel »Gegenwartstendenzen der Forschung und zugehörige Bibliographien« die Publikation zahlreicher periodischer Sammlungen veranlaßte, wie etwa »Current Sociology«, »Current Anthropology« u. a. Diese Publikationen stellen für die Soziologen, Anthropologen, Politikwissenschaftler heute weltweit geschätzte Arbeitsmittel dar. Meine Idee dabei war, entschieden unvollständige, d. h. selektive Bibliographien aufzustellen, sogenannte »Trend Reports«, die die ausgewählten Elemente um eine zentrale Idee gruppieren und gewissermaßen ein synoptisches Bild des Zustandes der Forschung auf einem bestimmten Sektor darstellen, das auch Mängel hervorhebt, Forderungen ausspricht, Anregungen gibt, in welche Richtung die zukünftige Forschung zu lenken sein sollte. Dieses Projekt wurde später von den Forschungskomitees der International Sociological Association bestens unterstützt, die jeweils Gruppen von Forschern mit internationalem Ruf (auch außerhalb der Kongresse) zusammenbrachten. Ich selber habe mehrere Studiengruppen dieser Art angeregt, z. B. zwei in Köln mit Nels Anderson über das Thema Familie (1954 und 1955), eine ebenfalls in Köln mit David V. Glass über soziale Schichtung und Mobilität (1959) und noch eine weitere über Familien in Ost und West mit Reuben Hill in Tokio (1965). Die vier Berichte sind als Bücher erschienen, das über soziale Schichtung hat nicht weniger als fünf Auflagen erreicht.

Aber zunächst einmal mußte die International Sociological Association aus der Taufe gehoben werden. Hier erwies sich die unschätzbare Leistung der UNESCO und der verschiedenen Leiter ihrer sozialwissenschaftlichen Abteilung (außer Brodersen in den Anfängen insbesondere Alva Myrdal, Otto Klineberg und Robert C. Angell) darin, daß Gelehrte aus der ganzen Welt zusammengebracht wurden, um diese neuen Organisationstypen zu durchdenken – und das zu einer Zeit (1948, 1949), als praktisch kaum einer von uns reisen konnte. Das gleiche wiederholte sich bei der Gründung des International Social Science Council 1951. In diesen Arbeitssitzungen herrschte ein wirklicher Pioniergeist, der für alle Teilnehmer unvergeßlich sein wird.

Als dann im September 1949 in Oslo die International Sociological Association mit Louis Wirth aus Chicago als ihrem ersten gewählten Präsidenten schließlich tagte, wußte jeder von uns, daß damit für unsere Wissenschaft ein Forum geschaffen worden war, wie es vorher niemals existiert hatte. Denn es bestand ein wesentlicher Unterschied zwischen dieser neuen Organisation und dem alten »Institut International de Sociologie«, das 1893 von René Worms gegründet worden war, insofern die neue Vereinigung eine »Organisation von Organisationen« war, während jenes alte Institut aus Individuen bestand, die gewiß bedeutende Persönlichkeiten waren, aber doch nur à titre personnel, d. h. im eigenen Namen sprechen konnten. Dagegen war die Mitgliederschaft der International Sociological Association wesentlich repräsentativer.

So war es nur allzu gerechtfertigt, wenn der erste von dieser internationalen Vereinigung organisierte Kongreß »Weltkongreß« für Soziologie genannt wurde, selbst wenn nicht alle Länder der Welt vertreten waren. Aber sie hätten vertreten sein können. Angesichts der schwierigen Nachkriegssituation war die Reihe der bei diesem Kongreß im September 1950 in Zürich vertretenen Länder stattlich genug. Vor allem wurden Verbindungen angebahnt, Pläne geschmiedet und Forschungsgruppen zusammengestellt. Die Lateinamerikaner gründeten in Zürich eine Regionalassoziation, die seither zahlreiche eigene Kongresse veranstaltet hat.

Natürlich gab es auch einige politische Probleme, die von einer kleinen Randgruppe ausgelöst wurden, aber in der Mitgliederversammlung abgewehrt werden konnten. Es hat an sich keinen großen Wert, sie hier wieder aufzurollen; nur soviel sei bemerkt, daß sie sich vor allem an der Person von René Maunier, dem letzten Präsidenten des »Institut International de Sociologie« entzündeten, der sich während der deutschen Besetzung Frankreichs als »Kollaborateur« betätigt hatte. Er wurde von Corrado Gini aus Rom verteidigt, der in Zürich dafür eintrat, daß dem »Institut« eine Art von Primat zuerkannt werden sollte. Auch das wurde abgewehrt. Ernster wurde der Konflikt, als das »Institut« seinen nächsten Kongreß ebenfalls unter der Bezeichnung »Weltkongreß« starten wollte, wogegen der damalige Sekretär der International Sociological Association schärfsten Protest einlegte, dem schließlich stattgegeben wurde. Allerdings hat dieser Vorgang zu jener Zeit einige Verwirrung geschaffen, weshalb ich ihn hier erwähne. Eine weitere – in meinen Augen – nicht ganz glückliche Konsequenz lag darin, daß die Differenz zwischen den beiden Vereinigungen zeitweilig zu einer Polarisierung zwischen protestantischen und katholischen, zwischen »progressiven« und mehr »konservativen« Soziologen führte, was mir persönlich nicht sehr behagte. Durch geschicktes Lavieren von seiten des Sekretariats wurden diese Spannungen aber in recht kurzer Zeit ausgeglichen.

Die Runde der Teilnehmer an der konstitutiven Sitzung in Oslo bestand (in alphabetischer Reihenfolge) aus Pierre de Bie (Louvain), Georges Davy (Paris), Henning Friis (Kopenhagen), Corrado Gini (Rom), Morris Ginsberg (London), Arie N. J. den Hollander (Amsterdam), René König (Zürich), Leopold von Wiese (Köln), dessen Einladung als deutscher Vertreter ich veranlaßt hatte, und Louis Wirth (Chicago). Dazu kamen noch Vertreter von UNESCO und als Sekretär Erik Rinde (Oslo), der später durch Stein Rokkan (Bergen) und noch später durch T. B. Bottomore (London) abgelöst wurde. Es muß übrigens insgesamt vermerkt werden, daß von seiten Norwegens alles Denkbare getan wurde, um die International Sociological Association auf dem internationalen Parkett zu lancieren. Die Organisation wurde dank ihrer Sekretäre zu einem Welterfolg.

Eines noch soll erwähnt werden, weil es in gewisser Weise bezeichnend ist. Die Schweizerische Vereinigung für politische Wissenschaften war selbstverständlich eingeladen worden, an einer Round Table teilzunehmen. Statt sich aber auf eine begrenzte Teilnahme zu beschränken, startete der damalige Sekretär der Gesellschaft (dessen Namen ich vergessen habe, sonst würde er jetzt hier stehen) eine völlig ziellose Aktion, um möglichst viele seiner Kollegen einzuladen, ohne mich, der ich als Kongreß-Sekretär tätig war, zu verständigen. Das mußte nicht nur Raumprobleme schaffen, sondern auch mein Budget völlig durcheinanderbringen. Als ich später darum bat, die nachweislich entstandenen Mehrkosten zu decken, erhielt ich auf mein Schreiben nicht einmal eine Antwort. Auch hier mußte der Emigrant mit seiner immer noch schmalen Existenzgrundlage die Differenz aus eigener Tasche zahlen. Das war mir eine Lehre, denn ich begriff, daß es unmöglich ist, irgendwelche zusätzlichen Mittel zu erhalten, wenn ein Kongreß erst einmal vorbei ist. Seit jener Zeit hat sich die International Sociological Association mit ständig wachsendem, vielleicht sogar zu großem Erfolg entwickelt, wie die Kongreßakten beweisen. Für die Periode von 1962–1966 wurde ich in Washington zum Präsidenten gewählt und war für die Vorbereitung des Kongresses in Evian 1966 verantwortlich, zusammen mit Roger Girod aus Genf als Sekretär.

Als sich dieser Kongreß seinem Ende zuneigte, führte ich zahlreiche Gespräche über die Frage, wer nun mein Nachfolger werden und wo der nächste Kongreß im Jahre 1970 stattfinden sollte. Mir schien es damals an der Zeit, in beiden Hinsichten endlich die Länder des Ostblocks zu berücksichtigen, um auch hier die Bezeichnung »Welt«-Kongreß Wahrheit werden zu lassen. In zahlreichen nächtlichen Diskussionen mit der polnischen Delegation gelang es mir, Jan Szczepański zu überzeugen, sich als Kandidat für die Präsidentschaft aufstellen zu lassen. Gleichzeitig wurde Varna in Bulgarien als Ort für diese Veranstaltung ausgewählt, wo sich gerade ein großes Kongreßzentrum im Bau befand. Ich nahm noch an den vorbereitenden lokalen Sitzungen teil, nachdem bereits der russische Einmarsch in die Tschechoslowakei erfolgt war. Als man mir eine Funktion auf dem kommenden Kongreß zudachte, erklärte ich auf französisch, daß ich an dem Kongreß nicht teilnehmen würde, und bat gleichzeitig Szczepański, diesen meinen Beschluß mit Begründung den sowjetischen Delegierten auf russisch mitzuteilen. Ich bin nie ein »Fellow Traveller« der Kommunisten gewesen und habe mich nicht dem einen diktatorischen und aggressiven Regime widersetzt, um mich einem anderen zu beugen – noch dazu ausgerechnet nach einem Überfall auf dasselbe kleine Land, gegen das Hitler seinen Krieg noch vor der Kriegserklärung begonnen hatte. Um aber keine Verwirrung in der Öffentlichkeit aufkommen zu lassen, verbreitete ich die Erklärung, ich hätte zur gleichen Zeit auf der Navajo-Reservation in Arizona ein Forschungsprojekt abzuschließen und könne deswegen an dem Kongreß in Varna nicht teilnehmen. Das entsprach zwar an sich der Wahrheit; der Termin hätte aber vielleicht verschoben werden können. Zu meiner Freude erfuhr ich später, daß eine ganze Reihe amerikanischer und anderer Kollegen an diesem Kongreß auch nicht teilgenommen hatten, wie umgekehrt die Zahl der Parteigänger für die Sowjets diesmal recht hoch war, darunter auch manche, die sich sonst groß tun mit ihrem vermeintlich »progressiven« Eintreten für die »underdogs«, aber feige kuschen, sowie der russische Bär auch nur die Nase kraus zieht. Offensichtlich hat die Soziologie genauso wenig wie irgendeine andere Wissenschaft die Fähigkeit, den menschlichen Charakter zu stärken. Und schon damals zeigte sich, was geschieht, wenn man nur ein einziges Mal nachgibt. Es kam sofort die Forderung hinzu, die Israelis nicht einzuladen. Ein solches Spielchen kann beliebig fortgesetzt werden. Ich möchte in aller Form bemerken, daß es unwürdig ist und außerdem allen Regeln der internationalen Kooperation widerspricht.

Das Problem liegt aber tiefer, als es erscheinen mag, und geht durchaus über die Frage nach Teilnahme oder Nichtteilnahme an einem Kongreß hinaus. Denn schließlich gibt es eine UNESCO-Charta, auf deren Respektierung gedrungen werden muß, wenn der Sinn dieser universalen Kulturorganisation erhalten werden soll. Soziologisch aber stellt sich die Frage, ob ein bestimmter Wertkanon überhaupt eingehalten werden kann, wenn eine Organisation erst einmal eine bestimmte Größenordnung überschritten hat. Dann treten die formalen Organisationsziele in den Vordergrund und verdrängen die schwerer umschreibbaren Faktoren gesinnungsethischer Natur. Gleichzeitig kommt es zu einer Inflation der administrativen Positionen, was man leicht an einer Analyse des Stellenplans der UNESCO ablesen kann, und die Sachleistung – der Out-put – schrumpft relativ zum Aufwand. Am Schluß dient die Organisation nur noch ihrer Selbsterhaltung; nicht mehr internationale Arbeit ist das Ziel, sondern ganz simpel die Erhaltung der eigenen Arbeitsplätze. Das ist auch der Grund, warum die UNESCO-Generalversammlung schon seit geraumer Zeit ein Tummelplatz für die unklaren Ambitionen und unentwirrbaren Aggressionen der Delegierten aus Ländern der Dritten Welt geworden ist, die wohlweislich alle ihre Mitgliedsbeiträge schuldig bleiben, ohne daß die Leiter und Mitarbeiter von UNESCO es noch wagten, irgendeine Kontrolltätigkeit gegenüber diesem Zirkus auszuüben. Deutlich kam dies in einigen Beschlüssen aus jüngster Zeit, die Stellung Israels betreffend, zum Ausdruck. Wenn die Arbeit einer internationalen Organisation wie UNESCO allmählich dazu entartet, eine Fortsetzung politischer Konstellationen bei Erörterung nicht-politischer Fragestellungen zu sein, dann hat die internationale Arbeit als solche ihr Ende erreicht. Es ist besser, sich das einzugestehen, als die Augen davor zu verschließen. Darum gibt es auch für internationale Fachorganisationen nur eine Lösung der gegenwärtigen Schwierigkeiten, nämlich eine deutliche Distanzierung von der UNESCO, was natürlich die Finanzierung problematisch werden läßt.

Doch das Problem geht noch viel weiter. Das Geschäftsgebaren wird immer undurchsichtiger, Gelder werden vergeben für Forschungsaufträge, von denen man nie wieder etwas erfährt. Kurz und gut: die Organisation rotiert in sich selber und hat den Kontakt mit der Wirklichkeit schon längst verloren, was nicht hindert, daß die meisten der von UNESCO seinerzeit ins Leben gerufenen nicht-gouvernementalen Organisationen (NGO) vorzüglich arbeiten, wenn sie auch naturgemäß immer mehr unter Finanzmangel leiden, da der Moloch der Zentralorganisation alle verfügbaren Mittel für sich verschlingt. Bezeichnend ist ferner auch für UNESCO die Unfähigkeit, einstmals sinnvoll gewesene Etat-Positionen neuen Wirklichkeiten anzupassen. Das betrifft etwa eine Position wie das »Teaching of the Social Sciences«: so sinnvoll das 1950 war, so sinnlos ist es heute geworden, wo es in der ganzen Welt viel zuviele Soziologen gibt. Die Position müßte umbenannt werden in »Occupational Opportunities for Social Scientists«. Mehrfache, jahrelange Versuche, dies durch die nationalen Kommissionen für UNESCO zu erreichen, sind bis heute so gut wie ergebnislos geblieben. Erst 1978 kam es zu einem allerdings ungenügenden Kompromißvorschlag, indem man die Berufsfragen einfach hinten anhängte an die Probleme der Verbreitung der sozialwissenschaftlichen Lehre. Berufsfragen sind aber keine »Ergänzung« der anderen, sondern heute ein davon völlig unabhängiges soziales Problem, da es viel zuviele ausgebildete Sozialwissenschaftler gibt, die keine adäquate Beschäftigung haben. Im Sinne der Praxis wäre es lebenswichtig, neue Arbeitsmöglichkeiten für sie zu finden.

Das neueste Arbeitsprogramm der UNESCO, das 1976 in Nairobi beschlossen wurde, zeichnet sich dadurch aus, daß zahllose politische und gezielt antiwestlerisch gemeinte Projekte gefördert werden, z. B. Analysen des Problems der Apartheid. Nun bin ich selber immer ein Gegner der südafrikanischen Politik gewesen, aber die Behandlung dieser Fragen mit der rein politischen Absicht der Agitation scheint mir doch reichlich abwegig. Man müßte dann auch an die Versklavung von Pakistanis und anderer Fremdarbeiter in manchen Staaten der arabischen Halbinsel denken, an die Vertreibung der Inder aus Ostafrika, an die Mitwirkung einer kubanischen Armee bei den Kämpfen in Angola oder im Kampf Äthiopiens gegen Somalia und an vieles andere mehr. All das könnte (und sollte) in eigenen Forschungsprojekten behandelt werden. Das würde aber einzig zu unendlichen politischen Kontroversen führen und niemandem in der Welt nützen. Genauso absurd scheint es mir, sich um die Probleme der Menschenrechte zu sorgen, während sie in bisher noch niemals gesehenem Maße und in zynischer Unverfrorenheit gerade auch von den Mitgliedstaaten der Vereinten Nationen wie der UNESCO mit Füßen getreten werden.

Ebenso scheint mir Skepsis darüber am Platze, ob es richtig ist, die Weltkongresse der verschiedenen Fachorganisationen derartige Ausmaße annehmen zu lassen, wie es etwa schon in Varna, mehr aber noch bei den Kongressen von Toronto 1974 und Uppsala 1978 der Fall gewesen ist. Bei letzterem insbesondere scheint mir die Grenze der Manövrierbarkeit erreicht worden zu sein. Um 1952 stand auf dem Programm der UNESCO das Problem der Größenordnung in der Entwicklung, bei dem es besonders um die Frage ging, wie kleinere Kulturen vor den Entwicklungsanstößen der großen einfach zusammenbrechen und ihre Identität verlieren. Man darf das heute getrost auf die zirkusähnlichen Massenveranstaltungen der Weltkongresse selbst übertragen, die nicht nur ein Jahrmarkt der Eitelkeiten geworden sind, sondern auch der Illusion erliegen, als könne man Soziologie, politische Wissenschaft oder Anthropologie verkaufen wie Zahnpasta. Schließlich versuche man sich auch einmal vorzustellen, welche Wirkung von einer solchen Superveranstaltung auf den »kleinen Mann«, also den Anfänger auf diesem Gebiet, ausstrahlen muß. Von Anregungen kann hier nicht mehr gesprochen werden, nur noch von einer totalen Lähmung aller geistigen Initiativen.

Ich wünschte, ich könnte mit Julian Huxley über diese Dinge sprechen; ich bin sicher, daß er mir recht geben würde, wenn er noch unter uns weilte. Sollen die internationalen Fachorganisationen überleben, so muß man nicht nur versuchen, sie aus dem Bereich der politischen Kontroversen herauszuhalten, sondern auch darauf sinnen, wie die Zahl der Teilnehmer in Schranken gehalten werden kann.

X. Zurück nach Deutschland

Einmal Emigrant, immer Emigrant. Dieser Satz ist nicht ganz falsch. Als ich im November 1946, zum ersten Male seit meinem Exodus, mit Dokumenten der französischen Militärregierung über die Grenze bei Säckingen nach Deutschland einreiste, um meine zukünftigen Schwiegereltern zu besuchen, kam ich in ein völlig fremdes Land. Alles Argumentieren hilft darüber nicht hinweg: Ich hatte mich mit der Sache der Alliierten seit 1939 so voll und ganz identifiziert, daß mir Deutschland weitgehend aus den Augen entschwunden war. Außerdem hatte ich mich auch mit der Schweiz so gründlich identifiziert – ich war »eingeteufelt«, wie mein verstorbener Freund Ernst Howald einmal sagte –, daß sich sogar meine Sprache verändert hatte. Nicht daß ich Schwyzertütsch gesprochen hätte; aber ich war so weit akzeptiert, daß Kollegen und Studenten mit mir Schwyzertütsch sprachen, während meine Beherrschung dieser unendlich nuancierten Mundart für ein anspruchsvolles Gespräch nicht ausreichte, so daß ich beim Schriftdeutschen blieb. Allerdings hätte sich diese Sprache bei mir unversehens beträchtlich geändert, so daß mein Deutsch nach acht Jahren Schweiz nicht mehr das gleiche war wie vorher.

Nicht nur die »Sprache des Unmenschen« war an mir vorübergegangen; vielmehr hatte sich in meiner Sprache die Intonation, das Sprechtempo, der Duktus und überhaupt alles so weit verändert, daß später viele Kollegen in Deutschland sofort erkannten, woher ich kam, was natürlich auch durch meinen Namen und Vornamen unterstützt wurde, auf Grund dessen manche wohl eine welsche Verbindung vermuteten. Vielleicht lag es auch daran, daß der Inhalt dessen, was ich sagte, sich ebenfalls verändert hatte. Denn siebzehn Jahre Schweiz im engsten Zusammenleben und Zusammenwirken mit Schweizer Kollegen und Studenten gehen kaum spurlos an einem vorüber, vor allem dann nicht, wenn ringsum ein Weltkrieg tobt. Die Schweiz war auch das erste Land meines Lebens, in dem ich mich restlos geborgen fühlte, so daß die Richtung meiner Loyalität ganz fraglos und selbstverständlich war. Dagegen mußte ich jetzt, insbesondere infolge meiner Berufung nach Köln, eine Loyalität zu einem mir durchaus neuen Lande aufbauen, was nicht ganz einfach war, wie sich bald zeigen sollte.

War aber dieses Land tatsächlich neu? Oder hatte ich nicht einfach vergessen, wie es gewesen war, als ich es verließ? Da diese Vergangenheit von fürchterlichsten Verbrechen belastet war, bekam ich den »jüdischen Blick«, wie ich sagen möchte. Mit wem immer ich sprach, ich mußte ihm in die Augen sehen, ob er nicht vielleicht einer der Mörder gewesen war. Aber wie sehen Mörder aus? Wir haben sie während der letzten dreißig Jahre öfters vor Gericht gesehen: sie sahen zumeist aus wie normale kleine Spießbürger, die man auf der Straße gewiß nicht als Mörder erkennen würde. Auch war mir klar, daß gleich nach Kriegsende ein enormer Export von Belasteten aller Art in Gang gekommen war, die mit unklaren Papieren ausgestattet nach Übersee gingen, zumeist nach Lateinamerika, wo sie viele Gesinnungsgenossen fanden, manche emigrierten sogar in die Vereinigten Staaten und nach Kanada. Sie alle entgingen ihren Richtern, oder hätten ihnen entgehen können, wenn nicht ein Mann wie Simon Wiesenthal in Wien gewesen wäre, der sie über die ganze Welt aufspürte; als Symbol für alle sollte hier, viel später allerdings, der Name Eichmann stehen. Es ist grundsätzlich beschämend zu sehen, wie wenig die Bundesrepublik dazu beigetragen hat, diese Elemente zu fassen. Am schlimmsten aber ist wohl, daß in Deutschland im Mai 1945 keine Revolution stattgefunden hat, woraus man wohl oder übel den Schluß ziehen muß, daß bei den großen Massen weder Reue noch Einkehr oder Einsicht an die Stelle der vorausgegangenen Hybris getreten waren. Man vergleiche dagegen die Situation in Italien, um zu begreifen, daß sich die Dinge auch ganz anders hätten entwickeln können, wenn die Voraussetzungen dafür bestehen. In Italien gab es wirklich eine antifaschistische Revolution, die allerdings nach einigen Tagen abgebrochen wurde; wer diese Periode des Aufruhrs überlebt hatte, den ließ man laufen. Noch wichtiger war, daß Benito Mussolini und Clara Petacci von italienischen Widerstandskämpfern und nicht etwa von den Alliierten hingerichtet wurden. Nach der ersten Beruhigung ging es dann insgeheim, dafür jedoch um so nachhaltiger weiter gegen die Monarchie, gegen die der große Philosoph von Neapel, Benedetto Croce, persönlich auf die Barrikaden stieg, insbesondere gegen König Vittorio Emanuele, bis 1948 die italienische Republik ausgerufen wurde, womit eine deutliche Zäsur zwischen heute und gestern gesetzt worden war, an der das ganze italienische Volk in einer Abstimmung teilgenommen hatte. Selbst wenn diese Zäsur manchmal rein symbolischen Charakters blieb, sie war immerhin gesetzt worden, während man in Deutschland nichts Entsprechendes feststellen konnte.

Hingegen war bei den Deutschen von damals – insbesondere bei den Männern – deutlich eine Art von Massenneurose festzustellen; sahen sie sich doch vor der größten Versagung ihres Lebens, ihr Traum von der Weltherrschaft war in nichts zerstoben, und das konnten sie ganz offensichtlich nicht verkraften. In einem Freiburger Restaurant sah ich im Winter 1946 am Nebentisch einen Mann immerfort drei Kartoffeln hin und her legen, die er als Naturalzahlung mitgebracht hatte. Man wurde ganz verwirrt, wenn man ihm zusah. Da kamen aus dem eisigen Frost auf der Straße einige junge Frauen herein, in dünnen Fähnchen, die sie kaum vor der Kälte schützten, aber sie waren heiter und guter Dinge. Sie waren sichtlich glücklich darüber, daß der Krieg für sie alle zu Ende war. Angesichts dieses Kontrastes wurde mir schlagartig klar, daß Deutschland von den Frauen wiederaufgebaut werden würde, was denn auch später in der Tat geschah und in jenem harten Winter schon voll im Gange war. Die Männer dagegen verharrten in einer Art von Schocklähmung, die bewies, daß sie wirklich bis zum letzten Moment an den Endsieg geglaubt hatten. Verdeckte oder unbewußte Schuldgefühle mögen auch später die zweifellos enormen Leistungen beeinflußt haben, die sich mit dem Begriff des »Wirtschaftswunders« verbinden, auch ein gerüttelt Maß an schlechtem Gewissen. Aber zu einem eigentlichen »Geständnis« kam es bei den Deutschen niemals, bestenfalls bei solchen, die selber unschuldig waren und die Schuld der anderen auf sich nahmen.

Im selben Winter traf ich in Baden-Baden als französischen Erziehungsoffizier Alfred Döblin, dem ich zuletzt mit Max Dessoir in der Berliner Dichterakademie begegnet war, wo wir eine sehr aufschlußreiche Diskussion über schöpferische Konzeption geführt hatten. Ich liebte seinen »Franz Biberkopf« und sein Meisterwerk »Berlin Alexanderplatz« und war glücklich, ihn wiederzusehen. Er war gealtert und gütiger geworden, nicht ohne eine gewisse Resignation. Was einmal lebendig gewesen war in Berlin, war nun unwiederholbar dahin. Für ihn, der bis in die letzte Herzfaser mit Berlin verbunden gewesen war, gab es keine Zukunft; denn dieses Berlin gab es nicht mehr. Wer hätte die Sprachkraft gehabt, um diesen Berg von Leichen zu neuem Leben zu erwecken? Auch die Wiederbelebung seines symphonischen Romans hat Alfred Döblin nicht mehr erleben können; in diesem neuen Berlin hatte kein Mensch mehr ein Ohr für die geheime Musikalität des Lebens in der Ober- und Unterwelt des Alexanderplatzes und der Frankfurter Allee, wo Döblin einst als praktischer Arzt gearbeitet und Tausenden von Menschen geholfen hatte – ein Sozialist, für den der Sozialismus keine anmaßende Theorie, sondern eine demütige Praxis und ein Dienst an den Armen war. Darüber konnte auch seine Berliner »Kodderschnauze« von früher nicht hinwegtäuschen, die im Grunde nur eine verschämte Form von Liebeserklärung war. Wenn im Untertitel meines Sizilienbuchs ein bestimmter Rhythmus angesetzt ist (»Ein Buch von Fels und Lava, von Städten und Höhlen und von der großen Freiheit des Vulkans«), der dann im ganzen Buch weiterklingt in zahllosen Variationen, so verdanke ich den Anstoß dazu ganz eindeutig Alfred Döblin.

Im Frühsommer 1947 hielt ich für die amerikanische Militärregierung Gastvorlesungen in Marburg und München, die mein alter Freund Edward Y. Hartshorne noch organisiert hatte, ehe er von Banditen auf der Frankfurter Autobahn erschossen wurde. Hartshorne hatte 1935 mein Universitätsbuch gelesen und besprochen und suchte mich unmittelbar nach Kriegsende in Zürich auf, um mit mir zu beraten, was man in Sachen Soziologie in Westdeutschland tun könne. Wir planten eine Universitätsveranstaltung in München, aber ich riet ihm davon ab, einen Amerikaner sprechen zu lassen, um den Schein der »Reeducation« und der Kulturpropaganda zu vermeiden, und empfahl mich selbst als Redner, was ihm auch einleuchtete. Bei dieser Gelegenheit lernte ich übrigens Talcott Parsons kennen.

Im Anschluß an diese Veranstaltung fand eine Diskussion mit Studenten statt, von denen man mir gesagt hatte, sie seien Flüchtlinge aus Böhmen. Und hier kam es zu einem ersten Zusammenstoß mit dem neuen Deutschland, der mir bis heute im Gedächtnis haftengeblieben ist und den ich als um so gravierender empfand, als es sich ausnahmslos um junge Leute von 20–25 Jahren handelte, die heute in den Fünfzigern sein müssen. Sie klagten und schimpften, was das für eine Demokratie sei, wo man Menschen aus ihrer Heimat vertreibe; Böhmen sei schließlich deutsch. Ich erwiderte ihnen, meines Wissens sei Böhmen tschechisches Land mit einer deutschen Minorität, die die Nazis als Hebel benutzt hatten, um die tschechoslowakische Republik zu zerstören. Daß nun bei Kriegsende die Vertreibung dieser eindeutig hochverräterischen Böhmen-Deutschen mit Gewalt verbunden war, dürfe niemanden wundern, der auch nur eine Minimalvorstellung von den rund 20 Millionen Menschen habe, die die Deutschen ihrerseits aus der Tschechei, aus Polen und Westrußland vertrieben hatten. Wer Wind sät, wird Sturm ernten! Weder die Tschechei noch Polen hatten schließlich den Krieg begonnen, sondern die Deutschen, und die Eltern jener Studenten sind wahrscheinlich unter den Kriegshetzern gewesen. Als die jungen Leute behaupteten, sie wünschten nichts weiter, als wieder in Böhmen zu leben, fragte ich sie, wer denn von ihnen tschechisch oder slowakisch spreche, und da kam heraus, daß niemand dieser Sprache mächtig war, was mich die Aufrichtigkeit ihres Willens zum friedlichen Zusammenleben mit den Tschechoslowaken anzweifeln ließ. Schließlich kannte ich andere, wie meinen Freund Ernest Zahn, dessen holländische Familie aus der gleichen Landschaft stammte und der selbstverständlich fließend tschechisch sprach, die tschechische Schule besucht und positive Beziehungen zur Tschechoslowakei entwickelt hatte. Ich bemerkte ferner, sie hätten sich ja in Tat und Wahrheit schon längst aus ihrer »Heimat« gelöst, und forderte sie auf, mir ehrlich zu sagen, ob sie sich noch an ihre Wohnadresse und ihre Telefonnummer erinnern könnten. Beinahe alle mußten das verneinen. Doch auch das konnte sie nicht überzeugen.

Wenn ich die revanchistischen Haßgesänge der Jahr für Jahr wieder auftretenden Vertriebenenverbände bedenke, frage ich mich, was eigentlich ich selber und Millionen meinesgleichen, die von den Deutschen irgendwo und irgendwann einmal vertrieben wurden, heute sagen müßten angesichts der bösartigen Unverfrorenheit dieser für immer Unbelehrbaren. Von einer Bewältigung der Vergangenheit kann bei ihnen nicht nur keine Rede sein, vielmehr verewigen sie den Haß und bezeugen damit eine Verstocktheit sondergleichen, die schlechterdings unerträglich ist. Ich frage mich gelegentlich: wie viele der jungen Leute von damals mögen wohl heute noch in diesem Kreise der Unentwegten tätig sein?

Eine ähnliche Erfahrung machte ich im Sommer 1953 bei einem Kulturkongreß in Darmstadt. Der Kabarettist Werner Finck hatte gerade eines seiner kleinen Kammerstücke vorgeführt, in dem er einen Soldaten spielte, der plötzlich nicht mehr weiß, wie viele Hände er hat, als zuerst wenige und dann mehrere Pfiffe und Zwischenrufe ertönten. Da ich Sitzungsleiter war, fragte ich die Interpellanten nach dem Grund ihres Mißfallens. Sie erklärten, es handle sich hier um eine Verächtlichmachung der alten Wehrmacht. Ich wies darauf hin, daß Werner Finck ja nur von sich selbst gesprochen habe, im übrigen aber einer der mutigsten Widerständler im Dritten Reich gewesen sei. Als jedoch das Wort Widerstand fiel, merkte ich deutlich, wie bei einem Teil des Publikums eine Klappe fiel: Widerständler gewesen zu sein, das war offensichtlich in diesem Kreise keine besonders gute Empfehlung.

Aber es wäre wohl sinnlos, auf alle Erfahrungen dieser Art einzugehen, über die ich auch an anderer Stelle berichtet habe; denn sie bezeugen alle dasselbe: einen totalen Mangel an Verantwortungsbewußtsein für das Geschehene und eine aufdringliche Gleichgültigkeit, die man im Englischen als »aloofness« bezeichnet. Aber das war vielleicht die beste Voraussetzung für den deutschen Wiederaufbau; denn dieser wäre auch nur bei einem Minimum von Selbstkritik und Reue zweifellos nicht in so großem Ausmaß möglich gewesen, wie er in den fünfziger Jahren dann stattfand. Und so passierte zum zweitenmal, was schon nach 1918 geschehen war, als man in Paris sagte: *»Le boche a perdu la guerre, mais il a gagné la paix.«*

Das wurde in der Tat mit fast bewußtloser Sturheit realisiert, wobei wohl zum erstenmal in ihrer Geschichte das Problem eines gesteigerten Konsums für die Deutschen akut wurde, das die anderen Industriestaaten in Europa und Amerika schon in den zwanziger Jahren nach dem Ersten Weltkrieg durchgemacht hatten. Die Folgezeit war sicher die längste ununterbrochene Prosperitätsperiode, die Deutschland in seiner Geschichte jemals erlebt hat. Vom Moment der Währungsreform an zeichnete sich deutlich eine geradezu explosive Wirtschaftsentwicklung ab, die bereits ab 1954 mit dem Beginn des Koreakrieges hektische Formen anzunehmen begann und erst 1967 in ein echtes Tal absank, um danach wieder aufzusteigen. Und diese Entwicklung ist auch heute im Grunde noch nicht am Ende, obwohl wir etwa eine Million Arbeitslose zählen. Entscheidend ist vielmehr, daß die Arbeitslosigkeit besteht bei einem grundsätzlich aufrechterhaltenen hohen Lebensstandard, wie man ihn in Deutschland niemals vorher gesehen hat. Denn ausnahmslos alle früheren wirtschaftlichen Entwicklungsstöße in diesem Land haben nach kurzer, eventuell sogar intensiver Konjunktur mit plötzlichen Zusammenbrüchen geendet. Das war schon zu Beginn des 19. Jahrhunderts so, nach 1870 in der sogenannten Gründerzeit, aber auch zu Beginn des 20. Jahrhunderts bis zu jenem Vorgang, den man im Deutschen als »Krach« bezeichnet, eines der wenigen deutschen Worte, das in den internationalen Wirtschaftsjargon übernommen worden ist; es wird benutzt für unerwartete Zusammenbrüche, wobei nicht immer klar ist, ob sie betrügerisch sind oder nicht, wie etwa in der Zusammensetzung Bankkrach, Börsenkrach und ähnliches. Eine Voraussetzung haben alle diese Vorgänge jedoch gemeinsam: das Sich-nicht-begnügen-Können, die Unersättlichkeit, den Mangel an Maß, heute wie ehedem. Trotzdem ist das Lebensniveau heute am Anfang der achtziger Jahre so hoch wie niemals zuvor, was jedermann in der Welt den Deutschen sicher gönnt, wenn sie daraus nur nicht wiederum eine pharisäische Biedermannspose ableiten wollten, die sie in ihren eigenen Augen allen anderen europäischen Nationen als überlegen erscheinen läßt, wobei heute völlig vergessen wird, daß das ganze »Wirtschaftswunder« einem Revirement der amerikanischen Politik entsprang, die als Marshall-Plan den Wiederaufbau Europas finanzierte, um ein Gleichgewicht gegen den Osten zu schaffen. Die Phase des »Take-off« war also durchaus fremdbestimmt.

Aber es war nicht das »Wirtschaftswunder«, das mich bei meiner Rückkehr nach Deutschland am meisten betroffen machte, sondern die Religionsfrage, die mir zum erstenmal in meinem Leben so hart entgegentrat, daß ich ihr nicht ausweichen konnte. Ich muß darum hier in einiger Ausführlichkeit dazu Stellung nehmen. Meine Eltern waren, was die Konfession betrifft, beide Neutralisten. Bei der geschilderten Situation meiner Abstammung geht man nicht fehl in der Annahme, daß meine Mutter katholisch, mein Vater evangelisch-lutherisch war. Die Eheschließung erfolgte in Paris, wo Staat und Kirche schon seit langem getrennt waren, so daß die Frage der Konfession überhaupt nicht aufkam. Meine Eltern entschieden, ich solle mich später selbst entscheiden. Obwohl ich in Magdeburg geboren bin, trug man mich als konfessionslos ein, was erst im

Moment meiner Einschulung zum Problem wurde. Jetzt wurde ich sozusagen »zwangsgetauft«, und da das im Hause der Großmutter König geschah, wurde ich lutherisch getauft, mit dem von meinen Eltern geforderten Vorbehalt, daß ich mich bei Großjährigkeit selbst entscheiden sollte. Als dann mit dem Ende des Krieges 1918 die Einheit von »Thron und Altar« definitiv aufgehoben wurde, ging mein Vater korrekterweise zum Standesamt und erklärte mich als konfessionslos. Das blieb ich nun bis zu meiner Emigration und meinem ersten Verhör bei der Fremdenpolizei in Zürich. Auf die obligate Frage nach meiner Konfession gab ich »konfessionslos« an, was dem Beamten nicht sehr gefiel, weil man mich, wie er sagte, deswegen für einen Kommunisten halten könnte. So erzählte ich ihm die obige Geschichte, woraufhin er fröhlich entschied: »Wir schreiben dann einfach Konfession: lutherisch.« So hatte ich plötzlich wieder eine Konfession. Als aber eines Tages mein damaliger Pensionswirt den Vikar der lutherischen Kirche in Zürich in meinem Zimmer entdeckte, wie er sich an meinem Schreibtisch zu schaffen machte, warf er ihn kurzerhand hinaus. Denn – was ich nicht wußte – die lutherische Kirche im Kanton Zürich wurde damals fast ausschließlich von »Reichsdeutschen« gestellt, und der Vikar war ein nationalsozialistischer Spitzel – eine neuartige Form seelsorgerischer Tätigkeit. Ich lief umgehend zur Polizei und meldete das Vorgefallene. Der Polizeibeamte lachte nur; daran habe er in der Tat nicht gedacht. Es bedürfe aber nur einer Willenserklärung meinerseits und ich würde Mitglied der Zürcherischen Staatskirche Zwinglis. Dieser Kirche gehörte ich nun also an bis zu meinem Umzug nach Deutschland im Jahre 1953, und ich darf auch sagen, daß sie mir insofern etwas bedeutet hat, als mich ihre Einheit von weltlicher und geistlicher Gemeinschaft überzeugte. Freilich war das im Grunde kein religiöses, sondern eher ein politisches Motiv wie beim Calvinismus, mit dem ich bald darauf vertraut wurde und der mich – besonders in meiner Konzeption des Sozialen – zeitweise stark beeinflußt hat.

Meine Konzeption des Religiösen war und ist im Grunde kosmisch-pantheistisch und mein liebstes philosophisches Buch Spinozas »Ethica«. In diesem kosmischen Bewußtsein fehlte allerdings die Konzeption der Sünde und der Verlorenheit in der Welt. Hätte ich beides gehabt, so wäre ich wohl angesichts meiner existenziellen Grunddisposition entweder wahnsinnig geworden oder zynisch, was ich beides nicht bin. Für mich ist Religion Ausdruck eines Weltvertrauens, das durch rationale Erhellung oder »Aufklärung« ständig gesichert werden muß. Mithin bin ich weder Optimist noch Pessimist, da ich weiß oder zu wissen glaube, daß ein kompromißloses Bestehen in dieser Welt wohl immer nur Glückssache und darum nur vorübergehend sein kann. Hier hilft einem kein Verdienst, es belastet einen aber auch keine Verworfenheit oder Erbsünde. Man muß nur wissen, daß die Momente des Im-Einverständnis-mit-sich-selber-Seins *»tam difficilia quam rara«* sind. Man lebt hier zweifellos mehr in der Erinnerung als in der Gegenwart, in der man die Momente des völligen Einklangs mit der Welt zumeist nicht bemerkt. Aber die Erinnerung nährt die Gewißheit, daß es solche Momente gab, und somit auch die Zuversicht, daß es sie wieder geben wird.

Die Gegenwart einer solchen Geborgenheit in der Welt empfand ich eigentlich nur im Orient. Und wenn ich auch weiß, daß der Gebetsruf des Muezzin heute von einem Bandgerät durch Lautsprecher auf dem Minarett abgespielt wird, so erfaßt mich doch dabei morgens, mittags und abends immer wieder das Gefühl einer überwältigenden Evidenz, gewissermaßen einer Heiligung alles Seienden, der lebendigen Wesen und der toten Dinge.

Als mein Freund Helmuth Kuhn – getaufter Jude, mit sechzehn Jahren jüngster Freiwilliger an der Front im Ersten Weltkrieg, Träger des Pour le mérite, später Philosoph in Berlin (letzter Redaktor der Kant-Studien) und dann von den Nazis hinausgeworfen (heute in München) – im Sommer 1933, soweit ich mich erinnern kann, sein neugeborenes Kind in Dahlem taufen ließ, lernte ich den Pastor Niemöller kennen, damals der umstrittenste Vorkämpfer einer neuen religiösen Existenz. Diese kurze Begegnung gab mir die Gewißheit, daß ich – jedenfalls in diesem Sinne – nicht religiös bin. Niemöller griff die Nazis hemmungslos an, und ich schaute unwillkürlich zur Kirchentür, ob nicht die SA hereinmarschiert käme; er warnte vor »Orden und Ehrenzeichen«, die nur die Jämmerlichkeit der menschlichen Existenz verstecken könnten; denn der Mensch sei ein »nichtswürdiges Schwein«, das Gottes unendlicher Güte bedürfe, um befreit zu werden. Ich muß gestehen, daß ich diese exhibitionistische Selbstanklage nicht verstehen konnte. Daher empfand ich Niemöller eigentlich auch nicht als religiöse Persönlichkeit, vielmehr strömte er die Eitelkeit dessen aus, der gern zum

Märtyrer einer ihm selbst noch nicht ganz klaren Sache werden möchte. Ich sagte mir: Wieso, Pastor Niemöller, sollen Sie zum Beispiel ein Schwein sein? Sie werden mich niemals davon überzeugen. Außerdem ist Ihre ganze Konzeption irgendwie falsch. Wenn nämlich auf der einen Seite lauter minderwertige Existenzen sind und auf der anderen Gottes unendliche Liebe, dann frage ich mich, was wohl in der Mitte zwischen diesen beiden Polen geschieht? Ich möchte meinen, hier findet sich die Mittelmäßigkeit, d. h. die Wirklichkeit, die die Nazis beherrschen mit »Orden und Ehrenzeichen« und der Sie, Herr Pastor Niemöller, nichts entgegenzustellen haben. Sie versuchen, die Menschen mit Ihrem psychischen Terrorismus von Höllenvisionen zu erschrecken und machen sie damit nur um so bereiter, sich jedem falschen Propheten zu unterwerfen, statt ihnen die Gewißheit zu geben, daß auch im menschlichen Gewissen eine Macht lebendig ist, die lange warten kann – so lange, bis sich die Zeit »erfüllt« und das Denken des Menschen wieder im Einklang steht mit der Welt.

Ich verließ die Dahlemer Kirche höchst unbefriedigt und dachte bedrückt, was wohl die Zukunft den Deutschen bringen möchte, wenn Pastor Niemöller wirklich einer der edelsten Deutschen jener Zeit sein sollte und die Seele des Widerstandes. Damit hatte ich in der Tat nichts zu tun, aber ich wußte nun auch, daß ich meinen Weg allein gehen mußte.

Wie anders war dagegen jener kleine Buchbinder, der in Halensee neben mir seine Werkstätte betrieb und dem ich kurz vor meiner Emigration in die Schweiz das Manuskript meiner Habilitationsschrift zum Binden gegeben hatte. Als ich das Exemplar abholte, sagte er nur: »Ich weiß jetzt, Herr Doktor, wohin Sie gehen und daß wir uns nicht wiedersehen werden. Und wenn Sie sich retten können, so denken Sie an mich. Ich weiß nicht, ob der Widerstand einen Sinn hat. Aber ich kann nicht anders.« Wie ganz anders klang diese Sprache! Keine Verzweiflung über das vermeintliche Jammertal dieser Erde, sondern ein schlichter und unbeirrbarer Glaube an die Zukunft. Ich habe diesen Mann nie vergessen. Vielleicht war er im Ersten Weltkrieg Obermaat unter dem Kommando von Martin Niemöller gewesen, der den Weg »Vom U-Boot zur Kanzel« durchschritten und dabei den Glauben an den Menschen verloren hatte. Vielleicht ist er später von den Nationalsozialisten als sozialistischer Agent in einem Konzentrationslager umgebracht worden. Aber dieser Mann lebt weiter und die Erinnerung an ihn ist ein Unterpfand dafür, daß Hoffnung eine Wirklichkeit ist. Er war wirklich ein edler Mitmensch, der einem den Glauben an den Menschen wiedergeben konnte, der unbekannte Soldat des deutschen Widerstandes.

Angesichts meiner Grundeinstellung zur Religion als Ausdruck menschlichen Weltvertrauens wird man sich nicht wundern, daß mich im Nachkriegsdeutschland vor allem der Kampf der Konfessionen irritierte, der sich überall im öffentlichen Leben bemerkbar machte. Im Rheinland stand dieser Kampf im Zeichen des Katholizismus, in anderen Teilen Deutschlands wurde er von den Lutheranern oder den Unionschristen betrieben, die freilich gar keine Union vertraten, da sie im wesentlichen antikatholisch waren. Wie fern war man hier von jener Kirche in Washington, D. C., in der alle bekannten Konfessionen ihren Gottesdienst gemeinschaftlich üben. Ich fühlte mich heftig an das Werk des großen russischen Religionsphilosophen Nikolai Berdjajeff erinnert, »Von der Würde des Christentums und der Unwürde der Christen«, wenn ich das Gerangel der verschiedenen Kirchenvertreter um Pöstchen und Stellungen sah – wobei gleichzeitig die deutschen Kirchen auf Grund der Steuergesetzgebung eine nie wieder erreichte finanzielle Sicherung erhielten, wesentlich mehr als zahlreiche andere Organisationen gemeinnütziger Art.

Aber auch das hätte man noch übersehen können, wäre es nicht mit einer ständigen Gesinnungsschnüffelei verbunden gewesen, die mehr dazu beitrug, die Menschen zu entzweien, als sie zu einigen. Man fühlte sich fast zurückversetzt in die vorurteilsgeschwängerte Zeit der Religionskriege, was sich sogar auf die Kinder übertrug. Als ich eines Tages wenige Minuten nach Schulbeginn ein kleines Mädchen langsam vor sich hin schlendern sah, mahnte ich sie zur Eile, es habe schon vor ein paar Minuten geläutet. Sie antwortete fröhlich: Nein, das ist nicht für mich, ich bin evangelisch, ich darf am Religionsunterricht nicht teilnehmen. Ich fragte mich vergeblich, wieso ein kleines Mädchen von acht oder neun Jahren überhaupt wissen muß, daß es Katholische und Evangelische gibt! Beim St. Martinsfest durften nur die katholischen Kinder am Festzug teilnehmen, die anderen konnten folgen, wenn sie in Begleitung der Eltern waren. Also auch hier wieder die Verschärfung eines fundamentalen Unterschiedes mit Privilegien für die einen und Zurückstellungen für die anderen. Dabei war genau diese Diskriminierung der Widerspruch, an dem das alte Christentum zugrunde ging, da sich die geistig-seelische Integrationsfunktion der Religion nun einmal nicht mit einem Schisma verträgt, in dem jeweils ein Teil der Menschheit verteufelt wird. Und wenn man den Keim dieses Zwiespaltes bereits in das Herz eines Kindes legt, dann ist es wohl sicher besser, keiner der offiziellen Kirchen anzugehören und konfessionslos zu sein und zu bleiben. Dieses System führt zu keiner Religiosität, sondern einzig zum Pharisäismus der Rechthaberei und zur Institutionalisierung sozialer Vorurteile, die um so gefährlicher sind, als sie in Mitteleuropa auf eine lange Tradition zurückblicken können. Ich fragte mich auch, inwiefern sich das vom Antisemitismus der Vergangenheit unterschied. Wo Anti-Gefühle virulent sind, da werden sie zweifellos durch eine solche Religionspolitik nicht abgebaut, sondern nur in die Latenz vermauert, weil sie momentan nicht mehr gefragt sind. Genau in diesem Sinne prägte mein Freund Alphons Silbermann viel später den Begriff vom »latenten Antisemitismus«.

Anfang der sechziger Jahre begegnete ich bei Gerhard Szczesny einem ähnlichen Unbehagen an der religiösen Öffentlichkeit der Bundesrepublik, wie ich es seit dem ersten Tage meiner Rückkehr nach Deutschland verspürt hatte. Im übrigen war ich vorher bereits in den Niederlanden einer religös tief gespaltenen Gesellschaft begegnet und hatte mit meinem verstorbenen Freund Arie N. J. den Hollander lange und eingehend darüber gesprochen, um so intensiver, als wir beide seit 1948 im Rahmen der UNESCO an der Begründung der International Sociological Association gearbeitet hatten. Auch bei diesem Projekt galt es, Vorurteilsschranken abzubauen. So kamen wir wie von selbst auf das Problem der konfessionellen Konflikte zu sprechen. In diesem Zusammenhang fiel dann, als ich mit Szczesny zusammensaß, das entscheidende Wort: in den Niederlanden bezeichnen sich die kirchlich nicht gebundenen Leute als »Humanisten«. Ich war es, der Szczesny darin bestärkte, diesen Begriff beizubehalten – und so entstand der Name der »Humanistischen Union«, die in der Folge unendliche Diskussionen auslösen sollte und bald als eine Art von »Gottlosenverband« apostrophiert wurde. Daß später etwas ganz anderes darin zum Zuge kam, hatte mit unserer ursprünglichen Absicht nichts zu tun.

So traten sowohl Szczesny als auch ich selber und in unserem Gefolge viele andere nach ein paar Jahren wieder aus, als die Humanistische Union sich weder humanistisch noch als Union gebärdete, sondern nur noch ein Deckname war für ein recht unklares Sammelsurium politisch-radikaler Sekten. Als solche wurde sie gleichwohl zum wichtigsten Vorläufer der Auseinandersetzungen der sechziger Jahre, wobei der Gerechtigkeit halber gesagt werden muß, daß in der muffigen und bigotten Atmosphäre des Adenauer-Regimes in der Tat sehr viele zentrale Probleme der deutschen Gegenwart unter den Teppich gekehrt worden waren. Das Demokratieverständnis war stets so einseitig auf die »offiziellen« Parteien ausgerichtet gewesen, daß viele Informationen die Öffentlichkeit überhaupt nicht mehr erreichten. Unter dem Eindruck dieser Erfahrungen schrieb ich schon im Jahre 1958, daß jegliche Kommunikation zwischen der deutschen Jugend von damals und der Gesellschaft der Erwachsenen definitiv abgerissen sei. In diesem Leerraum entfaltete sich später die Rebellion der Studenten, die mich eigentlich nicht überraschte. Ich wunderte mich nur, wieso die Öffentlichkeit sich über diese heftigen Reaktionen so wunderte, war doch gerade hier auf Grund der politischen Kurzsichtigkeit der regierenden Schicht ein Überdruck entstanden, der nun seinen Ausweg suchte und seinerseits an der gleichen präjudizierten Einseitigkeit litt wie seine Verursacher, weshalb der entscheidende Schritt vorwärts noch immer zu tun bleibt.

Viel eindrucksvoller als diese mehr mittelbaren Reflexionen war aber die Welle des Hasses, die mir nach der Gründung der Humanistischen Union von vielen Seiten entgegenschlug. Ein verstorbener Kollege aus Freiburg i. Br., den ich bis dahin als einen ruhigen und ausgeglichenen Menschen kannte, sprang mir bei irgendeinem Anlaß, den ich vergessen habe, ins Gesicht: »Damit haben Sie sich in Deutschland ganz unmöglich gemacht!« Plötzlich war das gierig-aggressive und mordlüsterne deutsche Gesicht wieder da, das ich so gut kannte. Umgekehrt freut es mich zu sagen, daß viele meiner Mitarbeiter teils als Reaktion auf diese spontane Diskriminierung, teils aus eigenstem Willen die Kirche verließen und konfessionslos wurden. Unterdessen sind es übrigens viele Millionen geworden. Das tollste Stück leistete sich einer jener Kurzzeit-Minister, der meine Berufung an die Universität Bonn mit der Begründung abschmetterte, der Begründer der Humanistischen Union sei nicht berufungsfähig, und statt meiner den zweiten Listenkandidaten berief, den ich allerdings nach Bonn hatte bekommen wollen. So erfüllte er mir unwillentlich einen Wunsch. Daß seine Unterstellung falsch war, muß ich nach den obigen Erklärungen wohl nicht mehr erwähnen. Ich bin verantwortlich für die Benutzung des Wortes »humanistisch«, aber nicht für den Verein selber, genauso wenig wie Szczesny, der sich ebenfalls sofort zurückzog, nachdem er die Entwicklung erkannt hatte. Aber so differenziert ist wohl das Informationsvermögen eines Ministers nicht. Dagegen war die Einstellung der katholisch-theologischen Kollegen in Bonn von einer hocherfreulichen Vornehmheit: Sie erklärten, sie hätten bei ihrer Zustimmung zu meiner Berufung auch diesen Punkt in Erwägung gezogen und festgestellt, daß die inkriminierten Meinungen in meiner wissenschaftlichen Tätigkeit an keinem Punkte wirksam würden. Ich danke ihnen für dieses Kompliment und für ihr Vertrauen, das ich mir als Grundlage einer Zusammenarbeit gewünscht hätte. Ich wäre glücklich, wenn dieser hier ausgedrückte Dank sie erreichen würde.

Ansonsten aber nahmen die Diskriminierungen ihren Fortgang, was mich allmählich darüber nachdenken ließ, ob ich nicht besser täte, eine Position in den Vereinigten Staaten anzunehmen. Darüber wird später zu berichten sein.

Kirche und Gesellschaft waren in Deutschland eine durchaus unheilige Allianz eingegangen, wie übrigens auch in anderen Teilen Europas. Das ging so weit, daß in den fünfziger Jahren sogar ein kleiner (und reichlich lächerlicher) Skandal darüber ausbrach, daß Bundesverdienstkreuze mehr an Katholiken als an Evangelische verliehen wurden. Lächerlich war beides: der Tatbestand als solcher und diejenigen, die daran Anstoß nahmen, weil sie ja nicht die Rolle der Religion als Determinante für besondere Verdienste abschaffen, sondern einzig der anderen Konfession eins auswischen wollten – alles natürlich nur im Sinne der allerchristlichsten »Toleranz«! Wie anders war ich es aus der Schweiz gewöhnt, wo ich mich – wie oben angedeutet – zum erstenmal mit diesen Problemen beschäftigt hatte. Die Kirchen waren dort wie geschlossene Kulturdomänen, von denen keine der anderen etwas neidete oder Proselyten zu machen suchte. Toleranz war eine Realität, trotz regelmäßiger gegenseitiger Nennung und Etikettierung der Konfessionen und auch einer entsprechenden sozialen Distanzierung (wie etwa im Extrem in Graubünden, wo oft ein Dorf auf der einen Talseite katholisch, auf der anderen protestantisch ist). Sekten sind in der Schweiz zwar häufig, aber verdächtig, und zwar gerade wegen ihres Ausschließlichkeitsanspruchs, auf dem keine Toleranz gedeihen kann. Obwohl damals noch der Artikel 51 der Schweizerischen Bundesverfassung von 1874 galt, der das Verbot des Jesuiten-Ordens für die Schweiz aussprach, war der verdienstvolle Jesuit Urs von Baldassar unangefochten als Studentenseelsorger an der Universität Basel tätig. Auch die Niederlande haben das Problem der Vielzahl konfessioneller Gruppen und ihrer Rechte auf einfachste Weise gelöst, indem dort zur gleichen Zeit alle gemeinsam beten oder die nicht-konfessionell Gebundenen eine Minute der Besinnung einschalten, z. B. vor den Mahlzeiten.

Aber darin liegt ja wohl gerade das Problem, daß die Deutschen nicht eigentlich religiös sind, sondern rechthaberisch, so daß bei ihnen auch die Konfessionszugehörigkeit nur ein Mittel zur Machtausübung wird – falls sie nicht ganz einfach das Ergebnis eines schlechten Gewissens ist, als man sich bei Kriegsende Rechenschaft darüber ablegte, welcher ungeheuerlicher Verbrechen man sich direkt oder indirekt im Namen des Glaubens schuldig gemacht hatte. Damals erschien die Flucht in die alleinseligmachende Kirche noch als der einzige Ausweg aus der Misere. Die Kirchen waren überfüllt. Heute sind sie schon lange wieder leer. Die Stunde der Läuterung und Einkehr ist vorbei.

Im übrigen waren beide Kirchen keineswegs zimperlich, als sie sich in Deutschland und Italien mit dem Faschismus verbündeten. Rolf Hochhuth hätte mich fragen sollen, bevor er seinen »Stellvertreter« schrieb, der auf Papst Pius XII. (vormals Nuntius Pacelli in Berlin) gemünzt war: auch dessen Vorgänger hatte schon mit dem Teufel paktiert, als er mit Mussolini die Lateranverträge und das Konkordat abschloß. Die Kumpanei ging aber noch weiter. Geht man in Santa Croce in Florenz das linke Seitenschiff entlang bis zur Ecke des Querschiffs, so findet man links oben eine Marmortafel, die an die Wiedereröffnung des Seitenschiffs nach der Restauration durch Papst Pius XI. erinnert: »Im Jahre 1935 – XIII.« Die eine Zahl bezieht sich auf »Anno Domini«, die andere auf »Era Fascista«, um es in Klarschrift zu sagen. Da der Papst Hausherr in Santa Croce war, hätte er selbstverständlich verhindern können, daß eine solche Tafel angebracht wurde. Aber das war es ja gerade: die

Kirche verbündete sich zynisch mit jenen, deren Zeitrechnung gegen die christliche gerichtet war, und überließ der Nachwelt das Wundern. Mir scheint übrigens, daß die Tafel, seit ich sie vor dem Kriege zum ersten Male entdeckt hatte, inzwischen ein Stück weiter nach oben gewandert ist, so daß man die Inschrift nur noch schwer entziffern kann, wenn man nicht über besonders gute Augen verfügt.

Als ich Mitte der fünfziger Jahre eine Reihe von industriesoziologischen Untersuchungen durchführte, wurde mir klar, daß der betrieblichen Wirklichkeit von damals eine Periode heftigster Auseinandersetzungen in zahllosen deutschen Betrieben vorausgegangen war. Diese war bedingt durch das gleichzeitige Zusammentreffen verschiedener Diskriminierungsfaktoren bei der Aufnahme von Flüchtlingen und Vertriebenen: das Gefühl der Fremdheit, mundartlichen Verschiedenheit und konfessioneller Differenzen. Offiziell rief man nach Hilfe für die Flüchtlinge, in Wirklichkeit wurden sie aber heftig diskriminiert im Kampf um den Arbeitsplatz. Die vielbeschworene Solidarität aller Deutschen existierte also praktisch nicht. Leider wurde diese Problematik nicht untersucht, als sie aktuell war, nämlich zwischen 1948–1952. So geschah sehr bald dasselbe erneut, als die »Fremdarbeiter« (später »Gastarbeiter«) einzuströmen begannen: nun einigten sich die Alteingesessenen im Verein mit den vormaligen Flüchtlingen und Vertriebenen gegen die Fremdarbeiter, die zu Beginn wie Sklavenarmeen betrachtet wurden. Einer Phase der Autodiskriminierung im Betrieb folgte die der Heterodiskriminierung, die im Grunde noch bis heute andauert.

Wie stark verwurzelt diese Diskriminierungstendenz auch in den politischen Oberklassen war, erfuhr ich bei einer Sitzung der deutschen UNESCO-Kommission unter Vorsitz des damaligen Entwicklungsministers und späteren Bundespräsidenten Walter Scheel. Bei dieser Sitzung gab der Ex-Minister und damalige Botschafter der Bundesrepublik bei der UNESCO, von Merkatz, folgende Erklärung ab: UNESCO sei ein seltsamer Verein: die meisten höheren Beamten seien Sozialisten »und der Präsident soll sogar Atheist sein«. Hätte nicht Carlo Schmid neben mir gesessen und mir seine schwere Hand auf die Schulter gelegt, es wäre wohl meinerseits zu einer sehr scharfen Erklärung gekommen. So aber sagte

Carlo Schmid, was ich sagen wollte, mit anderen Worten und machte den Ex-Minister darauf aufmerksam, daß Bemerkungen wie diese nicht unbedingt dazu beitrügen, die Deutschen in der Welt beliebt zu machen. Es gab also Menschen in der Bundesrepublik, die verstanden, worum es ging; nur waren es verzweifelt wenige.

Ähnliche Erfahrungen machten unsere Söhne in der Schule. Als Konfessionslose waren sie nicht verpflichtet, am Religionsunterricht teilzunehmen, der sich – wie unser ältester Sohn meinte – sowieso nur auf das Auswendiglernen von ihm nicht immer verständlichen Liedern beschränkte. Im Gymnasium wurde die Situation ernster. Ich besprach alles eingehend mit unseren Söhnen und wir kamen gemeinsam zu dem Beschluß, sie sollten beide am Religionsunterricht teilnehmen, weil ich es für zentral wichtig hielt, daß Menschen ansprechbar sind für die religiöse Dimension. Unsere Söhne waren einverstanden. Dann aber klagte der ältere sehr bald, von einem Religionsunterricht könne nach wie vor keine Rede sein, es handele sich weiter nur um Indoktrinierung. Bei Fragen nach anderen Religionen als den christlichen wurden die Schüler mit ein paar pfäffischen Redensarten abgespeist, aus denen einzig die Ignoranz des Lehrers deutlich wurde. So schrieb ich der Schulleitung, man möge unsere Söhne vom Religionsunterricht befreien, da sie dort über Religion und ihre Rolle in der Menschheitsgeschichte überhaupt nichts erführen, sondern auf ein paar Standardformeln eingefuchst würden, womit die Liedchenindoktrinierung der Unterstufe lediglich durch eine andere Form der Indoktrinierung ersetzt werde, welche die Vorurteile zwischen den Konfessionen und den Kulturen nur verhärten könne.

Bei planetarischer Betrachtung muß aus mehreren Gründen die Zentrierung auf den christlichen Standpunkt bei der Definition des religiösen Phänomens in den Hintergrund treten, weil das nur dem Vorurteil Nahrung gibt, die nicht-christlichen Kulturen seien minderen Ranges – seit jeher das Rechtfertigungsargument für den Kolonialismus oder die Missionierung, die gelegentlich einander ähnlich sehen wie ein Ei dem anderen. Ferner zeigt die vergleichende Betrachtung auch, daß viele Hochreligionen ohne Gottesglauben auskommen, der also offensichtlich nur einer besonderen Form der Religion angehört und mit dem religiösen Phänomen als solchem nicht wesentlich verbunden ist. Das zeigt z. B. der Buddhismus, mit dem ich mich unter dem Einfluß Schopenhauers schon als Schüler auseinandersetzte und dessen Behandlung mir in einem deutschen Aufsatz eine schlichte »fünf«, also nach deutschem Brauch die schlechteste Note einbrachte. Eine andere Religion ohne Gottesglaube ist der Jainismus; der Konfuzianismus entwickelt eine erstaunlich einheitlich strukturierte Ethik, die vielleicht mehr als irgendeine andere das soziale Handeln der Menschen in China und weit darüber hinaus beeinflußt hat. Mit den Initiationsriten hat sich der Mensch zudem das institutionelle Werkzeug geschaffen, um die Person methodisch am heiligen Zusammenhang des Lebens »partizipieren« zu lassen; dem stehen entgegen die »Exklusion« im Tabuverhalten, die »Expiation« (die Sühne), das Opfer und die Reinigung, die schließlich den kosmischen Allzusammenhang des Lebens wiederherstellen. Nirgendwo ist aber hier von einer Erbsünde die Rede, die wiederum einzig Diskriminierungen schafft zwischen solchen, die erlöst werden, und anderen, für die nur die ewige Verdammung bleibt – eine geradezu monströs-unmenschliche Vorstellung.

Wenn ich das alles überdenke, werde ich den Gedanken nicht los, daß im Nachkriegsdeutschland diese primitive Form der christlichen Religion als Ersatz an die Leerstelle getreten ist, wo vorher die nationalsozialistische Weltanschauung stand. Mit ihr teilt sie zweifellos die raffinierte Form unduldsamer Indoktrinierung, die denjenigen, der dem »wahren Glauben« folgt, auf eine höchst pharisäische Weise als »besseren Menschen« erscheinen läßt. Dem entspricht auch die Primitivität jener Anordnungen, die mit Strafmandaten gegen die Verletzung der Sonntagsheiligung vorgingen, wie es unter Adenauer der Fall war. Angesichts dessen fällt es nicht schwer, jenem Christus zu glauben, der dem Polizeibeamten entgegnet: Wer reinen Herzens ist, mag auch am Sabbat ein nützliches Werk verrichten!

Als Prototyp eines reinen Herzens möchte ich den »Clown« von Heinrich Böll berufen, der auf der Treppe des Hauptbahnhofs in Bonn sitzend die geschäftig unfromme, unchristliche und oft auch unmenschliche Welt des bundesrepublikanischen Deutschland an sich vorüberfluten läßt und sich vergeblich fragt, ob sie wirklich die Vergangenheit einzig durch das Vergessen bewältigt hat. Ich war erstmals auf Böll gestoßen, als ich noch häufig zwischen Köln und Zürich hin und her fuhr. Gedankenlos hatte ich im Bahnabteil nach einer liegengebliebenen Zeitschrift gegriffen und mitten im Text zu lesen begonnen. Da rührte mich plötzlich ein Ton an, den ich in Deutschland bisher noch nie vernommen hatte: der Ton des bußfertigen Heimkehrers aus dem Kriege (es muß wohl die Geschichte »Und sagte kein einziges Wort« gewesen sein). Persönlich lernte ich Böll erst ein paar Jahre später in dem prunkvollen neuen Hause seines Verlegers Joseph Witsch in Köln-Junkersdorf kennen und war beim Abschied so tief beeindruckt, daß ich die Szene noch heute photographisch genau vor Augen habe. Die Gesellschaft begann sich aufzulösen, und es kam wie üblich zu einem Aufenthalt vor dem Hause, wo die Gäste noch ein paar Worte plauderten. Große Automobile fuhren davon, viele protzige Mercedes, der Dichter aber, zu dessen Ehren der Nachmittag stattgefunden hatte, bestieg sein Fahrrad, während ich zu Fuß zur Straßenbahn ging. In der Bundesrepublik hatte schon damals alles seine Ordnung!

Böll vertritt durch sein ganzes Werk (bis heute) eine Literaturgattung, die in Deutschland seit jeher selten war. Er war und ist ein echter »Moralist« und nicht etwa ein »Darsteller« des Nachkriegslebens im herkömmlichen Sinne des »Erzählers«. Das war es auch, was später Ludwig Erhard so erbitterte, daß er im Bundestag in schäumendem Haß von den Intellektuellen der zweiten deutschen Republik als von »Pinschern« sprach und dafür vom Präsidenten des Hohen Hauses nicht zur Ordnung gerufen wurde! Der Vorfall gewann insbesondere dadurch an Bedeutung, als er genau in dem Augenblick geschah, als vor aller Augen Erhards Unfähigkeit deutlich geworden war, mit der neuen Wirtschaftsentwicklung fertig zu werden. Sein unflätiger Angriff gegen die Intellektuellen war nichts als die billige Rache eines neiderfüllten Schwächlings. Als ich am nächsten Tag meine Vorlesung in der Universität begann, erklärte ich, um alle Zweifel zu zerstreuen, auch ich betrachte mich als einen Pinscher, weil das angesichts der offenbaren Unfähigkeit Erhards ein Ruhmestitel sei. Ich empfand mich zum zweitenmal in meinem Leben als Intellektueller, noch bevor Helmut Schelsky ein paar Jahre später seine unerträglichen Schimpftiraden loslies, und fühlte mich von diesem Moment an solidarisch mit jenen Frauen und Männern, die nach einer neuen Moral und »Lebensart« für die deutsche Nachkriegsgesellschaft suchten.

Daß bei alledem aber die religiösen Probleme in engster Verbindung mit politischen Kräften standen, wurde mir eines Tages mit brutaler Klarheit bewußt, als ich im Kloster Walberberg für die katholische Organisation »Junge Familie« einen Zyklus von vier Vorlesungen über die Familie in der Gegenwart hielt. Vorsitzender war ein Industrieller aus Düsseldorf, soweit ich mich erinnere; anwesend war auch ein geistlicher Herr, der sich zumeist schweigend verhielt. Als ich die letzte Vorlesung mit den Worten begann: »Wir kommen jetzt zum Problem der Ehescheidung«, unterbrach mich der Vorsitzende und entzog mir das Wort: ich würde mich »in den Raum des Glaubens« einmischen und könne deshalb nicht weitersprechen. Ich erwiderte, ich sei aufgefordert worden, über die Ergebnisse der Familienforschung zu berichten, und ich würde darum selbstverständlich weitersprechen. Darauf er: »Außerdem interessiert sich das Publikum nicht dafür.« Da ich mit einem Auge ins Publikum sah, erkannte ich sofort, daß sich dieses brennend für das Problem interessierte, und so erwiderte ich: Fragen Sie doch das Publikum! Bevor er es tun konnte, kam ein brausender Beifall von seiten der jungen Leute. Genau in diesem Moment ergriff der Geistliche das Wort und erklärte: »Wir haben Herrn König gebeten, uns über die moderne Familienforschung in der Bundesrepublik zu informieren, was er bisher mit großer Gründlichkeit getan hat. Im übrigen kann ich nicht feststellen, daß er sich in den Raum des Glaubens eingemischt hat. Ich bitte ihn darum, in seinen Ausführungen fortzufahren«, was auch geschah. Hart standen hier gegeneinander der plump autoritäre Kommandoton des weltlichen katholischen Industriellen und die vornehme Unterscheidungsfähigkeit des geistlichen Herrn. Oder hatte letzterer vielleicht einfach Angst, daß ihm seine Schäfchen davonlaufen könnten? Ich weiß es nicht, immerhin hat ja die weitere Entwicklung eine enorme Welle von Austritten aus der Kirche mit sich gebracht. Aber da war der Industrielle aus Düsseldorf, der Prototyp des Nachkriegsautoritarismus Adenauerscher Prägung, der mir leider die neue Gegenwart Deutschlands stärker zu charakterisieren schien als die feine Art des geistlichen Herrn.

Bald erkannte ich allerdings, daß es große Unterschiede unter den deutschen Katholiken gab. Neben den hochgradig autoritären, die in nächster Nachbarschaft zum Nationalsozialismus standen und nur etwas zivilisierter waren, fanden sich unbezähmbar unabhängige Geister wie mein Freund, der Maler Georg Meistermann, der mein erster vertrauter Gesprächspartner in der Bundesrepublik wurde. In ihm, der von den Nazis als »entarteter Künstler« eingestuft worden war, lernte ich (nach meinem alten Freunde Alexander Mitscherlich) erneut einen der (seltenen) Vertreter der inneren Zwangsemigration kennen und respektieren. Er eröffnete mir auch eine neue Dimension des Sichtbaren, in der Farben und Formen wie Klänge kontrapunktisch ineinander verwoben sind, und er war zudem vor einer ganz schlichten, fast franziskanischen Frömmigkeit, die manchmal sogar in strengstem Kontrast stand zu seiner hochspiritualisierten Malerei. Er war aber auch besessen vom Drang, im Nachkriegsdeutschland Klarheit zu schaffen, leidenschaftlich kämpfend oder verteidigend, wie es sich gerade ergab, aber stets unabhängig bis zum Extrem. Durch ihn machte ich auch Bekanntschaft mit einer besonderen Art von Katholiken wie Walter Dirks, mit dem ich zeitweise im Südwestfunk in Baden-Baden zusammenarbeitete. Später vertraute mir ein Kollege aus München an, daß Dirks zu der allgemein verachteten Gruppe der »Linkskatholiken« gehöre, zu denen sich später auch einer meiner besten Mitarbeiter bekannte, der konsequent blieb und die Bundesrepublik schon längst verlassen hat. Also auch hier im Rahmen einer äußerst intoleranten offiziellen Religionsübung ein Trend zur Autodiskriminierung. Was leuchtet im Hause, verpestet nachher das Vaterland, möchte man eine Wendung von Jeremias Gotthelf paraphrasieren.

Aber man mißverstehe mich nicht: das wesentliche Problem war nicht der Katholizismus; die Lutheraner im Rheinland und andernorts waren vielleicht noch unverhüllter autoritär als die Katholiken, hatten sie doch nach der Zweiteilung Deutschlands beileibe nicht mehr die gleiche klare Majorität wie früher und mußten nun politisch um ihren Bestand kämpfen. Da ich mich persönlich in konfessionellen Dingen grundsätzlich neutral verhielt, sprach ich auch häufig in evangelischen Akademien, in denen ich dem gleichen Geist der Unduldsamkeit begegnet bin wie bei den anderen. Der einzige Unterschied lag vielleicht darin, daß die Lutheraner, die an sich der Weltlichkeit näherstehen, auch in Glaubensfragen viel unverblümter und massiver politisch-autoritär auftraten als die Katholiken, deren Geistlichkeit die nackte politische Machtgier mindestens teilweise verdeckte und kulturell transformierte. Unerträglich war freilich in beiden Fällen die Bigotterie; sie sagten zwar immer wieder: »Gottes Wille geschehe«, aber sie meinten »Baumwolle«, d. h. die weltliche Macht, was gelegentlich zu geradezu grotesken Szenen führte, von denen auch Adenauer nicht auszunehmen war.

Ich will darüber nicht rechten, daß Adenauer, wie man weiß, mit seiner eigenen Stimme zum Bundeskanzler gewählt worden ist. Er war vielleicht doch im Vergleich zu den anderen Kandidaten die beste Lösung – zwar nicht als Person, wohl aber als Funktionär. Er hatte die typische Mentalität eines Oberbürgermeisters und regierte die Bundesrepublik mit der ruchlosen Gerissenheit eines kommunalen Diktators. Diese Partie hätte zweifellos auch sehr schief, ja verhängnisvoll ausgehen können, hätte Adenauer nicht so lange überlebt, daß die Bundesrepublik Zeit zur Konsolidierung fand. Geradezu unwürdig war jedoch die Art, wie er später mit den höchsten Ämtern der Bundesrepublik umging, als er versuchte, als Bundeskanzler zurückzutreten, um sich als Bundespräsident zu etablieren, wobei seine Rechnung darauf hinauslief, seinen Nachfolger im Bundeskanzleramt in seiner Eigenschaft als Bundespräsident unter Kontrolle zu halten. Wäre das Spiel gelungen, so wäre die Bundesrepublik zu einer Präsidialdiktatur geworden und die autoritäre Tradition aus der Zeit des Nationalsozialismus nicht nur atmosphärisch, sondern auch institutionell wieder eingesetzt worden. Im übrigen war dies kein einmaliger Unfall; denn das gleiche unwürdige Schauspiel wiederholte sich später mit Ludwig Erhard, der aus seinem Amt als gescheiterter Wirtschaftsminister nicht loszueisen war und ebenfalls nach der Bundespräsidentschaft schielte.

Was mich allerdings am meisten bestürzte, war die Erkenntnis, daß sich diese autoritäre Dschungelstrategie auf allen Stufen des sozialen Lebens fortsetzte. Auch Soziologen waren nicht gefeit vor solchen Verhaltensweisen. Das wurde zum Beispiel klar, als Ralf Dahrendorf, nachdem er in die Politik eingeschwenkt war (wovor ich ihn in einem langen Telefongespräch gewarnt hatte), sein Amt als Präsident der Deutschen Gesellschaft für Soziologie nicht etwa niederlegte, wie man es hätte erwarten können, sondern einfach weiter behielt, auch als er später nach Brüssel an die Wirtschafts-Behörde ging. Er beantwortete keine Briefe mehr und brachte damit die Gesellschaft in eine äußerst gefährliche Situation; erst nach energischer Intervention einiger Mitglieder bequemte er sich zum Rücktritt. Und das sollte nun der beste Repräsentant des neuen deutschen Liberalismus sein? In Wahrheit klebte er mit seinem

Hintern wie all die anderen von Adenauer bis Erhard an seinem Sessel, völlig gleichgültig gegenüber dem Willen der Wähler. Wie kann man sich angesichts solcher Verhältnisse wundern über die Heftigkeit der antiautoritären Welle bei den deutschen Studenten von 1964 und später? Man muß nicht radikal sein, um solcher Verhältnisse überdrüssig zu werden.

Die delikateste Frage war aber das Wiedereindringen zahlloser erwiesener Nationalsozialisten in den akademischen Lehrbetrieb. Ich habe meine Meinung dazu oft genug gesagt und so kann ich mich hier kurz fassen. Man sollte ihnen, speziell wenn sie tätige Reue bewiesen haben, berufliche Chancen einräumen, aber sie vom Lehrbetrieb fernhalten, auch um den demokratischen Staat in den Augen der Jugend glaubwürdig zu machen. Statt dessen aber wurden sie fast überall hintenherum wieder in akademische Lehrstellen eingebracht. Hierfür ist in der Soziologie weitgehend Helmut Schelsky verantwortlich, mit dem ich mehrmals eingehend über diese Probleme sprach. Ich bot ihm enge Zusammenarbeit an, falls er bereit sei, reinen Tisch zu schaffen. Im Falle Arnold Gehlens weigerte er sich allerdings, die Konsequenzen zu ziehen, weil er mit ihm befreundet war. Da die Universität Heidelberg angesichts einer drohenden Berufung Gehlens protestierte und verschiedene Gutachten über ihn einholte, unter anderem auch eines von mir, begnügte ich mich damit, auf dem Dritten Geisteswissenschaftlichen Kongreß der Stadt München (21.–25. November 1960) meine Kritik genau begründet vorzutragen; der Vortrag wurde später mehrfach nachgedruckt. Es schien mir sachlich und moralisch unerträglich, daß ein Mann wieder Ordinarius für Philosophie an einer großen deutschen Universität werden sollte, der 1940 in seinem Hauptwerk »Der Mensch« den nationalsozialistischen Hofphilosophen Alfred Rosenberg als den Vorkämpfer für die »Durchsetzung germanischer Charakterwerte« hymnisch gepriesen, es aber unterlassen hatte, den Halbjuden Max Scheler zu zitieren, obwohl er mit vollen Händen aus dessen Gedanken schöpfte, genauso wie aus denen von Helmuth Plessner. Nach dem Kriege hatte Gehlen versucht, die Öffentlichkeit irrezuführen, indem er die Neuausgabe seines Buches als »unverändert« ankündigte, obwohl er heimlich eine Reihe von Stellen hatte entfernen lassen – wohl in der Hoffnung, daß der Krieg nicht mehr viele Exemplare der Originalausgabe übriggelassen hatte.

Um Mißverständnissen vorzubeugen, möchte ich hier betonen, daß ich mit diesen Hinweisen nicht die sachliche Bedeutung des Werkes von Gehlen verringern will, sondern einzig seinen Charakter kritisiere, der – trotz der gepriesenen »germanischen Charakterwerte« – so feige war, daß Gehlen es an keiner Stelle gewagt hat, ein Bekenntnis abzulegen – genauso wenig wie übrigens Martin Heidegger. Da er nie öffentlich bereut hat, müssen wir wohl annehmen, daß er nach wie vor Nationalsozialist gewesen ist, wofür sich leider auch in seinem Werk viele Indizien finden.

Zum Falle Hans Freyer, den Schelsky ebenfalls geschützt hat, habe ich mich am gleichen und an anderen Orten unmißverständlich geäußert. Allerdings muß auch hier festgehalten werden, daß er einige Meriten aufzuweisen hat, obwohl diese zweifellos nicht ausreichten, um ihn nach dem Kriege wieder als akademischen Lehrer einzustellen, nachdem er einmal die »Revolution von Rechts« (1931) gepriesen hatte. Dasselbe trifft auf Carl Schmitt zu. Konnte man aber in diesen Fällen noch wenigstens einige Pluspunkte aufweisen, so kann wohl bei Karl-Heinz Pfeffer davon kaum die Rede sein. Er blies fleißig in das große Tuterohr des Antisemitismus, als es ihm förderlich erschien, und Schelsky sagte mir, er wolle ihn veranlassen, nach Australien auszuwandern – was aber in der Folge nicht geschah, sondern auch er wurde wieder in ein Lehramt berufen, wohl auf Fürsprache Schelskys. Ich bedaure es aufrichtig, daß Schelsky aus unseren Gesprächen von damals so wenig Konsequenzen gezogen hat.

Kurzum, für einen Rückkehrer nach Deutschland gab es viele peinliche Überraschungen, bis hin zu Herrn Globke als Adlatus von Adenauer. Zu meiner Überraschung traf ich ihn bei einem offiziellen Empfang in einer Botschaft in Bonn gemeinsam mit Adenauer, wobei mir der Botschafter auf meine Frage, was Globke bei ihm zu suchen habe, antwortete, Adenauer würde ihn dem jeweiligen Gastgeber einfach aufzwingen. Als ich eines Tages meinen juristischen Kollegen und späteren Justizsenator in Hamburg, Ulrich Klug, fragte, wie man denn einen Menschen einzuschätzen habe, der die antisemitischen Gesetze des Dritten Reiches kommentiert hat, antwortete er mir nur: »Es gab im Dritten Reich eine militärische Dienstpflicht, der ich Genüge geleistet habe, es gab aber keine Schreibepflicht.« Das war aufrichtig und klar. Aber das hinderte nicht, daß die Bundesrepublik bald mit Kurt Georg Kiesinger einen Bundeskanzler bekam, der im Jahre 1945 »vergessen« hatte, aus der NSDAP auszutreten. Dadurch spätestens war die Kontinuität mit der Vergangenheit wiederhergestellt. Diese war nicht nur nicht bewältigt, sondern einfach konserviert worden, wenn auch unter etwas zivilisierteren Formen.

Aber die Kontinuität reißt nicht ab und wird alle paar Jahre wieder zu einem öffentlichen Ärgernis, so daß man sich unwillkürlich fragt, wie lange die Betreffenden dieses Spielchen noch treiben wollen. Eigentlich sollte es ihnen der Takt verbieten, die Bundesrepublik immer wieder vor dem Ausland zu kompromittieren. Aber das ist diesen Herren mit dem ausgeleierten Gewissen wohl gleichgültig, wie ja auch Takt so wenig eine deutsche Eigenschaft ist, daß selbst das Wort bis heute ein Fremdwort geblieben ist. Sie gieren nur nach Macht; Deutschland selber, das sie so gern im Munde führen, ist ihnen im Grunde weniger als Hekuba. Zudem bestätigt das von neuem, daß die Deutschen zwar tüchtig, politisch aber sicher eines der dümmsten Völker sind, das mir in meinem Leben jemals begegnet ist, weil sie sich immer wieder mit den faulsten Ausreden abspeisen lassen, statt diese Spekulanten auf das schlechte Gedächtnis der Menschen einfach zum Tempel hinauszujagen. Wann werden endlich die Archive der nationalsozialistischen Partei, die von den Amerikanern in Berlin betreut werden, der deutschen Öffentlichkeit zugänglich gemacht? Wenn man es wirklich wollte, wäre das wohl schon längst geschehen. Aber will man es eigentlich wirklich? Noch im Jahre 1978 ging es um den »furchtbaren Juristen«, Ministerpräsident Filbinger, und jetzt haben wir einen Bundespräsidenten, der seine Seele zwar nicht für ein Linsengericht, wohl aber für ein Stipendium verkauft hat, und sich zunächst auch nicht mehr erinnerte. Daß er Mitglied der NSDAP gewesen war, hatte mir ein hochangesehener Kollege der Universität Köln schon vor anderthalb Jahrzehnten bei seiner Habilitation mitgeteilt. Es war also schon lange bekannt!

Mit den alten Nazis kehrten auch die Sprechweisen von früher zurück, so etwa wenn man vom damaligen Vizepräsidenten des Deutschen Bundestages, dem »christlich«-sozialen Dr. Richard Jaeger, am 8. Februar 1961 im Bayerischen Rundfunk das Wort von der »Humanitätsduselei« wieder hören konnte als Argument gegen die Gegner einer Wiedereinführung der Todesstrafe in der Bundesrepublik. Er erhielt zwar dafür den Beinamen »Kopf-ab-Jaeger«, aber es wurde niemals erwogen, ob ein Vertreter solcher Ansichten noch geeignet sei, als MdB zu wirken.

Dergleichen ist sicher ernster als so manches andere, ist das doch eine typische Vokabel aus dem »Wörterbuch des Unmenschen«, das Dolf Sternberger, Gerhard Storz und W. E. Süskind verdienstvollerweise zusammengestellt haben. Ich bin mit ihnen einverstanden, nur bedaure ich, daß ihr »Wörterbuch« noch nicht subtil genug ist und die Unmenschlichkeit der bundesrepublikanischen Alltagssprache nicht entlarvt, in der das grauenhafte Vokabular des Nationalsozialismus in zahlreichen scheinbar »unpolitischen« Ausdrücken weiterlebt – woran sich zeigt, daß eine Einkehr niemals stattgefunden hat, die ja immer auch einen Sprachwandel impliziert. Selbst Worte wie PKW oder LKW, für die es in der ganzen Welt kein Analogon gibt, sind für mich anstößig; denn sie sind Ausdruck eines technokratischen Wahns, für den ein pünktlicher Zug nicht etwa einfach pünktlich ist, sondern »Plan« (»wir sind Plan«). Ferner heißt es von manchen Dingen, sie seien einfach »zum Vergasen«, woraus ein noch viel fürchterlicherer Hintergrund der deutschen Gegenwart spricht, der durch Verwandlung in eine gedankenlos nachgeplapperte Wortmünze nur um so abstoßender wirkt. Ganz abgesehen davon, daß die Verwendung dieses Wortes einen tiefen Einblick in die Verlogenheit aller jener bietet, die immer behaupten, sie hätten von den Ereignissen in den Konzentrationslagern nichts gewußt. In Wahrheit ist ihnen der Vorgang als solcher zu einer ganz alltäglichen Wortschablone geworden.

Dasselbe gilt, wenn sich deutsche Politiker gegenseitig »Führungsschwäche« oder »Führungsstärke« attestieren; selbst ein kleiner Unternehmer »führt« seinen Betrieb, statt ihn zu »leiten«. Und der schleimige Begriff von der »Volksgemeinschaft« geistert noch immer durch die nationalistischen Festreden, besonders wenn es um die »Wiedervereinigung« geht, die genauso irreal ist wie die »Vereinigte Arabische Republik«. Daß dies alles ernst zu nehmen ist, zeigte sich 1978 wieder einmal sehr deutlich, als ein Buch namens »Geschichte der Deutschen« von dem Erlanger Universitätsprofessor Hellmuth Diwald erschien, in dem alle Untaten der Deutschen während des letzten Krieges verschwiegen oder als zweifelhaft dargestellt werden und das erschreckenderweise sofort zum Bestseller wurde. Ein Sprachproblem sehe ich freilich auch, wenn die Ostdeutschen oder die Sowjets von »Einmischung in

Orte der Kindheit (um 1910)

Die Impasse Girardon auf dem Montmartre

Blick durch die Rue du Mont-Cénis auf Paris
(Kupferstiche von Eugène Délâtre)

Stanisław Przybyszewski (1868–1927) Porträt von Edvard Munch

Max Dessoir (1874–1954) Holzschnitt von R. Stumpf

Die Freunde in Berlin (um 1927–1933)

Klaus Mann

Die Freunde in Berlin (um 1927–1933)

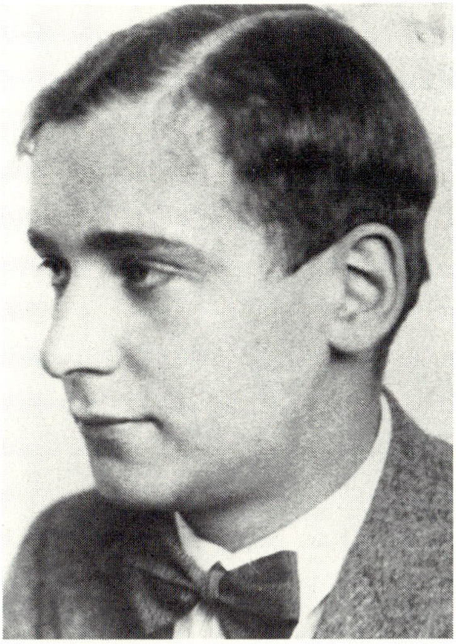

Wolfgang Hellmert

Werner Ziegenfuß

Oben: R. K. im Gespräch mit Georges Friedmann (*links*) und Reinhard Bendix, im Hintergrund Raymond Aron (1966)
Unten: R. K. stellt dem tunesischen Staatspräsidenten Bourguiba zwei Kollegen aus der DDR vor (1967)

Oben: Gruppenbild nach einer Soziologen-Tagung im United College, University of Hong Kong (1965)
Unten: R. K. im Gespräch mit dem Navajo-Ranger Raven Arizona (1970)

R. K. 1946 in der Schweiz

R. K. 1976 in Köln

innere Angelegenheiten« sprechen, sobald man ihnen ihr inhumanes Vorgehen gegen Abweichler vorwirft, während besagter Diwald von der »martervollen« deutschen Nachkriegszeit spricht (womit er nur wiederholt, was die Mehrheit der Westdeutschen heute glaubt) und außerdem behauptet, »kein Land war in der jüngeren Geschichte so vollständig verwüstet worden wie das Deutsche Reich im Zweiten Weltkrieg«. Das einzige, was die beiden in Ost und West gemeinsam haben, ist die Fertigkeit, sich illusionär über die Wirklichkeit hinwegzusetzen.

Ich habe mir oft und oft den Kopf darüber zerbrochen, wie man diese Rückkehr der Nazis eigentlich erklären kann. Sicher ist diese Erfahrung für zahllose junge Leute in der Bundesrepublik ein Anlaß dafür geworden, in die APO auszuweichen; denn damit hatte sich ein Schein von Verlogenheit über die politische Öffentlichkeit der Bundesrepublik gebreitet, der schlechterdings unerträglich war. Meine einzige Erklärung für Entwicklungen dieser Art liegt in der Annahme, daß die politischen Eliten in Deutschland einfach derart dünn gesät sind, daß es kaum Alternativen gibt, insbesondere auch infolge des Umstandes, daß es 1945 keine Revolution gegeben hat, die es erlaubt hätte, wenigstens den größeren Teil der Schuldigen zu identifizieren und vom politischen Leben fernzuhalten.

Besondere Virulenz gewannen all diese Überlegungen angesichts der Studentenrevolte Ende der sechziger Jahre. Es war dies auch die Zeit, als ich alle Pläne einer neuerlichen Auswanderung fallenließ, da es mir nun wichtiger erschien, gerade jetzt an meiner Stelle in der Bundesrepublik alle Kräfte dafür einzusetzen, daß Fehlentwicklungen wie die angedeuteten so selten wie möglich blieben, und den jungen Leuten die bestehenden Alternativen vorzuführen und nahezubringen. Da dieser Entschluß mit einer Ablösung der bis dahin regierenden Partei verbunden war, was sich schon vorher speziell bei Kommunalwahlen mehr und mehr angekündigt hatte, gab es zunächst auch eine Reihe durchaus positiv zu bewertender Zeichen.

Allerdings war dieser sich vorbereitende Wandel im Sinne einer stärkeren Beteiligung der SPD an der bundesrepublikanischen Politik nicht etwa als ein sanftes Ruhekissen anzusehen, auf dem sich nun der Sozialwissenschaftler ausruhen konnte. Ich war nach dem unerwarteten Tode Theodor Geigers (1952) mit dem Druck seines nachgelassenen Werkes befaßt, dessen Veröffentlichung das Frankfurter Institut (wie auch in anderen Fällen) um jeden Preis zu verhindern suchte, womit es einen großen deutschen Verleger veranlaßte, vertragsbrüchig zu werden. So konnte Geigers Buch »Die Gesellschaft zwischen Pathos und Nüchternheit« erst 1960 in Dänemark erscheinen, wo ihm die Universität Aarhus zum zweiten Male ein Asyl gab – fünfzehn Jahre nach dem Kriege (eine deutsche Ausgabe erschien dann erst 1963). Das allein läßt ermessen, was für ein Dorn im Auge dieses Werk den vielen deutschen Dunkelmännern sein mußte. Es traf mich schon bei Gelegenheit meines Nekrologs im ersten Heft der skandinavischen soziologischen Zeitschrift wie ein Blitz, was Geiger zur politischen Stellung des Soziologen damals zu sagen wußte. Er sprach von einer »furchtlosen Sozialwissenschaft«, womit er die Position des Kritikers zu den jeweiligen Machthabern meinte. Aber er fügte hinzu, daß sich der Kritiker sofort umorientieren müsse, nachdem sich die politische Konstellation geändert habe. Ungeachtet seiner politischen Sympathien und Neigungen müsse der Kritiker sofort wieder auf die andere Seite der Barrikade treten, wenn eine ihm genehme Partei ans Ruder gekommen sei. Jeder Versuch zur intellektuellen »Wahrung des Besitzstandes«, von welcher Seite er auch immer komme, bedeute eine Beeinträchtigung der freien Entscheidung. Ich schrieb damals über ihn: »Geiger hat es gewagt, den Schritt aus dem Zauberkreis der Tradition herauszutun, wobei er dieser gleichzeitig fern und nahe ist. Aber diese Nähe erwächst nicht mehr aus der Verfallenheit, sondern aus der Distanz, die den Schritt jenseits der traditionellen Bildungsschematik definitiv vollzogen hat, wenn darum auch seinem Buch nur das Entrüstungsgeheul der aufgescheuchten inhumanen Moralapostel und der hypokritischen Vertreter eines intoleranten ›Glaubens‹ von rechts oder von links beschert sein wird, eines Glaubens, der für seine Vertreter doch nur ein Vorwand für die ungehinderte Ausübung der Macht ist – in Vergangenheit, Gegenwart und Zukunft.« Kurzum: kritische Soziologie wendet sich gegen jede Machtausübung, von welcher Seite auch immer. So irritierte, ja schockierte mich auch bei den demokratieungewohnten deutschen politischen Parteien ihre verhängnisvolle Neigung zum Fraktionszwang, die der Definition des parlamentarischen Abgeordneten total widerspricht. Er soll sein Mandat vertreten, wie es ihm sein Gewissen vorschreibt, heißt es. Wo aber bleibt das Gewissen, wenn der Fraktionsvorsitzende Gleichmarsch befiehlt? Ich bemerke nochmals, um jedes Mißverständnis auszuschließen, daß dies für *jede* Partei gilt. So repräsentiert heute der Soziologe jenen Stachel, von dem Sokrates sprach, und der nicht nur das Denken antreibt, sondern es zugleich auf den Weg der Wahrheit bringt.

Doch eigentlich wollte ich in diesem Kapitel nur meine ersten Eindrücke bei der Rückkehr nach Deutschland schildern, so daß ich logischerweise hier abbrechen muß. Das soll jedoch nicht geschehen, ohne zu erwähnen, daß ich im Herbst 1953 an einer schweren Bronchitis erkrankte, die wohl meine erste Reaktion auf die von Knappsack einströmende, mit Braunkohlenstaub geschwängerte Luft in Köln-Lindenthal sowie auf den Schock des Übergangs war.

XI. Fünfundzwanzig Jahre in Köln

Kurz vor dem Ersten Weltkongreß für Soziologie in Zürich 1950 hatte ich eine Berufung als Ordinarius für Soziologie an die Wirtschafts- und Sozialwissenschaftliche Fakultät der Universität zu Köln erhalten, womit sich für mich neue Aufgaben stellten, wie nun meine bisherigen Pläne für das Lehren der Soziologie in die Wirklichkeit übersetzt werden könnten. Das bedeutete für mich zunächst insofern ein Problem, als ich aus einer Philosophischen Fakultät kam, auch wenn ich seit langem in enger Verbindung mit einer Rechts- und Staatswissenschaftlichen Fakultät und deren Wirtschaftswissenschaftlern gestanden hatte. Selbst wenn die Wirtschaftswissenschaft eine hochgradig philosophische Disziplin ist (schon seit dem »Methodenstreit« vom Anfang des Jahrhunderts), kamen doch die Probleme insofern aus einer ganz anderen Richtung, als die Betriebswirtschaftslehre mit einer ganzen Reihe von Nebendisziplinen in Köln eine sehr gewichtige Rolle spielte, was im »Vorland« des Ruhrgebietes niemanden verwundern wird. Und damals gab es zwischen Köln und Münster keine andere Universität. Die Begegnung mit dem mir neuen Faktor Betriebswirtschaftslehre war für mich eine echte Belastung; denn es fiel mir schwer, dieser Disziplin, die damals zudem unter der theoriefernen Fuchtel von Schmalenbach stand, irgendeinen Geschmack abzugewinnen. In Wahrheit handelte es sich dabei um eine künstlich aufgewertete bessere kaufmännische Lehre mit akademischen Ambitionen, von der Erich Gutenberg meinte, daß dafür die »Obersekundareife« durchaus genügt hätte. Gutenberg kam fast gleichzeitig mit mir nach Köln, krempelte die ganze Betriebswirtschaftslehre um und machte sie aus einer »Kunde« zu einer »Wissenschaft«. Das war eine echte Tendenzwende, vor allem auch in Anbetracht dessen, daß Gutenberg eine ganze Phalanx hervorragend ausgebildeter Nachwuchskräfte seiner Schule mitbrachte, die der alten Handelshochschule, aus der die Wirtschaftsfakultät auch personell erwachsen war, ein jähes Ende bereiteten. Das beruhigte mich beträchtlich, und ich habe seit jener Zeit immer eine enge Beziehung mit der Betriebswirtschaftslehre neuen Stils gehabt, die ich meinerseits in betriebssoziologischen Vorlesungen zu erweitern suchte. Trotzdem fehlte mir viele Jahre lang der Kontakt mit der Philosophischen Fakultät, der durch die Fächer der Wirtschaftsgeschichte und Wirtschaftsgeographie nicht ersetzt werden konnte. Hatte ich in Zürich in der Philosophischen Fakultät begonnen und danach Prüfungsrecht in der Rechts- und Staatswissenschaftlichen Fakultät erhalten, so ging ich in Köln den umgekehrten Weg, der mir insbesondere wegen der für mich lebenswichtigen Beziehung zur Ethnologie am Herzen lag – selbst wenn der erste Vertreter dieser Wissenschaft, dem ich in Köln begegnete, Martin Heydrich, ein reiner Museumsspezialist und kein Feldforscher war. Später änderte sich das beträchtlich, woraus sich mit den Jahren eine höchst fruchtbare Zusammenarbeit sowohl mit den Kollegen als auch mit den Studenten entwickelte. Ich selber betrieb viel Wirtschaftsethnologie, die ich zur Wirtschaftssoziologie auszuweiten mich bemühte. In Vorlesungen über die wirtschaftlichen Probleme der Dritten Welt (meine ersten Vorlesungen und Publikationen zu diesem Thema datieren von Anfang der fünfziger Jahre, nachdem ich mich praktisch und rein anschaulich-erfahrungsmäßig schon seit meiner Studienzeit damit beschäftigt hatte) versuchte ich eine wirtschaftssoziologische Analytik dieses Phänomens, wobei ich es von Anfang an ablehnte, den ethnozentrischen Gesichtspunkt der Wirtschaftswissenschaftler aus den entwickelten Gesellschaften auf die Dritte Welt zu übertragen. Doch all dies greift den Ereignissen beträchtlich vor, denn ehe ich dazu kam, mußte ich noch eine weitere Phase der Anpassung an völlig neue Erfahrungen durchmachen.

Als ich gerade dabei war, mich mit meiner Familie in Köln niederzulassen, was wegen der herrschenden Wohnungsnot nicht ganz einfach war, ließ mich die Rockefeller Foundation in New York wissen, daß ich mich um ein Reisestipendium in die Vereinigten Staaten bewerben könne. Das kam meinen persönlichsten Wünschen entgegen, abgesehen davon, daß ich nach mehr als zwölf Jahren ununterbrochener Lehre das intensive Bedürfnis hatte, wieder etwas zu lernen und Neues in mich aufzunehmen. Außerdem glaubte ich mich dafür gut vorbereitet, da ich seit 1942 eine Vorlesung über amerikanische Soziologie gehalten hatte. Es lag nahe, daß ich mich dabei zunächst mit dem Empirismus der Schule von Chicago befaßte, aber ich habe eine empirizistische Auffassung der amerikanischen Soziologie eigentlich immer abgelehnt, da ich einerseits die überragende Rolle des Philosophen John Dewey erkannte, ferner die von Charles H. Cooley und George H. Mead, mehr aber noch die Rolle so bedeutender Kulturanthropologen wie Alexander Goldenweiser, der sogar an Dilthey interessiert war, und Ralph Linton. Erfreulicherweise waren die wichtigsten Werke dieser Männer in Zürich verfügbar; denn im Kriege wäre eine Beschaffung aus den Vereinigten Staaten recht schwer gewesen.

Wichtiger als all dies war mir aber im Moment die praktische Erfahrung mit dem Funktionieren des amerikanischen Departmentsystems, worüber in einem eigenen Kapitel noch zu berichten sein wird. Meine Amerika-Reise dauerte insgesamt sieben Monate (1952–53) und diente einer ersten gründlichen Kontaktaufnahme. Da wir unsere Kinder bei meinen Schwiegereltern hinterlassen hatten, konnten meine Frau und ich uns in ungewöhnlicher Freiheit über einen großen Teil des Kontinents bewegen, wobei wir zwei Dutzend Kollegen sehr eingehend und ein gutes Hundert oberflächlich kennenlernten. Jede einzelne dieser Begegnungen gab mir die Chance zu Diskussionen mit meinen amerikanischen Kollegen; über einige (Fach-)Aspekte habe ich andernorts berichtet, speziell auch über Probleme der Berufsethik des Sozialforschers, über andere wird später zu referieren sein. Aber das Problem, das mich angesichts meines neuen Betätigungsfeldes in Köln am meisten beschäftigte, war genau jenes, das ich in der Schweiz nicht hatte lösen können: Wie soll und wie kann man das Lehren der Soziologie mit der Forschung verbinden? Selbstverständlich erforderte das zunächst eine gewisse materielle Ausstattung und entsprechende finanzielle Mittel; dazu aber kam noch die Notwendigkeit einer »Institution«, wie mir einmal Paul F. Lazarsfeld sagte, in deren Rahmen die Forschung organisiert werden konnte. Ohne das riskierte man, daß sich die Forschungsprojekte, je nach den zufälligen Interessen der Studenten unternommen, verzettelten und des Zusammenhalts ermangelten. In der Tat genügen die klassischen Typen von Universitätsinstituten in keiner Weise den Bedürfnissen des Lehrens in der Soziologie. Es werden also spezialisierte Institutionen benötigt. Aber auch das schafft noch keine völlig befriedigende Lösung des Problems; denn diese Institutionen müssen häufig Auftragsprojekte durchführen, was mehr oder weniger die Verwendung von Studenten ausschließt, da Arbeiten dieser Art ein Maximum an Perfektion erfordern. Studenten, die sich noch in Ausbildung befinden, bieten naturgemäß keine hinreichende Garantie für Qualität – oder nur in seltenen Ausnahmefällen. Es käme aber darauf an, eine Art von Standardqualität der durchgeführten Untersuchungen zusichern zu können. Dazu kommt, und dies ist eine Erfahrung, die Paul F. Lazarsfeld viele Male am Bureau for Applied Social Research in New York machen mußte, die häufig sehr schlechte Arbeitsmoral von Studenten (auch von guten), die eine unangenehme Neigung haben, erst begeistert in Forschungsprojekte einzusteigen, sie dann aufzublähen und schließlich unfertig liegenzulassen. Das zwingt dazu, Organisationsformen und Kontrollen für wissenschaftliche Forschungsinstitute zu suchen, bei denen die Mitarbeiter verpflichtet werden können, bestimmte Arbeiten in angemessener Zeit fertigzustellen.

1952 und neuerlich 1957 studierte ich eine besonders glückliche (wenn auch sicher teure) Lösung dieser Probleme an der University of Michigan in Ann Arbor, wo man eine Trennung zwischen dem Survey Research Center einerseits (am besten einem Max-Planck-Institut zu vergleichen) und der Detroit Area Study andererseits eingeführt hatte; die letztere unterstand im wesentlichen dem soziologischen Department. Während am ersten fortgeschrittene Forscher und junge Kollegen arbeiteten, wurden am zweiten Projekt Studenten zum Erlernen der Forschungstechniken unter Leitung ihrer Professoren, u. a. Gerhard Lenski, eingesetzt. Vor allem die zweite Einrichtung war mir immer ein Vorbild, wenn ich in Köln meine verschiedenen Forschungsprojekte startete, während ich bei Auftragsforschung regelmäßig kommerzielle Institute einschaltete (insbesondere an der von mir geleiteten soziologischen Abteilung des Instituts für Mittelstandsforschung in Köln).

Es war mir durchaus klar, daß es wissenschaftssoziologische Gründe gibt, die eine spezielle Vorgehensweise in der Forschung begünstigen oder hemmen. Das mußte ich vor allem spüren, wenn man mir entgegenhielt, daß für bestimmte empirische Forschungstechniken in Deutschland bzw. in Europa kein Raum sei. Natürlich war das Problem nur durch die Tat zu lösen. So hielt ich eine Vorlesung über Forschungstechniken in der Soziologie und versuchte, besonders interessierte Studenten zu veranlassen, jeweils in eigenen Arbeiten einzelne Forschungstechniken experimentell zu erproben. Ich darf sagen, daß diese Anregung gezündet hat; denn seither ist eine ganze Literatur dieser Art sowohl in Köln als auch an anderen Universitäten der Bundesrepublik aufgekommen, wobei leider nur auf die Dauer der Eindruck entstand, als sei die Behandlung und experimentelle Erprobung bestimmter Forschungs-»Techniken« identisch mit der »Methode« der Soziologie. So ist, wenn ich es offen sagen darf, eine ganze Generation von Forschungstechnokraten herangewachsen, die das Instrument behandeln, als sei es allgemein »disponibel« ohne Rücksicht auf Gegenstand oder Umstände. Erfreulicherweise hat der Forschungsleerlauf in Europa noch nicht solche Dimensionen angenommen wie in den Vereinigten Staaten, obwohl nur zu oft die jungen deutschen Soziologen keinen größeren Ehrgeiz zu haben scheinen, als ihre amerikanischen Kollegen zu imitieren. Das hat mich schon mehrfach zu der Formel vom deutsch-amerikanischen Provinzialismus veranlaßt, der so tut, als gebe es nichts anderes außer diesen beiden Ländern in der Welt, womit man etwa in Westeuropa den ganzen romanischen Kulturkreis ausklammert und ignoriert. Das liegt natürlich einmal an der Unkenntnis romanischer Sprachen, wobei man gleichzeitig vergißt, daß die Amerikaner selbst stärkste Anregungen aus Frankreich erfahren haben und sich häufig, wo solche Anregungen fehlten (wie etwa in bezug auf den geographischen Determinismus), heute noch mit Problemen herumschlagen, die in der französischen Human- und Sozialgeographie schon vor der Jahrhundertwende im wesentlichen gelöst worden sind. Um die gleiche Zeit hatte aber Emile Durkheim begonnen, die empirische Forschung in der Soziologie in Methode und Praxis zu entwickeln, was allerdings jenen verborgen blieb, die Durkheim als einen »amerikanischen Klassiker« ansahen. Das war auch der Grund, warum ich seine »Regeln der soziologischen Methode« (1894/95) neu übersetzte und mit einem langen Kommentar versah (zuerst 1961, 6. Aufl. 1980). Seither sind andere Übersetzungen seines Werkes erschienen, was wohl allmählich die naiven Auffassungen von einst zurechtrücken wird.

Ein weiterer Schwerpunkt meiner Arbeit zu Beginn meiner Tätigkeit in Köln lag naturgemäß in der Fortführung von Forschungen, die ich schon in der Schweiz begonnen hatte, etwa auf dem Gebiet der lokalen Gemeinde und der Familie. So brachte ich 1956 ein Sonderheft der Kölner Zeitschrift für Soziologie und Sozialpsychologie über »Gemeindesoziologie« heraus, in dem sich von mir und anderen veranlaßte Forschungen aus beiden Ländern finden (1972 in 4. Aufl.). In bezug auf Familie griff ich zentral eine seinerzeit (1936) von Max Horkheimer in die Welt gesetzte Theorie an, die in der Nachkriegszeit viel diskutiert wurde, nämlich daß der patriarchalische Charakter der deutschen Familie für den Autoritarismus des Nationalsozialismus verantwortlich zu machen sei. Ich tat das ausgerechnet im Le-Play-Jahr 1955, dem Jahrhundertfest von Wilhelm Heinrich Riehls Familienbuch (der Bibel des deutschen Spießbürgers), und trug meinen Forschungsbericht zum 50jährigen Jubiläum der American Sociological Association auf ihrem Jahreskongreß in Washington vor. Dieser Vortrag, der 1957 in England gedruckt erschien und an zahllosen anderen Universitäten vorgetragen wurde, hat wohl vieles dazu beigetragen, die gedankenlos nachgeplapperte These von Horkheimer zu relativieren. Der Autoritarismus kam in Deutschland nicht aus der Familie, sondern aus der deutschen Werttradition, der natürlich auch die Familie unterlag (im Sinne einer intervenierenden Variable). Damit wird zugleich klar, wo in Deutschland der Patriarchalismus zu suchen ist, nämlich in der bürgerlichen Oberklasse, der auch Horkheimer angehörte, der in seiner Familiensoziologie nur das nachgezeichnet hatte, was ihm aus seiner eigenen Familie und sozialen Klasse vertraut war.

Wurde bei solchen Gelegenheiten manchmal sehr klar, daß vielfach die vermeintlichen Ergebnisse der Forschung nichts als Artefakte technischer Konstrukte darstellen, so konnten wir das auch in harmloser Weise bei der Duplizierung amerikanisch-israelischer Studien über die Rolle von Kooperativen in der lokalen Gemeinde erfahren; die Resultate waren teils analog, teils aber durchaus abweichend. Viel ernster war aber eigentlich der Umstand, daß man zwar über angemessene Erhebungsinstrumente verfügte, nicht aber über Auswertungsverfahren. Abgesehen davon, daß zunächst einmal das Bewußtsein für die Verschiedenheit dieser Dimension geweckt werden mußte, wurde es erst mit der Entwicklung der Computer zweiter und dritter Generation klar, daß die Auswertungsverfahren bisher noch sehr vernachlässigt worden waren. Allerdings verleitete auch die Computertechnik dazu, blindlings alles mit allem zu korrelieren, sich also auf eine Art von »reiner Induktion« einzustellen, von der sattsam bekannt ist, daß sie nirgendwo hinführt. Umgekehrt sollte man eine Regel bedenken, die für die ältere Forschung selbstverständlich war, daß nämlich nur jene Auswertungsmöglichkeiten realisiert werden können, die bei der Erhebung bereits vorgesehen waren. All diese Sätze sind aber im engeren Sinne methodologischer Natur und nicht Fragen der bloßen »Anwendung« irgendwelcher neutraler Techniken. Angesichts der inhärenten Gegenstandsstrukturen kann keine Technik als »neutral« bezeichnet werden. Das hat wiederum den nicht unbedenklichen Nebeneffekt, daß man nach abgeschlossener Erhebung eigentliche »Scheinauswertungen« durchführt, die man ebenso ohne Materialerhebung hätte anstellen können. Das war etwa in Deutschland zweifellos der Fall bei manchen Jugend- und Familienuntersuchungen der fünfziger Jahre, die zu ihrer Zeit viel diskutiert wurden. In diesen Fällen bezieht der Forscher zwar »Anregungen« aus dem verfügbaren Material, ohne jedoch genau zusichern zu können, daß diese einem durchgehenden Zug in den Daten entsprechen.

Schließlich investierte ich viel Arbeit in das Studium der informellen Gruppen im Industriebetrieb, von denen Helmut Schelsky behauptet hatte, sie seien auf die »abstammungsgemischte« Arbeiterschaft der Vereinigten Staaten zurückzuführen, während es das in Deutschland nicht gebe (eine einigermaßen rassistische Bemerkung). In einer ganzen Reihe von Diplomarbeiten und Dissertationen konnten wir schlagend beweisen, daß diese Behauptung schlicht falsch ist, wobei wir nicht nur den Industriebetrieb als solchen, sondern auch Bürokratien in gleicher Hinsicht untersuchten.

Zweifellos wären in jenen Jahren mehr Forschungen dieser Art von größtem Nutzen für die betriebliche Sozialpolitik gewesen, nachdem mit den vielen Gruppen von Flüchtlingen und Heimatvertriebenen, durch die politischen Entwicklungen bedingt, eine ausgesprochen »abstammungsgemischte« Arbeiterschaft im deutschen Industriebetrieb entstanden war. Aber es war natürlich bequemer, die Augen vor diesen Problemen zu schließen, wie auch einige Jahre später beim massenhaften Einströmen der Gastarbeiter. Auch hier standen der Forschung mächtige Vorurteile im Wege, vielleicht sogar solche gewerkschaftlicher Natur, da man jeweils stillschweigend die eine Gruppe von Arbeitern der anderen vorzog und daraus resultierende Spannungen im Betrieb einfach übersah.

Parallel dazu wurde mir auch klar, daß Mitarbeiter, Arbeitsgruppen und Forschungsinstitute nicht ausreichend sind. Man braucht auch Lehrbücher. Der Zufall wollte es, daß mir mein Freund Dr. Max Ralis (heute Paris) eine Auswahl von Dokumenten des Bureau of Applied Social Research in New York zukommen ließ, auf Grund derer ich, mit der freundlichen Zustimmung von Paul F. Lazarsfeld und Robert K. Merton, ein kleines Handbuch über »Das Interview« zusammenstellen konnte; dies Büchlein erschien im Sommer 1952 gleichzeitig in der Schweiz und in der Bundesrepublik. Es war sicher der erste »Reader« dieser Art in Europa. Allerdings war das Handbuch zwar wohlgemeint, aber alles andere als gut, weil in größter Eile zusammengestellt. So machte ich mich sofort nach meiner Rückkehr aus den Vereinigten Staaten mit einigen Mitarbeitern an eine völlige Umarbeitung, deren Ergebnis dann in zwei Bänden unter dem Obertitel »Praktische Sozialforschung« erschien. Der erste Band befaßte sich wiederum mit dem Interview (Techniken, Formen, Auswertung), der zweite mit »Beobachtung und Experiment«. Sie erschienen zuerst 1956 und 1957 und brachten es bis 1972 auf sieben bzw. acht Auflagen. Hier wurde auch seit 1952 ein Glossar mit Übersetzungsvorschlägen amerikanischer Termini vorgelegt, das in der Neuausgabe beträchtlich erweitert wurde.

Soeben habe ich das Wort »Mitarbeiter« benutzt. Ich habe in der Tat bei meiner Arbeit in Deutschland profitiert von einer völlig neuartigen Universitätspolitik, nach der nicht nur die Lehrstühle, sondern viel mehr noch der akademische »Mittelbau« gefördert wurde, also die Assistenten, die auch im Gegensatz zu meiner Studienzeit und zu den Verhältnissen in anderen Ländern (z. B. Österreich, Italien, Frankreich, Spanien) relativ gut bezahlt werden (wie neuerdings auch in der Schweiz). So danke ich mit Freude dem Wissenschaftsministerium des Landes Nordrhein-Westfalen und auch der Verwaltung der Universität zu Köln für die förderliche Einsicht – zumal in einer Zeit, als das noch keineswegs selbstverständlich war, nämlich zu Anfang der fünfziger Jahre –, daß die moderne Soziologie nicht ohne Assistenten auskommen kann. Dank ihrer konnte nicht nur das Lehren in kleinen Gruppen organisiert werden – die einzige Lösungsmöglichkeit angesichts der massiven Zunahme der Studentenzahlen seit Beginn der sechziger Jahre –, sondern auch die Aufstellung kleiner Forschungsgruppen, die unter der Leitung eines Assistenten oder fortgeschrittenen Studenten an einigermaßen komplexen Projekten mit gemeinsamen Direktiven arbeiteten und zu arbeiten lernten. *»Ce n'est qu'en travaillant qu'on apprend à travailler«*, schrieb ich seinerzeit im Vorwort zur Dissertation eines welsch-schweizerischen Studenten, der bei meinem hochgeschätzten Kollegen Jean Piaget promoviert hatte. Ein solches Projekt über Berufsorientierung junger Mädchen wurde von einer Gruppe von acht Studentinnen bearbeitet, die unter der Leitung einer neunten (Renate Haack 1956) standen, was uns die Durchführung von Projekten gleicher Struktur in Hamburg, München, Köln, Duisburg, Düsseldorf, Dortmund und Essen erlaubte (insgesamt 13 298 Fälle). Sie dienten den Studentinnen als Diplomarbeiten, die Leiterin fertigte außerdem auf der gleichen Basis neben ihrer Diplomarbeit eine zusammenfassende Dissertation an. Noch 1973 edierte ich ein besonderes Heft der Kölner Zeitschrift für Soziologie und Sozialpsychologie mit sechzehn ungefähr gleichgelagerten Forschungsarbeiten über die Heilanstalt Grafenberg in Düsseldorf. In anderen Fällen lag die Themenstellung von vornherein fest, wie in der von mir geleiteten soziologischen Abteilung des Instituts für Mittelstandsforschung. Hier beschäftigten wir uns vor allem mit dem Ausbau verschiedener Hypothesen, die ich in meiner »Soziologie Heute« über die Entwicklung der Mittelklassen geäußert hatte. Die ungefähr 25 Bände (von Dissertationen und Diplomarbeiten, oft als Sammelbände) sind in der Schriftenreihe des Instituts und andernorts erschienen.

Im übrigen kam es am Ende zu einem ausgesprochenen Konflikt mit dem Bundeswirtschaftsministerium, das sich weigerte, Dissertationen im Institut zu finanzieren, und statt dessen rein administrative und politische Auftragsarbeit von uns erwartete. Diese naive Art der Wissenschaftspolitik machte sich leider immer mehr in den Behörden breit, so daß ich schon früh begonnen hatte, bei Vertragsabschluß darauf zu drängen, daß die finanzierten Projekte zu Dissertationen ausgebaut werden durften. Das ist ein wichtiger Hemmschuh für das Auswuchern administrativer Routinearbeit und politischen Wunschdenkens im akademischen Bereich. Die gleiche Regel habe ich in der ebenfalls von mir geleiteten Forschungsgruppe über Militärsoziologie befolgt. Auch in diesem Falle hat das Bundesverteidigungsministerium nach meiner Emeritierung die Forschung in eigene Regie übernommen, die Gefahren sind hier wie im anderen Falle die gleichen. Im übrigen möchte ich nur noch anfügen, daß ich bei fremdfinanzierten Projekten die ganze verfügbare Summe für Personalkosten jeweils den betreffenden Mitarbeitern zu überlassen pflegte. Mir lag daran, begabten Studenten auf diese Weise eine Chance zu geben, eine bessere Dissertation zu schreiben, als man sonst hätte erwarten können.

Heute ist allmählich eine Dreiteilung des Studiums eingetreten zwischen a) dem Grundstudium mit einer festgelegten Reihe von Vorlesungen und Übungen, die mit einer Zwischenprüfung abgeschlossen werden; b) dem Hauptstudium, das mit der Diplomprüfung endet; leider sind nun gerade hier Einschränkungen höchst bedenklicher Art insofern gemacht worden, als die Zeit für die Diplomarbeit zumeist begrenzt ist, so daß es unmöglich wird – wie früher – eine wirklich gute Diplomarbeit anzufertigen. Das ist ein echter Verlust für die Forschung und bedeutet gleichzeitig eine bedenkliche Niveausenkung für das Diplomexamen, da die Chance einer Entfaltung selbständiger Ideen auf dieser Ebene nun kaum noch besteht. Man hat hier den Fehler begangen, auf Grund voraussehbar begrenzter Umstände eine Daueränderung der Prüfungsordnung einzuführen; dies dürfte eigentlich bei Soziologen nicht geschehen, die zwischen kurzfristigen Schwankungen und langfristigen Trends zu unterscheiden gelernt haben sollten. Davon unabhängig entwickelt sich c) die Arbeit im Forschungsinstitut, die überwiegend den Studenten im Doktorstudium vorbehalten ist.

Es hat viele Jahre gedauert, um zu dieser Dreiteilung zu kommen, wobei man durchaus sehr verschiedener Meinung über die Zweckmäßigkeit dieser Anordnung sein darf. Eine Ursache für diese ausgesprochene Fehllenkung ist wohl darin zu suchen, daß sich die Professorenschaft vor der überfälligen Universitätsreform in völlig unverständlicher und auch unverantwortlicher Weise gedrückt hat, so daß schließlich die Ministerialbürokratie erzwang, was ihr am besten in den Kram paßte und was sie mit ihren beschränkten Erfahrungen auf dem Lehrsektor geistig gerade verkraften konnte. In der Tat hatte die Professorenschaft völlig verschlafen, daß sich auch die Ministerialbürokratie mit der Zeit geistig aufgewertet hatte, so daß diese den Mut (oder Übermut) fassen konnte, die Universitätsreform in eigener Regie durchzuführen. Daß aber dabei ausschließlich Leitlinien wirksam wurden, wie sie der Bürokratenmentalität entsprechen, kann wohl niemanden verwundern. Das Problem der Entfaltungsmöglichkeiten für eine höhere Wissenschaftsausbildung bleibt dabei zweifellos ungelöst – besonders wenn, wie geplant, auch der Inhalt der Vorlesungen festgeschrieben werden soll. Die letzte Ursache dafür war aber die Trägheit, Unbeweglichkeit und Angst vor Reformen bei den Professoren. Welcher Unterschied zwischen dieser Farce von heute und der gediegenen Reform der klassischen Universität von 1810, die ihr Vorbild in der Universität Berlin fand, deren Gründung ich in meinem Buch von 1935 beschrieben hatte!

Um mir ein Bild über die allgemeine Lage des Lehrens der Soziologie in der Welt zu machen, unternahm ich die Durchführung eines Projektes über »Das Lehren der Soziologie in entwickelten und unterentwickelten Ländern«, das auf dem Weltkongreß von Evian 1966 vorgestellt wurde. Ich selber hatte zu diesem Zweck Erhebungen in Japan, National-China und Hongkong durchgeführt. Mehrere besonders interessante Einzelberichte aus verschiedenen Teilen der Welt wurden als Illustrationsmaterial zu meinem Grundsatzartikel in einem besonderen Heft der Kölner Zeitschrift für Soziologie und Sozialpsychologie veröffentlicht.

Im Laufe dieser Entwicklungen wurde es mir immer klarer, daß man es nicht verhindern kann, eine relativ neue Disziplin wie die Soziologie zu einer Art von Elitenbeschäftigung werden zu lassen, wenn man nicht für eine wirksame Breitendiffusion sorgte. Das erforderte nicht nur Institutionen, Lehrprogramme, Curricula und Lehrbücher, sondern auch allgemeine Dokumentationswerke zur Erklärung der benutzten Begriffe. In diesem Sinne veröffentlichte ich mit einigen Mitarbeitern mein »Lexikon der Soziologie« (1958) im Rahmen des Fischer-Lexikons, das zweimal umgearbeitet wurde (1967, 1971). Ich benutze die Gelegenheit, um dem damaligen Herausgeber der Reihe, Ivo Frenzel, dafür zu danken, daß er mir erlaubte, nicht etwa ein Buch ad usum delphini zu produzieren, sondern völlig kompromißlos das Niveau zu wahren, das die heutige Soziologie erreicht hat. 1980 ist die 19. Auflage erschienen in einer Gesamtauflage von 410 000 Exemplaren; außerdem gibt es Übersetzungen ins Holländische, Spanische, Italienische, Französische und Neuhebräische, von denen manche wiederum mehrere Auflagen erlebt haben. Angesichts einer solchen Verbreitung wird man schwerlich bestreiten können, daß dieses Lexikon für große Bevölkerungsgruppen die Bedeutung eines allgemeinen Bildungsinstruments angenommen hat. Das war in der Tat das Ziel, das ich mir bei der Redaktion gestellt hatte. Im übrigen hatte ich schon früher einer lexikalischen Behandlung der Soziologie vorgearbeitet, als ich die einschlägigen Artikel im »Schweizer Lexikon in sieben Bänden« (1945/48) bearbeitete.

Ein anderes Mittel zur soliden Begründung der Soziologie erwuchs mir mit der »Kölner Zeitschrift für Soziologie und Sozialpsychologie«, deren Leitung ich 1955 nach dem Rücktritt meines Amtsvorgängers Leopold von Wiese übernahm. Meine Absicht war, aus dieser Zeitschrift ein Fachorgan der Soziologie zu machen, das universell ausgerichtet und frei von jeder besonderen oder Schul-Tendenz sein sollte. So sind in dieser Zeitschrift bis heute alle wesentlichen Strömungen der Soziologie in der Bundesrepublik zur Sprache gekommen. Maßstab war für mich als Herausgeber die Qualität und nicht die Einstellung. Ferner wollte ich auch vor allem die jungen Kollegen zu Wort kommen lassen. So haben viele heute hoch angesehene deutsche Soziologen ihre ersten Veröffentlichungen in der Kölner Zeitschrift gehabt, lange bevor sie allgemein anerkannt wurden. Ich muß dazu keine Namen nennen; jeder, der die Jahrgänge von 1955 bis heute durchblättert, wird sich selber ein Bild machen können. Ferner wollte ich auch besondere Aspekte der ausländischen Soziologie in der Bundesrepublik bekanntmachen, gelegentlich auch durch kritische Bibliographien. Schließlich sollte die Zeitschrift als Forum für die Veröffentlichung relativ kurzer Forschungsberichte dienen. Ich schätze, daß bisher in der Abteilung »Aus dem Leben der Forschung« rund 150 solcher Berichte erschienen sind.

Seit Anfang meiner Herausgebertätigkeit erkannte ich deutlich ein Problem, das allen periodischen Publikationen innewohnt: jede Einzelnummer muß notwendigerweise eine Reihe verschiedener Artikel bringen, die einzig durch den Umschlag zusammengehalten werden. Es gab damals keinen Typ periodischer Publikationen mit systematischerem Charakter. So »erfand« ich den Typ des »Sonderheftes«, der seit jener Zeit von vielen anderen Zeitschriftenherausgebern nachgeahmt worden ist. In einem solchen Sonderheft wurde jeweils ein einziges Thema von verschiedenen Autoren unter verschiedenen Aspekten behandelt und den Abonnenten zu einem besonders günstigen Preis angeboten. Das erste Sonderheft erschien 1956 über Soziologie der Gemeinde, 1979 zählt die Reihe 21

Bände, davon 9 unter meiner Herausgeberschaft oder Mitherausgeberschaft. Weitere sind bereits in Arbeit oder in Vorbereitung. Von vielen dieser Bände kann man sagen, daß sie jeweils ein neues Gebiet der Soziologie zur Diskussion stellten und damit eine echte Pioniersfunktion erfüllten, was auch durch die hohen Auflagenzahlen bestätigt wird. Ich bemerke übrigens, daß manche Bände gewissermaßen vor der Zeit erschienen sind, wie der Umstand beweist, daß ihre Auflagenzahlen erst nach einigen Jahren zu steigen begannen. Ferner war ich immer darauf bedacht, die internationale Ausrichtung dieser Veröffentlichungsreihe zu wahren.

Um schließlich der Soziologie eine solide Grundlegung zu garantieren, nicht nur in den Methoden und Forschungstechniken oder in der Didaktik, sondern auch in den handgreiflichen Ergebnissen dieser neuen Disziplin, mußte die letzte Stufe in der Schaffung eines enzyklopädischen Werkes bestehen, daß außer den formellen Aspekten auch untersucht, inwieweit die älteren Theorien vor den Ergebnissen der neueren Forschung standhalten. So wurde das »Handbuch der empirischen Sozialforschung« mit Hilfe von 56 Mitarbeitern nicht nur ein Abriß der Methode und der Forschungstechniken in der Soziologie, sondern vor allem auch eine Darstellung des weltweiten sozialen Wandels, der seit Anfang des 20. Jahrhunderts in den hochindustrialisierten Gesellschaften vor sich gegangen ist. Mehr als alle weitschweifigen Ausführungen zeigt dieses Werk die hochtheoretische Bedeutung des methodisch betriebenen Empirismus, insofern er uns im Rahmen eines logischen Kontextes erlaubt, bestimmte Hypothesen der Vergangenheit auf rationaler Grundlage zu widerlegen. Eine solche Enzyklopädie bedeutet also nicht die Akkumulation »toten« Wissens, sondern im Gegenteil eine Inventur der Gegenwartssituation in verschiedenen sektoriellen Dimensionen. Gewiß ist es völlig unmöglich, daraus ein auch nur einigermaßen erschöpfendes Werk zu machen; das ist auch weder nötig noch wünschenswert und könnte nur zu der Auffassung verleiten, daß irgend etwas im Bereich des Sozialen endgültig sei. Damit wäre aber unsere Wissenschaft zum Tode verurteilt, während wir in Wahrheit sowohl das Werk unserer Vorgänger fortführen, wie auch anderen die Möglichkeit geben müssen, fortzusetzen, was wir begonnen haben, und damit eine neue Zukunft anzubahnen. Schließlich gibt eine kritische Enzyklopädie dieser Art nicht nur eine Zusammenfassung geläufiger Meinungen, sondern vielmehr eine kritische Gesamtsicht unserer Gesellschaft mit ihren Leistungen und Fehlleistungen, die es uns erlaubt, unsere eigene Stellung besser zu erfassen. Eine »Kodifizierung« dieser Art (Alfred Vierkandt benutzte als erster diesen Terminus vor mehr als 45 Jahren) bedeutet also kein »geschlossenes« System. Einzig eine im Raum und in der Zeit genau umschriebene Vergangenheit kann als geschlossen angesehen werden, aber ihre Bedeutung für die Lebenden kann sie in Wahrheit nur als einen Schritt in die Zukunft unter Beweis stellen.

Als ich vor nunmehr 16 Jahren den ersten Band des Handbuches herausbrachte, das damals im Großformat auf nur zwei Bände geplant war, dachte ich, es handele sich dabei um ein zeitlich einigermaßen eingrenzbares Unternehmen. Leider wurde ich schnell eines Besseren belehrt, als mir noch vor Abschluß des zweiten Bandes mitgeteilt wurde, daß der erste – trotz einer großen Auflage – bereits ausverkauft war. Das verzögerte natürlich das Erscheinen des zweiten Bandes, weil nun der erste umgearbeitet werden mußte. Als dann die zweite Auflage des ersten Bandes erschien, waren beide so schnell ausverkauft, daß ich an eine völlig umgearbeitete Neuausgabe gehen mußte, die dann ab 1973 erschien und nun insgesamt 15 Bände umfaßt. Ende 1979 konnte auch dieses Unternehmen abgeschlossen werden.

XII. Akademische Lehrer und unruhige Studenten

Bisher war nur die Rede davon, wie und auf welchen verschlungenen Wegen ich mein Berufsziel als akademischer Lehrer erreichte. Jetzt ist es wohl Zeit, sich zu fragen, welche Bewandtnis es überhaupt mit diesem Beruf hat, nachdem er in den letzten Jahren so häufig in Frage gestellt worden ist.

Angesichts dieser Fragwürdigkeit, die übrigens bereits in den zwanziger Jahren immer wieder aufkam und diskutiert wurde, erscheint es mir überraschend, daß ich selber niemals einen Zweifel über meine Berufsorientierung gehabt habe. In meinem Abiturientenzeugnis steht: »Verläßt das Gymnasium, um Philosophie und Psychologie zu studieren«, was ich pünktlich in meinem ersten Semester begann. Ich belegte, hörte regelmäßig und arbeitete die Grundvorlesungen fortlaufend aus, wobei allerdings mein persönliches Interesse eindeutig bei den Nebenfächern lag, durch die ich schließlich zur Soziologie gelangte. Mein Ziel war klar, aber von einer geradlinigen Entwicklung konnte gar keine Rede sein. Wenn überhaupt, so muß hier zwischen *intentio recta* und *intentio obliqua* geschieden werden, wobei der Gegenstand meiner *intentio recta,* Philosophie und Psychologie, aus der Dimension meiner *intentio obliqua* langsam aber sicher umgeformt wurde. Das äußerte sich zunächst darin, daß ich, wie man heute sagen würde, ausgesprochene »Untergrundliteratur«, über die an der damaligen Universität eisern geschwiegen wurde, in größten Mengen verschlang: von Arthur Schopenhauer über Friedrich Nietzsche zu Otto Weininger und Fritz Mauthner. Dazu kam, teilweise durch August Strindberg und Stanisław Przybyszewski angeregt, eine intensive Beschäftigung mit den »schwarzen« Philosophien vom Ende des 19. Jahrhunderts, die in hartem Widerspruch standen zur vermeintlichen Universalisierung des Rationalismus; so etwa mit der russischen Geisterseherin Blavatskaya oder dem französischen Hexenmeister und Rosenkreuzer Sar Peladan, der mich unerwarteterweise auf Balzac und seine Spätphilosophie (*A la recherche de l'absolu*) zurückbrachte und damit auf den Magier Emanuel Swedenborg. Ich erwähne das nur, weil ich zeigen möchte, wie stark meine Zweifel an der vermeintlich geradlinigen Entwicklung des europäischen Rationalismus schon damals waren. Andererseits soll das erweisen, daß ich intensiv interessiert war an psychischen Randphänomenen, wie ich sie bereits mit Przybyszewski in Danzig besprochen hatte, ein Gespräch, das ich später mit Max Dessoir in Berlin wiederaufnahm und das noch später in das breite Becken der Ethnopsychologie oder Kulturanthropologie einmündete, wie sie damals der Zürcher Otto Stoll betrieb. Das war von vornherein ein Seitenweg und einigermaßen ungewöhnlich für einen, der akademischer Lehrer werden wollte, denn alle diese Dinge waren in der offiziellen Wissenschaft damals verpönt. Gleichwohl hegte ich nicht den geringsten Zweifel an der Bedeutung des Berufs, der mir erst im Laufe der Praxis zahllose Probleme aufgeben sollte – Probleme, die ihn in unseren Tagen fast zum Unberuf oder Minderberuf gemacht haben.

Meine persönliche Voraussetzung dafür war eine echte Leidenschaft für das Lehren; nicht aus Besserwisserei, sondern für ein Lehren als Mitteilung und Aufforderung an andere, Dingen nachzugehen, die man als wesentlich erkannt zu haben glaubte. Der Vorgang des Lehrens war für mich jeweils abgeschlossen, wenn der andere oder die anderen von sich aus den Faden aufgriffen und weiterspannen. Dann kehrte sich das Verhältnis Lehrer–Schüler häufig um, und ich bekenne freimütig, daß ich mein ganzes Leben lang ungemein viel von meinen Schülern gelernt habe. Im Grunde lag dem eine Vorstellung vom gemeinsamen Lernen zugrunde, das sich mit sokratischer Maieutik paart und den Belehrten dazu bringen soll, von sich aus und in reinster Spontaneität zu erfassen, worauf man seine Aufmerksamkeit gelenkt hat.

Nur wer ständig bereit ist zu lernen, vermag wahrhaft zu lehren. Das allein widerlegt schon ein gängiges Vorurteil gegenüber der Qualifikation des idealen Hochschullehrers, indem es Zweifel daran weckt, ob ein »Ausgelernter« ein guter Lehrer sein kann. Im Gegenteil: der beste Lehrer ist stets der selber erst Lernende, und der »Eros« des Lehrenden liegt genau in der Begeisterung und der ganzen Freude des Entdeckens, mit der er das eben erst selber Gelernte an andere vermittelt. Daraus folgt eine Regel, die ich mir schon früh zu eigen gemacht habe: nicht der ältere, erfahrenere akademische Lehrer ist der beste, sondern genau umgekehrt der jüngere, der noch von diesem Eros belebt wird. An den amerikanischen Universitäten war das seit jeher eine Grundregel für den Anfängerunterricht; die Lehrenden sollten nicht allzuviel älter als die zu Belehrenden sein, damit sich die befeuernde Erfahrung des gemeinsamen Lehren-Lernens voll realisieren kann. Als ich in größerem Rahmen als Ordinarius in Köln zu unterrichten begann, zog ich sofort meine Assistenten mit in den Lehrbetrieb hinein, was ich später auch administrativ in der Unterrichtsorganisation zu verallgemeinern und zu institutionalisieren suchte, lange bevor diese Probleme allgemein diskutiert wurden. Die soziologische Abteilung in Köln hat so gute Absolventen hervorgebracht, weil sie nicht nur von einem »Ordinarius«, unterrichtet worden sind, sondern zusätzlich von zahlreichen jungen Mitarbeitern, die teilweise selber erst ihr Doktorexamen vorbereiteten. Das geschah zumeist – und das war der zweite Vorteil dieses Vorgehens – in kleinen Gruppen, gelegentlich von nur drei bis fünf Studenten. So gelang es uns fast mühelos, den Massenbetrieb für die Hauptfachsoziologen zu meistern.

Damit ist aber der »Ausgelernte«, also der ausgewachsene akademische Lehrer, nicht überflüssig geworden, wie man leichtfertigerweise meinen könnte. Auch er hat einzelne Gebiete, auf denen er lebenslänglich ein Lernender bleibt; diese – zumeist Spezialfächer – zu vermitteln ist seine eigenste Aufgabe, womit freilich auch entschieden ist, daß er sich zunächst an Fortgeschrittene wenden muß oder sollte.

So harmlos und einleuchtend sich das anhören mag, so problemgeladen ist es. Als ich mein Universitätsbuch schrieb, war ich mir klar darüber, daß trotz aller Änderungen, die durch den technischen, wirtschaftlichen, sozialen, politischen und kulturellen (insbesondere wissenschaftlichen) Wandel bedingt sind, ein zentraler Zug der alten deutschen Universität von 1810 über die des 19. Jahrhunderts bis zu der des 20. Jahrhunderts fortdauern mußte, nämlich der wesentlich kreative Charakter des Universitätsunterrichts im Gegensatz zum eher rezeptiven oder technischen Charakter aller anderen Unterrichtsstufen. Dabei muß natürlich beachtet werden, daß letztlich jeder Lernakt eine kreative Seite hat, insofern der Belehrte lernen muß, die Dinge zu reproduzieren, als hätte er sie eben erst erfunden. Umgekehrt hat auch auf Hochschulbasis die Stoffvermittlung und das Einüben von Techniken eine nicht zu unterschätzende Funktion. Darin ist im Grunde kein Unterschied zur alten Lernuniversität zu erblicken, bei der die Lehrbücher von der Behörde vorgeschrieben waren; sie waren allerdings mit weißen Blättern durchschossen, auf denen der Professor das seit Veröffentlichung des Buches angefallene neue Material eintrug und zusammen mit dem gedruckten Text als Unterlage für seine Vorlesungen benutzte. Selbst Kant hat auf diese Weise gelehrt, man denke nur an seine Logik, deren Text von G. Fr. Meiers stammte. Es wird niemanden verwundern, daß die Besoldung dieser Art von Professoren gering war; sie erhielten im 18. Jahrhundert teilweise wesentlich weniger als höhere Angestellte. Das Verfahren selbst ist aber von symptomatischer Bedeutung, denn es zeigt, daß Kreativität selbstverständlich nicht freischwebend ist, sondern daß an ihr ein gewisser »Erdenrest« haftet, der den schöpferischen Akt in einen Kontext, wie man heute sagen würde, von Wissenstradition, Didaktik, Curriculumlenkung, administrativen Postulaten, die sich in Prüfungsordnungen niederschlagen, und ähnlichem einfügt. Die Frage ist nur, wie schwer dieser Erdenrest, »zu tragen peinlich«, in der jeweiligen Praxis ist und ob es berechtigte Hoffnungen gibt, daß man ihn meistern kann, oder ob nicht Widersprüche auftreten, die alle Bemühungen illusorisch machen.

Hier gibt es gewisse erschreckende Einsichten, die man sich besser offen eingesteht, statt die Augen davor zu verschließen. So kam man etwa in den Vereinigten Staaten zu folgender erschütternden Feststellung: Die Funktion der Universität liegt ihrem Postulat nach darin, den gegenwärtigen Stand des Wissens zu vermitteln. Die Wahrheit dagegen ist, daß ein Wissen vermittelt wird, das zu einem bestimmten Zeitpunkt in der Vergangenheit aktuell war. Das gilt sogar in ganz ausgeprägtem Maße, wenn ein starker Unterschied zwischen College und Universitätserziehung gemacht wird. Denn dann lehrt das College die Wahrheit von gestern oder – je nach Rangordnung – von vorgestern, während sich erst die Universität bemüht, up to date zu sein. Offensichtlich wird stillschweigend angenommen, daß es für nicht-graduierte Studenten und für die meisten Berufslaufbahnen gar nicht von Nutzen sei, über die »letzten« Einsichten zu verfügen. Was jedoch in den Vereinigten Staaten ein offen beklagter Mangel ist, wird in Europa noch weitgehend verdrängt, wobei gleichzeitig ein starker Prestigefaktor mitspielt, der solche Fragen gar nicht erst aufkommen läßt. Es erscheint hierzulande als selbstverständlich, daß Idealgestalt und Realität identisch sind.

Ich hatte Gelegenheit, kurz nach 1950 diese Frage in bezug auf die Betriebswirtschaftslehre im akademischen Unterricht sowohl mit einem wichtigen Verwaltungsbeamten der Universität Köln als auch mit deutschen Industriellen zu besprechen. Damals stellte sich als Ergebnis unserer Nachforschungen kurz gesagt folgendes heraus: bis die Industrie verbalisieren kann, von welchen Gesichtspunkten sie sich leiten läßt, vergehen bereits einige Jahre. Bis die Theoretiker der Betriebswirtschaftslehre davon erfahren, vergeht eine weitere Zeitspanne, so daß man erst nach einer beachtlichen Verspätung davon sprechen kann, daß die akademisch betriebene Betriebswirtschaftslehre ein adäquates Bild der wirklichen Verhältnisse hat. Bis zu diesem Moment ist aber die Industrie bereits wieder um viele Schritte weitergegangen. Man darf also getrost sagen, daß ein solches Studium für die Praxis völlig untauglich und überflüssig ist.

Es mußte erst eine im wesentlichen von Studenten ausgelöste, veritable Kulturrevolution über die Universitäten hereinbrechen, bis vor aller Augen sichtbar wurde, wie weit man von der Erfüllung der bestehenden Funktionen in den Organisationen der höheren Ausbildung insgesamt entfernt war. An diesem Sturm sind aber nicht nur viele Universitätslehrer zerbrochen, sondern das Standing der Institutionen als solches hat einen schweren Schaden davongetragen, der durch einfache Personalvermehrung nicht zu reparieren war. Im Gegenteil: da sich diese Entwicklungen ganz ohne Kenntnis und Bewußtsein der zugrundeliegenden Schwierigkeiten vollzogen, mußte die Krise nur noch akuter werden. Verschärfend wirkte dabei auch der Umstand, daß wir heute vor einem durchaus kopflastigen Institutionensystem der höheren Ausbildung stehen, das trotz erheblich gestiegener Kosten seine Funktionen immer unzulänglicher erfüllt. Und das wird zusätzlich dadurch verschlimmert, daß alle Neuberufungen, die oft genug übereilt und ohne klare Qualifikationsanforderungen erfolgten, nach dem deutschen Verfahren zu lebenslänglicher Verbeamtung führen. Man kann, mit anderen Worten, eine einmal erfolgte Fehlwahl nicht wiedergutmachen, bestenfalls durch Nichtbesetzung vakanter Planstellen zukünftige Besetzungen verhindern – womit man dann allerdings das herrschende niedrige Niveau für eine Generation festgeschrieben hat. Und wenn ferner die Tendenz anhält, die sich deutlich während der Studentenrevolte ankündigte, daß sich die Ordinarien vorzeitig emeritieren lassen (etwa mit 65 statt 68, oder sogar früher mit Hilfe kollegialer ärztlicher Gefälligkeitsatteste), so läßt sich der Verlust des Staates leicht errechnen: bei etwa 30jähriger Aktivität eines durchschnittlichen Ordinarius bedeutet eine Senkung des Pensionierungsalters auf 65 Jahre bereits einen Mehrbedarf von zehn Prozent Personal im obersten Rang, ohne daß dadurch irgend etwas verbessert oder gar verändert würde. Das alles sind bedenkliche Entwicklungen, angesichts derer zu fragen ist, wie lange wir uns dergleichen noch werden leisten können.

Außerdem sind seltsame Universitätsneugründungen erfolgt wie etwa die von Schelsky empfohlene Gründung in Bielefeld, wo ohne jede Nachprüfung des Bedarfs eine sozialwissenschaftliche Fakultät mit 18 Professuren eingerichtet worden ist, die der Begründer selbst eigenartigerweise kurz danach wieder verließ. Offensichtlich war er von seinem Kinde nicht sehr erfreut, aber die Nachwelt muß nun den Schaden auslöffeln, und der Staat muß zahlen. Heute, bei erheblich geschrumpften Studentenzahlen in den Sozialwissenschaften, verbringen die dortigen Kollegen ihre meiste Zeit damit, sich die Studenten gegenseitig abzujagen. Das ist beileibe kein Vorwurf an meine sehr geschätzten Kollegen in Bielefeld, mit denen ich jederzeit gern zusammengearbeitet habe, sondern einzig einer an Schelsky und an den Wissenschaftsminister, der so etwas zuließ, ohne sich mit einem anderen Soziologen darüber zu beraten. Die Universität Bremen hat von ihrem Gründungsausschuß eine Verwaltungsstruktur erhalten, die sie völlig arbeitsunfähig macht und einzig die gegenseitigen Intrigen vermehrt, weshalb auch die ehemaligen Mitglieder dieses Ausschusses Berufungen dorthin scheuen wie der Teufel das Weihwasser. Auch Ralf Dahrendorf wollte nicht zurückstehen und hat dem Ministerium des Landes Baden-Württemberg eine Forschungsuniversität in Konstanz eingeredet, für die nachweislich kein Bedarf bestand, ganz abgesehen davon, daß die Lokalisierung an einen so teuren Fremdenverkehrsplatz für einen Soziologen von ganz ungewöhnlichem Mangel an Wirklichkeitssinn zeugt. Wiederum: ich schätze die Kollegen von Konstanz sehr hoch, was ich auch durch enge Zusammenarbeit auf verschiedenen

Gebieten bewiesen habe, aber die große Zahl ihrer Veröffentlichungen zeigt allein, daß sie offensichtlich im Lehramt unterbelastet sind. Es gibt Gerüchte, nach denen Dahrendorf das selber eingesehen und dem Minister empfohlen haben soll, die Neugründung schleunigst wieder zu schließen und die verfügbaren Stellen auf die anderen Landesuniversitäten zu verteilen. Doch dann hörte man nichts mehr davon. Ein Soziologe hätte wissen müssen, daß eine einmal etablierte Organisation dieser Größenordnung allein aus politischen Gründen nicht mehr zurückgenommen werden kann. Es gibt auch einen Überlebensegoismus von Institutionen, die, wenigstens nach deutschen bürokratischen Vorstellungen, praktisch unzerstörbar sind.

Diese Reihe ließe sich noch lange fortsetzen, ohne daß dabei etwas anderes herauskommen würde als die immer gleiche Einsicht in ungenügend durchdachte Planungen, unternommen im Unfehlbarkeitsrausch einer nicht enden wollenden Konjunktur, deren Ende die Wissenden schon seit 1964 vorausgesehen hatten. Alte Universitäten, wie z. B. die in Köln, wurden dagegen in dieser Periode verdammt, für die anderen die schmutzige Arbeit zu machen, und verwandelten sich sowohl für Studenten wie für Professoren in wahre Arbeits- oder Pauk-Universitäten, was ebenfalls dem Sinn der Hochschulausbildung widerspricht. Als die Wellen am höchsten schlugen, fragte ich einen hohen Beamten im Düsseldorfer Wissenschaftsministerium, wieviel wöchentliche Arbeitsstunden man eigentlich von mir erwarte. »Um Gotteswillen, tun Sie uns das nicht an, Herr Professor«, war die Antwort. Nun, wir haben aus Loyalität zum Staat jahrelang mit 70 Wochenstunden durchgehalten, aber ich halte das auf die Dauer für untragbar.

Statt sich in ehrgeizige Experimente zu stürzen, wäre es wohl besser gewesen, wenn man darüber nachgedacht hätte, wie und auf Grund welcher organisatorischer Maßnahmen die Universitäten unter den heutigen Bedingungen eine wesentliche Leistung für die höhere Ausbildung aufbringen könnten. Als die »Bildungsexplosion« begann, hat man nicht einmal untersucht, welche Bevölkerungsschichten für höhere Ausbildungsgänge ansprechbar sind, obwohl schon seit Jahrzehnten die Mannigfaltigkeit der Kulturen in den verschiedenen sozialen Klassen und Schichten bekannt war. Man hetzte so viele Jugendliche wie möglich mit Hilfe einer weitgestreuten Bildungswerbung in die Universitäten, ohne sich auch nur zu fragen, ob sie dann dort gut »bedient« werden würden. Die von mir in vielen kleinen Untersuchungen durchgeführten Sondierungen zeigten alle miteinander das gleiche Resultat: erfaßt und gefördert wurden einzig die letzten Talentreserven der oberen oder mittleren Mittelklassen, die Angehörigen der Unterklassen aber scheiterten zumeist, weil sie auf ein Universitätsstudium familiär nicht vorbereitet waren. Aus ihnen rekrutiert sich heute wahrscheinlich der Hauptstamm der arbeitslosen Akademiker; viele von ihnen sind ihrer ganzen Mentalität nach einfach falsch ausgebildet. Für sie wäre eine höhere Berufsfachschule viel besser gewesen, wie es die Amerikaner mit ihrer neu erfundenen und entwickelten Community-College-Bewegung erreicht haben, die primär professionell-funktional ausgerichtet ist, wie Neil Smelser in seinem »Epilog« zu der Universitätsanalyse von Talcott Parsons und Herald M. Platt (1973) bemerkt. Im übrigen muß man natürlich dafür Sorge tragen, daß die verschiedenen Studiengänge durchlässig bleiben, um ihre Absolventen bei entsprechender Begabung in andere Linien der bisherigen Ausbildungsgänge einschleusen zu können, ohne das dabei soviel Zeit verloren wird wie beim sogenannten »Zweiten Bildungsweg«. Wenn man von der sturen Vorstellung ausgeht, soviel Jugendliche wie möglich in die Universitäten zu treiben, so vermehrt man jedoch nur die Zahl der inadäquat ausgebildeten Elemente, die unter ständigen Frustrationen leiden und sich dem Heer der Neurotiker zugesellen, das unsere Gesellschaften mehr und mehr belastet.

Die hier sichtbar werdenden Differenzierungen betreffen aber auch die akademischen Lehrer. Auch ihnen hat man einen schlechten Dienst erwiesen, als man sie unterschiedslos zu Universitätsprofessoren machte, ohne die Ansprüche zu bedenken, die an solche Positionen zu stellen waren (und die bei ihrer großen sozialen und wirtschaftlichen Sicherung durchaus berechtigt sind, wie mir scheinen will). Lehrer an höheren Fachschulen, Lehrer im Universitätsbereich und ordentliche »Vollprofessoren« (ich übernehme hier wider meine sonstige Gewohnheit einen Ausdruck aus dem Amerikanischen) sind aber ganz verschiedenen Leistungsanforderungen unterworfen; auch im Organisationszusammenhang ist ihre Funktion jeweils recht unterschiedlich, insofern die einen vorwiegend stoffvermittelnd lehren, die anderen dagegen eher im Sinne des kreativen Lehrens, wie ich es oben charakterisiert habe, was sich im akademischen Bereich vor allem durch die Doktor-Prüfungen und Dissertationen und noch mehr durch die Habilitationsschriften ausdrückt, die der Bestimmung nach jeweils einen »neuen« Aspekt der betreffenden Wissenschaft eröffnen sollten. Entlastung dieser Spitzenkräfte vom Routineunterricht scheint mir eine unverzichtbare Forderung zu sein, will man vermeiden, daß das gesamte Niveau immer tiefer sinkt. Zum Vollprofessor (oder Ordinarius) sollten zudem einzig solche Kandidaten gewählt werden, die das jeweilige Fach als Ganzes behandeln (ungeachtet eventueller persönlicher Vorlieben), während der »Extraordinarius«, wie man früher sagte, ein Spezialgebiet im Rahmen des Gesamtzusammenhanges vertritt. Genau dies ist der Unterschied zwischen »Full professor« und »Associate professor« in den Vereinigten Staaten. Im übrigen gibt es dort, was in Europa zumeist unbekannt zu sein pflegt, zusätzlich die Position des eigentlichen »University professor«, der der Universität als Ganzer und nicht nur einem einzigen Department dient. Er wirkt nicht nur als Berater, sondern darüber hinaus vor allem in einer echten Bildungsfunktion, die von der der Ausbildung weitgehend unabhängig ist. Natürlich können sich nur die großen Universitäten mit hohem Standing einen solchen Luxus leisten; aber sie tun es, und das ist gut so, denn diese Professuren wirken sich als ein äußerst belebendes Element aus.

Wenn wir grundsätzlich von der Kreativität des Lehrberufs auf Universitätsebene ausgehen, was natürlich reine Wissensvermittlung, wie oben gesagt, nicht ausschließt, so liegen auch hierin beachtliche Probleme, derer man sich bewußt sein muß. Zugespitzt ausgedrückt dürfte eigentlich jeder Vorlesungszyklus nur ein einziges Mal gehalten werden. Gewiß, das ist übertrieben und darf nur in idealtypischer Abstraktion verstanden werden. Dennoch liegt hier aber der Fundamentalunterschied zwischen der neueren Universitätskonzeption und der älteren. Diese war ihrer Natur nach interpretativ und nicht kreativ. Der höchst autoritären Geistesordnung des Mittelalters gemäß wurde keinerlei Abweichung von der Generallinie respektive keine Alternative geduldet, was natürlich nicht ausschloß, daß trotzdem viele unabhängige Denker die Abweichung der Anpassung vorzogen, wenn ihr Gewissen ihnen sagte, daß es nötig war. Didaktisch entscheidend war aber die Konsequenz für die alten Universitäten, daß sie sich an feste »Textbücher« hielten, die man bestenfalls kommentieren, aber nicht weiterentwickeln durfte. Das hieß mit anderen Worten die ständige Wiederholung des gleichen Textes, der nur unwesentlich verändert wurde.

Die Entstehung der modernen Universität ist hingegen dadurch charakterisiert, daß sie dies System weitgehend zerstört hat. Das wesentliche Verdienst an der Schöpfung der neuen Universitätsidee kommt zweifellos dem deutschen Idealismus zu, dessen Hauptvertreter sich auch weitgehend daran hielten, eine Vorlesung nicht über Jahre zu wiederholen. Mit der am Ende des 19. Jahrhunderts eintretenden Fehlentwicklung einer rein stofflichen Aufblähung des Lehrmaterials ohne systematische Durchdringung, ferner mit der die Initiative lähmenden Verbeamtung des Lehrpersonals kam es – was in den üblichen Darstellungen der Universitätsentwicklung meist unterschätzt wird – zur Wiederauferstehung der alten Didaktik, mit dem einzigen Unterschied gegenüber früher, daß jetzt kein allgemeiner geistiger Rahmen mehr da war, in den sich das Ganze eingeordnet hätte. So kam es auch zu einer zunehmenden Verwirrung über den Sinn der Universitätserziehung zugleich mit der ständig drohenden Gefahr, nicht mehr up to date zu sein, was in einer Epoche schnellen wissenschaftlichen Wandels eine wahre Katastrophe sein mußte. Der Fehler lag darin, daß man meinte, mit dem Abrücken von der idealistischen Philosophie des deutschen Bürgertums (was sehr wohl berechtigt war) zugleich von der Konzeption des kreativen Lernens abrücken zu müssen. Man vergaß insbesondere, daß der ältere wie der moderne Existenzialismus vielleicht mehr als jede andere Philosophie auf dem kreativen Charakter der Person insistiert hatte. Trotzdem wurde das häufige Wiederholen der gleichen Vorlesung nun die Regel.

Man sollte sich aber darüber im klaren sein, daß damit das kreative Lernen sein Ende erreicht hat; denn wer sich wiederholt, riskiert auf die Dauer, sich selbst zu imitieren, und das ist zweifellos ein unerträglicher Zustand. Andererseits muß man freilich realistisch genug sein, um zuzugestehen, daß in einem geregelten Lehrbetrieb einfach bestimmte Vorlesungen in einem festen Zyklus immer wieder angeboten werden müssen. So liegt hier also ein echter Widerspruch vor, von dem man erkunden sollte, wie er sich überwinden läßt. Es handelt sich mit anderen Worten um einen echten Zielkonflikt in der Universitätsorganisation, der ohne besondere Maßnahmen nicht zu meistern sein wird. Dazu trägt auch die Bewilligung eines Forschungs-Freisemesters alle drei Jahre (nach dem Vorbild des amerikanischen »sabattical leave«) nicht bei, sofern nicht garantiert ist (und eventuell Kontrolle darüber ausgeübt wird), ob diese Zeit wirklich der Forschung zugute kommt.

Georg Simmel war wohl der erste, der auf dies Problem stieß und die Einrichtung von Überuniversitäten empfahl, die sich ausschließlich auf diesem Höhenniveau bewegen sollten. Als Vorbild dafür dachte er nicht etwa an akademieähnliche Einrichtungen, sondern ganz konkret an das Collège de France in Paris, wo in der Tat jeder Vorlesungszyklus durchschnittlich nur ein einziges Mal gehalten wird und dann als Buch erscheint. Der Nachteil dieser in der Welt einzigartigen Einrichtung liegt freilich darin, daß die verschiedenen Vorlesungen bei höchstem Niveau gewissermaßen in einem akademischen Leerraum stehen, d. h. in kein Curriculum eingeordnet sind, so daß die Teilnahme der Studenten nicht garantiert ist bzw. rein zufällig bleibt. So ist die Besucherfrequenz trotz des großartigen Angebots relativ klein; die meisten Studenten wissen nichts davon, und man kann es ihnen auch nicht verübeln, daß sie nicht teilnehmen, weil sie durch andere Vorlesungen an der Sorbonne mehr angezogen werden, deren Inhalt bekannt zu sein pflegt, da sie für die Prüfungen als Manuskript gedruckt werden und jedermann zur Verfügung stehen. Damit wird klargelegt, daß der akademische Lehrer an der Sorbonne nur das ist und bleibt, was er früher schon war, nämlich ein »Vorleser«, wobei es letztlich nur eine untergeordnete Rolle spielt, ob er das vorgetragene Manuskript selber verfaßt hat oder nicht. Dieser »Vorleser« hatte eine Funktion, solange es keine Bücher gab oder sie relativ teuer waren. In dem Moment aber, da das Buch – um mit Silbermann zu sprechen – ein Medium der Massenkommunikation geworden und praktisch jede Literatur zu billigsten Preisen erhältlich ist, ist diese Funktion obsolet oder hinfällig geworden.

Es kommt mithin tatsächlich auf eine Neudefinition des Berufs an, die jedoch trotz aller Umtriebe und Turbulenzen der letzten 20 bis 25 Jahre noch immer nicht erfolgt ist. Man hat sich auf das Abstraktum der Bildungskatastrophe fixiert und dabei den konkreten akademischen Lehrer aus den Augen verloren.

Im übrigen gibt es routinemäßige Ausbildungsgänge für zukünftige akademische Lehrer in Frankreich, wo der Weg zur Sorbonne in der überwältigenden Mehrheit der Fälle über das Gymnasium

(Collège) führt; das galt zu meiner Zeit auch weitgehend noch in Zürich, wo die Habilitation in der Regel erst nach mehr oder weniger langer Lehrzeit in einem Kantonsgymnasium erfolgte. Ein solches Verfahren hat den Vorteil, daß bereits Unterrichtspraxis vorhanden ist, bevor einer als Universitätslehrer auftritt. Außerdem gewinnen dadurch die Gymnasien erheblich an Niveau (wovon ich mich selbst zehn Jahre lang als Mitglied der eidgenössischen und kantonalen Maturitätskommission in Zürich überzeugen konnte). Im übrigen soll natürlich bei der normalen Habilitationsordnung eine Lehrprobe gegeben werden, und zwar sogar eine doppelte: einmal vor der Fakultät, ein zweites Mal in Form einer öffentlichen Antrittsvorlesung. Aber das sind im Grunde Formalien, obwohl man auf sie nicht verzichten sollte; denn ein Kandidat kann sehr wohl eine Vorlesung von 20–30 Minuten memorieren und damit den Eindruck des freien Sprechens erwecken, wobei nur eines vergessen wird: das freie Sprechen allein ist es nicht, mit dem kreatives Lehren beginnt, sondern man muß sich vom Podium freimachen. Das Podium ist die eigentliche Crux der Frontalvorlesung, eine Art materielles Symbol für die Einbahnstraße, die sie darstellt. Kreatives Lernen ist letztlich nur im Dialog möglich, und so erweist sich das Podium als eine echte Behinderung des freien Lehren-Lernens. Man sollte es unverzüglich abschaffen. Unter diesem Blickwinkel erkennt man auch die totale Verfehltheit der üblichen amphitheatergleichen Auditorien, die der architektonische Ausdruck des absoluten Autoritarismus und ausgerechnet in den modernen bundesdeutschen Universitätsscheußlichkeiten zur Regel geworden sind. Man rede mir nicht von überfüllten Hörsälen, die angeblich zum Sprechen von einem distanzierten Punkt zwingen. Es gäbe und gibt vielerlei Wege, um diese Situation zu bewältigen. Ich habe Max Scheler reden hören: er stand keinen Moment still, sondern war ständig in Bewegung und hatte damit in jeder Minute jeweils eine andere kleine Gruppe im Blickfeld, an die er sich direkt wandte. An der Ecole Normale Supérieure in Paris erlebte ich in einem Seminar bei Célestin Bouglé, wie er einmal einen Referenten unterbrach, als dieser – von seinem Manuskript ablesend – sagte: »Voyez-vous, Mesdames et Messieurs ...« Bouglé bemerkte nur: »Wenn Sie sagen ›sehen Sie, meine Damen und Herren‹, dann müssen Sie Ihre Hörer auch ansehen.« Und er fuhr fort: »Sie beherrschen ihren Stoff, das merken wir alle, aber Sie sind unfrei. Wenn Sie Ihren

Gegenstand beherrschen, brauchen Sie kein Manuskript. Bestenfalls können Sie sich die Disposition aufschreiben. Diese hat Platz auf einer Visitenkarte; was auf einer Visitenkarte steht, kann man auswendig lernen. Also brauchen Sie kein Manuskript, das nur dazu verleitet, ›geschriebene Sätze‹ statt einer ›Rede‹ vorzutragen.« Ähnliches erlebte ich im Seminar bei Max Dessoir, der sich von einem Redner das Manuskript erbat, um etwas nachzusehen. Dieser stockte sofort, worauf ihm Dessoir freundlich über die Brille lächelnd sagte: »Reden Sie ruhig weiter, Sie kennen ja Ihren Gegenstand sehr gut; dazu benötigen Sie kein Manuskript.« Ich frage meine Kollegen: Wer von Ihnen hat jemals einen solchen Dialog mit einem zukünftigen Universitätslehrer geführt? Ich erspare mir die Antwort. Aber die Resultate sind entsprechend.

Zum freien Frontalvortrag gehört aber auch der echte Dialog, und wenn er nicht von selber kommt, muß man ihn durch direkte Fragen ans Auditorium provozieren. Denn als Einbahnstraße ist kreatives Lehren-Lernen nun einmal unmöglich. Der Grund, warum ich das Lehren in den Vereinigten Staaten so sehr schätzte, war gerade die Diskutierfreudigkeit der Studenten, und zwar insbesondere bei einem neuen oder gar einem ausländischen Lehrer. Ich habe dort vielmals erlebt, wie die Stunden im Fluge vergingen und kein Satz allein gesprochen wurde, sondern alles in lebendigster Rede und Widerrede. Das sind die Momente, die glücklich machen und die erahnen lassen, was man als pädagogischen Eros bezeichnet.

Voraussetzung aber bleibt, daß man seinen Gegenstand beherrscht; so ist ein fertiges, voll ausgearbeitetes Manuskript eine unerläßliche Voraussetzung. Wenn man es aber hat, soll man es zu Hause lassen. So hielt es mein Lehrer Max Dessoir in Berlin, den ich während vieler Jahre niemals mit einem Manuskript gesehen habe, bestenfalls mit kleinen Zetteln, auf denen er Zitate verzeichnet hatte. Er war dank seiner Klarheit und Konzentration ein einzigartiger Lehrer, ein »maître« im französischen Sinne. So sprach auch Max Weber, wie wir aus vielen Zeugnissen wissen. Werner Sombart in Berlin dagegen klebte auf dem Stuhl hinter dem Podium und las jedes Wort ab, wobei er sich noch häufig in der Seite irrte. Die Vorlesungen waren entsprechend: todlangweilig. Sombart war der geborene Studentenverächter: er sah einzig sich selber. Daß er überhaupt Vorlesungen abhielt, war ein echter Akt selbstlosesten

Snobismus, sich gelegentlich unters Volk zu mischen, aber gewissermaßen ständig im Talar und mit Handschuhen, um sich nicht zu beschmutzen. Im übrigen entsprach das seiner Vorstellung von der Wissenschaft als »Luxus«. Er war ein Schreiber, aber kein Lehrer. Ganz anders mein Zürcher Freund, der Altphilologe Ernst Howald, bei dem ich eine weitere Konsequenz des kreativen Lehrens erlebte: er verzichtete völlig auf ein Manuskript und trug sowohl Vorlesungen als auch Interpretationen ganz frei vor. Insbesondere letztere waren geradezu faszinierend interessant, weil man regelrecht miterleben konnte, wie er Entdeckungen in den Texten machte. Erst als er älter wurde, fing er an, seine Vorlesungen niederzuschreiben, weil er befürchtete, daß sein Gedächtnis ihn im Stich lassen könnte. Ich selber habe mich zunehmend von ausgeschriebenen Manuskripten unabhängig gemacht, um der Versuchung zu entgehen, mich selbst zu imitieren. Im übrigen wäre es für europäische Verhältnisse zweifellos heilsam, wenn man – wie in den Vereinigten Staaten – eine Vorlesungskritik von seiten der Studenten einführen würde; das könnte sicher zur Klärung des Verhältnisses von Lehrer und Studenten beitragen.

Das schwierigste Problem in der Organisation des Universitätsunterrichts auf der Oberstufe liegt aber nach wie vor in dem bereits erwähnten Fundamentalwiderspruch. Rein formal läßt sich dazu sagen, daß Organisationen in dem Maße beweglicher werden, als ihre Ziele relativ unspezifisch sind. Nun ist aber in den unruhigen Jahren zwischen 1965 und 1975 an unseren Universitäten genau das Gegenteil dessen geschehen, was man hätte tun müssen. Aus schierer Angst, von den Studenten in ein Verfahren vor dem Verwaltungsgericht gezogen zu werden, sahen die Träger der Universitätsorganisation ihre einzige Ausflucht in immer detaillierteren Ordnungsplänen, die beherrscht waren von der (sowieso nie zu realisierenden) Idee, für jede denkbare Situation eine eigene Regel zu erfinden. Hinter diesem Gerüst von Regeln glaubten die deutschen Professoren ausharren zu können, bis der Sturm vorüber war. Kasuistik wurde in diesem Regelwerk zu einer Art von Zwangsneurose. Allerdings übersahen sie völlig, daß sie der Universität als »höherer« Bildungs- und Ausbildungsanstalt damit das Todesurteil gesprochen hatten. Denn mit festen Verfahrensregeln müssen notwendigerweise auch die Ziele vernagelt werden. Man hatte gewissermaßen auf dem Verwaltungswege festgeschrieben, daß die Universitäten in ihren Ausbildungszielen gar nicht mehr up to date sein konnten, sondern an einen überholten Wissensstand gebunden blieben, wobei es schon kaum mehr darauf ankam, ob dieser Stand von gestern oder von vorgestern war. Dazu kam als letzter Schlag, daß auf Grund der ausgebliebenen Universitätsreformen (die auf Autoritätsfragen reduziert worden waren, wo es doch in Wahrheit um Zieldefinitionen ging) die in Deutschland unglückseligerweise außerhalb der Universität in Ministerien angesiedelten Verwaltungsträger nun ihrerseits zu reformieren begannen, weil die Professorenschaft versagt hatte. Ihnen standen zudem gewaltige Korruptionsinstrumente zur Verfügung, insofern sie immer planloser neue Universitäten von architektonisch geradezu monströser Scheußlichkeit aus dem Boden stampften und damit Arbeitsplätze für Akademiker schufen, die keine Ahnung von der Praxis hatten, um so williger aber den Geboten der Verwaltungsträger folgten, denen sie ihre Positionen verdankten. Als überall in der Wirtschaft die Ausbildungsstandards erhöht wurden, um den neuen Anforderungen gewachsen zu sein, wurden einzig auf Universitätsebene die Zugangsbestimmungen für akademische Lehrer gesenkt; es hätte wenig gefehlt, daß die Einrichtung der Habilitation darüber verlorengegangen wäre. Eine ideologische Rechtfertigung stand auch schnell bereit als »Chancengleichheit« der Ausbildung angesichts einer Tabula rasa, während doch einzig durch adäquate (d. h. differenzierte) Ausbildung eine wirkliche Chancengleichheit erreicht werden kann. Statt dessen war das Ergebnis Chancengleichheit durch Niveausenkung auf allen Stufen der höheren Ausbildung. Die Katastrophe wurde vollkommen, als dieses Ergebnis in einer Unzahl von sehr spezifischen Prüfungsordnungen festgeschrieben wurde, womit das Hinterherhinken der Universitätsausbildung hinter dem tatsächlichen Stand der Wissenschaft auch organisatorisch fixiert wurde. So hatte man die einzigartige Chance vertan, in engster Kollaboration aller Universitätsorgane (wenn auch unter »undemokratischer« Ausschaltung der Pedelle und Putzfrauen) eine echte Reform durchzuführen, die den legitimen Interessen aller Beteiligten Rechnung getragen hätte.

Das Aufbegehren der Studenten galt ja nicht der Universität als solcher, sondern erwuchs vor allem aus dem unbestimmten Gefühl einer versäumten Reform: zwar hatte unmittelbar nach dem Kriege vor allem erst einmal wieder gearbeitet werden müssen, danach aber hätte mehr und mehr die Forderung aufkommen sollen, das System der höheren Ausbildung auf das Niveau der neuen Existenzbedingungen technischer, wirtschaftlicher, kultureller und politischer Art zu bringen. Dazu gehörten selbstverständlich auch Autoritätsprobleme. Ich habe einmal in ganz anderem Zusammenhang das genaue Ende der »Nachkriegszeit« auf das Jahr 1964 datiert, in dem sich neue soziale und wirtschaftliche Probleme bemerkbar zu machen begannen. Das wäre auch der späteste Zeitpunkt für eine fundamentale Universitätsreform gewesen. Statt dessen begann genau um diese Zeit der beschriebene Verhärtungsprozeß, der die Studenten auf die Barrikaden trieb. Was benötigt worden wäre, nämlich die Bewußtmachung eines allgemein sozialen Wandels, wurde vernebelt durch die Forderung nach sogenannten »Alternativen«, die einzig einen nicht mehr begründeten Werthorizont durch einen anderen, ebensowenig begründeten abzulösen versuchten, was zu sinnlosen Wertdiskussionen führte. Der Autoritarismus der einen Seite wurde tendenziell durch einen Autoritarismus der anderen Seite ersetzt. Die Verwirrung wurde total, als die verhängnisvollen Schüsse fielen, die Benno Ohnesorg das Leben kosteten und damit – wie damals die Neue Zürcher Zeitung schrieb – die Reform durch eine bürgerkriegsähnliche Situation ersetzten.

Ich selber habe mit den Studenten zu keiner Zeit Schwierigkeiten gehabt, ich habe mich allerdings auch den Diskussionen gestellt. Das erwies sich nicht nur als möglich, sondern ich hatte auch die besten Gespräche mit Studenten und Assistenten. Allerdings habe ich es auch stets abgelehnt, etwa in einer Vorlesung über Familiensoziologie über den Vietnam-Krieg zu sprechen; mein Vorschlag ging dahin, für dieses Thema besondere Veranstaltungen einzusetzen (die natürlich für mich eine zusätzliche Belastung bedeuteten). Erschütternd war einzig die Feigheit so vieler Kollegen, die sich vor jeder Auseinandersetzung drückten. Es gab auch Kollegen, die Lehrererfahrung in den Vereinigten Staaten hatten und es trotzdem ablehnten, während ihrer Vorlesung von Studenten unterbrochen zu werden oder zu Beginn des Semesters eine hektographierte Inhaltsangabe ihres Kurses zu verteilen (und sich danach zu richten) – eine Praxis, die auch didaktisch von größtem Nutzen ist, weil sich der Student anhand einer solchen Vorschau jederzeit selber vergegenwärtigen kann, in welchen Zusammenhängen sich das Gespräch bewegt.

Zur Zeit der Diskussion um die Notstandsgesetze versuchten die Studenten einmal, meine Fakultät zu blockieren, indem sie ein »sit in« vor dem Sitzungssaal machten. Als ich vorsichtig über die am Boden sitzenden Studenten und Studentinnen hinwegschritt, kam ein Student zu mir und forderte mich auf, an einer Diskussion in einem nahe gelegenen Hörsaal teilzunehmen. Ich bat darum, diesmal ausgelassen zu werden, da ich am nächsten Morgen zu einem Kongreß nach Tunis fliegen müsse. Als ich dann aber sah, auf welch hilflose Weise sich meine Kollegen einen Weg durch die Menge zu bahnen suchten, änderte ich spontan meine Meinung, erbat den Lautsprecher und sagte zu den Studenten: »Hier spricht König. Wollen Sie bitte meinen Kollegen sofort den Weg freigeben (wobei der Ton deutlich auf *sofort* lag). Ich komme gleich zu Ihnen in den Hörsaal.« Die Studenten folgten unverzüglich meiner Bitte und strömten in den betreffenden Hörsaal. Dort war außer Ulrich Klug und einem anderen Kollegen, der mit mir etwas vor meiner Abreise besprechen wollte, schlechterdings niemand anwesend, obwohl doch die Gesamtfakultät eben noch getagt hatte. Sie war einfach ausgerissen. Dafür prangten in dem riesigen Hörsaal große rote Fahnen. Als ich sie sah, erklärte ich, daß ich nicht unter roten Fahnen reden würde, auch nicht unter solchen irgendeiner anderen Farbe, und wandte mich zum Gehen. Ein paar Sekunden später holte mich der Student von vorher ein und teilte mir mit: »Die Fahnen sind weg.« Ich kehrte sofort um und sah in der Tat nur noch eine einzige Fahne ganz hinten links. Ich rief hinauf: »Ich gehöre zum Establishment, und ich bin ein Pedant. Wollen Sie bitte auch diese Fahne noch niederlegen«, was natürlich allgemein Heiterkeit erregte, aber unverzüglich befolgt wurde. Dann erklärte ich den Studenten meine Meinung über die Notstandsgesetze anhand einer Bemerkung des Prinzen de Ligne gegenüber Napoleon Buonaparte: »Sire, man kann mit Bajonetten alles tun, man kann nur nicht darauf sitzen«, und bat gleichzeitig Ulrich Klug, als Jurist die gegebene Situation zu erklären, was er sehr realistisch und ohne billige Redensarten tat. Die Studenten waren glücklich, daß man sie ernst nahm, man sah es ihren Gesichtern an. Doch seit diesem Augenblick wurde ich immer nachdenklicher und fragte mich, wohin ein Konflikt führen muß, bei dem sich die eine Seite beharrlich der Auseinandersetzung entzieht, um es mit einem sehr zahmen Ausdruck zu sagen.

Es gibt ein anderes materielles Symbol für die Kommunikationshemmung zwischen Studenten und Professoren, nämlich die vermeintliche Unzugänglichkeit der letzteren. Als einmal in einer Massenversammlung der Soziologiestudenten in Köln der Satz fiel, man möge sich doch mit gewissen Problemen direkt an den Ordinarius wenden, ertönte ein Ruf: »Die Türen der Professoren sind ja immer geschlossen!« Ich antwortete nur, daß der Betreffende sich wohl noch nie um ein Gespräch mit mir bemüht habe, denn meine Türe sei – trotz aller anfänglichen Widerstände meiner ordnungsbewußten Sekretärin – niemals geschlossen. Da das jedermann wußte, erhielt der Student lediglich einen Heiterkeitserfolg und verließ fluchtartig die Versammlung. Ich habe in der Tat 25 Jahre lang in Köln bei ständig offener Tür gearbeitet; sie war nicht einmal angelehnt, sondern weit offen, womit ich erfolgreich dokumentierte, daß ich auch außerhalb der Sprechstunde für alle und zu jeder Zeit zu sprechen war. Ich hielt das übrigens für meine oberste Dienstpflicht. Öffentlichkeit im Rahmen der Anstalt herzustellen, war mir ein ständiges Bedürfnis.

Nach alldem verbietet sich freilich eine Beschränkung der Optik auf die Universität, wenn von der Studentenrevolte die Rede ist. Im Grunde ging es auch dabei um gesamtgesellschaftliche Prozesse, die in den verschiedenen europäischen Ländern verschieden waren, aber wohl alle miteinander auf ungelöste Probleme des Zweiten Weltkriegs zurückgingen. In der Bundesrepublik war es insbesondere die nicht stattgefundene »Vergangenheitsbewältigung«, die wie ein Krebsgeschwür an der Integrität der deutschen Nachkriegsgesellschaft genagt hat und diese noch immer in Frage stellt. Im Jahre 1958 schrieb (und druckte) ich bereits, daß die Kommunikation zwischen der deutschen Jugend und der Erwachsenenwelt total abgerissen sei. Man hörte ebensowenig darauf wie auf jene andere Bemerkung im selben Artikel, mit der ich darauf hinwies, daß das Hochhaus des Gerling-Konzerns in Köln vom selben Architekten gebaut worden sei, der Hitlers »Reichskanzlei« erbaut hatte (statt dessen strich man die Stelle, ohne mich zu fragen). Dabei hat sich meines Wissens noch niemand in Köln über den Umstand geäußert, daß der Platz vor der kalten und ausdruckslosen Pracht dieses protzigen Gebäudes von Fußgängern sorgsam gemieden wird. Er ist architektonisch genauso wenig bewältigt worden wie die deutsche Vergangenheit politisch. Im Gegenteil: das steinerne Memento läßt die Vergangenheit nicht sterben.

Die deutschen Studenten waren im Grunde gar nicht unruhig: sie wollten nur »wissen«, warum sie in einem geteilten Deutschland leben mußten; warum es nicht mehr unbedingt ein Vorzug war, Deutscher zu sein; warum von so vielen Verbrechern getuschelt wurde, ohne sie offen anzuprangern; warum immer wieder Leute aus den unrühmlichen alten Zeiten auch im neuen Deutschland aufsteigen konnten; warum kein Mensch ein Nazi gewesen sein wollte, obwohl doch so vieles geschehen war, wie man allmählich erfuhr. Da sich zweifellos viele dieser Gespräche in der Familie abgespielt haben, mußten unzählige junge Deutsche ihre Eltern verachten lernen. Denn diese sagten ihnen bestenfalls nur immer wieder, das sei bei den »anderen« nicht besser gewesen. Daher auch die deutsche Empörung über den Krieg in Vietnam. Sie war eine typische Ersatzleistung. Schließlich kommt es nicht auf den Vergleich mit Nachbarn an, sondern einzig auf das, was im deutschen Namen wirklich geschehen und von deutschen Männern und Frauen getan worden ist. Daß nun diese vermeintliche Rebellion der Jugend etwas nach »links« verrutscht ist, wen sollte das eigentlich wundern, nachdem die CDU das Programm eines Sozialstaats, den sie nach Kriegsende gefordert hatte, so rasch fallen ließ, genauso wie das Wort »sozial« in der »sozialen Marktwirtschaft«, die bald nur noch eine wahrhaft tobsüchtige und höchst unsoziale Marktwirtschaft war mit allen verheerenden Folgen, die man seit langem kennt. So kam es zur Radikalisierung eines völlig schrankenlosen Kapitalismus und einer ebenso unersättlichen Konsumgesellschaft (an der – nebenbei gesagt – die Jungen genauso unkritisch partizipieren wie ihre Eltern), zu einer Verrohung, die alles Maß überschritt, jede Besinnlichkeit und Selbstkritik beiseite wischte, so daß die Suche der Jugend nach einer eigenen Identität zu einer wirklichen Massenerscheinung werden mußte. In der bundesdeutschen Gesellschaft von heute ist nicht nur alle innere Kommunikation zwischen Jung und Alt abgerissen, sondern ein Zustand weitreichender sozialer Desorganisation erreicht, der den erfahrenen Beobachter schon lange zutiefst erschreckt. Laut und lauter ertönt der Ruf nach »Law and Order«, wobei man einzig vergißt, daß Ordnung nicht »verhängt« werden kann, sondern sich einzig und allein im gemeinsamen Wollen der Beteiligten realisiert. Aber wie soll ein solches gemeinsames Wollen entstehen, wenn jeder einzelne nur an sein kleines, kümmerliches Interesse denkt und die *res publica* unter einem genauso himmelhohen Abfall- und Müllhaufen versinken läßt wie die Umwelt?

XIII. Spanien zwischen Faschismus, regionaler Emanzipation und Katholizismus

Ich sagte schon, daß ich als Kind einige Male in Spanien war und dann nochmals mit meinem Freunde Erich Ruschkewitz im Sommer des Jahres 1924 als Oberprimaner. Von dieser Reise brachte ich meine tiefsten Eindrücke mit, die mich jahrelang verfolgten und über die ich mich auch mit Stanisław Przybyszewski besprach. Sie betrafen vor allem die (wie Przybyszewski sie nannte) satanistische Phase Goyas, die für mich zum Prototyp des Expressionismus wurde; aber ich war ebenso nachhaltig beeindruckt von seinen Stichserien »Los desastros della guerra«, »Los proverbios«, »Los caprichos« und anderen sowie schließlich von seinen mehr politischen Bildern wie der gegen die napoleonische Herrschaft sich wendenden Erschießungsszene, von der ich nicht ahnen konnte, wie aktuell sie vierzehn Jahre später wieder werden sollte. El Greco wurde mir – in Madrid wie in Toledo – ein ebenso erschütterndes Erlebnis wie vor allem die Bilder von Tizian im Museum des Prado. Im übrigen wurde mir schon damals klar, was sich mir seither immer wieder bestätigt hat, nämlich wie wenige wirklich große Maler es gibt, die ein Œuvre und nicht nur einzelne gute Bilder hinterlassen haben. Für mich blieben schon damals eigentlich nur Rembrandt und Tizian. Später hatte ich allerdings kaum Gelegenheit, darüber nachzudenken; denn einerseits begann ich mein Studium, andererseits erlebte ich den Aufstieg des Nationalsozialismus, dem bald in Spanien eine ähnliche »Revolution« folgte, die damit anhob, daß der »allerchristlichste« General Franco afrikanische und mohammedanische Truppen gegen seine katholischen Landsleute und gegen eine legal gewählte Regierung einsetzte. Ich muß gestehen, daß mich diese Vorgänge im Grunde eigentlich mehr erschreckten als die Entfaltung des Nationalsozialismus in Deutschland, der sich letztlich konsequent aus der »Reichsgründung« seit 1871 ergeben hatte, während die Franco-Revolte wie eine Bombe einschlug. Sie war so unerwartet, daß sich die republikanische Regierung Spaniens in keiner Weise darauf vorbereitet hatte, was später auch über ihren Untergang entschied. Einen Bürgerkrieg von so unsagbarer Grausamkeit hatte die Welt seit langem nicht erlebt – und er wurde zusätzlich verschärft durch die deutsche Intervention in Guernica. (Den Einsatz der Internationalen Brigaden kann man mit dieser Intervention nicht vergleichen, denn die Brigaden bestanden aus Einzelpersonen, die für ihre persönliche Überzeugung ins Feuer gingen, während die Zerstörung Guernicas von einem fremden Staat vorbereitet und befohlen worden war.) Die zahllosen weiteren Verbrechen der Nazis haben die Ereignisse in Spanien in den Hintergrund treten lassen, so daß viele sie heute vergessen haben, insbesondere in Deutschland. Aber ich kann mich noch deutlich an den kalten Schrecken erinnern, der uns allen damals in die Glieder fuhr; es war der gleiche Schrecken, der aus dem großartigen Gemälde von Picasso spricht. Das bittere Ende erfuhr ich in Zürich, es stürzte unzählige Menschen in eine tiefe Trauer, die nur durch die atemberaubenden Ereignisse des bald danach einsetzenden Zweiten Weltkriegs verdrängt wurde. In der Schweiz war die Anteilnahme am Schicksal der spanischen Republik eigentlich bei den Vertretern aller politischen Richtungen gleich intensiv, selbst bei denen, die die Teilnahme junger Schweizer an den Internationalen Brigaden und jenen Waffenexport mißbilligten, den der bekannte Rechtsanwalt Rosenbaum, der heute in Ascona lebt, recht dilettantisch mit einem gemieteten Flugzeug zu organisieren versucht hatte. Wenig später konnten wir dann mit jenen sprechen, die auf seiten der Republik gekämpft hatten – Schweizer und auch junge Deutsche, die uns von der Grausamkeit der Franco-Truppen berichteten, aber auch von der hoffnungslosen Zerfallenheit der Antifaschisten, die teilweise mehr gegeneinander gekämpft hatten – wie die Kommunisten gegen die Anarchisten – als gegen die Truppen Francos.

Mein nächster persönlicher Kontakt mit Spanien kam erst gegen Ende des Zweiten Weltkrieges zustande in Form eines Briefes von einer mir unbekannten Presseagentur in Barcelona, der mir von einer Schweizer Presseagentur übermittelt wurde. Er war zwar mit einem spanischen Frauennamen unterschrieben, aber die Handschrift erinnerte mich verdächtig an die meines alten Freundes Oliver Brachfeld, ursprünglich aus Budapest, und der Brief stammte auch wirklich von ihm. Seine Frau Maria, eine Andalusierin, deckte mit ihrem Namen ein Pressebüro, das in Wirklichkeit er betrieb und von dessen Einkünften sie beide lebten. Außerdem betrieb er Psychotherapie im Sinne von Alfred Adler, dessen Schüler er gewesen war und über dessen »Minderwertigkeitskomplex« er an der Sorbonne promoviert hatte. Er veröffentlichte auch ein in Spanien vielbeachtetes (und auch dringend notwendiges) Buch über den Minderwertigkeitskomplex der Frau (»El complejo de inferioridad de la mujer«).

So hatte ich plötzlich wieder Kontakt gefunden mit einem alten Freund aus meiner Pariser Studienzeit, der mir aus den Augen gekommen war. Am Ende des Bürgerkrieges, nach dem Fall Barcelonas, hatte er sich zuerst nach Frankreich gerettet, wo er sich nach dem Zusammenbruch 1940 in die unbesetzte Zone zurückzog. Dann war er nach Barcelona zurückgegangen, nachdem seine Frau herausgefunden hatte, daß er dort nicht mehr gefährdet sein würde. Er war zwar als Jude geboren, aber schon lange zum Katholizismus übergetreten, womit für die Spanier das Problem der Abstammung erledigt war – sogar unter Franco. Da seine Tätigkeit politisch neutral war, ließ man ihn ungeschoren, außerdem war, was ihm in Barcelona zustatten kam, die Opposition der Katalanen gegen das zentralistische Regime Francos von Anfang an konsequent und unnachgiebig.

Im übrigen hatte der Bürgerkrieg zweifellos wesentlich dazu beigetragen, die katalanischen Autonomiebestrebungen zu verschärfen; seit jener Zeit war das Tischtuch zwischen dem kastilischen Zentralismus und den Katalanen endgültig zerschnitten, und zwar zunächst viel nachhaltiger als bei den Basken. Am Tage nach dem Bürgerkrieg begannen die Katalanen, als schweigenden Protest gegen das Regime ihren alten Nationaltanz, die Sardana, zu tanzen, eine Art Rundtanz mit komplizierter Schrittfolge, bei dem sich der Kreis der Männer und Frauen, die sich an den Händen halten, bald rechts-, bald linksherum dreht. Ab und zu sieht man einen – Mann oder Frau – hinzukommen oder formlos ausscheren. Das Ganze vollzieht sich in tiefstem Schweigen, was die demonstrative Kraft noch beträchtlich erhöht. Der Sonntagmorgen ist der klassische Termin für die Sardana, und auf der breiten Rambla Cataluña konnte man oft zwanzig, dreißig dieser langsam sich drehenden, stillstehenden und dann wieder in die entgegengesetzte Richtung sich wendenden Kreise sehen. Anfänglich griff zwar die Polizei ein, am nächsten schönen Sonntag begann aber das eindringliche Schauspiel des stummen Protestes von neuem.

Oliver Brachfeld, wie viele Ungarn geradezu unglaublich sprachbegabt (von ihm stammt die beste spanische Übersetzung von Thomas Manns »Tod in Venedig«), übersetzte später mehrere meiner Abhandlungen zur Familiensoziologie, die in der damals von Don Severino Aznar herausgegebenen Zeitschrift »Revista Internacionál de Sociologia« in Madrid erschienen, vor allem meine Darstellung der Familienentwicklung in der Sowjetunion, aber auch den Grundsatzartikel über »Die Notwendigkeit einer Familiensoziologie« und anderes, was in der Folge unter den spanischen Studenten und den jungen Kollegen viel diskutiert wurde. Severino Aznar war übrigens einer der ersten Spanier, der sich mit empirischer Soziologie befaßte, wie seine Untersuchungen von 1935 über die soziale Herkunft der spanischen Priesterschaft beweisen.

Im Mai 1948 wurde ich das erste Mal nach Spanien zu Vorlesungen eingeladen, die sich zumeist mit Familiensoziologie befaßten. Eine weitere Vorlesung im folgenden Jahr entwickelte ein methodisches Programm für Familien- und Gemeindeforschung in Spanien; sie gab Anlaß zu langen und zum Teil hitzigen Diskussionen, wobei ich mir plötzlich zu meiner großen Überraschung darüber klar wurde, daß sich das herrschende Regime im Grunde für diese Probleme nicht interessierte, während sich die Kirche eine eiserne Front der kulturellen Reaktion aufgebaut hatte, hinter der das »Opus Dei« stand, eine Art von aktivistischem, klerikalem Kulturverband, der notfalls über Leichen ging und seine Tätigkeit auch mehr und mehr auf politischem Gebiet ausübte. Seine Wirkung reichte in der Mitte der fünfziger Jahre über die Görres-Gesellschaft sogar bis in die Bundesrepublik.

Eine erste Einführung in die Hintergründe der kulturpolitischen Szenerie erhielt ich in Madrid durch Juan Linz, damals Assistent bei Javer Conde, einem Politikwissenschaftler und Soziologen. Linz war gewissermaßen mein erster spanischer Gesprächspartner und ein freundschaftlicher Ratgeber. Da er gleich gut spanisch, englisch, französisch und deutsch sprach (seine Mutter war Österreicherin), war er umfassend gebildet und speziell empirisch interessiert. Seine Forschungen erstreckten sich unter anderem auf Spaltungen und Gemeinsamkeiten in der westdeutschen Politik zu Beginn der fünfziger Jahre, dann aber auch auf vergleichende Studien und Analysen des spanischen Parteiensystems und der autoritären Regierungsstruktur des Franquismus. Wir trafen uns 1957 wieder in Berkeley, wo er mit Seymour M. Lipset arbeitete, bevor er an die amerikanische Ostküste zurückging, wo er heute noch lebt; er besuchte mich auch in Zürich und später in Köln, wo wir einen Plan besprachen, wie man junge spanische Soziologiestudenten zur Ausbildung und Vertiefung ihrer Kenntnisse nach Köln schicken könnte (teils mit deutschen, teils mit spanischen Stipendien). Daraus entwickelte sich eine äußerst effiziente Ausbildungshilfe, bei der mir meine spanischen Kollegen besonders begabte Studenten empfahlen; diese hatten in Spanien ihre Dissertationen begonnen, die ich dann weiter in Köln beaufsichtigte und beriet, bis die Studenten schließlich zur Promotion nach Hause zurückkehrten. Dieses System hat sich glänzend bewährt; so hat seit jener Zeit eine lange Reihe spanischer Studenten bei uns in Köln studiert, von denen bis heute sicher vier oder fünf auf Lehrstühle der Soziologie gelangten und teilweise sehr produktiv sind. Zu Zeiten Francos wurden sie nicht selten verfolgt und mußten bei verschiedenen Gelegenheiten als politische Häftlinge einsitzen; es gelang ihnen aber immer wieder, sich herauszureden, bis der ganze Spuk ein Ende nahm.

Ausländische Forscher fanden in Spanien nur teilweises Entgegenkommen; so konnte E. E. Evans-Pritchard seine Gemeindestudie in Andalusien durchführen, während Oscar Lewis, der ein Gleiches vorhatte, seine Arbeit abbrechen mußte und, wenn ich nicht irre, sogar des Landes verwiesen wurde. Für die jungen Spanier war das freilich ein ganz eindeutiger Vorteil, da sie gewissermaßen in den bestehenden Leerraum aufgesogen wurden. So gelang der Vorstoß der neuen Generation auf der kulturellen Ebene wesentlich früher als in der Politik; manche meiner Kollegen mußten alle möglichen Schwierigkeiten durchstehen, wobei die Versetzung in die Provinz noch die mindeste und erträglichste war. Francisco Murillo, von dem ich eine große Abhandlung über die spanischen Mittelklassen in Deutschland veröffentlicht habe, ging von Madrid nach Valencia und von dort nach Granada. Tierno-Galvan, der sich während des Franco-Regimes vom Traditionalisten und Antirevolutionär spanischer Prägung zum Sozialisten gemausert hatte, wurde erst versetzt, dann entlassen, verhaftet und wieder freigelassen, bis endlich Franco starb. Der schon genannte Javer Conde, der ursprünglich der linken Falange angehörte, liberalisierte sich immer mehr; er war Kandidat für den Posten des Justizministers, wurde aber dann von Franco als Botschafter nach Manila in die Verbannung geschickt. Erst in jüngster Zeit tauchte er als Botschafter in Bonn auf, wo er vorzeitig verstarb, sonst hätte er zweifellos in der Folgezeit eine wichtige politische Rolle gespielt. Politische Opportunisten wie Manuel Fraga Iribarne, den ich als äußerst unduldsam in Erinnerung habe, wurden nach einem kurzen Aufstieg schließlich in die zweite Linie verdrängt.

Trotz dieser verworrenen Verhältnisse gelang es meinen ehemaligen Studenten erstaunlich früh, umfassende empirische Arbeiten herauszubringen, so drei Bände über die spanische Sozialstruktur (1972/73), ein Lexikon der Sozialwissenschaften (1975/76) in zwei großen Bänden, die Übersetzung des ersten Bandes meines Handbuchs der empirischen Sozialforschung (1973), von meinem ehemaligen Studenten und Freund Carlos Moya bearbeitet, herausgegeben und teilweise übersetzt; ebenfalls von ihm vorzüglich übersetzt mein Gemeindebuch (1971), ferner das Modebuch (1968), das wie das Lexikon der Soziologie (von dem Emigranten Francisco Ayala übersetzt) aus Lateinamerika herüberwirkte (1965) sowie die »Soziologischen Orientierungen« (1968), nachdem schon früh meine »Soziologie Heute« (1959) auf spanisch erschienen war. Damit und mit anderen Übersetzungen aus dem Englischen war ein ganz brauchbares erstes Instrumentarium der Soziologie bereitgestellt, und zwar zum Teil schon lange bevor Franco verstarb, so daß die junge Soziologengeneration in einer anderen Atmosphäre aufwuchs als die ältere. Ich bemerke ausdrücklich, daß dies alles ausschließlich durch die Initiative meiner jungen spanischen Kollegen entstanden ist, die damit zweifellos viele Gefahren auf sich genommen hatten. Mehr noch: sie hatten Mut bewiesen und Umsicht, so daß sie am Tage nach dem Ende des Franco-Regimes bereits über alle Werkzeuge verfügten, die sie für das Lehren der Soziologie und damit für einen Teilaspekt des Aufbaus einer Zukunft ihres Landes benötigten. Ich will meine Bewunderung für eine solche Leistung nicht verhehlen.

Hier drängt sich einem unwillkürlich die Frage auf, insbesondere wenn man von Erfahrungen mit dem Nationalsozialismus ausgeht, wie ein so aufwendiges und weitgreifendes Unternehmen wie der Aufbau einer kritisch-empirischen Soziologie unter den Augen des mißtrauischen Franco-Regimes durchgeführt werden konnte. Lag es an dessen Ahnungslosigkeit über die Folgen einer solchen Bewußtseinserweiterung? War es auf Nachlässigkeit staatlicher Stellen zurückzuführen? Gab es eventuell sogar eine Art stillschweigende Duldung? Es mag wohl all dies zusammengespielt haben und noch manches andere mehr. So hatte zweifellos in Spanien nach den Verwüstungen des Bürgerkrieges die erste Welle eines tiefgehenden Modernisierungsprozesses begonnen – als unerwartete Nebenfolge des Wiederaufbaus. Wesentlicher aber scheint mir der spanische Individualismus, der jegliche Form von Gleichschritt verabscheut und daher im Privatleben eine erstaunliche Toleranz für alles Ungewöhnliche impliziert. Beobachtet man z. B. eine marschierende Einheit von spanischen Soldaten, so scheint es, als ob jeder Einzelne es darauf anlegt, mit keinem anderen im Gleichschritt zu gehen, woraus dann ein allgemeines Getrippel entsteht, das aber seine eigene Ordnung hat. Eines Tages zu Beginn der fünfziger Jahre besuchten meine Frau und ich in der Nähe von Orviedo den eher konservativen Schwiegervater meines Kollegen Javer Conde. Beim Mittagessen unterhielten wir uns über die revolutionären Zellen der Bergarbeiter in dieser Region, insbesondere auch über das Lied der Dinamiteros. Kaum hatte ich zu erkennen gegeben, daß ich das Lied noch nie gehört hatte, stimmten die jüngeren Schwestern von Frau Conde lauthals den Gesang an, während der Vater darum bat, man solle doch wenigstens die Fenster schließen, die direkt auf die Straße gingen. Ich war tief betroffen von dieser Spontaneität, die aber völlig dem spanischen Integralismus entsprach; denn auch das Lied der Dinamiteros war spanisches Kulturgut, ungeachtet seiner politischen Orientierung.

Natürliches Gegenstück dieser Toleranz der Spanier ist ihre völlige Unansprechbarkeit für Akte der Denunziation – ganz im Gegensatz zu jener in Deutschland weitverbreiteten und auch offiziell geförderten Unart, mit der die Nazis ganz rückhaltlos gearbeitet haben und, wie man leider sagen muß, mit größtem Erfolg. Für den Spanier sind solche Handlungen völlig unverständlich. Man diskutiert, man setzt sich auseinander, man zeigt dem anderen auch seine Verachtung – aber Denunziation ist unwürdig. Als ich mir eines Tages bei einem Friseur in Barcelona die Haare schneiden ließ und nach einer soeben gekauften Zeitung griff, nahm er sie mir aus der Hand und gab mir dafür eine andere: ich hatte ahnungslos ein rein faschistisches Blatt gekauft. In Madrid diskutierten wir eines Tages mit Kollegen, wie wir am besten nach Irún kommen könnten; als ich von der Eisenbahn und vom Schlafwagen sprach, hob ein inzwischen verstorbener Jurist die Hände und sagte nur: »Um Gotteswillen, fahren Sie nicht mit der Eisenbahn; das ist wie unsere Regierung, die jeden Augenblick aus der Kurve kippen kann.« Alles lachte.

Ernsthaft besehen war freilich die Situation, in der sich Spanien damals befand, praktisch ausweglos. Man kann sagen: Franco blieb an der Macht aus Verlegenheit und Ratlosigkeit, weil andernfalls sofort ein neuer Bürgerkrieg ausgebrochen wäre, den niemand wollte. Fast schockierend deutlich wurde mir diese Situation, als ich einmal in Valencia mit einem jungen Kollegen durch die Stadt ging und die Zerstörungen an der alten Kathedrale sah. Ich bemerkte nur, ich könne mir nicht vorstellen, wie ein Volk dazu gebracht werden kann, seine eigenen Kulturdenkmäler so zu zerstören. Er antwortete mir tiefernst: »Sie würden es verstehen, wenn Sie wie ich die Kleriker gesehen hätten, die von der oberen Balustrade mit schweren Maschinengewehren in das wehrlose Volk schossen und Dutzende von Menschen niedermähten.« Dann fügte er, ohne mich anzusehen, mit fast lautloser Stimme hinzu: »Und es wird einen neuen Bürgerkrieg geben, solange das Regime bleibt, wie es ist.« Nun, das ist zum Glück nicht so gekommen. Aber die spanische Kirche hat in der Tat während des Bürgerkrieges, zumindest in Katalonien, eine verhängnisvolle Rolle auf seiten Francos gespielt – während im Baskenland insbesondere der kleine Klerus auf seiten der legalen Regierung stand und zumeist sozialistischer Ausrichtung war.

Die Frage der katalanischen Autonomie besprach ich um 1950 in einem Kreis von Widerstandsleuten in Barcelona, in den mich ein junger katalanischer Schriftsteller und Theaterregisseur namens Ricardo (seinen Nachnamen habe ich leider vergessen, wie auch den Titel seines Romans über Spanier in Köln, den er mir widmete) eingeführt hatte. Wir kamen in einer Privatwohnung in der Altstadt zusammen; anwesend war ungefähr ein Dutzend jüngerer Leute, teils mit ihren Frauen. Die Diskussion ging bis in die frühen Morgenstunden – und plötzlich erkannte ich, daß bei diesen katalanischen Patrioten auch ein gewisser Illusionismus herrschte, insofern sie die von Barcelona im 19. Jahrhundert erreichte Industrialisierung, speziell in der Textilindustrie, notorisch überschätzten und gar nicht erkannten, daß diese sich seit Jahrzehnten nicht mehr entwickelt hatte, so daß Katalonien inzwischen abhängiger war vom zentralen kastilischen Spanien als früher. Gleichzeitig hatte Franco durch seine Wirtschaftspolitik das zentrale Spanien industriell aufgerüstet und die Randgebiete (wohl bewußt) vernachlässigt. Dem wäre – so meinte ich – einzig durch eine stärkere Initiative der katalanischen Unternehmerschaft zu begegnen gewesen, die aber nicht nur nicht eingetreten ist, sondern die Industriellen sind vielmehr aus Katalonien ausgewandert in andere Gebiete Spaniens, wo sie sogar von Francos Wirtschaftspolitik beträchtlich profitierten – durchaus zum Nachteil Kataloniens. An diesem Punkt erhitzte sich die Diskussion beträchtlich, wobei ich erkennen mußte, daß diese gewiß gutgläubigen jungen Leute die wirtschaftliche Seite des Problems bei weitem unterschätzten und an eine Art von rein kulturellem Regenerationsprozeß glaubten, nach dessen Realisierung auch eine neue wirtschaftliche Entwicklung anheben würde. Entscheidend aber war, von heute aus gesehen, daß die katalanischen Autonomietendenzen nach einer langen Vorgeschichte seit fast vierzig Jahren virulent sind, so daß man in der nächsten Zukunft sicher einschneidende Veränderungen wird erwarten müssen.

Mit den baskischen Autonomiebewegungen kam ich nur oberflächlich in Berührung, als ich mich einige Zeit in Santander aufhielt, wo ich mit Friedrich H. von Hayek an einem Sommerkurs lehrte. Dabei kam ich auch kurz zusammen mit baskischen Aktivisten, die politisch extrem radikal im Sinne des revolutionären Syndikalismus waren. Auch hier erwies sich die Autonomiebewegung, kombiniert mit politischer Radikalisierung, als überraschend alt. So erklärte mir einer der jungen Radikalen, sein Vater habe ihn aus Begeisterung über den revolutionären Syndikalismus auf den Vornamen »Sorel« taufen lassen, was den Anfang dieser Bewegung mindestens um eine Generation bis an den Beginn des Jahrhunderts zurückverlegt.

Im übrigen sind die kulturellen Konflikte zwischen Basken und Spaniern außerordentlich tief. Gegenüber der stark arabisch bestimmten Entwertung der Frau in den zentralen Ländern herrscht im Baskenland eine ausgesprochen feministische Kultur. Wenn die jungen Mädchen am Samstag zum Tanz gehen, fordern sie die jungen Männer auf, was im klassischen Spanien undenkbar wäre. Sie gehen auch ohne Begleitung aus (die Institution der »dueña«, also der älteren Aufseherin für junge Mädchen ist hier unbekannt). Man wird sich erinnern, daß das Männerkindbett (die »couvade«) zuerst im französischen Teil des Baskenlandes studiert wurde; ein Ritual, bei dem sich während der Geburt seines Kindes der Vater ins Bett legt, seinen Gürtel löst (als eine Art Vorbildzauber zur Erleichterung der Entbindung) und damit, wie es heißt, dokumentiert, daß auch er etwas mit der Geburt zu tun hat. Das Ganze geht zweifellos auf matrilineare Vorstellungen zurück und bezeugt vielleicht eine Art von männlichem Protest gegen die Ausschließlichkeit der uterinen Filiation.

Auch im Baskenland gibt es übrigens – wie die Sardana in Barcelona – ein kulturelles Symbol für die Autonomiebestrebungen, nämlich das »Frontón« benannte Spiel, bei dem ein Hartgummiball gegen eine Wand geschleudert wird, indem der Spieler sich mehrfach um sich selber dreht und den Ball aus einer den Arm verlängernden Korbschiene mit unheimlicher Wucht an die Wand treibt; der Partner muß ihm beim Zurückprallen auffangen und seinerseits wieder gegen die Wand schleudern. Dieses Spiel wurde schon vor 30 Jahren vorwiegend von baskischen Separatisten gespielt; die zahlreichen Zuschauer gehörten natürlich der gleichen politischen Orientierung an. Die Inschriften in der Spielhalle waren (wenigstens im französischen Teil) zumeist in baskischer Sprache oder zweisprachig, während in Spanien das Baskische bis vor kurzem im öffentlichen Gebrauch verboten war. Seither hat sich allerdings auch hier die Autonomiebewegung erheblich radikalisiert, wie sich überhaupt die ganze Situation von Grund auf verändert hat. Mir kommt es hier nur darauf an zu zeigen, was für eine lange Vorgeschichte die heutigen Konflikte haben, weshalb man sie nicht als »Zwischenfälle«, sondern als strukturverändernde, fundamentale Wandlungen ansehen muß.

Die Paradoxie beider Autonomiebewegungen, der baskischen und der katalanischen, wie ich sie Anfang der fünfziger Jahre erlebte, lag darin, daß sie beide, um eine unabhängige Zukunft zu gewinnen, in die Vergangenheit zurückgriffen. Der Nativismus entfaltete sich zunächst als Revitalisierung eigener Traditionen, bevor er die politische Erweckung anbahnte; das neue Leben begann also, indem zunächst die Vergangenheit in die Zukunft projiziert wurde, wie wir es heute an vielen Orten der Dritten Welt erleben. Das impliziert selbstverständlich eine Art von Romantik, die sich eventuell sogar mit einer Ablehnung der Modernität paart. Das Ergebnis ist eine kulturelle Kopflastigkeit solcher Bewegungen, die ihre Effizienz empfindlich beeinträchtigt, so daß es einer zentralistischen Diktatur nicht schwerfällt, sich ihnen gegenüber zu behaupten. Auch dies hat es wohl dem Franco-Regime ermöglicht, solange zu überleben; denn abgewirtschaftet hatte es bereits am Anfang der fünfziger Jahre, das Ende kam aber erst 1974 mit dem Tode Francos, der typischerweise nicht zurücktreten wollte, auch nachdem er gar nicht mehr regierungsfähig war. So wird erst die Zukunft zeigen, wieweit die Autonomiebestrebungen gediehen und ob in ihrem Schoße schon regelrechte Abspaltungen und Sezessionen herangereift sind, die sich in der nächsten Zukunft auch politisch auswirken müßten.

Damit wird sich schließlich die Frage erheben, wie Spanien überleben wird – also die Grundfrage nach dem »spanischen Charakter«. Schon früh ist diese Frage immer wieder gestellt worden, bei den Spanien-Spaniern ebenso wie bei den emigrierten, etwa bei Salvador Madariaga und Américo Castro, aber auch bei Ortega y Gasset, während sich die Lateinamerikaner im Grunde nicht darum zu scheren brauchten, da sie sich seit der Kolonisierungszeit ihre eigenen Perspektiven eröffneten, die sie mit dem Aussterben der »Hidalgos« immer weiter von Europa weggeführt haben. Mit Juan Linz sprachen wir zu Anfang der fünfziger Jahre eines Nachts in einer Bar in Madrid viele Stunden lang über den »spanischen Charakter« und konnten zu keiner Einigung kommen, da uns das Puzzle-Spiel, wie immer wir es auch drehen mochten, einfach nicht aufgehen wollte. Außerdem konnten wir nicht genau abschätzen, was von Franco zurückbleiben würde, wenn er erst einmal verschwunden sein würde und wenn einige separatistische Bewegungen zu politischem Einfluß gelangten. Als wir die Bar verließen und über die fast völlig dunkle Plaza Reál in unser Hotel gingen, hörten wir von weitem einen Straßenkehrer mit einem großen Wurzelbesen den Schmutz fortkehren. Das wurde uns zu einem unerwarteten Symbol für die damalige Situation: so vieles an Unrat, Überbleibseln und Verkrustungen mußte erst noch aus dem Weg geräumt werden, um Spanien voranzubringen, und niemand wußte, welche Überlebenschancen es dann noch haben würde.

Nun, diese letzte Frage hat sich inzwischen geklärt, noch dazu in einer recht glimpflichen Weise, wenn man die mächtig angestauten Spannungen bedenkt! Vor allem jedoch ist es nicht, wie man befürchten mußte, zu einem neuen Bürgerkrieg gekommen. Statt dessen sind die separatistischen Bewegungen in Katalonien und vor allem im Baskenland stärker, ja terroristisch-explosiv geworden, während man von den Galiciern eigentlich recht wenig vernimmt. Die Grundfrage bleibt freilich immer noch offen, eben die nach dem spanischen Charakter, wozu sich aus Spanien selbst – sehr zum Unterschied gegen früher, etwa vor Beginn unseres Jahrhunderts bei der Generation von 1898 – vorläufig nur wenige Stimmen äußern, da sich die Öffentlichkeit im wesentlichen mit dem Problem der Parteienbildung und des ungewohnten Parlamentarismus herumschlägt. Und das ist insofern ein höchst gewichtiges Problem für Spanien, als damit zum erstenmal die Modernisierung ganz ungehemmt Einzug hält, eine Modernisierung, unter deren Einfluß weitreichende Veränderungen der Tradition zu erwarten sind. Im Gegensatz etwa zu Italien wird Spanien auf diesem Wege viele Stufen auf einmal überspringen müssen, was zweifellos neue Unsicherheiten provozieren wird.

Wenn man bedenkt, daß die spanische Vergangenheit bekanntlich ein echtes Konglomerat aus Christentum, Islam und Judentum darstellt, so wird man begreifen, daß sich die Frage nach dem spanischen Charakter recht brennend stellt. Denn Merkmale der drei Kulturen sind noch heute mit Händen zu greifen, wenn auch die jeweilige Zuordnung schwerfällt. Mir fiel das besonders in Marokko und Tunesien bei den dortigen »Andalusiern« auf, an die niemand denkt, wenn von Spaniern die Rede ist, obwohl sie doch als vertriebene Mohammedaner nach der »Reconquista« zweifellos irgendwelche spanischen Elemente mitgenommen haben müssen. Was mich verwirrte, war die enorme Ähnlichkeit dieser »afrikanischen Andalusier« mit den europäischen Spaniern von heute – im Gegensatz zu der ebenso großen Unähnlichkeit eines durchschnittlichen Lateinamerikaners mit einem Spanier. Ein Grund dafür mag darin liegen, daß die »Hidalgos«, die spanischen Kolonisatoren in Südamerika, bald zurückgekehrt bzw. verarmt oder verkommen sind, da sie – wie die Mohammedaner – jede Handarbeit verachteten, während die durchschnittlichen Soldaten der kolonialen Eroberer zumeist aus nordafrikanischen Berbern bestanden, allenfalls aus einheimischen bäuerlichen Unterschichtsangehörigen, von denen man bezweifeln kann, ob sie irgendwelche Züge mit der spanischen Oberklasse gemeinsam hatten, aus der sich die Hidalgos rekrutierten. Wohl aber waren sie enorm fleißig und – nachdem sie die neue Atmosphäre der Freiheit in Übersee mit ihren Chancen zu ermessen lernten – auf Raub versessen, sobald sie erst einmal tun und lassen konnten, was sie wollten. So setzten sie unter anderem auch zahlreiche Nachkommen in die Welt; wie der großartige brasilianische Soziologe Gilberto Freyre gezeigt hat, bestand die Hauptbeschäftigung der Lusitanier im neueroberten Kontinent in der Hebung der Bevölkerungskurve – die einheimischen Frauen hatten anscheinend nur auf sie gewartet. All das wäre jedoch für die spanischen Hidalgos undenkbar gewesen. So besteht in der Tat eine tiefe Kluft zwischen den europäischen Spaniern oder Portugiesen und den Lateinamerikanern.

Die Frage bleibt also weiterhin offen, was nun eigentlich spanisch ist. Die Verachtung der Handarbeit ist zweifellos ein arabischer (also nicht berberischer oder kabylischer) Zug, den die Spanier bis heute beibehalten haben, während sie die intellektuelle, wirtschaftliche, organisatorische und wissenschaftliche Ausrichtung der alten Araber und Juden nicht übernahmen, sehr zum Nachteil ihrer Wirtschaft. Als dann nach der Reconquista auch die Juden durch die Inquisition aus Spanien vertrieben wurden, war es eigentlich schon entschieden, daß Spanien für lange Zeit ein unterentwickeltes Land bleiben mußte, da es sich selbst aller Mittel entledigt hatte, um im diesseitigen Alltag bestehen zu können. Hierzu ist es wichtig zu wissen, daß Claude-Henri de Saint Simon, der eine erste moderne Entwicklungstheorie entwarf und gleichzeitig die Grundlagen der Soziologie legte, die besondere Rolle der Araber im Mittelalter sehr genau studiert hatte. Während bei den meisten Europäern »die Wahrheit in den Brunnen gefallen war«, trugen die Juden und Araber die Errungenschaften des Aristotelismus weiter, insbesondere auch in Spanien, wo übrigens die griechische Kultur nicht so definitiv abgerissen war wie im Osten. So hätte hier eine großartige Kultur entstehen können (wie zeitweise in Sizilien), hätte sich nicht die katholische Kirche quergelegt und schon damals jede Form der Modernisierung verhindert. Die spanische Philosophie beschäftigte sich damals vor allem mit der reichlich müßigen Frage, wieso es in der Welt – etwa in Lateinamerika – Wesen geben konnte, die weder Christen noch Untertanen der Könige von Spanien waren – während die Generäle das Gold der alten Indianerkulturen nach Spanien verfrachteten, womit der barocke Prachtabsolutismus seinen Luxuskonsum finanzierte, statt den neuen Reichtum in die Entwicklung der einheimischen Wirtschaft zu investieren. So war der spanische Herrschaftsbereich zwar über alle Maßen groß und glänzend (das Reich, in dem die Sonne nicht unterging), aber seine Fundamente waren morsch, da das jeweils importierte Kapital unverzüglich konsumiert wurde, so daß dieses Reich außerstande war, sich selbst zu reproduzieren. Vielleicht hatte Karl V. etwas davon geahnt, als sich sein Geist immer mehr verdüsterte und er schließlich im Kloster von San Juste verschwand.

War später die Pracht dahin, so blieb aber doch die »Haltung«, zumal die des Höflings, der seinen Herrn verloren hat, wie es auch später eine spanische Königslinie gab, die »Carlisten«, die ihren Kronanspruch auf Don Carlos zurückführte, dessen Linie höchst zweifelhaft war, bis sie vom Diktator Primo de Rivera ausdrücklich annulliert wurde. So erlebt Don Quijote in einer kargen Landschaft die seltsamsten Visionen, die alle völlig irreal seiner persönlichsten Phantasie entspringen, während sein Knecht Sancho Panza sich den Bauch vollschlägt. Dieser Gegensatz schafft zweifellos eine Persönlichkeitsstruktur von außerordentlicher Spannweite, wie sie kaum ein anderes europäisches Volk aufzuweisen hat. Und sie bleibt erhalten, auch wenn sie sich buchstäblich auf nichts mehr stützen kann, was ich hier gar nicht negativ meine; denn gerade die Erhaltung der Person über dem Nichts ist die einzigartige Leistung Don Quijotes, dank derer er seine phantastischen Abenteuer besteht. So sah es auch Miguel de Unamuno. Hier liegt vielleicht eine Wurzel für die historische Dynamik, insofern die empfundene Unsicherheit nach immer neuen Abenteuern ruft, wie sie etwa in den Zeichnungen Goyas hervortreten.

Im spanischen Alltag gewinnt all dies eine jeweils verschiedene, oft unerwartete Bedeutung. So gibt es z. B. keine spanische Küche. Die Katalanen haben ihrer Tradition entsprechend eine provenzalische Küche, die ganz italienisch-mittelmeerisch ausgerichtet ist, die Kastilier hingegen kennen einzig die arabisch-nordafrikanische Küche mit ihrer verhängnisvollen Neigung, alles zu überkochen oder zu überrösten, so daß jeder Eigengeschmack verschwindet. Gut sind in Zentral-Spanien nur die »Entremeses«, die orientalischer

Herkunft (arab. mezze) sind und etwa dem französischen Hors d'œuvre entsprechen. Der Rest ist schwer, undifferenziert und eintönig wie die kastilische Hochebene der Estremadura. Man kann sich aber dafür an der galicischen, katalanischen und baskischen Küche schadlos halten, die überall angeboten wird, auch in Madrid.

Doch der auf Haltung versessene Kastilier ist im Grunde ein asketischer Puritaner, streng auf sich selbst bezogen, und seinen unverhältnismäßig langen förmlichen dunklen Jacken entspricht ein seelisches Korsett, das jede Lebenslust konventionell erstickt. Er ist in gewisser Weise ein Ebenbild der spanischen Architektur wie etwa der des Palastes El Escurial, von dem man nicht weiß, ob er ein Schloß oder ein Gefängnis ist. Viele der höchstgestellten Insassen mögen sich vergeblich danach gefragt haben. Ganz anders dagegen die katalanische Architektur, die – mit ihrem architektonischen Wunderkind Antoni Gaudí – die starren, kastenförmig-klassizistischen Linien zu durchbrechen vermochte. In einer großen Halle mit lauter schiefstehenden Säulen, deren jede einzelne listig in einem anderen Winkel und nach einer anderen Richtung geneigt ist, wird man unwiderstehlich von einem Schwindel erfaßt, der einen wie verzaubert aus der Welt der rechteckigen Statik hinausträgt. Für einen echten Spanier ist das jedoch ein permanenter Skandal, weshalb sich auch Gaudís Architektur auf Katalonien beschränkt.

Die größte Tugend des Spaniers ist die Geduld und Gelassenheit, mit der er Schicksalsschläge hinnimmt. Doch auch hier weiß man nicht genau, ob sie nicht im Grunde arabischer oder marokkanischer Herkunft ist. In Kairo erlebte ich einmal im Hause eines großen ägyptischen Geschäftsmannes, wie ein Tisch voller unschätzbarem Meißener Porzellan zusammenbrach, so daß alles in tausend Stücke zersprang. Der Hausherr hob nicht einmal die Brauen und ließ den Scherbenhaufen von ein paar Dienern entfernen. Das hätte auch in Madrid passieren können. Er hätte dazu sagen können »de nada«, macht nichts; am nächsten kommt dem das russische »nitschewo« oder das arabische »malesch«, begleitet von einer entsprechenden Kopfbewegung, die völlige Gleichgültigkeit dokumentieren soll.

Als ich eines Tages in Madrid ein Taxi bestieg, merkte ich nicht, daß sich mir jemand von hinten näherte, wohl um mich etwas zu fragen. Ich warf ahnungslos die Tür zu, die dem Unbekannten auf die Hand schlug, was sehr schmerzhaft gewesen sein mußte. Ich sprang sofort wieder aus dem Wagen und entschuldigte mich, worauf ich nur die Antwort erhielt »de nada, señor«; dann stellte er ungerührt seine Frage, während er ein wenig die schmerzende Hand rieb.

Wie weit sind Völker Gefangene ihrer Vergangenheit? Gibt es spontane Mutationen der kulturellen Thematik? Oder sind nicht alle Neuerungen immer nur Wiederbelebungen alter Themen in neuem Gewande? Spanien – mit oder ohne Franco – gibt noch immer viele Rätsel auf.

XIV. Afghanistan: Ein Experiment in Ausbildungshilfe für die Dritte Welt

Es mag naheliegen, meine Tägigkeit in Afghanistan mit der Wirtschafts- und Sozialwissenschaftlichen Fakultät Köln in Verbindung zu bringen, als deren ständiger Delegierter in Sachen der Partnerschaftsfakultät Kabul ich mit nur wenigen und kurzen Unterbrechungen von 1962–1978 tätig war; trotzdem ist das Nächstliegende nicht immer das Richtige. Denn meine Interessen am mittleren Osten oder Westasien, wie man besser sagen sollte, gehen – wie man gesehen hat – auf den Beginn meiner Studien zurück, die mich zunächst sehr intensiv mit der Türkei und ihren Entwicklungsproblemen in Verbindung gebracht hatten. Ich war auch mit meinen Sprachstudien recht weit gekommen, so daß ich mich bereits als Student in der Türkei durchaus zu Hause fühlte.

Damals bin ich zum erstenmal Afghanen begegnet. Es war irgendwo in der Nähe von Eskišehir, wenn ich mich recht erinnere; ich reiste in einem Kollektivtaxi (auf türkisch Dolmuš), die Afghanen waren zu zweit in einem Wagen und winkten meinem Taxi zu, es möge halten. So kam es zu einem kurzen Gespräch, das allerdings aus sprachlichen Gründen mehr Mißverständnisse als Informationen enthielt. Allerdings stellte ich fest, daß es doch eine Koiné-Sprache oder Lingua Franca gab, die über große Gebiete reichte: die afghanischen Reisenden sprachen ein (vor allem der Aussprache nach) altertümliches Farsi, also Persisch, das neuerdings Dari heißt; gleichzeitig waren sie aber auch des Türkischen mächtig, bzw. einer turktatarischen Sprache, wahrscheinlich Turkmenisch, in der sie sich schlecht und recht mit meinen türkischen Mitreisenden unterhalten konnten. Diese erste Begegnung hatte mich irgendwie gefesselt, vor allem wegen des äußeren Erscheinungsbildes der beiden Reisenden, das von einer extremen Unbezähmbarkeit sprach, wie man sie in der Türkei normalerweise nicht antraf. Außerdem war ich damals in Wien im orientalischen Seminar gerade dabei, den großartigen Epiker Firdousi zu lesen, der in seinen Königslegenden gern fabelhafte Vorgänge und Personen in das Hochland von Afghanistan versetzt. Jetzt sah ich plötzlich, daß es diese Menschen wirklich gab. Im übrigen sind Iraner und Afghanen sehr verschieden, schon aus religiösen Gründen, da die ersteren Schiiten sind, die letzteren vorwiegend Sunniten (mit Ausnahme der Hasara). Mein Interesse war jedenfalls derart geweckt, daß es während der folgenden Jahrzehnte nicht mehr nachließ. Es wurde auch immer wieder durch besondere Umstände wachgehalten, so etwa als ich 1928 im Hause meines schon erwähnten Onkels Erich Prigge in Berlin Amanullah Khan kennenlernte, einen der ersten Reformer Afghanistans, der aber später am Widerstand der Mullahs scheiterte, als diese aus der internationalen Presse entnahmen, daß sich ihre Königin in Europa unverschleiert gezeigt hatte. Eine nächste Gelegenheit war 1933 mein Plan einer Reise nach Persien durch die Sowjetunion, die vom russischen Reisebüro Intourist angeboten wurde und der ich mich mit meinem Freunde Gerhard Bahlsen anschließen wollte. Unsere Route sollte bis an die russische Seite des Kaspischen Meeres nach Baku, dann zu Schiff nach Rescht und per Taxi über die Berge nach Teheran führen; als Reisedauer für das letzte Stück waren 12–30 Stunden angegeben. Wie aber schon berichtet, überfiel mich im Spätherbst 1933 eine schwere Bronchitis, und als ich im April 1934 erneut anfragte, wurde mir vom persischen Konsulat in Berlin mitgeteilt, daß es angesichts meines Gesundheitszustandes bereits zu spät sei wegen des sehr früh einsetzenden quälenden Staubes in Persien. So gab ich meinen Plan auf. Ich habe schon geschildert, wie ich statt dessen nach Sizilien reiste.

Erst knapp dreißig Jahre später ergab sich – und nun ganz unerwartet – ein Kontakt zu Afghanistan, der diesmal allerdings zu einer intensiven, mehr als anderthalb Jahrzehnte dauernden Beziehung führen sollte. Am 13. Oktober 1962 war ich aus dem Südwesten der Vereinigten Staaten in Köln eingetroffen, um am 15. Oktober mein erstes Dekanat anzutreten. Ich erschien am Montag früh pünktlich im Dekanat, wo mich mein Amtsvorgänger erwartete, um mir die Geschäfte zu übergeben. Als erstes eröffnete er mir, ich müsse am folgenden Donnerstag mit dem damaligen Ministerialrat (heute Ministerialdirigent) L. Vogtmann vom Wissenschaftsministerium in Düsseldorf nach Kabul abfliegen, um dort bei unserem Partnerschaftsteam an der Wirtschaftsfakultät nach dem Rechten zu sehen; offensichtlich seien dort Probleme aufgetaucht, nachdem die Partnerschaft ab März des Jahres zum islamischen Neujahr (*nou ruz*) angelaufen war. Es würde uns auch ein Kollege von der Mathematisch-Naturwissenschaftlichen Fakultät der Universität Bonn mit dem gleichen Auftrag begleiten. Auf meinen Einwand, ich sei ja über die Vorgänge der letzten Monate gar nicht orientiert, auch mit den Verträgen nicht vertraut, weshalb er doch lieber selber reisen solle, antwortete mir mein Amtsvorgänger mit der Überreichung eines ärztlichen Attestes, in dem bestätigt wurde, daß eine Reise in den Orient für ihn aus gesundheitlichen Gründen nicht ratsam sei. So reiste ich – ohne ärztliche Erlaubnis und auch ohne Impfungen, außer der für die Vereinigten Staaten obligatorischen Pockenimpfung – pünktlich zum angegebenen Datum ab, nachdem ich mich noch kurz bei einem Bonner geographischen Kollegen erkundigt hatte, wie es um diese Jahreszeit mit der Typhus- und Choleragefahr stehe. Er beruhigte mich, wenn ich Glück hätte, würde ich ungeschoren durchkommen, außerdem gäbe es noch eine Menge anderer Krankheiten, die man sich dort holen könne, was mich natürlich nicht wesentlich beruhigte. Dazu kam, daß damals gerade russische Raketenstellungen auf Kuba entdeckt worden waren, die eine schwere Bedrohung für die Vereinigten Staaten und damit eine unmittelbare Kriegsgefahr bedeuteten. Außerdem war meine Schwiegermutter tödlich erkrankt – ich hatte also genügend Vorwände, die Reise zu verschieben. Ich fuhr trotzdem.

Ich habe das alles mit einiger Ausführlichkeit berichtet, um meinen Eindruck von der Stellung der meisten deutschen Kollegen zum Problem der Entwicklungshilfe zu rechtfertigen. Was man auch immer unternahm, es wurde halbherzig getan. Obwohl im regulären Etat der Partnerschaft alle zwei Jahre eine Dekansreise vorgesehen war, ist es mir nicht mehr gelungen, einen Kölner Dekan nach Kabul zu bringen. Mein Amtsnachfolger war zunächst sehr enthusiastisch gewesen, als ich ihm dann aber nahelegte, zu einem bestimmten Termin zu fahren, zog auch er das obligate ärztliche Attest aus der Tasche. Der nächste Dekan ging gar nicht erst auf die Diskussion ein, sondern erklärte mir einfach von oben herab, er denke nicht daran, nach Kabul zu fliegen. Wenn man bedenkt, wie stark Orientalen ansprechbar sind für das Auftreten von Respektspersonen, dann wird man sich leicht vergegenwärtigen können, warum bei den Afghanen nicht selten der Eindruck aufkommen mußte, daß man diese Partnerschaft in der Bundesrepublik wohl nicht ganz ernst nahm – trotz aller auch in Geldeswert meßbaren Anstrengungen.

Im totalen Gegensatz zur Lauheit der Kollegen und letztlich auch der Behörden in der Bundesrepublik fand ich bei unseren jungen westdeutschen Mitarbeitern in Kabul eine wahrhaft enthusiastische Einsatzbereitschaft, wenn auch einigermaßen beeinträchtigt durch Krankheiten (der Teamleiter Willy Kraus war an Hepatitis erkrankt), mangelnde Orienterfahrung, ungenügende Ausrüstung, mangelhafte Räumlichkeiten und viele andere Umstände, die wesentlich mit der Neuartigkeit des Unternehmens zusammenhingen. Wie problematisch die Verhältnisse waren, kann man daran ermessen, daß unsere kleine Kommission sehr bald einsah, daß von einer Reisedauer von ungefähr einer Woche überhaupt keine Rede sein konnte; wir blieben dann in der Tat drei Wochen, um alles in einiger Ordnung zu hinterlassen, wobei wir zahllose Sitzungen mit dem Erziehungsministerium, dem Rektor und den Dekanen der beiden beteiligten Fakultäten hatten, um ein möglichst vollständiges Inventar aller Probleme aufzustellen, das für die Zukunftsarbeit von Nutzen sein konnte. Mein erster Bericht an die Fakultät und die deutschen Behörden hatte zwanzig Seiten Umfang: In den folgenden Jahren sollten sich diesem ersten noch viele solcher Dokumente anschließen, die wohl in den Akten des Dekanats verwahrt sind. Durchaus nicht alle darin angesprochenen Probleme konnten gelöst werden – dennoch ist aus dieser Lehrpartnerschaft am Ende das größte und längste Unternehmen der deutschen Ausbildungshilfe geworden.

Über die Motivation zur Ausbildungs- und Entwicklungshilfe ist schon viel diskutiert worden; ich will das hier nicht wieder aufgreifen. An der Spitze steht natürlich die Exportförderung jeder Art. Man darf das nur nicht in der primitiven Weise auffassen, als bestehe ein direkter und unmittelbarer Zusammenhang. Das Ganze ist wohl ein außerordentlich komplexer und verschlungener Prozeß, der sich erst im Laufe eines gesamten Lebens auswirkt, z. B. wenn ein Stipendiat nach Rückkehr in sein Land in eine entsprechende Stellung einrückt und dann etwa dazu beiträgt, daß Produkte seines ursprünglichen Gastlandes denen aus anderen Ländern vorgezogen werden. Im wesentlichen stehen natürlich politische Motivationen im Vordergrund, wobei jene im Vorteil sind, die es verstehen, den anderen politische Ideensysteme zu suggerieren, statt wirkliche Hilfe zu leisten, oder sich diese teuer bezahlen lassen und statt dessen gratis Weltanschauung liefern. Aber, ich wiederhole, ich habe nicht die Absicht, diese höchst verwickelten Fragen hier aufzurollen.

Wohl aber habe ich mich seit jeher gefragt, welches die entscheidenden Motive bei jenen jungen Leuten sind, die sich für Entwicklungsdienste irgendwelcher Art melden. Dabei müssen ganze Gruppen beiseite gelassen werden, die dieses Metier seit Jahrzehnten betreiben, wie die Kirchen; auch bei Gruppen wie dem Peace Corps steht zweifellos, sofern es sich um Kollektivorganisationen handelt, ein karitatives Motiv im Vordergrund. Bekanntlich haben Organisationen jedoch einen formellen und einen informellen Aspekt, so daß sich unterderhand hinter den offiziell kundgegebenen Motiven ganz andere verstecken mögen, die den Beteiligten unter Umständen gar nicht bewußt sind. Dazu gehören vor allem Persönlichkeitsprobleme verschiedenster Art, wie Untersuchungen amerikanischer und auch deutscher Provenienz gezeigt haben. Und diese werden dann leicht zu einem echten Handicap für die beabsichtigte Wirkung bestimmter Entwicklungshilfeaktionen, indem sie zwar den jungen Leuten helfen, ihre Neurosen abzubauen: diese Entwicklungshelfer gehen dann fröhlichen Herzens davon und vergessen die Objekte der Entwicklungshilfe ganz einfach, nachdem sie Erwartungen geweckt haben. Aber hier gibt es keine gefährlichere Fehlleistung als diese, da enttäuschte Erwartungen, denen keine Folge geleistet wird, höchst unerwartete Reaktionen zur Folge haben können, etwa solche extrem xenophonen Charakters, für die dann kein Verantwortlicher mehr da ist, da der Urheber der enttäuschten Hoffnungen längst hinter alle Berge verschwunden ist.

Zur Bewertung dieser Situation wäre es wichtig, in den entwikkelten Industrieländern genau zu beobachten, welcher Art die jungen Leute sind, die Kontakt mit Besuchern, Praktikanten oder Studenten aus Entwicklungsländern suchen. Es läßt sich leicht zeigen, daß es sich allzu häufig um unreife oder »frustrierte« Individuen handelt, die nun ihre eigenen Entwicklungsprobleme auf die Angehörigen einer fremden Kultur übertragen. Ähnliches gilt übrigens auch für Mischehen, über deren Zahl und Entwicklungschancen nur sehr oberflächliche Informationen bestehen, die uns aber eine Fülle von keineswegs erfreulichen Problemen vermuten lassen. Schließlich gibt es noch jene, die unausgegorene politische Ideen in die Länder der Dritten Welt tragen wollen und dort junge Leute aufreizen, ohne daß danach irgend etwas folgte, was wiederum nur zu einem spontanen Breakdown oder einem ebenso radikalen Chauvinismus bei den Einheimischen führen muß.

Natürlich waren unsere Mitarbeiter in Kabul von anderer Qualität; sie waren im Grunde gestandene Assistenten und junge Wissenschaftler, die schon ein anderes Niveau der Reifung erreicht hatten als die eben Angesprochenen. Sicher versprachen auch sie sich gewisse Vorteile von ihrer Arbeit im Entwicklungsdienst, etwa eine erleichterte Habilitation oder auch – wie in den Zeiten der »GAWI-Gehälter« (Vergütungen über die Frankfurter »Garantieabwicklungsgesellschaft«, eine Verwaltungsbank aus den dreißiger Jahren, die heute nicht mehr existiert) – ein verhältnismäßig hohes steuerfreies Einkommen, das ihnen bei den niedrigen Lebenshaltungskosten in Entwicklungsländern beträchtliche Ersparnisse ermöglichte. Der Preis dafür war allerdings gelegentlich, daß sie in ihren Heimatländern bei der Beförderung einfach vergessen wurden. Auch das wurde zuerst in den Vereinigten Staaten sichtbar, als sich herausstellte, daß die zu Hause gebliebenen Wissenschaftler oft eher befördert wurden, so daß für die Rückkehrer später keine Stellen mehr frei waren. Da ich in dieser Hinsicht eine sehr unerfreuliche Erfahrung mit einem hervorragenden Studenten an der University of California gehabt hatte, war ich vorsichtig genug, bei meinen Verhandlungen mit den deutschen Behörden Auffangstellen für die Rückkehrer auszuhandeln, was sich in einer großen Zahl von Fällen bestens bewährt hat. Ich habe eigentlich auch in all der langen Zeit, die ich als Geschäftsführer des afghanischen Projekts tätig war, keine schlechten Erfahrungen mit diesem System gemacht, da die meisten nur für sehr kurze Zeit von dieser Chance Gebrauch machten und dann in andere Stellungen übergingen. Es blieb allerdings nicht aus, daß im manchen Fällen jene Ordinarien, die uns ihre Assistenten einst bestens empfohlen hatten, diese nach ihrer Rückkehr gewissermaßen »vergessen« hatten, selbst wenn die Betreffenden vorher fünf bis zehn Jahre für sie gearbeitet hatten. So bekam der akademische Entwicklungsdienst unversehens eine fatale Bedeutung: er wurde zum Abstellgeleis. Da ich meine Fürsorgepflicht so ernst wie möglich nahm, um nicht zum Betrüger an diesen jungen Kollegen zu werden, die auf die Fakultät vertrauten, mußte ich oftmals höchst unerfreuliche Sträuße mit meinen Kollegen ausfechten, die allerdings zumeist gut ausgingen, wenn auch nicht auf Grund von deren gutem Willen, sondern weil sich die deutschen Universitäten damals in einer starken Expansionsphase befanden, wohl der stärksten ihrer Geschichte. Für den Betroffenen fand sich dann zwar anderswo eine Stellung, aber er mußte dafür mit einer starken menschlichen Enttäuschung bezahlen. Es war dies übrigens auch die Zeit, in der meine Zweifel an der sachlichen und personellen Funktionsfähigkeit unserer Universitäten immer größer wurden.

Die Expansion ist aber nun seit längerer Zeit unwiderruflich vorbei, so daß man heute einem jungen Kollegen, der für einige Zeit in einem Entwicklungsland arbeiten und lehren möchte, eigentlich nur abraten kann. Das akademische Proletariat ist heute bereits so groß, daß die Chance, nach der Rückkehr wieder in die akademische Laufbahn eingeschleust zu werden, äußerst gering ist.

Das größte Problem kam aber auch auf uns zu in Form von zu großen Erwartungen, die wir geweckt hatten, ohne es zu wollen. Der mir freundschaftlich verbundene Kollege Willy Kraus, heute Universität Bochum, der noch als Angehöriger meiner Fakultät in deren Auftrag die ursprünglichen Verträge mit der Universität Kabul ausgehandelt hatte, hatte als Ziel der Partnerschaft die »Anhebung der dortigen Fakultät auf internationales Niveau« definiert. Ich traf ihn 1962 bei meiner ersten Dekansreise in Kabul und besprach alles eingehend mit ihm, wobei wir uns zunächst in dieser Zielsetzung völlig einig waren. Erst allmählich machten wir die Erfahrungen, die uns nachträglich wünschen ließen, daß wir besser eine andere Definition unserer Ziele aktennotorisch gemacht hätten. Denn kaum war unsere Lehrtätigkeit angelaufen, kam schon sehr deutlich ausgesprochen der Wunsch, das Kabuler Examen, das einem amerikanischen B. A. entsprach, zu einem M. A. umzuwandeln und als Äquivalent für das Kölner Diplomexamen anzuerkennen, da ja nun das Studium durch Kölner Kräfte und unter Aufsicht der Kölner Wirtschaftsfakultät betrieben werden sollte. Dieser Wunsch ließ sich jedoch in keiner Weise erfüllen, was zu sehr unerfreulichen Auseinandersetzungen führte. Dabei wußten wir, daß die Schuld ausschließlich bei uns lag: Wir hatten Erwartungen geweckt und damit eine Hoffnung in die Welt gesetzt, die sich in so kurzer Zeit schlechterdings nicht erfüllen ließ. Da ich dank meiner Beziehungen zur Universität Istambul, aber auch zur Nationaluniversität in Teheran, seit 1966 wieder zu den Universitäten in Beirut, Damaskus und Kairo (dort sowohl zur Ein Shams als auch zur Gizeh University) sowie fast gleichzeitig auch zu denen in Bombay und anderen Orten bis hin nach Hongkong, Taiwan und Japan genauere Einblicke in die jeweiligen Studiengänge hatte, konnte ich mich auf die Linie einer einheitlichen Unterrichtspolitik zurückziehen, die allmählich auch den Afghanen einleuchtete: vier Jahre bis zum B. A., drei weitere für den M. A. und anschließend eine unbestimmte Zeit für den Ph. D. – wobei es ein Problem der pragmatischen Machbarkeit wurde, ob man eine »upper division« in einer relativ jungen Fakultät einrichten sollte, die erst 1957 unter der ersten Ministerpräsidentschaft Daoud begründet worden war. Dieser Vorschlag erschien schließlich auch den afghanischen Behörden akzeptabel; aber es hat sicher fast zehn Jahre gedauert, bis wir ihn verwirklichen konnten, was im übrigen nicht verhindert hat, daß das Problem immer wieder in den Diskussionen auftauchte oder zumindest bei manchen Studenten oder Stipendiaten (leider oft nicht den besten) eine ausgesprochene Malaise weckte. Leider wurde unsere Strategie empfindlich gestört durch einzelne europäische Universitäten, die ihre akademischen Grade billig abgaben, obwohl sie von anderen und auch von mir darauf aufmerksam gemacht worden waren, wie die Verhältnisse wirklich lagen. Daß zu Beginn dieser Zeit Fehler gemacht worden sind – wer will das bestreiten und wie soll man das vermeiden? Aber seit Ende der sechziger Jahre hätte eine einheitliche Strategie von den wichtigsten europäischen Ländern durchaus eingehalten werden können. Langsam wurden wir uns darüber klar, welches Ausmaß an Betreuung aufgebracht werden muß, um die Studenten aus Ländern der Dritten Welt über die Hürden zu bringen, ohne daß sie psychischen Schaden nehmen. Die erstaunlichsten Leistungen in dieser Hinsicht habe ich immer wieder in den Vereinigten Staaten beobachten können, die mit ihrem Beratungssystem imstande sind, einen Studenten mit einem B. A. in zwei Jahren durch das M. A.-Examen zu bringen, ohne den Titel damit abzuwerten.

Im übrigen erwies sich bald, daß die Wirtschaftsfakultät Köln das Personalaufkommen auf die Dauer nicht allein leisten konnte, da in der gleichen Zeit einerseits die Studentenzahlen beträchtlich anstiegen, so daß jeder bis zum letzten Assistenten dringlichst im Unterricht gebraucht wurde, und andererseits die jungen Privatdozenten uns sofort wegberufen wurden. So begründete ich – nach einer sehr krisenhaften Phase im Jahre 1966 – eine »Arbeitsgemeinschaft zur Wahrnehmung der Partnerschaft mit der Wirtschaftsfakultät Kabul«, bestehend aus den drei Landesuniversitäten Bonn, Bochum und Köln, die heute noch existiert und deren Geschäftsführer ich bis zum 31. Dezember 1976 war. Neue Aktivitäten benötigen auch eigene Organisationsformen. Die unsere hat sich im wesentlichen bewährt.

Ich habe in meiner langen Erfahrung mit unseren afghanischen Stipendiaten eine solche Fülle von Persönlichkeitsstörungen erlebt, daß ich mich insgeheim manchmal wundere, wieso wir letztlich doch so viele zum Doktorat, manche sogar bis zur Habilitation haben bringen können. Noch heute bleibt die beunruhigende Frage, inwieweit man diese Störungen vermeiden kann. Mich brachte sie schon vor meinen afghanischen Erfahrungen auf den Gedanken, die Studenten *in situ* zu fördern, also an ihren eigenen Universitäten, durch einzelne Gastprofessoren oder Dozentengruppen. Die Franzosen haben seit jeher ihre besten Professoren und Gelehrten für ein Schuljahr in ihre eigenen und in fremde Kolonialgebiete geschickt; das war uns eine Art Vorbild. Vielleicht konnte man auf diesem Wege erreichen, daß der Student bis zu einem gewissen Ausbildungsstand gebracht wurde, ohne aus seinem gewohnten Lebensumkreis gerissen zu werden. Aber auch hier gab es Schwierigkeiten; wie ich immer wieder erleben konnte, von Nordafrika über den Mittleren Osten bis nach Afghanistan, hat diese Welt eine Traditionsform, die die Entwicklung des Individuums akut und radikal verhindert. Ich habe viele Familieninterieurs in diesen Ländern gesehen und – selbst bei ausgesprochenen Oberklassen – nie ein Zimmer gefunden, in das sich einer zur Arbeit zurückziehen könnte. Ferner haben die erweiterten Familien die Tendenz, sich etwa abends, aber auch tagsüber gemeinsam zu beschäftigen; das wird im Winter oft durch den Umstand erzwungen, daß man es sich nicht leisten kann, mehr als ein einziges Zimmer zu heizen. Aber auch sonst sitzen die Familienmitglieder mit Besuchern und Dienerschaft alle zusammen in einem Raum und unterhalten sich. Wenn dann einer oder mehrere sich etwa für Prüfungen vorzubereiten haben, können sie sich nur ins Freie zurückziehen. In Kabul und auch andernorts sah ich oft Studenten auf Bänken in öffentlichen Parkanlagen sitzen und lesen. Im aramäischen Teil des Libanon fand ich einmal einen Studenten, der bäuchlings mitten auf der Straße vor seinem Dorf lag und büffelte.

Es ist seltsam, daß sich diese Unterbindung jeder Selbstisolation auch bei den europäischen »Kommunen« und sogenannten »Großfamilien« wiederholt; das Alleinsein wirkt sich im Orient offensichtlich wie ein Horror Vacui aus, womit, wie man leicht einsehen kann, jede Möglichkeit zur Konzentration unterbunden wird. Da aber Konzentration für Prüfungen im Grunde wichtiger ist als die Menge der Arbeit, bedeuten solche Lebensgewohnheiten eine ständige Bedrohung der geistigen, sozialen und emotionalen Entwicklung des Einzelnen.

Im Grunde wird beim Orientalen der Kindheitszustand bis weit über das zwanzigste oder gar dreißigste Lebensjahr hinaus verlängert, so daß selbständige Entscheidungen bei Lebzeiten des Vaters oder Großvaters einfach nicht »eingeübt« werden. Man muß sich einmal vorzustellen versuchen, welche Schockwirkung eintritt, wenn junge Orientalen von einem Tag auf den anderen in europäische Verhältnisse versetzt werden. Zunächst ballen sie sich in landsmannschaftlichen Gruppen zusammen, die ihnen zum Familienersatz werden. Das hat dann meist einen spontanen Rückgang ihrer sprachlichen Fähigkeiten zur Folge, gegen den die Goethe-Institute zwar ihr Bestes tun, aber sie stoßen hier offenbar auf stärkere Gegenkräfte, als sonst im Sprachunterricht aufzutreten pflegen.

Einen unerwarteten Einblick in die Tiefe dieser Störungen gab mir einmal ein medizinischer Kollege in Köln, bei dem einer unserer afghanischen Studenten in Klinikbehandlung war. Ich hatte ihn angerufen, da ich gewisse Zweifel an der »Krankheit« hatte, und sofort begann ein höchst aufschlußreiches Gespräch, als mir der Arzt sagte, sie hätten aus unserem Patienten erst einmal eine ganze Reihe von Würmern entfernt, an denen die Assistenzärzte »ihre helle Freude gehabt« hätten, weil sie diese Arten noch nie gesehen hatten. Die »Verwurmung« ist übrigens ein Normalzustand bei den meisten Bewohnern der Dritten Welt, was sowohl von unseren Wirtschaftsstrategen wie auch von Entwicklungshelfern aller Art regelmäßig unterschätzt wird. Die Folge dieser Krankheit ist eine ständige Vergiftung des Körpers mit Symptomen der Apathie, ja geradezu der Lähmung, die zu jeder effizienten Arbeit unfähig macht. Die Standardausrede: der Betreffende sei »faul«, er habe keinerlei Initiative, entspringt der typischen Mentalität eines Helfers, der die Dritte Welt aus der Perspektive eines Hilton-Hotels entwickeln will. Nur der kann wirksam helfen, der sich den gleichen Belastungen und Krankheiten aussetzt wie die Einheimischen. Aber das ist erst ein Teil der Geschichte.

In besagtem Gespräch mit jenem Arzt erwähnte ich zufällig, daß der betreffende Stipendiat bei der Sprachprüfung durchgefallen war. Größtes Erstaunen des Arztes, der mir sagte, er habe in Manuskripten seines Patienten auf dessen Nachttisch geblättert und gefunden, daß er über einen erstaunlichen deutschen Wortschatz verfügte, selbst wenn er im einzelnen Fehler machte. Aber der Wortschatz selber war dem eines deutschen Studenten sicher gleichwertig. Das entsprach durchaus meinen Erfahrungen mit Doktoranden aus Ländern der Dritten Welt, die gelegentlich ein erstaunliches Sprachniveau haben, selbst wenn der Betreffende sich nicht immer mündlich korrekt ausdrücken kann und manchmal sehr primitive Fehler macht. In diesem Fall gelang es mir aber nicht herauszubekommen, was bei unserem afghanischen Studenten die Blockierung des Sprachvermögens verursacht hatte, denn um eine solche handelte es sich in der Tat. War es die Prüfungssituation? Die Ungeschicklichkeit eines Lehrers? Oder ein anderer Umstand eher privater Natur? Oder war es vielmehr der Gesamtzustand, eben plötzlich in einer ganz anderen sozialen und kulturellen Welt zu leben, die dem Adepten vielleicht nur Angst macht und keinerlei Vertrauen einflößt? Wer Afghanistan und die Primitivität des dortigen Lebens, aber auch den enormen Druck der Großfamilie kennt, wird sich vielleicht vorstellen können, was ein Durchschnittsstudent empfinden muß, der eines schönen Tages aus Kabul abfliegt und nach zehn Stunden in München, Frankfurt oder Köln landet. Er wird am Flugplatz gewiß seine Landsleute finden, die ihn abholen (zusammen mit einem deutschen Assistenten der Partnerschaft). Aber findet er auch nur ein Minimum jener Sicherheit, die ein Mensch einfach braucht, um seine Fähigkeiten einigermaßen normal entfalten zu können?

Das vielleicht schwerste Handicap, dem diese Studenten insbesondere in mohammedanischen Ländern ausgesetzt sind, ist die Auswirkung eines sehr spezifischen Kulturkonflikts, den der Angehörige der Industriegesellschaften zumeist nicht nachzuvollziehen vermag. Die traditionelle Koranschule, ursprünglich die einzige Schule, die die meisten Menschen in diesen Ländern besuchten, war darauf angewiesen, den Koran, der in einer für viele mohammedanische Länder fremden Sprache abgefaßt ist, einfach ohne jede Erläuterung auswendig lernen zu lassen. Dabei spricht der Koran auch für arabische Länder, die nur Dialekt und nicht Koranarabisch sprechen, nahezu eine fremde Sprache, die nur die Gelehrten und Gebildeten verstehen. So kommt es zu jener Lerntechnik, die schon vor Jahrzehnten mein Freund Georges Balandier in Paris als »Psittacosis« bezeichnete, d. h. als Papageienkrankheit des einfachen Memorierens. Diese macht sich direkt und indirekt auch bei Absolventen einer höheren Schule bemerkbar, wo sie sich als eine gefährlich effiziente Blockade des selbständigen Denkens erweist. Lernen bedeutet dann gerade nicht jene Entfaltung der Selbsttätigkeit im Verstehensprozeß, bei der das Ziel der Didaktik nicht Wiedergabe eines »Wissensbestandes« darstellt, sondern selbständige Ableitung von Problemen. Diese Stufe ist schon bei uns nur schwer zu erreichen, um wieviel schwerer also bei Angehörigen einer traditionalen Gesellschaft?

Ein deutscher Fakultätskollege berichtete mir einmal, daß einer unserer Studenten aus Afghanistan in der mündlichen Prüfung total durchgefallen war und er ihn nochmals zu sich bestellt hatte, um den Grund für diesen Mißerfolg herauszufinden. Auf die Frage, ob er vielleicht nicht genug Zeit für die Vorbereitung zum Mündlichen gehabt hätte, antwortete der Student hoffnungsfroh: im Gegenteil, er kenne das Hauptwerk des Prüfers auswendig. Dieser machte daraufhin ein paar Stichproben, und siehe da: die Behauptung stimmte. Der Student vermochte sogar die Seitenzahlen anzugeben, auf denen die einzelnen Probleme behandelt waren. Nur selbständig darstellen konnte er sie nicht. Mein Kollege ließ ihn daraufhin mit der Mindestnote durch die Prüfung kommen. Der Fall gab uns Anlaß zu einem langen Gespräch über die praktischen Konsequenzen solcher Kulturkonflikte, die uns vorläufig unlösbar schienen. Ich frage mich, ob das Problem bei allen unterentwickelten Gesellschaften gleich gelagert ist, oder ob es nicht auch Unterschiede gibt, die man studieren müßte, um die letzten Ursachen für die Manie des Memorierens herauszufinden und damit vielleicht auch einige Möglichkeiten zu ihrer Überwindung.

Darüber hinaus gibt es aber noch ganz andere, höchst handgreifliche Faktoren, die das normale Sicheinleben eines Orientalen im Westen erschweren. Wenn zum Beispiel ein Afghane, der gewohnt ist, durchschnittlich auf 2000 Meter Höhe zu leben, sich plötzlich dem feuchten Klima von Köln und Bonn ausgesetzt sieht, muß ihm das buchstäblich den Atem verschlagen. Kreislaufbeschwerden sind die Folge, die man nicht allein mit gutem Willen bekämpfen kann und die außerdem zumeist weder erkannt noch in ihren Folgen richtig eingeschätzt werden. Umgekehrt wird ein Durchschnittseuropäer im afghanischen Hochland, wo man beim geringsten Ausflug auf drei- bis fast viertausend Meter Höhe kommt, Schlafstörungen und Atemschwierigkeiten haben, eventuell sogar kollabieren. Dennoch kann er sich bei der Phantasielosigkeit so vieler Europäer meist nicht vorstellen, daß Bedingungen dieser Art ein schweres Handicap für all jene darstellen, die im Hochland geboren und aufgewachsen sind und nun im Tiefland ungewohnte Leistungen vollbringen müssen. Wenn man bei Fußballweltmeisterschaften daran denkt, sollte man es auch bei Stipendiaten berücksichtigen.

Ein letzter Umstand, der mir viel Kopfzerbrechen bereitet hat und für den eine Lösung gefunden werden muß, ist die niedrige Lebenserwartung in orientalischen Ländern, die für Afghanistan wie für Indien nur etwa 35 Jahre beträgt. Natürlich ist das nur ein statistischer Durchschnitt und infolgedessen ohne große Aussagekraft, aber er kann uns doch als Rahmen dienen für eine Rechnung, die zum Nachdenken Anlaß gibt. Setzen wir das Durchschnittsalter beim Abitur mit 19 bis 20 Jahren an, danach vier Jahre Studium bis zum B. A. und zwei weitere Jahre als Fakultätsassistent für jene, die als Stipendiaten ausersehen sind, so kommen wir bereits auf einen Durchschnittswert von 25 bis 26 Jahren. Addieren wir nun ein Jahr Sprachstudium, vier Jahre bis zum Diplomexamen und drei weitere bis zur Promotion, so kommen wir auf ein Alter von rund 34 Jahren, vorausgesetzt, daß alles normal läuft, kein Militärdienst zu leisten ist, nicht nach dem Diplom ein zusätzlicher Aufenthalt an der Fakultät in Kabul verlangt wird und alle Prüfungen jeweils beim ersten Anlauf bestanden werden. Das heißt: der Kandidat erreicht gleichzeitig seine akademische Berufsreife und die Grenze seiner durchschnittlichen Lebenserwartung. So banal solche Rechnungen erscheinen mögen, sie sollten doch zum Nachdenken veranlassen, ob man diesen quälend langen Prozeß nicht abkürzen kann. Wenn die relative Länge des akademischen Vollstudiums in den fortgeschrittenen Industrienationen in der gegenwärtigen wirtschaftlichen Situation den Arbeitsmarkt entlastet, so wirkt sie sich umgekehrt in wirtschaftlich unterentwickelten Gesellschaften unter Umständen als eine geradezu katastrophale »Fehlinvestition« aus. Man verzeihe mir, wenn ich menschliche Schicksale mit ökonomischen Kategorien messe, aber gelegentlich muß man das tun, um nicht groben Milchmädchenrechnungen zu erliegen. Außerdem muß man sich darüber klar sein, daß es eine Alternative gibt: statt in bloße Ausbildung zu investieren, lieber in den Aufbau adäquater Einrichtungen, was dem Lande bei seinem momentanen wirtschaftlichen Stand vielleicht mehr nützen würde.

Angesichts all dieser Schwierigkeiten sollten wir nun ein Programm entwickeln für eine Wirtschaftsfakultät; und genau hier muß ich auch von unseren eigenen Problemen und Fehlern sprechen. Ich möchte gewiß nicht in den Ruch kommen, meinen Kollegen im nachhinein in den Arm zu fallen; ich war vielleicht selber allzu zurückhaltend mit meiner Meinung, hoffte überdies, daß die wachsende Erfahrung mit den Landesverhältnissen bald eine Änderung herbeiführen würde. Gleichwohl muß ich feststellen: das erste Vorlesungsprogramm, an dem ich nicht mitgewirkt habe, war eine getreuliche Replik des Kölner Systems: Soziale Marktwirtschaft schien der eigentliche Gegenstand, der analytisch dargestellt werden sollte, wobei nicht einmal feststand, ob sie in der Bundesrepublik eine Realität war. Schon damals wurden wichtige Stimmen laut, die das energisch bestritten, so daß die Frage durchaus offen blieb, ob wir Analyse betrieben oder Indoktrinierung. Ich will hier gar nicht die Frage aufrollen, ob Neoliberalismus oder Sozialismus die bessere Alternative ist, sondern viel pragmatischer überlegen, auf welcher Ebene man in einem Land von dem niedrigen Entwicklungsniveau Afghanistans beim Lehren der Wirtschaftswissenschaft einsteigen kann. Hier hat uns vielleicht unsere Absicht, die dortige Fakultät »auf internationales Niveau« zu bringen, einen verhängnisvollen Streich gespielt; wir taten so, als könne man eine Wissenschaft völlig ohne Rücksicht auf den gesellschaftlichen Stand eines gegebenen Volkes entwickeln. Eine solche Planung mußte unausweichlich kopflastig werden, eine Art von realer Utopie ausbilden, die jeden Zusammenhang mit den gegebenen Verhältnissen vermissen ließ, während es in Wahrheit doch darum ging und geht, die gegebenen Verhältnisse zu verändern, falls ich den Sinn der Entwicklungspolitik richtig verstanden habe. Es muß schließlich auch die Frage erlaubt sein, ob auf diesem Wege nicht eine Wirtschaftstheorie verbreitet wird, die für ein adäquates Wirtschaftsgebaren unter den gegebenen sozialen Umständen geradezu schädlich ist.

Um ein adäquates Wirtschaftsgebaren zu erreichen, müssen freilich zunächst die gegebenen Verhältnisse bekannt sein, was in Deutschland zumeist nicht der Fall ist. Man möge sich dazu in Erinnerung rufen, daß die Briten ihre Sozialanthropologie unter anderem entwickelt hatten, um die ihnen damals unterstehenden Kolonialgebiete in ihren sozialen Strukturen kennenzulernen; das sollte aber nicht l'art pour l'art sein, also eine Wissenschaft um ihrer selbst willen, sondern den Weg dazu bahnen, daß diese Gesellschaften sich eines Tages selbst regieren könnten im Sinne der »Indirect Rule«. So wurde etwa in Indien seit dem 19. Jahrhundert die administrative Statistik eingesetzt, um die bestehenden Kastenverhältnisse durchsichtig zu machen. Erst danach konnte man untersuchen, wie sich die Verhältnisse ändern ließen. Es war dabei übrigens schon relativ früh klar geworden, daß die »Adoptierung« der islamischen Stämme als Kaste eigener Art in das indische Kastensystem keinen ernsthaften Belastungen ausgesetzt werden durfte, solange man nicht dem religiösen Faktor Rechnung trug. Das zeigte sich später grausam während der Entkolonisierungsperiode nach 1945 in der Verfolgung der Mohammedaner und der Aufspaltung Indiens in zwei Nationen (inzwischen drei). Die bedeutendsten Forschungen der britischen Sozialanthropologen wurden jedoch in Afrika durchgeführt, von deren Ergebnissen ein großer Teil der modernen afrikanischen Staaten heute noch profitiert.

So dachte ich mir als Hauptangebot einer Wirtschaftsfakultät in Afghanistan einen Lehrstuhl für Wirtschaftsethnologie Zentralasiens, etwa in dem Sinne, wie es der große schwedische Sozialwissenschaftler Gunnar Myrdal in seinem letzten Hauptwerk (1968) angeregt hat, wobei leider Afghanistan viel zu kurz gekommen ist, wovon man sich leicht überzeugen kann. Der Grund dafür ist ebenfalls leicht anzugeben: Afghanistan ist das komplizierteste Land des Mittleren Orients, und es fehlen bisher die elementarsten

Forschungen über seine Sozial- und Wirtschaftsstruktur, so daß man hier auf weite Strecken im dunkeln tappt. In manchen Teilaspekten sind solche Untersuchungen während der deutschen Periode der Wirtschaftsfakultät Kabul zwar durchgeführt worden, aber bei weitem nicht konsequent genug als Hauptbestandteil der partnerschaftlichen Aktivitäten. Ich werde sogleich ein bestürzendes Beispiel für die Richtigkeit dieser Behauptung vorführen. Jedenfalls wurde dieser Lehrstuhl nicht eingerichtet.

Eine Einsicht von afghanischer Seite in diese Zusammenhänge findet sich übrigens im letzten Siebenjahresplan vor dem Umsturz vom Frühjahr 1978. Hier heißt es, zu fördern sei eine Forschung »über Afghanistan, für Afghanistan und durch Afghanen«. Diese Formel hat meine Kollegen weitgehend skandalisiert. Ich selber kann jedoch nur den höchst realistischen Charakter dieser Devise loben. Und wenn man dann etwa die Wendung, daß diese Forschung »durch Afghanen« durchgeführt werden solle, als Ausdruck eines Nativismus nimmt und als solchen perhorresziert, dann kann ich dem nicht mehr folgen. Die Funktion des Ausbildungshelfers kann doch nur sein, Hilfe zur Selbsthilfe zu leisten, und das impliziert notwendigerweise, daß die Forschung in die Hände der Einheimischen übergehen muß. Diese Erkenntnis kommt auch in anderen Aussagen des besagten Siebenjahresplans zum Ausdruck, etwa wenn er verlangt, daß die Schulen der afghanischen Wirklichkeit nähergebracht werden sollen; um so mehr gilt das dann selbstverständlich für die Universität. Ich sehe in diesem Plan zum erstenmal einen gangbaren Weg für die Förderung der Entwicklungspolitik durch das Mittel der Ausbildungshilfe. Diese würde sich dann konzentrieren auf Beratung bei Planung und Durchführung entsprechender Forschungen in Afghanistan, am besten durch eine Reihe verschiedener Spezialisten der Wirtschaftsethnologie, die die einheimischen Studenten und Dozenten anleiten, wie es schon eine ganze Reihe französischer Wirtschaftsethnologen im Sinne der »Neuen Anthropologie« in Afrika tut. Natürlich schließt das keineswegs die Beschäftigung mit Wirtschaftstheorie aus und mit allem, was damit zusammenhängt, wohl aber erhielte dieser Aspekt einen anderen Stellenwert, er würde durchaus sekundär. Wichtig wäre er nur für eine Selektion von Studenten, die bereits gelernt haben, sich in ihrer Umwelt zu orientieren. Im Vordergrund stünde indessen die angewandte Forschung, die dabei einen weiten Raum umfassen müßte: außer Afghanistan auch Zentralasien und darüber hinaus, als Hauptattraktion für viele wirtschafts- und betriebswirtschaftlich ausgebildete Afghanen, den ganzen arabischen Raum.

Es steht fest, daß viele Entwicklungshelfer und technische Experten, die vormals in Afghanistan gearbeitet haben, gute Leute gegen hartes Geld in ihr eigenes Land abwerben. Man sprach bei Gelegenheit meines letzten längeren Aufenthaltes im Spätherbst 1977 von etwa 150000 afghanischen »Gastarbeitern« in den verschiedenen Ländern der arabischen Halbinsel (nebenbei bemerkt von mindestens genauso vielen wenn nicht mehr pakistanischen). Viele werden (oder wurden bis vor kurzem) wahrscheinlich aus denselben Gründen vom Iran und seiner industriellen Explosion angezogen, wobei hinzukommt, daß in diesem Falle keine Sprachschranken bestehen, da das afghanische Persisch nur eine leichte Abwandlung des iranischen darstellt, während das Arabische eine völlig andere Sprache ist, neben der von den Immigranten vor allem englisch verlangt wird (im iranischen Ölgebiet und in den anderen sich neu entfaltenden persischen Industriegebieten gelegentlich auch deutsch). Attraktive Chancen bestehen für Afghanen ferner in östlicher Richtung, z. B. in Pakistan, wozu die größte Teilgruppe der afghanischen Bevölkerung, die Paschtunen, seit jeher besonders enge Beziehungen ethnischer Verwandtschaft hat. Im Moment wirken sich diese Anziehungsfaktoren aus, ohne daß man Genaueres über ihr Ausmaß wüßte; vielfach sind die Verhältnisse geradezu chaotisch, da in Ländern mit unübersichtlichen Grenzen natürlich illegale Einwanderung die Regel zu sein pflegt. Das ergibt dann einen »Talentexport« (*brain drain*) neuer Art, nämlich von einem Land der Dritten Welt in ein anderes, wobei natürlich das schwächere – hier Afghanistan – Federn lassen muß. Die Situation wird zweifellos nicht besser, wenn man über Ausmaß, Art und Richtung dieses Aderlasses keinerlei präzise Untersuchungen anstellt, sondern statt dessen über das Thema Bevölkerung und wirtschaftliche Entwicklung theoretisiert. Ende 1979 sahen die Verhältnisse etwa folgendermaßen aus (nach Dietrich Wiebe): ca. 400000 Afghanen leben im Iran, ca. 250000 in den Golfstaaten und ca. 50000 in Kuwait, also insgesamt (ohne Familienangehörige) etwa 700000 Emigranten. Die Folgen machen sich bereits bemerkbar durch eine spürbare Verknappung von Arbeitskräften im Mutterland. Die neuere politische Entwicklung dürfte zudem diese Massenauswanderung noch weiter verstärken.

Eine besondere Art von Binnenwanderung bedarf ebenfalls noch immer der Klärung, nämlich die Auswanderung der Hasara aus dem Hindukusch speziell nach Kabul, aber wachsend auch in andere Teile Afghanistans. Hierbei sind interessante Veränderungen zu beobachten, die heute eine gegenüber früher total veränderte Lage schaffen. Vor zwanzig und mehr Jahren handelte es sich noch um eine echte Pendelwanderung ohne Sedimentierung nennenswerter Hasara-Gruppen in der Stadt Kabul. Seither hat sich das aber unter dem Eindruck des stärkeren Angebots an Arbeitsplätzen beträchtlich geändert; die Pendelwanderer haben sich in der Stadt niedergelassen. Ich habe vor mehreren Jahren die Nan-Bäcker beschrieben, die einen ausgesprochen überproportionalen Anteil von Hasara aufweisen. Sie gehören heute zum festen Bevölkerungsbestand von Kabul. Seit etwa 1975 haben manche von ihnen, die erfolgreich gewesen sind, die Herstellung des einfachen Fladenbrots aufgegeben und sind Zuckerbäcker geworden, die sich sogar in der Shar-e-nou, der weitgehend von Ausländern bewohnten »Neustadt«, in teilweise recht gut ausgestatteten Ladengeschäften mit verglasten Fenstern niedergelassen haben. Also ein ausgesprochener sozialer und wirtschaftlicher Aufstieg. Auch sonst beginnen sie im stationären Einzelhandel aufzutreten, während sie früher das große Heer der ungelernten und daher auch höchst mobilen Arbeiter darstellten, z. B. im Transportwesen, vom einfachsten Lastenträger bis zum Besitzer eines Flachwagens mit Gummirädern. In einer Kabuler Schuhfabrik, von der noch die Rede sein wird, fand ich sowohl in der Lederbearbeitung als auch in der eigentlichen Schuhfertigung ebenfalls ungewöhnlich viele Hasara. Im wesentlichen kann man wohl sagen, daß sie die Hauptgruppe der Einwanderer nach Kabul darstellen, was dort in den letzten zwanzig Jahren eine nennenswerte Bevölkerungszunahme zur Folge gehabt hat, die allerdings nicht zu vergleichen ist mit der Zuwanderung in anderen orientalischen Städten (z. B. Teheran). Freilich beweisen sich die Hasara auch als eine ungewöhnlich erfindungsfreudige und anpassungsfähige Bevölkerungsschicht von überdurchschnittlicher Intelligenz, der man für die Zukunft und speziell für ihre Entwicklung eine gute Prognose stellen kann, obwohl sie noch immer unter der allgemeinen Diskriminierung zu leiden hat.

In einer breitangelegten Aufklärung über den zentralasiatischen Wirtschaftsraum müssen aber auch die Nationen in der südlichen Sowjetunion berücksichtigt werden, vor allem jene, die beachtliche Minoritäten in Afghanistan aufweisen. Die größten von ihnen sind die Uzbeken und Turkmenen, wozu noch einige kleinere Ethnien kommen, über die insgesamt sehr wenig bekannt ist. Solange Afghanistan durch den Hindukusch in zwei Teile zerschnitten ist, werden – trotz der neuen Asphaltstraße über den Salangpaß – die Ethnien in den nördlichen Steppengebieten sich naturgemäß wirtschaftlich an den städtischen Zentren Buchara und Taschkent orientieren – vor allem auch, weil in den letzten vierzig Jahren viele Turkmenen aus der Sowjetunion nach Afghanistan geflüchtet sind und wohl noch starke Bande (mindestens sprachliche) zu ihrer alten Heimat haben. Dieser Exodus begann, als die sowjetische Zentralmacht in den dreißiger Jahren die nationalistischen und nativistischen Strömungen in den Republiken der asiatischen Steppen an die Kandare nahm. Für die afghanischen Uzbeken lautet heute die Frage: wie groß sind ihre beruflichen Chancen in Afghanistan verglichen mit denen in der Sowjetunion? Als ich 1963 die Großbaustelle der Russen am Salangpaß besuchte, der den Hindukusch in einer Höhe von 3200 Metern nach Norden mit einem 10 km langen Tunnel durchstößt, fiel mir auf, daß fast alle mittleren Ingenieure Uzbeken waren (viele von ihnen sprachen überdies bestens englisch, im Gegensatz zu den leitenden Weißrussen, die kein Wort mit uns wechseln wollten oder konnten). So haben offensichtlich die Uzbeken in der Sowjetunion beträchtlich profitiert. Eine kleine Probe in Taschkent brachte übrigens zutage, daß die uzbekische Jugend praktisch nach Moskau und Leningrad und in andere russische Großstädte ausgewandert ist, um von den dort reichlich vorhandenen Ausbildungschancen Gebrauch zu machen. In die freiwerdenden Positionen, vor allem der kleinen und somit trotz Sozialismus selbständigen Betriebe, rückten als Betriebsleiter und eventuell sogar als Besitzer vor allem Weißrussen ein, was Ausdruck einer internen Kolonialsituation ist. Eine besondere Lage findet sich bei den Kirgisen, von denen viele nach Afghanistan geflüchtet sind; ein Teil lebt dicht an der Grenze in Qunduz, ein anderer im Hochtal des Pamir von Schafzucht. Nach neuesten Informationen sind sie 1979/80 nach China geflüchtet, um einer Begegnung mit den Russen zu entgehen.

Das größte Defizit findet sich jedoch in der Behandlung der Berufsfrage, die für eine Analyse der Wirtschaftsstruktur Zentralasiens geradezu eine Schlüsselfunktion haben könnte, wenn man speziell die Entwicklungsmöglichkeiten und -richtungen bedenkt. Wirtschaftliche Innovationen müssen immer an bereits vorhandene Berufsbilder anschließen, wenn sie eine Chance haben sollen. Ein Blick auf die Wirklichkeit zeigt aber, daß es in dieser Hinsicht äußerst verschiedene Ausgangslagen gibt. So habe ich schon 1957 mit meinem ägyptischen Freund Hussein Monès in einem kleinen Fellachendorf in der Nähe von Kairo einen Probetest durchgeführt, der ein geradezu katastrophales Ergebnis erbrachte. Die gestellte Aufgabe hatte darin bestanden, nachzuprüfen, wodurch der geringe Integrationsgrad des durchschnittlichen ägyptischen Dorfes bedingt ist. Das war wichtig zu wissen, weil die Hypothese bestand, daß jede erfolgreiche Aktivierung oder »Mobilisierung« im Sinne etwaiger wirtschaftlicher Neuerungen als Voraussetzung eines gemeinsamen Handelns Integration erfordere. Integration hängt aber ganz unmittelbar mit einem Minimum an wirtschaftlicher und beruflicher Arbeitsteilung zusammen, weil dadurch komplementäre Zusammenhänge entstehen, während die Familien im ägyptischen Dorf, die alle unter denselben Bedingungen des Fellachendaseins leben, sich beliebig und weitgehend unabhängig voneinander bewegen und entwickeln können – so will es der von Emile Durkheim charakterisierte Zustand der »segmentären« Sozialverfassung. Das Dorf, in dem wir unsere Probe machten, war scholarisiert; der Schulvorsteher, eine sehr eindrucksvolle Persönlichkeit, und die zwei oder drei Lehrer taten ihr Bestes. Und doch hatte keines der Kinder eine andere Berufsvorstellung außer der des Lehrers; ein einziges sprach noch vom Barbier, bei dem es als Gehilfe arbeitete. Aber auch dieser Junge antwortete auf die Frage, was er denn werden wolle, mit verzücktem Augenaufschlag: Lehrer! Die Lehrer ihrerseits hatten keinerlei Berufsvorstellungen; der Grund dafür war leicht einzusehen: sie hatten nie Kontakt zu anderen Berufen gehabt und auch im Teachers College waren sie nicht informiert worden. Einzig der Schulvorsteher wußte etwas von anderen Möglichkeiten, hatte aber seine eigenen Kinder ebenfalls Lehrer werden lassen. Als ich dem später hinzukommenden Gemeindevorsteher meine Frage erklärte, brach er in eine lange Rede aus, die darin gipfelte, daß er gestand, er habe ja selber nicht die geringste Vorstellung davon, was es für Berufe in dieser Welt gebe. Er sei Bauer, seine Väter und Vorväter seien alle Bauern (also Fellachen) gewesen, von etwas anderem wisse er nichts.

Man mag dieses Bild als extrem und damit als untypisch ansehen; das ändert aber nichts daran, daß in Ägypten die überwältigende Mehrheit der Bevölkerung noch immer in diesem Zustand lebt. Die gleiche Situation habe ich bei den Navajo-Indianern gefunden und schließlich nochmals in Afghanistan. Ohne zu wissen warum, kann ich nur feststellen, daß es in Afghanistan – verglichen mit den umliegenden Kulturen etwa Irans oder Pakistans, Turkmenistans oder Uzbekistans – ein ungewöhnlich unterentwickeltes Berufssystem gibt. Mit nur wenigen Ausnahmen ist das Handwerk nicht nur schwach entwickelt, sondern ganz ungenügend ausgebildet, teilweise derart schlecht, daß es kaum auch nur einigermaßen akzeptable Produkte für den Tourismus herstellen kann, weshalb viele aus Pakistan importiert werden müssen. So gibt es auch kaum etwas, woran eine wirtschaftliche Ausbildung anschließen könnte.

Im Herbst 1977 machte ich kurz entschlossen eine weitere Probe bei einigen (deutschen und afghanischen) Lehrern am deutschen Gymnasium in Kabul. Das Ergebnis war niederschmetternd. Der Vorwand, unter dem ich diese Probleme mit den Lehrern besprach, war die Anknüpfung engerer Beziehungen zwischen der Schule und der Wirtschaftsfakultät. So ergab sich wie von selbst meine Frage, ob und inwiefern im Unterricht der Oberklassen, als Vorbereitung für das spätere Studium, irgendwelche Berufsvorstellungen vermittelt wurden. Die Antwort war ein klares Nein. Infolgedessen verband sich natürlich mit dem Begriff »Wirtschaft« im Bewußtsein der Schüler nicht der geringste reale Inhalt – und das zwang den späteren Universitätsunterricht unausweichlich in eine Abstraktionshöhe, in der keinerlei Realität, sondern ausschließlich Wortfetische herrschen. In der Praxis drückte sich das dann so aus, daß mich ein Betriebsleiter einmal vorwurfsvoll fragte, warum wir denn nicht wenigstens fähige Buchhalter ausbildeten, von denen er jederzeit eine Menge einstellen könnte. Ich habe schon oben von der Kopflastigkeit unseres Programms gesprochen: dieser Vorwurf war eine gerechte Quittung dafür, denn er bestand zu Recht. Da der afghanischen Realität zuwenig Beachtung geschenkt wurde, mußte sich das von uns vermittelte Wissen und Können in einer irgendwie höchst unklaren Dimension ansiedeln, die den Weg zurück auf den

Boden der Realität mit mehr intellektuell-hypertrophischen Hypotheken belastete, als es für die Entwicklung gut ist.

Erschwerend wirkt zu alledem noch jener Ethnozentrismus, den man zumeist den amerikanischen Entwicklungstheoretikern zum Vorwurf macht, der aber für die Europäer ebenso zutrifft. Fragt man nach dem Ziel der Entwicklungsförderung, so lautet die Antwort spontan: Die unterentwickelten Gesellschaften sollten die gleiche wirtschaftliche Struktur erreichen wie die westlichen (wobei freilich unterschlagen wird, daß in ausnahmslos allen westlichen Kulturen heute der Anteil jener im Wachsen ist, die diese Struktur ihrer Wirtschaft inzwischen ablehnen). Man betrachte unter dieser Perspektive etwa ein Werk wie das von Walt W. Rostow. Weit davon entfernt, eine Theorie der Entwicklung zu geben, bemüht er sich einzig um eine Deskription von Entwicklungsvorgängen, die scheinbar logisch, in Wahrheit aber nur zufällig und vielleicht sehr vorübergehend in das Zeitalter des Massenkonsums einmünden, das dann ebenso zufällig mit dem Gegenwartszustand der amerikanischen Gesellschaft identifiziert wird. Als ich im Herbst 1977 diese Probleme als Gastprofessor in Kabul besprach und vor solcher Literatur warnte, sagte mir ein Student ganz erschrocken: jetzt habe er sich vier Jahre lang mit Rostow befaßt, und ich versuche nun, ihm das in einer Stunde auszureden. Er persönlich wolle aber, daß Afghanistan so werde wie Amerika. Damit wiederholte er freilich nur, was eine ganze Reihe von Entwicklungstheoretikern lehren: nämlich daß eine Gesellschaft um so entwickelter sei, je ähnlicher sie der amerikanischen ist. Es finden sich in der einschlägigen Literatur – auch bei »großen« Namen – Formulierungen von einer schlechterdings nicht zu übertreffenden Naivität. So z. B. bei Karl W. Deutsch, der in einer vielzitierten Abhandlung über »Soziale Mobilisierung und politische Entwicklung« (1961) meint, »daß im Laufe der wirtschaftlichen Entwicklung ... die Länder Äthiopien immer etwas unähnlicher (als dem am wenigsten entwickelten Lande der Welt, dem aber unmittelbar Afghanistan folgt) und den Vereinigten Staaten immer etwas ähnlicher werden«. Das entspricht auch dem Schema von Walt W. Rostow, das von den meisten Ökonomen noch immer als Evangelium angesehen wird, obwohl in den entwickelten Industriegesellschaften schon längst stärkste Zweifel an der Zielorientierung auf hohen Konsumstandard laut geworden sind. Aber leider sind bereits die Mitglieder der unterentwickelten

Gesellschaften von demselben Aberglauben angesteckt. So machte ich eine aufschlußreiche Erfahrung in der gleichen Vorlesung, als ich von der Notwendigkeit einer Entwicklung der Landwirtschaft sprach und mir erwidert wurde: Landwirtschaft sei sekundär, es komme vor allem auf Stahlindustrie an. Als ich dagegen einwandte, es gebe eben auch Kulturen, in denen zu wenig Voraussetzungen für eine Industrialisierung bestehen, und diese sollten zunächst auf Weiterverarbeitung landwirtschaftlicher Produkte bedacht sein, kam es zu einer langen Diskussion um das Pro und Contra der Industrialisierung, wobei aber die Pro-Stimmen deutlich überwogen. Dabei steht fest, daß Afghanistan sich sehr leicht bessere Exportmöglichkeiten (oder Verminderung der Importe) schaffen könnte durch industrielle Weiterverarbeitung seiner landwirtschaftlichen Produkte, z. B. durch Export von Obstsäften statt Orangen oder des hochvitaminreichen Granatapfelsaftes statt der unverarbeiteten Früchte, die ein enormes Transportvolumen beanspruchen. Diese Liste könnte lange fortgesetzt werden, man denke speziell an die verschiedenen afghanischen Rosinenarten, Nüsse usf., die heute auf dem Weltmarkt gute Preise erzielen, aber nicht marktfertig konfektioniert werden. Überhaupt ist die Konservierungsindustrie praktisch inexistent. Ein interessantes Projekt ist von dänischer Seite auf Anraten des bedeutenden Ethnologen Klaus Ferdinand in Angriff genommen worden: in bestimmten Gebieten soll die Agrarproduktion derart gefördert werden, daß nicht etwa als Folge der Mechanisierung weniger Arbeiter benötigt werden, die dann arbeitslos in die Stadt abströmen, sondern im Gegenteil mehr, die mit Weiterverarbeitung landwirtschaftlicher Produkte befaßt sind. Dazu kommt als wahrscheinlich wichtigster Punkt das Gerben, Veredeln und Weiterverarbeiten von Schafhäuten (Karakul, Breitschwanz usw.), die ein wertvoller Exportartikel sind; leider sind die Gerbetechniken bis vor kurzem durchweg derart ungenügend gewesen, daß die Felle rochen, so daß z. B. die Amerikaner es vorzogen, die noch feuchten Häute auszufliegen und in den Vereinigten Staaten verarbeiten zu lassen.

Andererseits gibt es einzelne Fertigungsweisen in Afghanistan, die man zumindest als präindustriell bezeichnen kann. Ich denke dabei insbesondere an die von mir vor Jahren geschilderte raffinierte Arbeitszerlegung der afghanischen Bäcker, die ihnen – noch ganz ohne Anwendung von Maschinen – eine enorme Leistungssteigerung ermöglicht hat. Damals sprach ich von einem »Fall isolierter Arbeitsteilung« in einer unterentwickelten Wirtschaft – isoliert, weil sie nicht übersprang auf andere Produktionszweige. Mittlerweile hat sich das geändert, insofern z. B. die schon immer recht leistungsfähige handwerkliche Herstellung von afghanischen Möbeln sehr eigenen Stils, die durch den auch in Afghanistan zunehmenden Tourismus im Ausland bekannt geworden und in Paris geradezu in Mode gekommen sind, neuerdings durch einen jungen Unternehmer (der übrigens zeitweise Mitglied unserer Fakultät in Kabul war und auch meine Abhandlung über die Bäcker kannte) mit Hilfe weiterer Arbeitszerlegung den Methoden der industriellen Fertigung nähergebracht worden ist. Er sagte mir, daß sich sogar der Export per Flugzeug lohne. Das interessanteste Beispiel für diese den Bedingungen eines Entwicklungslandes entsprechende Industrialisierung fand ich aber in einer Gerberei, Leder- und Schuhfabrik in Kabul, die an sich schon seit etwa 40 Jahren existiert, aber früher immer wieder zeitweise geschlossen war. Als ich sie im Herbst 1977 besuchte, arbeitete sie ununterbrochen seit 17 Jahren, und zwar unter ausgeklügelten Umständen, die ich hier etwas genauer beschreiben möchte.

Die Leitung bestand im wesentlichen aus drei Männern, einem afghanischen Vorsitzenden namens Yailaqi, der auch in unserer Fakultät tätig war, einem deutschen Lederspezialisten namens Prasse und einem italienischen Schuhspezialisten namens Albino Crugnola aus Varese, dem weltberühmten italienischen Zentrum der Schuhfabrikation. Diese drei Männer bildeten ein vorzüglich kooperierendes Team, wobei sie als Verkehrssprache das Italienische benutzten, da der afghanische Mitarbeiter in Pisa ausgebildet worden war und der deutsche früher in Äthiopien – also ebenfalls im italienischen Sprachbereich – gearbeitet hatte und perfekt italienisch sprach. Mit der Belegschaft sprachen die beiden Europäer ein ebenso perfektes Farsi. Das Ganze war ein Musterstück für internationale Zusammenarbeit vor Ort. Im Hintergrund stand noch eine schweizerische Finanzgesellschaft. In diesem Betrieb wurde nun durchaus mit industrieller Arbeitsanordnung gearbeitet, und zwar unter starker Verwendung modernster Maschinen. Auf meine Frage nach der Herkunft der Arbeiter in der Schuhabteilung wurde mir gesagt, sie seien eigentlich zumeist Schuhmacher aus dem Bazar, die man angelernt hatte. Besonders interessant war dabei, daß es in diesem Betrieb zwei genau getrennte Arbeitsflüsse gab, einen mehr handwerklichen, der einem klassischen Manufakturbetrieb recht ähnlich war, nur daß neben der Handarbeit einzelne Maschinen (Pressen, Nähmaschinen usw.) eingesetzt wurden; diese waren durchweg Maschinen italienischer Produktion, aber älteren Datums. Die zweite Linie dagegen entsprach durchaus einem modernen italienischen Betrieb und war auch mit ganz neuartigen Maschinen ausgestattet. Ich hatte ursprünglich vorgehabt, eine eingehende vergleichende Untersuchung der beiden Produktionslinien durchzuführen, speziell nach sozialer und ethnischer Herkunft, Alter, beruflicher Vorbildung und Arbeitszufriedenheit im allgemeinen, gemessen an verschiedenen erprobten Indikatoren; leider konnte ich das Projekt im Jahre 1977 wegen anderweitiger Belastungen nicht durchführen, und nach dem Umsturz vom Frühjahr 1978 ist mein Vorhaben einigermaßen problematisch geworden. Aber darum geht es mir hier nicht.

Es geht mir vielmehr um die Tatsache, daß es nach einer entsprechenden Anlaufzeit durchaus möglich war, nicht nur professionelle Schuhmacher manufakturmäßig zu einem relativ großen Betrieb zusammenzufassen (die Belegschaft der Leder- und Schuhabteilung umfaßt insgesamt rund 500 Arbeiter), sondern auch andere Arbeiter an eine stärker mechanisierte und entsprechend mit weitergehender Arbeitszerlegung verbundene Produktionsweise zu gewöhnen. Auffällig war hierbei der große Anteil Jugendlicher, die unter Aufsicht älterer Arbeiter standen. Die Aufsicht war minimal, da ja der Arbeitsfluß in einer solchen Anordnung sich selbst zu kontrollieren pflegt und eine übermäßige Aufsicht nur zu Konflikten führt. Diese Arbeitsanordnung entsprach im wesentlichen den Prinzipien, die der früh verstorbene Adriano Olivetti in der unmittelbaren Nachkriegszeit in seinen Produktionsbetrieben in Ivrea für Schreibmaschinen und Rechenmaschinen mit großem Erfolg eingeführt hatte. Abgesehen von einer gewissen räumlichen Enge, der aber durch Trennung der beiden Linien auf zwei verschiedene Etagen abgeholfen werden sollte, konnte ich kaum einen Unterschied zu einer beliebigen modernen Schuhfabrik in Italien finden. Auch die Betriebsmoral war gut, und Crugnola sagte mir, daß er die Arbeiter immer wieder warnte, nicht zu hetzen, sondern ruhig einmal eine kurze Schlafpause einzulegen, wenn sie sich müde fühlten. Daß er mir damit die Wahrheit gesagt hatte, konnte ich selber kontrollieren, als ein Arbeiter bei einem unserer Besichtigungsgänge gerade aufwachte und keineswegs erschrocken war, den Betriebsleiter vor sich zu sehen. Die größte Schwierigkeit, die mir Crugnola berichtete und die mir auch sofort einleuchtete, lag darin, daß es unmöglich war, ältere Arbeiter jüngeren zu unterstellen, selbst wenn die älteren nur ganz subalterne Tätigkeiten ausübten wie das Hin- und Herfahren von Halbfertigwaren oder Materialien. Als Kuriosum sei noch erwähnt, daß der Ladenpreis mit untilgbarer Tinte in die fertigen Schuhe eingedruckt wurde, so daß ein Überfordern der Kunden im Bazar später unmöglich war: der Preis konnte im Handel nicht überhöht, sondern nur noch verringert werden.

Genauso wie bei den von mir untersuchten Navajo-Indianern in Arizona war auch hier der Beweis erbracht, daß Angehörige präindustrieller Gesellschaften bei entsprechender Anleitung sehr wohl am Fließband arbeiten können. Man muß nur den gegebenen Verhältnissen Rechnung tragen und die Arbeitszeit entsprechend niedrig halten (höchstens sieben Stunden täglich bei einer Fünftagewoche). Ferner muß man auf die herrschende Unterernährung Rücksicht nehmen, die im Falle unserer Schuhfabrik durch eine Werkskantine ausgeglichen wurde, in der die Arbeiter für einen Minimalpreis reichliches Mittagessen erhielten, von dem sie zumeist einen großen Teil abends mit nach Hause nahmen. Schließlich muß man bedenken, daß Pünktlichkeit in einer Kultur, die keine Uhren kennt, eine sehr relative Sache ist: Arbeitspausen müssen geschickt über die ganze Arbeitszeit verteilt werden. Im übrigen verdient es einen Hinweis, daß ausgerechnet bei der Schuhfabrikation moderne Fertigungsmethoden am ehesten durchgesetzt werden konnten – genau wie in Europa, wo sich die Manufakturfertigung mit dem Aufkommen der stehenden Heere entwickelt hat. Auch die Schuhfabrik in Kabul produziert ihre Schuhe in erster Linie für die Armee und die Polizei.

Das Beispiel dieser Fabrik, die übrigens sehr erfolgreich ist (ihr jährlicher Ausstoß betrug 1977 250000 Paar Schuhe) und durchaus vergrößert werden könnte (daß es nicht geschah, hatte administrative Gründe: bei mehr als 500 Arbeitern müßte sie nach afghanischem Gesetz verstaatlicht werden), zeigt meines Erachtens sehr deutlich, daß auch in extrem unterentwickelten Ländern mit hoher Analphabetenquote die Produktion in begrenzten Sektoren sehr wohl modernisiert werden kann, ohne daß gleich die ganze Wirtschaft umgestaltet werden muß. Es bleibt dann eben vorerst bei industrialisierten »Taschen« oder »Nischen« in einer ansonsten präindustriellen Gesellschaft. Seltsamerweise wird dergleichen aber weder von unseren Wirtschaftswissenschaftlern zur Kenntnis genommen noch auch von den Ethnologen, die das System der Arbeitszerlegung bestenfalls als ein Kuriosum betrachten und nicht als ein Elementarphänomen der wirtschaftlichen Entwicklung.

Das zwingt uns zu der weiteren Überlegung, warum eine solche Arbeitsordnung, die heute schon nicht mehr so isoliert zu sein scheint wie zu der Zeit, als ich sie erstmals untersuchte, sich nicht verallgemeinert. Wir nehmen ja normalerweise an, wie auch Gunnar Myrdal hervorgehoben hat, daß sich einmal erfundene und in der Anwendung erprobte »Produktionsweisen« von einem Wirtschaftssektor zum anderen ausbreiten. Warum geschieht das nicht auch in diesem Falle? Aber wir sollten anders fragen: muß das überhaupt geschehen? Ist es nicht auch denkbar, daß sich solche »Enklaven« und »Nischen« fortgeschrittener Produktionsmethoden durchaus neben primitiveren halten können? Setzt nicht die Verneinung dieser Frage ein Modell der Industriegesellschaft voraus, das selber höchst unrealistisch ist, insofern dabei unterstellt wird, daß Industriegesellschaften stets durch und durch und auf allen Ebenen gleichmäßig industrialisiert sein müßten? Nachdem allgemein deutlich geworden ist, daß in den hochindustrialisierten Ländern etwa der Freizeitsektor mehr und mehr Vorrang vor der Produktionssphäre gewinnt und sich außerdem starke Widerstände gegen die Universalität des Leistungsprinzips geltend machen, gelangt man eher zu der Vermutung, daß die bisher fraglos akzeptierten Modelle ganz einfach falsch sind.

Sie bedürfen ganz ohne Zweifel der Korrektur – und damit tun sich auch für die unterentwickelten Gesellschaften unserer Erde andere Möglichkeiten auf als nur die der Industrialisierung. Denkbar wäre z. B. eine weitgehend agrarische Wirtschaft mit Handwerk und verstreuter Kleinindustrie. Anders gesagt: die Industrie könnte sich relativ abgesondert entwickeln, ohne die Gesellschaft insgesamt nach ihrem Bilde umzuformen. Die Industriegesellschaft westlicher Prägung wäre dann keine Normalform mehr, sondern eine Extrembildung, über deren Chancen man durchaus verschiedener Meinung sein kann.

Damit wird gleichzeitig ein anderer Ansatz zurückgewiesen: er liegt zu nahe, um wahr zu sein. Es ist eben wirklich nicht so, wie ein großer Forscher wie Paul F. Lazarsfeld einmal sagte, daß, was einleuchtend ist, auch wahr sein müsse. Ich meine jene Theorie, die zwischen unentwickelten und entwickelten Gesellschaften eine dritte Kategorie von sich entwickelnden oder »Übergangsgesellschaften« annimmt und damit das Rätsel gelöst zu haben meint. In Wahrheit bezeugt sie damit nur ein beängstigend eindimensionales Denken, demzufolge sich alle Gesellschaften stets nach dem gleichen Schema entwickeln müßten, als gebe es keine autonomen Alternativen. Dabei gibt es gerade auf dem Gebiet, auf dem wir uns hier bewegen, sogar sehr deutliche Alternativkräfte, nämlich die autochthonen und traditionalen Kulturen, die allein darüber entscheiden, was im einzelnen in den Entwicklungsprozeß aufgenommen wird und was nicht. Hierbei könnten vielleicht sogar Innovationsprozesse von größter Bedeutung zum Vorschein kommen, in denen Kräfte wirksam werden, für die in den Industriegesellschaften kein Äquivalent zu finden ist.

Für Afghanistan stehen diese Möglichkeiten noch nicht in vollem Ausmaß zur Diskussion, denn vorläufig ist das Land noch weit davon entfernt, so etwas wie eine Nation zu sein. Auch ist die politische Lage ebensoweit davon entfernt, auch nur einigermaßen stabilisiert zu sein. Der Umsturz im Frühjahr 1978 hat die ethnischen Spannungen weiter erhöht, insofern sich wieder einmal das Gespenst der »Paschtunisierung« erhoben hat, was auch internationale Komplikationen schaffen kann, wenn man bedenkt, daß ein großer Teil der Paschtunen in Pakistan lebt. Über die weitere Entwicklung kann derzeit gar nichts gesagt und noch weniger vorausgesagt werden. Die verschiedenen Regimewechsel waren bisher mit Ausnahme des letzten recht eintönig. Nach der Ministerpräsidentschaft Daouds kam eine relativ liberale Phase, die ich im wesentlichen miterlebt habe. Die Absetzung des Königs, die im Juli 1973 erfolgte und Daoud als Regierungsoberhaupt und Staatspräsidenten zurückbrachte, war im Grunde kein echter Regimewandel, denn Daoud war selber ein naher Verwandter des Königshauses. So folgte der Monarchie eine Art von Präsidialrepublik, die nicht Fisch und nicht Fleisch war. Vor allem aber war Daoud zu alt und hatte keinen Nachfolger aufgebaut, der langsam in die Staatsgeschäfte hätte hineinwachsen können, wie mir im Februar 1974 eine politisch sehr wichtige und informierte Persönlichkeit mitteilte, die ich aus naheliegenden Gründen heute nicht nennen kann. Während meines letzten Aufenthaltes in Afghanistan vom 15. Oktober bis zum 15. Dezember 1977 war die Unzufriedenheit mit Daoud groß, man sah wieder mehr Polizei und auch Militär in Kabul, ein Minister wurde morgens auf offener Straße erschossen. Aber niemand hätte wohl einen Staatsstreich von seiten der äußersten Linken erwartet, wie er sich am 27. April 1978 ereignete, obwohl die Chalk-Partei (Demokratische Volkspartei) als solche schon lange bekannt war. Sie repräsentiert aber eine verschwindende Minorität der Bevölkerung (ca. 50000 Parteimitglieder), und gerade das muß uns warnen, allzu weitreichende Schlüsse zu ziehen. Hinzu kommt, wie Dieter Fröhlich gezeigt hat, daß der afghanische Staat heute noch ein äußerst delikates Gebilde mit einem sehr fragwürdigen Gleichgewicht ist. Nicht nur, daß Afghanistan aus vielen verschiedenen Ethnien besteht, diese haben auch starke Beziehungen zu den umgebenden Ländern Iran, Belutschistan, Pakistan und UdSSR und könnten sehr wohl in ihnen gewisse Versuchungen oder gar Gelüste wecken, die für Afghanistan heute verhängnisvoll werden könnten. Dazu kommt, daß frühere Herrscher die paschtunische Bevölkerung planmäßig umgesiedelt haben, z. B. nach Nordwesten, um dort die anderen Ethnien unter Kontrolle zu halten. Wenn sich nun etwa unter dem Eindruck des Umsturzes von 1978 und seiner Folgen eine Tendenz zur Paschtunisierung durchsetzen sollte, so müßte man auf einen generellen (und nicht nur lokalen) Bürgerkrieg gefaßt sein, gerade auch weil die Paschtunen traditionellerweise bewaffnet zu sein pflegen und im Guerilla-Krieg seit jeher große Erfahrungen haben. All das würde sich für das Land verhängnisvoll auswirken. So kann man nur hoffen, daß die verschiedenen Kräfte auf Grund informeller Einigungen, wie sie für den Orient so bezeichnend sind, zu einem allgemeinen Stillhalteabkommen gelangen, um wenigstens das Schlimmste zu verhüten.

Afghanistan befindet sich heute – ich schreibe dies im Herbst 1979 – in einer äußerst prekären Lage. Das wirtschaftliche Entwicklungsniveau reicht gerade aus, um Erwartungen wachzuhalten, ohne daß sich jedoch auf dem bisher Erreichten ein wirklicher Staat mit einiger Hoffnung auf Stabilität bilden könnte. Er böte höchstens das klassische Bild des »weak state« in wirtschaftlich zurückgebliebenen Ländern. Dazu kommen noch andere gravierende Umstände. Wenn man die geographische Lage des Landes bedenkt, das durch den Hindukusch in zwei Teile getrennt wird, zwischen denen im Winter erst seit der Einrichtung von Telegraph und Radio (seit 1957) eine Kommunikation möglich wurde und erst seit 1963 ein regelmäßiger Verkehr (über den Salangpaß), dann wird man leicht einsehen, daß Afghanistan bisher einfach keine Chancen hatte, zu einer einheitlichen Gesellschaft zusammenzuwachsen. Erst in den letzten Jahren beginnt sich ein Kommunikationswesen auszuwirken: kleine Transistorempfänger, zumeist japanischer Herkunft, werden in den Haushalten auch entlegener Landesteile immer häufiger, so daß der Prozeß in vollem Gange ist, in dessen Verlauf sich allmählich neue Inhalte in allen Sprachen verbreiten können. Damit ergibt sich erstmals die Hoffnung auf eine gemeinsame Sprache, auf eine Lingua Franca, die überall im Lande verstanden wird. Auch das ist jedoch nicht frei von Gefahren, wenn man bedenkt, daß die ethnische Majorität paschtunisch ist, die allgemeine Sprache aber das Farsi. Typisch das Beispiel des letzten Königs Zaher Schah, der zwar einem paschtunischen Geschlecht entstammte, selber aber das Paschtunische erst erlernen mußte. Probleme über Probleme.

Das nächstliegende Ergebnis dieser Entwicklung kann entweder die Diktatur einer von außen gesteuerten Minoritätspartei sein oder der neuerliche Zerfall in viele lokale oder regionale, voneinander relativ unabhängige Einheiten – wobei dann der Name »Afghanistan«, statt zur Bezeichnung eines relativ einheitlichen, durch einen eigenständigen Staat repräsentierten Systems zu werden, wieder den eher märchenhaften und mythischen Klang annähme, den er in der Vergangenheit so oft gehabt hatte. Bei realistischer Einschätzung wird sich auch der kundigste Betrachter für keine der beiden Alternativen zu entscheiden wagen.

Nachtrag

Die vorstehenden Sätze schrieb ich lange bevor die Sowjetunion zu Weihnachten 1979 in Afghanistan einmarschierte und damit eine neue Phase des sozialistischen Imperialismus einleitete. Doch wer meine Ausführungen genau liest, wird verstehen, warum mich diese neue Wendung der Dinge nicht sehr überraschte. Meine heutige Einstellung zur Sowjetunion, speziell in bezug auf ihre asiatische Politik, hatte sich bereits seit den großen Schauprozessen der dreißiger Jahre angebahnt und nach dem russischen Einmarsch in die Tschechoslowakei 1968 definitiv gefestigt (weswegen ich auch, wie im Kapitel über meine Tätigkeit bei der UNESCO berichtet, den Weltkongreß für Soziologie 1970 in Bulgarien nicht besuchte).

Was Afghanistan betraf, so hatte mir bereits 1963 der von den Russen durchgeführte Bau der großen Autostraße von der sowjetischen Grenze über den Salangpaß nach Kabul die Augen geöffnet: die Ausmaße des Tunnels und der Galerien, die diese Straße auch im Winter passierbar machen sollten, mußten es selbst einem Blinden klarmachen, daß dieser Verbindungsweg über den Hindukusch nicht für Kamelkarawanen gedacht war, sondern für schwerste Kriegsfahrzeuge. Außerdem war die Errichtung von Brotfabriken in regelmäßigen Abständen entlang dieser Straße geplant. Von Kabul führte eine alte Pistenstraße über das Hochland nach Sarobi dicht vor dem Khaiber-Paß, dem Endpunkt einer zur gleichen Zeit von den Amerikanern errichteten kühnen Straßenkonstruktion durch die Tang-e-Garu-Schlucht, so daß die neue russische Straße im Verein mit der amerikanischen den direkten Zugang nach Pakistan eröffnete. Die Weichen waren also, unter tätiger Mitwirkung westlicher »Entwicklungshilfe«, schon lange gestellt.

XV. Als Gastprofessor in den Vereinigten Staaten

Meine Vertrautheit mit den Vereinigten Staaten erstreckt sich über rund 28 Jahre. Als ich das erste Mal meinen Fuß auf amerikanischen Boden setzte – es war im September 1952 –, befand ich mich, nach langen Jahren des ungewissen und unruhigen Emigrantendaseins, in einer recht glücklichen Verfassung: ich hatte gleichzeitig mit meiner für mich ganz überraschenden Berufung als Ordinarius an die Universität Köln ein Reisestipendium der Rockefeller-Stiftung erhalten, das mir erlaubte, mich acht Monate lang in völliger Freiheit mit der amerikanischen Soziologie auseinanderzusetzen. So fiel mein erster Amerika-Aufenthalt genau in die Zeit meines Wechsels von Zürich nach Köln – für mich persönlich eine glückliche Zeit der Entpflichtung, die sich zugleich als völlige Wiederherstellung meiner psychischen Stabilität auswirkte, wofür ich der Rockefeller Foundation gar nicht dankbar genug sein kann; denn diese Reise war kein Intermezzo, sondern ein Neuanfang nach einer siebzehnjährigen Wüstenwanderung. Die enorme Belastung der Jahre 1936–1953, in denen ich neben dem Ausbau von mindestens 12 verschiedenen Vorlesungszyklen nicht weniger als fünf Bücher und eine Reihe von Abhandlungen abgeschlossen hatte (sowie eine Reihe von Übersetzungen), dazu die ständige psychische Belastung, nicht zu wissen, wovon man die nächste Miete bezahlen sollte, hatten mich oft genug an den Rand der Verzweiflung gebracht, vor der mich einzig der Gedanke an meine Frau und an unsere beiden Söhne bewahrte, die 1947 und 1951 in Zürich geboren wurden. Jetzt war ich endlich soweit, eine lange Fermate nach der ständigen Überstürzung und Ungewißheit seit meiner Emigration eintreten lassen und damit neue Kraft für die Zukunft sammeln zu können. Ohne das wäre ich den folgenden Belastungen sicher nicht gewachsen gewesen.

Das mit Marshallplan-Geldern neuerbaute Schiff der Holland-Amerika-Linie, die M.S. Maasdam, die nach dem neuen Prinzip der Touristenklasse konzipiert war, landete in aller Frühe in New

York. Der Morgen war kühl, fast kalt. In einer Straßenschlucht von Manhattan stieg gerade blendend weiß die Sonne auf, während auf dem Wasser die Ölflecke in allen Regenbogenfarben glitzerten, so daß man den Schmutz übersah, auch die vielen toten und fauligen Fische, Wasservögel, Hunde, Katzen und Ratten. Dieses Bild zwischen Licht und Schmutz sollte uns viele Monate lang begleiten. Später verstand ich es: immer wieder geht in Amerika ein Licht auf, das uns für den Schmutz, die Verkommenheit, die Hoffnungslosigkeit und die schlimmsten Belastungen entschädigt und neuen Glauben an die Zukunft gibt. So folgte auch der damaligen Hexenjagd von McCarthy auf alle linksorientierten Intellektuellen, der auch ein Mann wie Alger Hiss zum Opfer fiel, sehr bald eine Phase neuer Liberalität, die der Politik des »Kalten Krieges« ein Ende machte.

Die Diskussion mit dem Immigration Officer war kurz und freundlich; ich mußte dabei nur an all jene denken, die noch vor wenigen Jahren auf der Flucht vor Hitler und den Deutschen kein Visum erhalten hatten oder quälend lange auf ein Affidavit warten mußten oder bei ihrer Ankunft nach Ellis Island verbracht worden waren, bis man ihre Angaben geprüft hatte. Diesmal nichts von alledem; ein Abgesandter der Rockefeller Foundation erwartete uns und brachte uns ins Algonquin Hotel in der 47. Straße unweit der Zentralverwaltung im Rockefeller Center, 49 West 49th Street, eine Adresse, von der aus wir für die folgenden Monate voll und ganz betreut wurden. Gleich nach dem Einzug ins Hotel gingen wir zu Fuß zur Rockefeller Foundation, surrten im vornehmen Expreßlift in die 55. Etage (daß man es im Magen spürte), wo wir von Leland de Vinney, einem ehemaligen Mitarbeiter von Samuel A. Stouffer, aufs freundlichste begrüßt wurden. Genauer: die Begrüßung war von unserer Seite äußerst kurz und informell, denn beide sprangen wir zum Fenster und fuhren fast zusammen vor dem ergreifenden Bilde Manhattans, wie es sich vom 55. Stockwerk aus bot, also rund 200 Meter über dem Erdboden. Der Gegenschlag folgte sehr bald, als wir wieder auf die Erde zurückkamen und feststellen mußten, daß New York wirklich auf der gleichen Höhe wie Neapel liegt und im September ein teuflisches Klima hat, das uns nach der langen Seereise buchstäblich erstickte. Ein freundlicher schwarzer Buchhalter (schon damals gab es das in der Rockefeller Foundation, die nicht nur mit dem Bau des Rockefeller Centers ein Signal für einen neuen Wirtschaftsaufschwung nach dem Tief der großen Arbeitslosigkeit der dreißiger Jahre setzen, sondern auch den Auftakt zu einer neuen Sozialform geben wollte) hatte mich vorher mit Reiseschecks in Höhe von tausend Dollar ausgestattet; ich konnte mich nicht erinnern, jemals soviel Geld in der Hand gehalten zu haben. Als wir wieder auf die Straße traten, waren wir gerade noch imstande, eine Kleinigkeit zu uns zu nehmen, gingen dann sofort ins Hotel zurück und schliefen durch bis zum nächsten Morgen. Das war der Beginn einer langen und ereignisreichen Reise, deren Ergebnisse mich im Grunde bis heute begleiten.

New York ist tausendmal beschrieben worden, das macht es mir leicht, auf eine weitere Darstellung zu verzichten. Auch waren wir keine Touristen, sondern wollten den Rahmen kennenlernen, innerhalb dessen sich die amerikanische Soziologie entwickelt hatte. Das war aber nur durch Menschen und menschliche Schicksale zu erfahren; so sammelte ich nicht Bilder, sondern Menschen, selbst wenn wir in den nächsten zwei Monaten, die wir in New York zu verbringen gedachten, unendlich viele Kilometer zu Fuß durch die Stadt gelaufen sind, vom Battery Park an der Südspitze bis hoch in die Hunderte der Seitenstraßen des oberen Broadway, etwa zur Heye Foundation, dem Museum für amerikanische Indianer, das an der Ecke Broadway und 156. Straße ein einigermaßen einsames Dasein führt.

Große Städte müssen »ergangen« werden, nur so beginnen sie zu sprechen. Wir wohnten in der 97. Straße West, dicht am Riverside Drive, und gingen von dort zu Fuß zur Columbia University an der 116. Straße. Genau hier begegnete uns eines der größten Probleme der amerikanischen Soziologie, nämlich die Negerfrage. Harlem war damals schon total schwarz, und die Columbia University lag wie eine kleine weiße Insel in einem riesigen schwarzen Meer. Unsere Entdeckungen führten uns in das Dickicht der schwarzen Sekten, vor allem der Erweckungsreligionen, bis wir eines Tages vor einem Tempel der Äthiopischen Kirche standen, einem der bedeutendsten religiösen Zentren von Harlem. Im September finden überall in den Vereinigten Staaten von Nord bis Süd und von Ost bis West sogenannte Revivals statt, Erweckungszeremonien verschiedenster Art unter Schwarzen und Weißen und den vielen Mischbevölkerungen. Die großartigsten Veranstaltungen fand ich im Apollo Theatre in der 125. Straße, das zwar ein ganz normales Kino mit Bühnenshow war, sich aber im September zu einem Superpalast des Revivalismus verwandelte. Gewiß war das alles kommerziell organisiert, aber für die Teilnehmer war es ein echtes Erlebnis. Sanitätspersonal stand in den Gängen und nahm sich der in Trance verzückten Adepten oder jener an, die in katatonische Zustände verfielen und steif wie die Stabheuschrecken hinausgetragen werden mußten. Andere wurden von Schreikrämpfen gepackt, fielen in epileptischen Anfällen zuckend zur Erde oder begannen mit hocherhobenen, wedelnden Armen zu tanzen und zu singen. Die Vorsänger auf der Bühne waren genauso gepackt von der allmächtigen Gegenwart von Schmerz, Hoffnung, Erwartung und Sehnsucht, so daß eine unheimliche Einheit von Darbietung und Teilnahme der Zuschauer entstand, von der unsere modernen Theaterleute immer nur träumen, ohne sie realisieren zu können. Ich erinnere mich insbesondere an einen baumlangen, zartgliedrigen, kakaobraunen Neger karibischen Aussehens, auch mit der entsprechenden Kopfstimme, der inmitten eines tanzenden Chores als Teufel auf die Bühne gekrochen kam und sich plötzlich mit einem lang hingezogenen, abgründigen Schrei zu seiner ganzen Größe erhob. Die Versuchung hatte gesiegt, die schwachen Seelchen an seiner Seite flatterten plötzlich ganz klein und verlassen auf der riesigen Bühne, über die nur noch die Stimme des Teufels hallte, bevor der Vorhang fiel. In diesem Moment war aber auch unter den Zuschauern der Teufel los und die Sanitäter hatten alle Hände voll zu tun, um die Exaltierten hinauszubefördern oder zu beruhigen. Hier hörten wir auch die berühmten Gospel Singers und andere schwarze Sänger.

Viele Jahre später erlebte ich unter vorwiegend weißer Bevölkerung ein anderes, sozusagen intimeres Revival in einer kleinen Kirche in Round Valley im nördlichen Kalifornien. Am Klavier saß eine vertrocknete, knochige alte Jungfer und hackte wild ihre Melodien, die ein seltsam ungerührt um sich blickender Mann auf einer Trommel und einem scheppernden Schlagbecken begleitete. Er schaute aufmerksam über sein Auditorium und hatte uns sofort als Fremde diagnostiziert, was ihn aber nicht zu stören schien. In der ersten Reihe saßen ein paar ältliche Weiblein, die plötzlich mit verzückt gespreizten Händen an den Altar vorsprangen und ihn küßten. Wir konnten bei dem herrschenden Krach nicht verstehen, was sie sagten, vermuteten aber, daß sie ihre Sünden beichteten. Dann sprangen noch zwei junge Mädchen dazu, während die Musik unentwegt weiterplärrte und die alten Vetteln auf die jungen einredeten, wohl um sie zu weiteren Demütigungen zu veranlassen. Die einzigen Ungerührten waren ein paar Indianer, die das Schauspiel mit höflicher Verwunderung betrachteten. Aber in dieser Gegend waren sie die Bessergestellten, da sie bei einer Sägerei in Lohn standen und gut verdienten, während die weißen Bauern zur Klasse der »poor whites« gehörten; damit war die herkömmliche Ordnung verkehrt. Ob sich wohl die Indianer darüber Gedanken machten?

Diese und andere Probleme der gleichen Art besprach ich mit meinen Kollegen an der Columbia University, speziell auch mit Otto Klineberg vom Psychological Department, den ich aus Paris von der UNESCO her kannte. Er hatte schon früh eine berühmt gewordene Untersuchung über die Bildungsfähigkeit der Neger in den Vereinigten Staaten veröffentlicht, in der er zeigen konnte, daß eine positive Korrelation zwischen dem Ausbildungsniveau und der Länge der im Norden verbrachten Zeit bestand, wo die Schwarzen bessere Chancen als im alten Süden hatten. Also ging es nicht um Rasseneigenschaften, sondern um soziale Bedingungen. Dementsprechend sah Klineberg damals für die Zukunft der Neger in den Vereinigten Staaten optimistisch, was sich mehrere Jahre später unter dem Eindruck neuer Entwicklungen änderte. Auf meine Bitte, mir Beziehungen zu den höheren Bildungsanstalten für Neger zu verschaffen, ließ er mich zu einem Vortrag an der Howard University in Washington, D. C., einladen, den diese gemeinsam mit der Washington Sociological Society veranstaltete. Auch legte er mir nahe, dem Leiter der soziologischen Abteilung, Harry Walker, zu bedeuten, daß wir gerne auf dem Campus wohnen möchten, was ich auch tat. Walker – ein schwarzer Dozent, der den damals in Paris bei der UNESCO arbeitenden E. Franklin Frazier vertrat – nahm erfreut von meinem Wunsch Kenntnis, und so fuhren wir im Taxi von Union Station zum Gästehaus der Universität, wo wir in der Tat angemeldet waren. Daß aber das Ganze nicht unproblematisch war, erfuhr ich sofort bei der Ankunft, insofern niemand Anstalten machte, uns bei der Beförderung unseres Gepäcks zu helfen. Offensichtlich sollte das Bild vom diensteifrigen Schwarzen ausgelöscht werden. Wir trugen also unsere Koffer selber ins Zimmer, das uns ein junger Mann von der Rezeption anwies. Die ganze Schwierigkeit, ja Unlösbarkeit der Problematik sprang mir allerdings erst am Ende meines Vortrages in die Augen.

Kaum hatte ich den letzten Satz ausgesprochen, war der Saal, der die etwa 200 Zuhörer gefaßt hatte, plötzlich wie von einem Sturmwind leergefegt. Schwarze und Weiße, die soeben noch aufmerksam zugehört und sich an der Diskussion beteiligt hatten, waren spurlos wie in der Versenkung verschwunden, und so fanden wir uns zu dreien allein: meine Frau, Harry Walker und ich. Ich muß gestehen, daß mir dies übergangslose Ende der Veranstaltung die Sprache verschlagen hatte, so daß mir nichts Gescheiteres einfiel, als mich an Walker mit den Worten zu wenden: *»Well, Harry, why shouldn't we have a drink?«* Er akzeptierte sichtlich erleichtert, und wir stiegen in seinen Wagen. Bald merkte ich aber, daß er zögernd fuhr, bis wir zum zweitenmal an einer bestimmten Stelle vorbeikamen. Nun stieg er aus und kam einen Moment später wieder: ja, hier könnten wir bleiben. Wir kamen in eine ausschließlich von Schwarzen bevölkerte Bar, in der man uns abseits auf eine Empore wies, wo wir nicht auffielen. Walker erklärte uns sein Problem: es war für ihn genauso unmöglich, ein weißes Lokal zu frequentieren, wie mit Weißen in ein Negerlokal zu gehen. Die Trennung konnte nicht vollständiger sein. Der Verkehr zwischen Schwarzen und Weißen hatte sich ausschließlich auf die Privatsphäre zu beschränken, womit entschieden war, daß er im Grunde folgenlos bleiben mußte. Am nächsten Tage wollte Walker uns beide, zu denen sich unterdessen Peter Atteslander aus Zürich gesellt hatte, in einem chinesischen Restaurant in der Stadt abholen und zu sich nach Hause bringen. Als der vereinbarte Zeitpunkt herannahte, bestand ich darauf zu zahlen, damit wir beim Erscheinen Walkers sofort aufstehen und das Lokal verlassen könnten, um keine für ihn unangenehme Situation aufkommen zu lassen – was weder meine Frau noch Atteslander wahrhaben wollten. Als Walker erschien, verließen wir wie geplant sofort das Lokal. Mehrere Stunden später bei ihm zu Hause machte ich die Probe aufs Exempel, und er antwortete wie erwartet: er habe seinerseits befürchtet, daß wir – mit den Bräuchen im Lande nicht vertraut – ihn in eine unangenehme Situation hätten bringen können, da er keine Möglichkeit gehabt hätte, sich in einem Restaurant im weißen Teil der Stadt – nicht einmal in einem chinesischen – auch nur für einen Moment niederzusetzen. So geschehen im Dezember 1952 in der

Hauptstadt der Vereinigten Staaten. Damals bestand übrigens die Haupttätigkeit der Howard University darin, den Studenten ein perfektes Englisch beizubringen. Darum beschränkte man sich auch auf die Erteilung des B. A., während gute Studenten an andere Universitäten vermittelt wurden. Das sprachliche Niveau der Studenten aus dem alten Süden war in jeder Hinsicht höchst ungenügend.

Das eigentliche Problem wurde mir klar, als mir Laverne, die Frau von Harry Walker, eines Tages erklärte: nicht die Diskriminierung ist das Entscheidende, *but rather the fact to be black in a white society*. Denn das schafft Identitätsprobleme, speziell bei den schwarzen Intellektuellen. Vor allem, wenn in dieser weißen Gesellschaft die Norm der Gleichheit vorherrscht und kein Recht auf Verschiedenheit (the right to be different) anerkannt und seine Durchführung gesichert wird. So vertraute mir Walker auch freimütig an, daß er durch eine Psychoanalyse gegangen war, da er nach Absolvierung des Colleges in eine Periode schwerster Depressionen geraten sei, aus der er sich allein nicht habe befreien können. Da Walker seit längerer Zeit verstorben ist, glaube ich, mit dieser Mitteilung keine Indiskretion zu begehen.

Seither hat sich die Situation gewiß geändert: kein Schwarzer würde sich mehr aus irgendeinem öffentlichen Lokal weisen lassen. Damit ist aber das Problem nicht nur nicht aus der Welt geschafft, sondern im Gegenteil erst recht auf Kollisionskurs verschoben worden. Seit jener Zeit ist die Zahl der Neger an den Universitäten gestiegen: 1953 fand ich einen einzigen schwarzen Assistenten an der University of Michigan in Ann Arbor; bei meiner letzten Gastprofessur 1975 waren es sechs (darunter zwei Frauen). Dafür war die Spannung im Department derart stark, daß mich die Schwarzen auf den Gängen nicht grüßten, obwohl ich alle mir entgegenkommenden Personen, ob bekannt oder unbekannt, grüßte. In meiner Vorlesung über »The Urban Community« hatte ich 60 Hörer, darunter 12 Schwarze, also 20%. Das war aber eine Ausnahme und lag am Thema. Hier war die Beteiligung der Schwarzen intensiv und unbefangen. Der einzige taktlose Zwischenruf kam von einem weißen Studenten, der mich offensichtlich provozieren wollte. Als ich ihm mit einer treffenden Antwort erwiderte, sah ich zu meiner großen Freude lächelnde Gesichter bei den Schwarzen; plötzlich wußte ich: ich hatte bei ihnen gewonnen, was sich auch bald in zahlreichen Besuchen in meiner Sprechstunde ausdrücken sollte. Unter den Besuchern erschien auch eines Tages ein junger, sehr hellhäutiger Neger mit einem empfindsam-fein geschnittenen Gesicht und sehr ausdrucksvollen Augen, der verspätet in meinen Kurs einsteigen wollte. Ich sah aus seinen Papieren, daß er von der Wayne University im benachbarten Detroit kam, und fragte ihn, warum er denn diesen Kurs nicht dort besuche. Da kam die für mich umwerfende Antwort: »Ich ertrage einfach die ethnischen Spannungen in Detroit nicht mehr und weiß, daß es hier in Ann Arbor ruhiger ist.« Nach allem, was ich selber an Spannungen im Department empfunden hatte, war das für mich eine völlig unerwartete Antwort, und ich fragte mich, wie es wohl an Wayne University zugehen mochte. Der junge Mann erwies sich in der Vorlesung als ein höchst intelligenter Student, der oft die Diskussion weiterbrachte, wenn sie gelegentlich zu stocken drohte.

Auf dem Campus in Ann Arbor sahen wir viele schwarze Studenten und Studentinnen, aber wir sahen nicht ein einziges Mal gemischte Gruppen. Das Ghetto, nun bewußt von den Schwarzen selbst verhängt als politische Antwort auf die Diskriminierungen der Vergangenheit, ist absolut schottendicht geworden, auch wenn ein beträchtlicher Prozentsatz von Schwarzen die Hörsäle bevölkert. Aber es genügt eben heute nicht mehr, farbigen Studenten den Zugang zur Universität zu gewähren, um sie zu integrieren. Trotz einer äußerlich veränderten Situation ist die Lage im Kern nicht besser geworden, sondern im Gegenteil unabänderlich auf Konflikt gestellt.

Die Unabänderlichkeit dieses Konfliktes hat mich zutiefst bestürzt, und ich sehe auch heute noch keinen anderen Ausweg als die Gründung eines eigenen Staates der Schwarzen, trotz aller Schwierigkeiten, die das hervorrufen wird. Mit derselben Erkenntnis endete bereits ein Gespräch, das ich 1947/48 oder 1948/49 in Zürich mit Martin Luther King und seinem Kampfgenossen Abernathy, heute sein Nachfolger, gehabt hatte. Er war uns vorgestellt worden von einer jungen schwarzen Aktivistin aus Chicago, Henrine Banks, die im Kriege einen britischen Neger geheiratet hatte und nun in der amerikanischen Bürgerrechtsbewegung tätig war. Wir wollten über die Chancen eines Vortrags von Pastor King an der Universität Zürich sprechen, wo er die neue mit friedlichen Mitteln arbeitende Emanzipationsbewegung der Schwarzen in den Vereinigten Staaten vorstellen sollte. Zahlreiche Schaubilder, die über die Entwicklung der Neger im Nachkriegsamerika informierten, waren vorhanden; es war also alles bestens vorbereitet. Als ich nun mit meinem anglistischen und amerikanistischen Kollegen an der Universität Zürich darüber sprach, erklärten diese, trotz aller Sympathien sei das Projekt wohl nicht realisierbar, da man auf den Protest des amerikanischen Generalkonsuls in Zürich oder des Botschafters in Bern gefaßt sein müsse. So wurde nichts aus unserem Plan. King aber kämpfte unbeirrbar weiter. 1957 traf ich ihn wieder, diesmal in Berkeley, wo er in zwei überfüllten Hörsälen las und von der Fakultät spontan eine »standing ovation« erhielt, die ihn sichtlich zutiefst glücklich machte, denn er hatte Tränen in den Augen. Die wachsende Anerkennung und Achtung, die er in diesen Jahren fand, hinderte nicht, daß er wenig später einem feigen Mordanschlag zum Opfer fiel. Er war ein wunderbarer Mensch, erfüllt von Gottvertrauen und Glauben an die Menschen. Vom Moment seines Todes an war aber die Situation nicht mehr zu retten und nahm den angedeuteten Verlauf. Die Geschichte dieser Kämpfe ist noch immer nicht geschrieben worden, vielleicht wagt sich niemand heran.

Zahlreiche Gespräche mit E. Franklin Frazier und anderen Altersgenossen von ihm, die auch an dem großen Werk von Gunnar Myrdal über die amerikanische Negerfrage mitgearbeitet hatten, brachten mir relativ früh die Schwierigkeiten zum Bewußtsein, die einer wirklichen Änderung der Verhältnisse im Wege standen. Die Wahrheit war ganz einfach die, daß es seit Anfang der fünfziger Jahre in den Vereinigten Staaten bereits eine ausgesprochene Negerbourgeoisie gab, die noch dazu die weißen Wertvorstellungen übernommen hatte. So kam es in der schwarzen Bevölkerung zu einer zusätzlichen Spaltung zwischen denen, die die weiße Zivilisation akzeptierten, und den anderen, die sie grundsätzlich ablehnten. Das war der Weg von Martin Luther King zu Malcolm X und den Black Muslim, die den offenen Kriegszustand forderten und in großen Aufständen praktizierten. Damit war die Kommunikation definitiv abgerissen. Von nun an sprachen die Aktivisten nicht mehr von Farbigen oder Negern, sondern mit Geusenstolz von Schwarzen, und so entstand der Kampfruf: »Black is beautiful!« Für die vorangehende Generation von Martin Luther King war das ganz eindeutig noch nicht der Fall gewesen, wie allein der Umstand beweist, daß die Negerbourgeoisie regelmäßig hellhäutige Frauen heiratete, so daß mit der Zeit eine Farbskala bei der schwarzen Bevölkerung entstand, die mit dem sozialen Aufstieg immer heller wurde. Selbst in den Geschäften der schwarzen Ghettos war alles auf Weiß eingestellt; Negerkinder spielten damals mit weißen Puppen. Der Gegenschlag war deutlich: eine große und vorzüglich redigierte Illustrierte in New York nannte sich »Ebony« und akzeptierte damit die Farbe Schwarz als Schicksal, was sich gleichzeitig in einer politischen Absetzbewegung ausdrückte. Damit wurden eine ganze Reihe von Kanälen definitiv verstopft, durch welche die Neger bisher sozial und kulturell akzeptiert worden waren: der Sport und die Kunst, insbesondere die Musik. Was vorher nur halb erkannt worden war, wurde plötzlich vor den Augen der ganzen Welt klar, als bei der Olympiade von Mexiko drei Neger die amerikanische Nationalhymne mit der geballten Faust beantworteten. Das war der Beginn einer neuen Phase in einer sehr unglücklichen Entwicklung, von der heute niemand weiß, wo sie enden wird. Die an und für sich schon unerträgliche Spannung wurde zusätzlich durch die ungleichmäßige Verteilung der Schwarzen über das Land verschärft. Das betrifft vor allem die älteren Großstädte, die die größte Invasion von Schwarzen in der Zeit von 1950–1975 gehabt haben, unter deren Eindruck die alten Zentren fast zusammengebrochen sind. Umgekehrt lebt in den neueren Großstädten im Zentrum eine Bevölkerung, die deutlich höher steht als die der Vorstädte (was im Grunde der alten Theorie der Obermittelklassen-Suburbs zu widersprechen beginnt). Das ist etwa der Fall in San Francisco, wo die schwarze Bevölkerung in South San Francisco lebt; in Chicago stehen die südlichen Vorstädte ähnlich da (Chicago Heigths), obwohl sonst die Negerbevölkerung beträchtlich ist. Aber die größten Probleme liegen etwa in Washington, das heute praktisch eine schwarze Stadt ist. Als ich 1962 bei Gelegenheit des Weltkongresses für Soziologie in Washington dem Deutschen Botschafter einen Besuch abstattete, beschrieb mir der Taxifahrer, wer jeweils in den verschiedenen gepflegten Villen wohnte. Dann fügte er hinzu: *»But wait another few years, and it will turn black!«* Was dann auch geschah.

In Baltimore ist es nicht viel besser. Als ich 1975 als Gastprofessor in Ann Arbor, Michigan, weilte, sahen die Verhältnisse in Detroit noch immer verzweifelt aus. Der Michigan Boulevard, der bis zur kanadischen Grenze führt, sah aus wie nach einem Luftangriff als Folge der bewaffneten Aufstände und Plünderungen der Schwarzen vom Ende der sechziger Jahre (wie auch in Los Angeles, Chicago und Newark). Da ich damals über »The Urban Community« las, erhielt ich zahlreiche Übungsarbeiten von Studenten aus Detroit über die extrem kritische Lage dort, wo bewaffnete Schwarze regelmäßig die städtischen Autobusse enterten, die Fahrgäste ausplünderten und wieder absprangen, ohne daß irgend jemand einzugreifen gewagt hätte. Kaum weniger radikal waren die Plünderungen, Brände und Zerstörungen in New York, als dort am 11. Juli 1977 die städtische Beleuchtung für eine Nacht ausfiel.

Das alles sind freilich nur die Höhepunkte von Bewegungen, die sich in kleinerem Maßstab immerfort abspielen und gleichwohl für die Betroffenen kaum weniger schmerzlich sind. Auch betreffen sie keineswegs immer nur die Farbigen. So fanden wir 1952 beim Herumfahren in New England nicht weit von Salem kleinere Gemeinden von Franco-Canadiern, die sich während der großen Weltwirtschaftskrise von 1930 in die Vereinigten Staaten geflüchtet hatten. Bei den Fischern an der nördlichen Ostküste hatten sich spanische und portugiesische Emigranten angesiedelt, die unter dem gleichen wirtschaftlichen Druck dahin verschlagen worden waren. Im Gebiet der Tennessee Valley Authority kamen wir 1957 mit dem Wagen vom Wege ab und durchfuhren ein abseits gelegenes Dorf von Poor Whites, in dem wir wegen der offenbaren feindseligen Stimmung gegen alle Außenstehenden nur vom Auto aus ein paar Photos zu machen wagten. Autos gab es in diesem Dorf nicht mehr; Lasten wurden per Schlitten transportiert oder auf Schleppbalken. Auf den Terrassen vor den Holzhäusern (die noch den Stil der ersten Siedlerhäuser hatten) standen verrostete Kühlschränke und anderer verkommener Hausrat. Elektrizität gab es auch nicht mehr. Doch je deutlicher man hinblickte, desto dynamischer erschien das Bild, dessen Stabilität ganz und gar äußerlich war, während sich der Untergrund in Wahrheit immerfort bewegte. Ich fragte mich oftmals, was eigentlich eine in solchem Ausmaß mobilisierte Massengesellschaft zusammenhielt. Ein stabilisierendes Moment materieller Natur war ganz offensichtlich nicht gegeben, also konnte es nur eines ideologischer Natur sein. Es war wohl das, was man als den »amerikanischen Traum« bezeichnete, der aber insofern kein Traum war, als er die Menschen trotz allem zum gemeinsamen

Handeln brachte und zusammenhielt. Es handelte sich dabei in Wahrheit um eine höchst konkrete Alltagsmoral, in die viele historische Elemente eingegangen waren, die aber alle miteinander doch dahin zusammenwirkten, daß sie den Massen Ziele und Maßstäbe gab, die von den meisten geteilt wurden.

Natürlich greift das alles weit über die Zeit unserer ersten Ankunft in den USA hinaus bis in die Gegenwart. Andererseits ist aber das Problem so gewichtig, daß es mich seither nicht mehr losgelassen hat; so rechtfertigt sich vielleicht diese längere Bemerkung. Andere Probleme besprach ich mit meinen soziologischen Kollegen an der Columbia University, vor allem mit Paul F. Lazarsfeld, den ich seit unserer ersten Begegnung in Wien hier wiederfand, höchst aktiv wie immer; dann William J. Goode, mit dem ich bald in Freundschaft verbunden war und den ich sowohl in Köln als auch in Tokio wiedertraf, und schließlich Robert K. Merton, mit dem mich ein ehemaliger Schweizer Student aus Zürich, Fred Iklé, verband, der von Zürich noch vor Kriegsende nach Chicago übergesiedelt war, wo er bei Merton promovierte. Iklé machte mir damals das schönste Kompliment, das man als akademischer Lehrer erhalten kann, nämlich daß er dank der Vorbereitung durch mich in amerikanischer Soziologie keinerlei Anpassungsprobleme gehabt habe. Er nahm uns auch eines Tages mit nach New Haven, wo er an der Universität zu tun hatte, während meine Frau und ich uns auf dem sehr eindrucksvollen Campus umsahen. Als wir an einer kleinen Kapelle vorüberkamen, war als Prediger für eine kommende Veranstaltung kein Geringerer als Paul Tillich angesagt; die von den Nazis Vertriebenen waren in der Tat in der ganzen Welt verstreut und wohl integriert, und zwar nicht nur die Juden, sondern auch andere wie etwa Arnold Brecht, den wir in New York durch meinen alten Freund Arvid Brodersen trafen. Das wichtigste Wiedersehen hatte ich aber mit Werner Jaeger, den ich in Harvard traf, wo er hoch geehrt und tätig wie immer lebte. Mit dieser Exilierung hatten die Deutschen auch ihre eigenste und beste Tradition ausgewiesen, womit sie sich für die Zukunft unvermeidlich zu einem wachsenden Provinzialismus verdammten, der dann ja auch die bundesdeutsche Wirklichkeit bis zum Ende der sechziger Jahre bestimmte.

Der Humanismus klassischer Prägung hatte übrigens schon längst begonnen, sich aus Deutschland zurückzuziehen, wie ich etwa an dem Sokratesbuch meines Kollegen und Freundes Helmut Kuhn erkannte, des letzten Redaktors der Kant-Studien vor ihrer »Gleichschaltung«, der in Chapel Hill Zuflucht gefunden hatte, bis er nach dem Kriege nach München zurückberufen wurde. Zum erstenmal wurde mir die Bedeutung der Angelsachsen auf dem Gebiet der Altphilologie bewußt, und zwar sowohl von britischer als auch von amerikanischer Seite. Aber die größte Überraschung erlebte ich, als ich von New York aus nach Trenton, New Jersey, fuhr und die Firestone Library der Princeton University besuchte. Das war die schlechthin großartigste Bibliothek für griechisch-römische antike Studien, die ich je in der Welt irgendwo erlebt habe. Nach der Art, wie man mir die Vereinigten Staaten in deutschen Schulen und Universitäten beschrieben hatte, war es für mich völlig unerwartet, ein so einzigartiges Zentrum für klassische Studien hier zu finden. Ich füge noch hinzu, daß die Firestone-Bibliothek zu jener Zeit 24 Stunden am Tag geöffnet war; sie war wirklich das Zentrum von Princeton, dessen hohe Fenster mitten in der Nacht weit vor sich hinleuchteten und Dokument der intensiven kulturellen Aktivitäten waren, die hier gepflegt wurden. Mein Europabild begann sich recht schnell zu relativieren. Den entscheidenden Stoß erhielt es aber, als ich den großen Einstein auf dem Fahrrad durch die Straße fahren sah, den ich das letzte Mal bei einem Vortrag in Berlin in der Kaiser-Wilhelm-Gesellschaft, dem großen Forschungsinstitut, gehört hatte. Seine Leistung war unterdessen in Deutschland durch eine »deutsche« Physik ersetzt worden, was man wohl nur schwer vergessen kann.

Gewiß: New York ist noch nicht Amerika, doch viel entscheidender ist, daß wie ein Kranz um New York herum zahlreiche große Kulturzentren entstanden sind, die in völliger Selbständigkeit neben der Metropole mit ihrem runden Dutzend an Universitäten bestehen können. Zwar ist New York auch ein Kulturzentrum sondergleichen, aber es ist mehr und anderes als das, nämlich das eigentliche Symbol für den vielberedeten »Melting Pot«, in dem die europäischen Einwanderer und neuerdings außer den Puertoricanern, worüber unten mehr zu sagen sein wird, auch immer mehr Asiaten zu Amerikanern umgeschmolzen werden. Als größter Immigrationshafen hat es zugleich die größte Toleranz gegenüber allen Fremden, ohne ihnen allerdings auch nur ein winziges Schrittchen entgegenzukommen. Am Ausgang der Untergrundbahnstation Broadway und 96. Straße stand regelmäßig am Samstagabend eine uralte Frau neben ganzen Bergen der Sonntagsausgabe der New York Times. Sie hatte fünfzig Jahre in den USA gelebt und sprach kein anderes Wort außer jiddisch. Sie war gewissermaßen ein Relikt aus alten Zeiten, Opfer der regelmäßigen Pogrome im alten Rußland, während ihre Kinder und Enkelkinder längst waschechte Amerikaner geworden sind. Amerikaner freilich in einem stark jüdisch bestimmten Viertel, die, wenn sie ihre Sonntagszeitung bei der Alten kaufen, mit einer gewissen Zärtlichkeit an die alte Sprache zurückdenken, die noch die ihre hätte sein können.

Die Theorie des Melting Pot beantwortet auch die Frage – und zwar gleichgültig, ob sie zutrifft oder nicht, bzw. ob sie in dem universalen Ausmaß zutrifft, wie man anzunehmen geneigt ist –, wer wohl der »repräsentativste « Amerikaner ist. Der repräsentativste Amerikaner ist zweifellos der Elementarschullehrer. Denn er muß immer damit rechnen, besonders in einer Stadt wie New York, daß in einer Klasse mit 25 Schülern im schlimmsten Falle alle 25 jeweils aus einer anderen Himmelsgegend stammen, ihre Frühsozialisierung in einer anderen Sprache erfuhren, aus ganz andersartigen familiären, kulturellen und religiösen Gruppen kommen, die durch die Eltern weiterwirken und dem Lehrer das Geschäft erschweren, aus dieser scheinbar amorphen Masse Amerikaner zu machen. Das gelingt naturgemäß auch nur teilweise, weshalb der zweiten Generation der »native born«, die nicht von außen zugezogen und »eingebürgert«, sondern bereits als Amerikaner »geboren« worden sind, in einem viel höheren Maße als den anderen Altersgenossen die Gefahr der Fehlanpassung und der Kriminalität droht. Dieser Vorgang wiederholt sich übrigens seit längerer Zeit in Israel, wo die Nachgeborenen der Einwanderer, die »Sabras«, als »süßbittere« Frucht charakterisiert, die eigentlich problematische Generation darstellen. Er wird sich auch in der Bundesrepublik mit den Kindern der heutigen »Gastarbeiter« wiederholen.

Diese prinzipielle Schwierigkeit wird noch durch eine gewisse Unfähigkeit der Neuamerikaner verstärkt, das Selbstverständliche zu relativieren. So wird der Fremde kaum jemals auf seine Fragen substanzielle Antworten erhalten, weil man nicht versteht, warum er fragt. In einer Stadt, die so total gemischt ist wie New York, mag das überraschen. Aber gerade hier will jeder so amerikanisch wie nur möglich erscheinen, vor allem wenn er eben erst eingetroffen ist. Da er aber selber den amerikanischen Lebensstil noch nicht beherrscht, wirken sich seine mitgebrachten Vorurteile über die Vereinigten Staaten mit fast gefräßiger Virulenz aus, indem sie alles blockieren, was diesen Stereotypen widerspricht. Es heißt, die Amerikaner seien ständig in Eile – also jagen die New Yorker aus Europa von morgens bis abends ihrem Business nach, obwohl sie sich bei dem schauderhaften Klima von New York dabei regelmäßig übernehmen. Der eingeborene Amerikaner dagegen weiß, daß man gegen die Kräfte der Natur nicht ankommt, und entwickelt dementsprechend eine große Gelassenheit, in der seine wirkliche Kraft liegt. Sieht man in New York jemanden hetzen, andere stoßen oder überrunden und drängeln, um nach vorn zu kommen, so kann man sicher sein, daß er ein gebürtiger Europäer ist. New York repräsentiert getreulichst alle schlechten Seiten Europas. Die wenigen echten New Yorker bekommt der normale Mensch sowieso kaum zu sehen; sie bilden eine verborgene Oberschicht, hinter den Kulissen wirkend wie die »Philadelphia Gentlemen«, die es sich sogar leisten können, in vieler Hinsicht höchst unamerikanisch zu sein.

Den Neuamerikaner erkennt man am sichersten an der scheinbar verblüfften Antwort: *»Didn't you know that?«*, wenn er von einem Fremden etwas gefragt wird. »Man« muß doch wissen, wie die Dinge stehen, darum ist jede Frage eigentlich überflüssig. Wie kann einer so ignorant sein, daß er *das* nicht *weiß*?! Dabei vergißt der so Denkende regelmäßig, daß er es selber bis vor ganz kurzer Zeit noch nicht gewußt hatte. Diese Angewohnheit, die vielleicht aus einem Bedürfnis nach Selbstschutz entspringt, erschwert dem Newcomer das Leben in New York ganz ungemein. Im übrigen gibt sie einen interessanten Einblick in den Entstehungsprozeß von Vorurteilen, die sich später zu Stereotypen verhärten. Demgegenüber wird ein alteingesessener Amerikaner dem Fremden auf seine Bitte hin gern alles erklären. So habe ich überall im Lande, im Flugzeug, in der Eisenbahn, im Greyhound-Bus, an einem Parkplatz, auf der Straße, im Fahrstuhl, die aufschlußreichsten Gespräche gehabt, wenn ich Probleme hatte. Man hat sogar oft das Gefühl, daß die Leute glücklich sind, wenn man sich für sie interessiert. Das gilt auch für die fast grenzenlose Hilfsbereitschaft der »eingeborenen« Amerikaner, was man sehr schnell, besonders als

Automobilist und speziell in unwegsamen Gebieten oder bei schweren Unwettern zu schätzen lernt. Nur in New York gilt das alles nicht: hier ist jedermann ein »Wolf unter Wölfen« – die typisch europäische Alternativlosigkeit.

Ein wesentlicher Faktor dabei ist die Übertreibung. Übertreibung ist die idealtypische Abstraktion im Alltagsverständnis. Man spürt das im New Yorker Slang, der sehr verschieden ist von den sonstigen Sprechweisen Amerikas. Denn er wird im wesentlichen dadurch charakterisiert, daß der Neuankömmling vielleicht die Sprache schon ganz ordentlich spricht, aber die Gewichte der emotionalen Dimensionen noch nicht recht zu ermessen versteht, was sich gerade in einer ständigen Übertreibungssucht ausdrückt. Das erleichtert nicht nur den blitzartigen Aufstieg irgendwelcher Sprachmoden, sondern vor allem sprachlicher Extremformen. So wurde z. B. der Kunde im Laden, wenn ein Verkäufer besonders höflich sein wollte, zur Zeit meines ersten New York-Besuchs mit »sweety« oder »honey« angesprochen, was etwa in der Kombination mit einem starken deutschen Akzent recht absonderlich klang.

Das ethnische Nebeneinander, das einem zuerst ins Auge fällt, erweitert sich einem bald zu einer höchst differenzierten ökologischen Ordnung, und zwar sowohl im Nah- wie im Fernbereich, was eine enorme Komplikation der Lebensformen zur Folge hat. Man kann nur laut lachen, wenn man die europäische Standardformel von der vermeintlichen Einheitlichkeit der amerikanischen Kultur hört, die als graues Einerlei gedacht wird. New York ist ein wahres Mosaik; aber nicht in dem naheliegenden Sinne eines Nebeneinander verschiedener Ethnien, sondern diese differenzieren sich ihrerseits je nach dem Zeitpunkt der Einwanderung, dem Grad des wirtschaftlichen Erfolges und der Assimilation. Damit verbindet sich aber jeweils eine neuerliche ökologische Verlagerung, indem die verschiedenen Stadtquartiere nicht nur nach der ethnischen »Social distance scale« von Emory S. Bogardus, sondern darüber hinaus auch nach arm und reich, Unter-, Mittel-, Ober- und Oberoberklasse geschichtet sind. Speziell in der obersten Schicht variiert zudem die Sprache beträchtlich; so wird an der Ostküste mit dem sozialen Aufstieg der New England-Akzent immer ausgeprägter, den man naturgemäß in New York kaum zu hören bekommt. Eine ältere Verlagerungswelle war – genau wie in Europa – die Abwanderung in die Vorstädte, die in den zwanziger Jahren begann. Unterdessen sind aber die ehemaligen Vorstädte zu eigenen Städten herangewachsen, was die Wanderungsströme in die Satelliten der vormaligen Satelliten abdrängte, so daß nun jene berühmt-berüchtigte »Megalopolis« entstand, die sich von der Südgrenze des Staates New Hampshire bis zur Nordgrenze von Virginia über rund 450 Meilen sowie von der Atlantikküste bis zu den Appalachen erstreckt und ungefähr 40 Millionen Menschen umfaßt, also eine »Nation« von der Größenordnung Frankreichs oder Italiens. Jean Gottmann, den ich 1952 in Princeton kennenlernte, führte mich in diese Problematik der »Main-Street of the Nation« ein, lange bevor sein heute klassisch gewordenes Buch (1961) erschien.

Damit werden aber auch historische Dimensionen in den Wanderungen sichtbar, die natürlich zentral mit dem »Marsch nach Westen« zusammenhängen, der als Massenbewegung nicht im Wagen-Treck, sondern im Pullman und Schlafwagen vor sich ging, wie mir Conrad M. Arensberg einmal sagte. Die Holländer, Skandinavier und Finnen sind aus dem Osten schon lange verschwunden. Ihre Spuren findet man bestenfalls noch in ihren Architekturen, sofern diese die vielen Altstadtsanierungen überlebt haben. Die Skandinavier und Finnen leben heute im Mittelwesten, von Michigan bis Minnesota, wie man leicht an den Hausformen der Bauern erkennen kann. Die Deutschen im Staate Wisconsin, dort auch viele Schweizer. Überhaupt sind die Menschen von New England heute überall, nur nicht mehr an der Ostküste zu Hause.

Brutal wurde mir das in Boston klar. Bei der Wohnungssuche waren wir in Pinkney-Street auf dem Beacon Hill gelandet, früher das vornehmste Quartier Bostons, unweit vom »Common«, der alten Allmend, und dem State House von Massachusetts gelegen. Ich war nach meinem ökologischen Verständnis der Farbenlinie gefolgt; als ich ein schwarz-weiß gemischtes Quartier traf, wußte ich, daß es für meinen Geldbeutel erschwinglich war. So wohnten wir in Boston an besagter Adresse im Parterre eines einstmals hochherrschaftlichen Hauses mit einem Extraeingang für die Dienerschaft, aber der Ruhm von ehemals war schon lange verschwunden; ab und zu bekamen wir den Besuch eines Mäuschens, das uns von den alten Zeiten erzählte. Natürlich hatte das Mäuschen die feine Pracht nicht mehr selbst erlebt, denn dazu war es viel zu jung, auch gab es damals keine Mäuse im Salon (höchstens in Küche und Keller). Aber ein Oheim hatte es ihm erzählt, ein alter weiser Mäuserich, der es genau wußte. So kannte es alles vom Hörensagen, genau wie unsere Historiker, die die Vergangenheit beschreiben, ohne selber dabeigewesen zu sein.

Auf den Friedhöfen von Boston fanden wir die Zeugen der alten angelsächsischen Kultur, speziell in den Episkopalkirchen, wo mir z. B. der Name Homans zum ersten Mal auffiel, bevor George C. Homans mir die Hintergründe seiner eigenen Familie erklärte, auch daß der zweite Vorname Caspar mit einer deutschen Familienverbindung von früher zusammenhing. Davon war in Boston kaum noch etwas zu spüren. In Hannover Street saßen wir in einem italienischen Restaurant und sprachen italienisch. Die Episkopalkirche wie die reformierten Kirchen hatten ihre Kundschaft verloren. Das Problem Protestantismus und Kapitalismus bestand hier nicht mehr: Boston ist heute eine katholische Stadt, in der Italiener und Iren den Ton angeben, zu denen noch die ebenfalls katholischen Polen kommen. Damit ist in Amerika eine neue Welt entstanden (interessanterweise ähnlich wie im alten Europa, wo ein klassisches Zentrum des Protestantismus wie etwa Genf ebenfalls mehr und mehr katholisiert worden ist; sogar in Zürich überwog zeitweise vor der Altstadtsanierung im Zentrum der Stadt die katholische Bevölkerung, so daß man daran hätte denken können, das Großmünster, die Kirche Zwinglis, dem Katholizismus zurückzugeben . . .). Das sind natürlich Phantasien, wenn auch naheliegende. Wenn man aber früher sagen konnte, daß zwei Dinge in den Vereinigten Staaten niemals geschehen könnten, nämlich ein Neger oder ein Katholik als Präsident, so ist doch mit John F. Kennedy das zweite schon Wirklichkeit gewesen. Diese neue Entwicklung hat übrigens auch einen Sprachwandel in Boston mit sich gebracht. Der New England-Akzent hat sich in die kleinen College Towns von Massachusetts ringsherum zurückgezogen und überlebt auch da nicht überall, z. B. ausgerechnet nicht an der hochbedeutenden Harvard University, die heute ihr Personal aus den ganzen Vereinigten Staaten und nicht mehr aus der Region bezieht.

Wenn man heute noch von den relativ geschlossenen Siedelungen ethnischer Einheiten in New York oder auch in Chicago hört, so muß man sich darüber klar sein, daß sie lediglich ein romantisches Relikt aus alten Zeiten darstellen. Natürlich wird York Town an der Eastside von New York noch lange seinen deutschen Charakter (mit bayerischem Bier, Jodlerkapellen und importierten Schuhplattlergruppen, o Schreck!) behalten – einfach wegen der relativen Größe der Gruppe. Auch der jüdische Charakter der Westside von der 60. bis zur 100. Straße wird bleiben. Selbstverständlich auch die schwarzen Quartiere New Yorks, die es heute schon in großer Differenzierung gibt, vom schmutzstarrenden Slum bis zu appetitlichen und gepflegten schwarzen Mittel- und Oberklassenquartieren, nachdem die Negerbourgeoisie ihrerseits den Marsch in die Vorstädte begonnen hat. Ähnlich steht es auch mit den Puertoricanern, über die noch zu reden sein wird. Aber der Rest versickert allmählich oder bröckelt ab wie etwa die New Yorker China Town, die heute – sehr im Gegensatz zu der in San Francisco – geschrumpft ist, eigentlich fast nur noch erkennbar an einer beträchtlichen Vermehrung chinesischer Restaurants, die aber sonst die Tendenz haben, sich über die ganze Stadt auszubreiten. Nachdem Old Bowery Street wenigstens teilweise saniert worden ist, sind auch die Trunkenbolde und Heimlosen, die Bums und Hobos verschwunden, die sich ausgerechnet im Weltzentrum des Diamantenhandels niedergelassen hatten. Allerdings bin ich hier nicht so sicher wie mit den ethnisch bestimmten Quartieren. Denn nichts scheint bodenständiger zu sein als die menschliche Verkommenheit. So hat man vor etwa 25 Jahren das Ufergelände am Mississippi in St. Louis geräumt und saniert, aber dort kamen die altvertrauten Gestalten der Säufer, Drogensüchtigen, Tippelbrüder und Halbirren unverzüglich munter zurück – genau wie in Köln seit rund zweitausend Jahren das Amüsierviertel sein Domizil zwischen Forum und Rhein hat.

Was aber in New York sicher bleiben wird, ist der Quartiersgeist der Nachbarschaft. Und das nicht nur in berühmten städtischen Dörfern wie Greenwich Village, sondern auch andernorts. Man kann eigentlich kaum irgendwo wohnen und drei-, viermal in einen Supermarkt gehen, ohne daß man »Kunde« wird. Gerade in Riesenstädten wie New York ist das Kundschaftsverhältnis sowie die Nachbarschaft von ganz lebenswichtiger Bedeutung für die Menschen, weil sie ihnen das Gefühl der sozialen Sicherung vermitteln. Sowie im Auge eines beliebigen Menschen das bekannte Zeichen für »déjà vu« aufleuchtet, beginnt sehr schnell eine erste Vertrautheit, die unter Umständen viele Jahre dauern kann. Das geht dann so weit, daß einem der Verkäufer im Supermarkt zum Thanksgiving Day einen Truthahn einredet, weil sich das so gehört, jedenfalls in

Amerika! So geschah es auch uns, und als ich beteuerte, wir hätten keine passende Kochgelegenheit in unserem kleinen Wohnhotel, antwortete er nur: *»We'll do that for you.«* Ich sollte nur sagen, um welche Zeit ich ihn brauchte, und er würde pünktlich fertig sein. Als ich dann ein paar Minuten nach dem vereinbarten Zeitpunkt erschien, wurde ich schon am Eingang leicht vorwurfsvoll zur Eile gemahnt ... Gewiß sind dies unbedeutende Erlebnisse, aber sie tragen doch wesentlich dazu bei, einen Fremden schnell heimisch werden zu lassen. Die Anonymität wird gebrochen durch eine Vertrautheit teilweise sehr persönlicher Art. So wurde uns selbst das Monstrum New York bald derart vertraut, daß wir es gelegentlich geradezu liebten. Eines Abends wurde mir das sehr deutlich, als wir auf einem Fährschiff von Long Island zurückfuhren nach Manhattan. Die berühmte Skyline war wie mit dem Silberstift in den nächtlichen Himmel gezeichnet, und die vielen Lichter leuchteten gleichzeitig nahe und sehr fern wie die Sterne, aber alle brachten mir einen menschlichen Wink aus der Riesenstadt, die schließlich von Menschen erbaut worden ist und bewohnt wird.

Da es mir nicht darauf ankommt, den Ablauf meiner verschiedenen Aufenthalte in den Vereinigten Staaten festzuhalten, sondern exemplarisch einige Punkte herauszuarbeiten, die mir durch meine Erfahrungen nahegebracht wurden, muß ich mich weder an die Reihenfolge meiner Reisen halten, noch auf Vollständigkeit achten. So übergehe ich gerade aus meiner Zeit in Harvard vieles, was jeder andere ebenfalls hätte erleben können. Dazu gehören auch meine Gespräche mit Talcott Parsons, den ich bereits 1947 kennengelernt hatte, als ich von Zürich aus für die Amerikanische Militärregierung Vorlesungen in Marburg und München hielt. Erwähnen möchte ich nur, daß ich in Gesprächen mit Urie Bronfenbrenner und Edward C. Devereux die Schichtung der amerikanischen Universitäten zu verstehen begann. Die »Ivy League«, also die Aristokratie der amerikanischen Universitäten, wacht eifersüchtig darüber, sich »nichts zu vergeben«, d. h. mit anderen Worten: den Abstand zu wahren. Also auch hier die Wirksamkeit der Social Distance Scale, die sich unter der Oberfläche der allgemeinen Gleichheit verbirgt. Der erbitterte Kampf geht dabei darum, wer unter die ersten sechs amerikanischen Universitäten zu zählen sei und wer unter die ersten zehn. Dies ist ein – nebenbei gesagt –

durchaus informelles »Social Register«, über dessen kompliziert gestufte Privilegien jeder Beteiligte sehr genau Bescheid weiß. Deutlich erkannte ich das, als mich eines Tages ein hochangesehener Kollege aus Yale University in Köln besuchte und beim Abendessen in unserem Hause mit einem Kollegen tschechischer Abstammung aus einem kleineren University College unweit von New Haven zusammentraf. Während der Höhergestellte den anderen mit Vornamen anredete, erwiderte dieser mit »Yessir« oder »No sir«, worin sich die Differenz ausdrückte. Europäer, besonders Deutsche, verstehen häufig die amerikanische Sitte, einander beim Vornamen anzureden, völlig falsch als Ausdruck von Formlosigkeit, während sich in der Art und Weise, wie der Vorname jeweils gebraucht wird, eine ganze Welt von Differenzierungen ausdrückt. Im Gegensatz zu allen Annahmen kommt darin viel eher die Verschiedenheit als die Gleichheit der Kollegen zum Vorschein, wenn man nur genau hinzuhören versteht. Das gilt zwar allgemein, trifft aber noch viel mehr zu im Umgang der Angehörigen der Ivy League mit denen der nächstniedrigeren Gruppe und schließlich mit denen der anderen, die man – aus ihrer Sicht – am besten unter »ferner liefen« rubrizieren kann. Amerikanische Demokratie des kollegialen Umgangs ist ein äußerst riskantes Vexierspiel, bei dem man eine viel größere Chance hat, böse ins Fettnäpfchen zu treten, als immerfort richtigzuliegen. Dementsprechend wandeln sich auch die Begrüßungsformen: Anreden wie *Hi gentlemen, hi folks, hi chaps, hi buddies, hi kids* haben jeweils ihren sorgsam definierten Anwendungsbereich, den man um keinen Preis überschreiten darf, ohne mit späteren Sanktionen oder eisigen Antworten rechnen zu müssen. Es steht sogar fest, wer wem die Hand auf die Schulter legen darf. Dabei ist es eine anerkannte, wenn auch nicht ausgesprochene Regel, daß Liebenswürdigkeit gegenüber Untergeordneten um so herzlicher wird, je größer der soziale Abstand ist. Zwanglosigkeit herrscht nur unter absolut Gleichen – und das sind eben die, die gleicher sind als die anderen. Die Exploration der herrschenden Verhältnisse erfordert in jedem Einzelfall viel Überlegung und hängt oft von Zufällen ab, etwa, wenn einem in einer Departmentsitzung oder in einer Fakultätsversammlung plötzlich die Bedeutung der scheinbar zwanglosen Sitzordnung aufgeht, die in Wahrheit stillschweigend einem strengeren Protokoll unterliegt als die Sitzordnung in einem Kardinalskollegium.

In diesem heimlichen Kollegium werden konsequenterweise auch Titel immer wichtiger. Als ich zum erstenmal nach Berkeley kam, gab es Titel einzig im administrativen Sinne als Qualifikationsstufen. Ausgerechnet im Rebellionsjahr 1964 wurde ich beim Kauf eines Flugtickets nach Eugene, Oregon, gefragt: *»Is it professor König, doctor König or just Mr. König?«* Wenn schon universitätseigene Reisebüros so subtile Unterschiede machen, dann ist das zweifellos der Reflex einer eingefahrenen Routine, die die bisher nur verdeckte Distanz zwischen den Rängen auch verbal, d. h. symbolisch greifbar zum Ausdruck bringt.

Im übrigen schützt auch die Zugehörigkeit zur Ivy League nicht vor stärksten Spannungen. Kurz vor unserer Ankunft hatte sich eine im Grunde sehr überflüssige Auseinandersetzung zwischen Talcott Parsons und Pitirim A. Sorokin abgespielt, als letzterer behauptete, von ersterem in seinen Schriften von 1950 und 1951 plagiiert worden zu sein. Natürlich traf das nicht zu, es handelte sich vielmehr um eine echte Konvergenz; andererseits aber hinderte es mich, gleichzeitig mit Parsons und Sorokin Kontakt aufzunehmen. So habe ich diesen nie kennengelernt. Als ich mich mit Homans darüber besprach, wie ich mich am besten verhalten sollte, meinte er nur: »Machen Sie es wie ich; mein Büro liegt dicht an der Treppe, ich kann mich leicht überflüssigen Auseinandersetzungen durch die Flucht entziehen!«

Wichtiger waren für mich die Gespräche mit Sam A. Stouffer und Robert F. Bales. Bezeichnend für die recht erregte Zeitstimmung nach Ausbruch des »Kalten Krieges« war die Bemerkung von Stouffer, daß seine Untersuchung über den »American Soldier«, die 1949 herausgekommen war, jetzt zweifellos nicht mehr erscheinen könnte, weil die Militärbehörde es verhindern würde. So läßt sich in der Tat zwischen 1950 und etwa 1956 ein gewisser Stillstand der Forschung auf diesem Gebiet feststellen, die erst später mit neuem Elan wiederaufgenommen wurde. Mit Bales hatte ich eine zweifache Erfahrung, die mich noch lange danach beschäftigte. Zunächst nahm ich mit höchstem Interesse teil an seinen Beobachtungen im Experimentierraum mit »Interaction Process Analysis«, wie er es nannte, also Analysen von Interaktionsprozessen, bei denen diskutierende Gruppen durch einen Einwegspiegel beobachtet und in ihren Interaktionen nach einem bestimmten Auswertungsschema strukturell analysiert wurden. Mir fiel auf, daß, als den studentischen Testpersonen mitgeteilt wurde, daß sie vor einem Einwegspiegel saßen, kaum einer auch nur einen Blick auf den Spiegel warf. Ich interpretierte das damals als Unbefangenheit jener Studenten; aus heutiger Sicht kann man die Sache natürlich auch anders interpretieren, nämlich als eine für die damalige Studentengeneration typische Gleichgültigkeit. Da ich aber seither auch mit den neuen Studentengenerationen seit dem großen Aufstand von 1964 in Berkeley, den ich als Gastprofessor in Kalifornien erlebte, viele Kontakte gehabt habe, möchte ich heute doch wieder der ersten Interpretation zuneigen. Der durchschnittliche amerikanische Student ist im Grunde sehr kooperationsfreudig, wenn er erst einmal Vertrauen gefaßt hat. Ich habe vor Jahren eine deutsche Einführung in die Beobachtungstechnik von Bales veröffentlicht, was an mehreren Orten der Bundesrepublik zu ähnlichen Experimenten geführt hat. Die Reaktion der deutschen Studenten war nicht annähernd so kooperativ; sie fühlten sich als Versuchskaninchen.

Wichtiger scheint mir aber die zweite Frage, ob nicht eine gewisse Gefahr für die Forschung, insbesondere psychologischer Natur, darin liegt, daß man Studenten als Experimentierpersonen benutzt. Dabei dreht es sich nicht um das im Grunde banale Problem, ob man mit Menschen experimentieren dürfe; wenn die Beteiligten darüber informiert sind und ihre Zustimmung erteilen, sollten in der Mehrzahl der Fälle die Bedenken ausgeräumt sein. Bedenklicher scheint mir, daß damit unbewußt eine Selektion vorgenommen wird, indem man, wie es leider meistens geschieht, studentische Populationen mit der allgemeinen Bevölkerung gleichsetzt. In der sogenannten Aktionsforschung kann dieses Verfahren sogar höchst mißbräuchlich zum »Beweis« für das Vorwiegen bestimmter Verhaltensweisen in bestimmten Situationen dienen, wobei am Ende nur das aus der Experimentiergruppe herausgeholt wird, was vorher in sie hineingesteckt worden war. Ich hatte längere Gespräche darüber mit Theodore M. Newcomb in Ann Arbor und etwas später mit dem damals schon emeritierten Lewis L. Thurstone in Chapel Hill, North Carolina (vormals Chicago), die mir beide zustimmten. Gleichzeitig wurde uns klar, daß sich in dieser Frage auch ein gutes Stück professioneller Ethik der Sozialforschung verbarg, wobei das Problem noch keineswegs dadurch gelöst war, daß inzwischen ein Minimum an Bewußtsein darüber bestand. Im

Grunde hatten wir es hier mit einer echten »Falle« (*pitfall*) für die Forschung zu tun. Mir erscheint das heute insbesondere bei der Beurteilung der sogenannten »Gruppenarbeit« in der Forschung neuerlich höchst bedenkenswert.

Das Gespräch über professionelle Ethik begann gerade damals an den soziologischen Abteilungen der amerikanischen Universitäten mit aufsteigender Prosperität recht populär zu werden. Schon 1952 und 1957 in Ann Arbor mit meinem Freund Morris Janowitz, unmittelbar danach auch mit Theodore Kaplow an der University of Minnesota in Minneapolis, den ich schon aus Europa kannte, hatte ich lange Gespräche darüber, die sich vor allem mit der Motivation für eine bestimmte Forschung befaßten. Die Gefahr, die wir deutlich erkannten, obwohl sie damals nur erst am Horizont sichtbar wurde, war das Geld. Und ich erinnere mich einer Rede des britischen Soziologen Morris Ginsberg, als wir im Vorstand der International Sociological Association über Finanzierungsmodalitäten diskutierten, die mich tief beeindruckt hat. Im Sinne echt britischer Austerity-Politik sagte er damals moralisierend: *»Gentlemen, money is a big temptation.«* Versuchung wofür? Nun, eben für die Forschung. Es wurde mir damals schon mehr und mehr klar, daß häufig die einzig handgreifliche Motivation für die Forschung das zufällige Vorhandensein von Geld ist. Damit wird die wissenschaftliche Motivation zweifellos in die zweite Linie verdrängt. Sehr bald zeigte sich – erst in den Vereinigten Staaten, später auch in Deutschland und anderen Ländern –, daß entschieden zuviel Geld für die Forschung vorhanden war, so daß das Spielchen begann, wie man vorhandenem Geld entsprechende Forschungen anhängte – anstatt umgekehrt für wohlbegründete Forschungen Geld aufzutreiben. Das war sicher mit verantwortlich für die Plethora an Forschung in den späten fünfziger und sechziger Jahren, die bald einen starken Überdruß daran zur Folge hatte. Leider lebt diese Einstellung heute noch weiter bei jenen Forschern, die sich gut zu verkaufen meinen, wenn sie exorbitante Forderungen nach aufwendigen Apparaturen stellen, die später nicht annähernd ausgenutzt werden. Das ist heute z. B. der Fall mit kostspieligen Rechenanlagen der letzten Generation zur Ausstattung von Datenbanken usf. Hier ist noch niemals eine Cost-Benefit-Analyse gemacht worden, mit der man sonst so schnell zur Hand ist.

Im Rückblick scheint es erstaunlich, wie früh diese Probleme sichtbar wurden, denen gleichwohl in der Folge zahllose, sogar wohlmeinende junge Forscher ganz hoffnungslos erlagen und noch immer erliegen. Man beachte, daß die erwähnten Gespräche im Winter 1952/53 an verschiedenen Orten der Vereinigten Staaten geführt worden sind! Selbst bei schärfster Finanzkontrolle bestand diese naturgemäß nur in der (formalen) Nachprüfung zweckgerechter Mittelverwendung und nicht in der (substanziellen) sachlichen Rechtfertigung einer bestimmten Forschung. Vor allem ignorierte man eigentlich stets die Tatsache, daß man bei entsprechendem Mitteleinsatz schlechterdings fast alles herausbekommen kann, wobei nur die Frage offenbleibt, ob eine vertretbare Relation zwischen aufgewendeten Mitteln und dem erreichten Mehr an Information besteht. Und das ist gewiß nicht nur ein forschungstechnisches, sondern letztlich auch ein ethisches Problem.

Diese und andere Gespräche führte ich weiter an den verschiedensten Orten, nahm jedoch gleichzeitig – genauer seit meiner Begegnung mit dem von Talcott Parsons begründeten Department of Human Relations (in dem Soziologie, Psychologie und Kulturanthropologie vereint waren) – ein neues Thema auf. Hierbei ging es um das Verhältnis von Anthropologie, in Amerika als Kulturanthropologie bekannt, und Soziologie respektive Sozialpsychologie. Dieses Gespräch führte ich sehr eingehend an der Cornell University in Ithaca, N. Y., worüber später mehr zu sagen sein wird, sowie in Chicago, speziell mit Robert Redfield, dem hochbedeutenden und vornehmen Kenner Mexikos, der einige klassisch gewordene Gemeindeuntersuchungen vorgelegt hat. Ich besprach mit ihm insbesondere einen Plan zur Herausgabe eines methodologisch orientierten Sammelwerks über Kulturanthropologie, was allerdings aus verschiedenen Gründen auf viel später verschoben werden mußte. Entscheidend für unser Gespräch war aber die volle Übereinstimmung, daß ohne Anthropologie, wie sie mir seit meiner Studienzeit immer selbstverständlich gewesen war, das Menschenbild der Soziologie nur sehr ungenügend begründet und gesichert ist. Ich war sehr glücklich, bei Redfield volles Verständnis dafür zu finden. Im übrigen hatte ich mir vorgenommen, das gleiche Gespräch 1960 mit Robert Lowie in San Francisco fortzuführen. Leider kam es nicht mehr dazu. Wir hatten uns telefonisch verabredet; er starb jedoch, bevor ich ihn sehen konnte.

Je länger wir in den Vereinigten Staaten unterwegs waren, desto mehr begann ich mit dem Gedanken zu spielen, ob ich mich nicht nach einer Gastprofessur an einer amerikanischen Universität umsehen sollte. Gelegentlich dachte ich sogar an mehr, wie später noch darzulegen sein wird. Aber eine Gastprofessur erschien mir als die anfänglich optimale Lösung, um meinem Wunsch nach näherer Kenntnis des amerikanischen Universitätswesens zu genügen. Nach den Regeln der Rockefeller Foundation mußte ich nach Absolvierung meiner Stipendiatenreise für mindestens zwei Jahre das Land verlassen. Mit dieser Regel soll verhindert werden, daß diese Reisestipendien die Einwanderung fördern. Aber ich sprach schon Ende Januar 1953 in Ann Arbor darüber mit Newcomb und Janowitz, die beide bereit waren, meine Kandidatur zu unterstützen, wenn die Zeit gekommen sein würde. Zwei Monate später hatte ich ein ähnliches Gespräch in Chapel Hill. Doch vorläufig blieb noch alles ganz offen und, wenn ich so sagen darf, beiderseits unentschieden.

Das änderte sich erst, als mich zwei Jahre später die American Sociological Association aus Anlaß ihres fünfzigsten Jahrestages zu einem Vortrag in der Familiensektion nach Washington einlud, den ich »The German Father in 1955« betitelte und der viel Aufsehen erregte, weil ich wohl zum ersten Male auf Grund einer in Köln durchgeführten empirischen Untersuchung gegen das Vorurteil auftrat, die deutsche Familie sei durch und durch patriarchalisch orientiert, wie es Max Horkheimer behauptet hatte. Den Vortrag sollte ich später auf Einladung an vielen Orten wiederholen, er erschien im Druck in England, viel später erst in deutscher Übersetzung. Statt direkt zurückzufahren, besuchte ich von Washington aus meinen Freund Emilio Willems in Nashville, Tennessee, mit dem ich im Wagen zu einer Tagung von Südamerikanisten in die Nähe von Chicago fuhr. Da mich das aber auch in die Nähe von Ann Arbor brachte, machte ich dort nochmals Halt und äußerte nun schon deutlicher meinen Wunsch nach einer Gastprofessur, dessen Erfüllung mir diesmal fest zugesagt wurde, und in der Tat erfolgte die offizielle Berufung ein Jahr später im Herbst 1956. Im Januar 1957 begann ich dann meine Vorlesungen in Ann Arbor. Da ich inzwischen bereits eine weitere Einladung von der University of California erhalten hatte, geriet dieser Besuch zu meinem längsten Aufenthalt in Amerika, wohin ich selbstverständlich meine

Familie mitgenommen hatte. Mitgespielt hatte dabei auch das oben geschilderte Unbehagen an der Entwicklung in der Bundesrepublik, das mir gelegentlich sogar einen definitiven Absprung nahelegte. So begann meine Erfahrung mit Gastprofessuren in den Vereinigten Staaten, die sich insgesamt von 1957 bis 1975 erstreckten.

Um meine Funktionen an amerikanischen Universitäten genau zu beschreiben, muß ich betonen, daß ich eigentlich kein »Gast« war, sondern jeweils »Vertreter« eines auf *sabbatical leave* abwesenden amerikanischen Kollegen, dessen Pflichten ich voll und ganz übernahm. Mit anderen Worten: ich ordnete mich vollständig in das amerikanische Lehrprogramm ein, hielt sowohl Vorlesungen für *undergraduate students* als auch *graduate courses* und Seminare. So lehrte ich an der University of Michigan in Ann Arbor (1957 und 1975), an der University of California in Berkeley (1957, 1959/60 und 1964/65), an der University of Columbia in New York (1959), an der University of Colorado in Boulder (1962) und an der University of Arizona (1968/69). Zusammen mit meinen übrigen Amerika-Aufenthalten von ca. zwölf Monaten ergab das insgesamt rund fünfundvierzig Monate, die ich jeweils als ungewöhnlich fruchtbar empfand, da in den Vereinigten Staaten sowohl der Kontakt mit den einzelnen Studenten als auch mit den Kollegen meistens viel enger ist als in Europa. Das wird nicht zuletzt durch die Eigenheiten der College Towns gefördert, besonders natürlich in kleineren Städten, wo sich mehr oder weniger das gesamte Leben an der Universität orientiert.

Dabei darf man die Fülle und Intensität der kulturellen Aktivitäten, die von einer solchen Universität ausstrahlen, keineswegs unterschätzen. Das bezieht sich auf Kino, Theater, Konzerte und Ausstellungen aller Art, wobei der Reiz oft gerade in der kleinstädtischen Atmosphäre liegt, in der man bald immer mehr vertraute Gesichter erblickt, sowohl auf dem Campus wie in der Stadt. Im Gedächtnis haftengeblieben sind mir besonders eine Aufführung von Shakespeares »As You Like It« im »Theatre in the Round« in Ann Arbor, die sprachlich in Stratford-on-Avon nicht meisterlicher hätte gestaltet werden können, sowie in St. Paul (Minneapolis) ein Konzert von Madrigalsängern, wie ich es in dieser Qualität nirgends sonst in der Welt je gehört habe. Dabei lagen draußen zwei Meter Schnee, und der Anfang wurde um mehr als eine Stunde hinausgezögert, da man warten wollte, bis das Publikum sich den Weg durch die Schneemassen gebahnt hatte. Diese Menschen ließen sich Kultur wirklich etwas kosten – nicht Geld, wohl aber physische Anstrengungen, um an sie zu gelangen.

Um die Bedeutung dieser Stadt-Universitäten ermessen zu können, muß man sich vergegenwärtigen, daß die dem College vorangehende Unterrichtsstufe der High School nicht im eigentlichen Sinne eine »Lernschule« ist, sondern eine »Erziehungsschule«, in der das Durchschnittsbenehmen des erwachsenen Amerikaners eingeübt wird. Dazu kommen Sport, Musik und eine Fülle von Freizeitbetätigungen, in denen gewissermaßen viele Situationen des späteren gesellschaftlichen Ernstes vorweggenommen werden. Ferner gehört dazu auch z. B. das Wissen, wie man einen Scheck ausstellt, wie man einen Ratenkauf tätigt, einen Vertrag schließt, ein Bewerbungsschreiben abfaßt, auch elementare Bürofertigkeiten (Schreib- und Rechenmaschine etc.). Europäer, deren Kinder die High School besuchen, jammern zumeist, daß dort nichts vernünftiges gelernt werde. Sie vergessen jedoch, daß ihre Kinder nach Abschluß der High School echte Amerikaner geworden sind, selbst wenn sie dort scheinbar nur »big fun« gehabt haben.

Der Schock kommt aber dann mit dem Übergang von der High School zum College. Gerade darum ist es wichtig, daß die Universitätsstädte eine Art von entspannter Atmosphäre ausstrahlen. Der Europäer macht sich zumeist kein Bild von der Strenge des Unterrichts vor der amerikanischen Graduierung (B. A.; B. Sc.), die eigentlich unserem Abitur entspricht, nur mehr im französischen Sinne des »Baccalaureats«, d. h. mit einem viel höheren Niveau. Für den Durchschnittsschüler dauert diese Phase bis zu vier Jahren; danach beginnt eine Zeit der relativen Freiheit des Arbeitens und Lernens, die mit dem M. A. abschließt. Ich sah übrigens gelegentlich, vor allem bei Schwarzen, den Titel M. A. F. (*Master of Arts, Failed*), der zeigt, daß der Betreffende bis zum Master Examen studiert bzw. das College besucht hat. Nach dem M. A. folgt schließlich eine Zeit der totalen Freiheit, die mit dem Ph. D., also dem Doktorgrad endet, mit dem zumeist eine akademische Anstellung verbunden ist.

Die Strenge des Unterrichts am College wird allein schon am Umfang der Pflichtlektüre deutlich. Man rechnet durchschnittlich 500 Seiten Lektüre pro Semesterstunde, also bei einer Vollvorlesung von 3 *credits* 1500 Seiten. Das ist für europäische Verhältnisse

Lande für das Department zu gewinnen, so wird man am Ende doch leicht der Versuchung erliegen, den ehemaligen Studenten X zu nehmen, den man schon soundsoviele Jahre gekannt hat. Trotzdem gibt es, aufs Ganze gesehen, neben der Selbstrekrutierung auch Berufungen über große Distanz, von der Ostküste an die Westküste, vom Mittelwesten in den Süden oder Südwesten. Man kann sogar sagen, daß das Auswahlsystem über große Distanz allmählich im Zunehmen ist, obwohl der natürliche Hang zur Seßhaftigkeit noch zusätzlich durch den amerikanischen Regionalismus unterstützt wird, der auch bestimmte kulturelle Vorlieben fördert. Amerika ist keineswegs einheitlich, sondern in eine Fülle von Subkulturen (auch sprachlich oder dialektal) gegliedert, die stark auf ihre jeweiligen Traditionen bedacht sind.

Ich muß gestehen, daß ich mehrfach mit der Versuchung zu tun hatte, in den Vereinigten Staaten zu bleiben. Die erste kam aus Chapel Hill in North Carolina, wo ich um 1939/40 eine echte Chance gehabt hätte, wenn nicht meine Papiere bei Kriegsausbruch ungültig geworden wären. So kam ich erst Anfang 1953 dorthin, nachdem mein Freund Lawrence Flinn, der mich an diese Universität hatte ziehen wollen, genau bei Kriegsende noch in Europa gefallen war. Howard Odum bemerkte bei einem reizenden Abendessen in der Carolina Inn: *You are fourteen years late, but better late than never!* Natürlich war jetzt keine Stelle für mich frei, aber ich habe seither gute Beziehungen zu manchen Kollegen von damals behalten, insbesondere zu Reuben Hill, der schon lange an der University of Minnesota lehrt. Howard Odum traf ich bei einem Spaziergang mit meiner Frau eines Sonntagmorgens auf der Straße, nachdem wir gerade in der Lokalzeitung gelesen hatten, daß er eine Prämie für sein Zuchtvieh erhalten hatte. Als wir ihm dazu gratulierten, lächelte er verschämt und meinte, er sei auf sein Vieh stolzer als auf seine wissenschaftlichen Leistungen. Das war natürlich Koketterie, denn er war und ist bis heute der angesehenste Vertreter des amerikanischen Regionalismus, über den er ein vorzügliches Buch verfaßt hat. Politisch hat er ebenfalls eine große Rolle im Süden gespielt, indem er aus der Familientradition ausbrach und sich schon früh und nachhaltig für die Gleichberechtigung der Schwarzen im Unterrichtswesen einsetzte.

Noch in zwei anderen Fällen stand ich in Vorverhandlungen zur

Übernahme einer Dauerstellung in den Vereinigten Staaten (in beiden Fällen übrigens als Chairman des Departments). Obwohl die eine Universität im Osten und die andere im Westen war, wo ich die Nachfolge von Donald Cressey in Los Angeles, der Präsident in Santa Barbara wurde, hätte übernehmen können und es äußerst reizvoll gewesen wäre, an einem Department für Soziologie und Anthropologie zu arbeiten, sagte ich schweren Herzens ab – vor allem aus klimatischen Gründen, da Los Angeles für meine ramponierten Bronchien Gift gewesen wäre. Trotzdem habe ich eine fast zärtliche und sehr freundschaftliche Erinnerung an alle Kollegen behalten, mit denen wir damals zusammentrafen; denn es war wirklich ein ungewöhnlich sympathischer Kreis, aus dem mir insbesondere die feinnervige, im besten Sinne anthropologisch-humanistische Persönlichkeit des Mexiko-Kenners Ralph C. Beals, ferner der damalige Herausgeber des »American Anthropologist« Walter Goldschmidt, der Sozialpsychologe Ralph Turner, der Großstadtforscher Wendell Bell und Svend Riemer (früher Heidelberg) im Gedächtnis geblieben sind.

Übrigens wurde ich mir bei meinen insgesamt drei Vertretungen in Berkeley immer klarer über den Einfluß der geographischen Lage auf den kulturanthropologischen Relativismus. Die Zeitungen an der Westküste sind anerkanntermaßen nicht sehr gut. Aber das ist nicht das Problem, sondern ihre sehr aufdringliche Selektivität. In der Welt des Pazifischen Ozeans stehen die Probleme dessen im Vordergrund, was für uns Europäer der »Ferne« Osten ist. Für San Francisco ist das zwar auch nicht gerade nahe, aber man sieht doch gewissermaßen über den Ozean bis Japan, Korea, China, zu den Philippinen, nach Indonesien und Hinterindien. So werden die Probleme dieser Länder ausführlich behandelt, während Nachrichten über Europa gelegentlich zur Größenordnung eines »fait divers« herabsinken. Für die sich ständig selbst überschätzenden Europäer ist das eine ganz heilsame Erfahrung. Auch für das Lehrangebot an der Universität hat es eine große Bedeutung, insofern die Probleme Asiens, oft in eigenen Departments, ausführlich behandelt werden; sogar bei den Soziologen werden regelmäßig Vorlesungen und Seminare über die Gesellschaftsstrukturen sowie die politische und wirtschaftliche Geschichte des Fernen Ostens abgehalten. So vertritt China, Japan und Indien dort Wolfram Eberhard, und selbst für Afghanistan war zu meiner Zeit in der Person von Franz Schurmann ein hochkarätiger Spezialist vorhanden. Selbstverständlich finden auch die Probleme der russischen Kolonialgebiete in Ostasien erhöhte Aufmerksamkeit.

In diesem Zusammenhang stieß ich auf einen Umstand, der mich besonders frappierte: auch das heutige Kalifornien (und nicht nur Alaska) hat einen starken russischen Einschlag erhalten, seit die russischen Pelzjäger nach 1811/12, die Schwäche der spanischen Herrschaft nutzend, von Alaska nach Süden kamen und sich dort festsetzten; ihre Spuren sind etwa Fort Ross (früher Rossiya = Rußland genannt) oder Port Roumiantzoff an der Bodega Bay, wo es noch einige russisch-orthodoxe Kirchen gibt. Erst John A. Sutter trieb die Russen um 1841 nach Alaska zurück. Später geschah dann das für die ganze Welt so folgenschwere Wunder, daß die Russen und Amerikaner einander nicht an der Beringstraße begegnet sind, wo man bei gutem Wetter mit ganz kleinen Booten übersetzen kann, sondern erst 1945 in Berlin. Das legt den Gedanken nahe, daß nach der europäischen Ausdehnung nach Osten und Westen – also nach Ausfüllung der verfügbaren Räume –, die großen historischen Kräfte auf beiden Seiten jeweils bis zum Pazifischen Ozean vordrangen, dort abprallten und rückwirkend wieder der Mitte zustrebten. Die expansionistischen Imperialismen gehen seither im Krebsgang und konzentrieren alle ihre Kräfte auf eine virtuelle Mitte. Ausgenommen von diesem Kräftesystem sind bisher einzig Lateinamerika und Afrika.

Auch San Francisco selbst hat einen russischen Einschlag, wie der Name »Russian Hill« für einen der mitten in der Stadt gelegenen steilen Hügel lehrt, wobei man allerdings nicht weiß, wie dieser Name entstanden ist. Wahrscheinlich hat er mit den alten russischen Kolonisten nichts zu tun, obwohl feststeht, daß die russischen Pelzjäger von Fort Ross, das knapp hundert Meilen nördlich vom Golden Gate liegt, seit 1812 in der Bay Area auf Jagd gingen. Da aber dann bald die Vortrupps der großen amerikanischen Westwanderung in Kalifornien erschienen, blieb den Russen keine Zeit mehr, sich dort auszubreiten. Die vielen Russen, die später nach San Francisco kamen, waren ganz andere Leute: sie waren entweder Flüchtlinge vor den Zaren oder später Flüchtlinge vor der Oktoberrevolution 1917, die hier eine neue Heimat suchten wie so viele Millionen anderer Einwanderer zuvor.

Ich lebte mit meiner Frau und unseren Söhnen dreimal für längere Zeit in der Bay Area (1957, 1959/60 und 1964/65). Eine vierte Einladung konnte ich nicht mehr annehmen, da ich bereits eine Berufung an die University of Arizona in Tucson angenommen hatte (1968/69). Unser Verhältnis zu San Francisco war jedoch ein anderes als das zu New York; denn während wir in New York mitten in der Stadt wohnten und uns von dort aus in alle Richtungen bewegten, befanden sich unsere Wohnungen in San Francisco jeweils in einiger Entfernung von der Stadt, nämlich in Berkeley, von wo aus wir einen faszinierenden Blick auf die Golden Gate Bridge und den Mount Tamalpais hatten, der die Bucht nach Norden auf der Seeseite abschließt. Und da das Autofahren in San Francisco so seine Tücken hat, beschränkten sich unsere Kontakte zur Stadt auf viele und regelmäßige »Ausflüge«, die uns aber eigentlich nie über Nacht dort festhielten, höchstens wenn wir am nächsten Morgen ein Flugzeug erreichen mußten, das uns nach Osten brachte. Apropos Autofahren: da die Halbinsel, auf der San Francisco liegt, durch mehrere steile Hügel geteilt wird – außer dem Russian Hill noch durch den Nob Hill (von Nabob, das ursprüngliche Reservat der reichsten Einwohner, speziell der Eisenbahnmagnaten und derer, die mit ihnen groß geworden waren), den Telegraph Hill und Twin Peaks – und da die Stadtplaner (wie die der Inkas in den Anden) ihr System von rechtwinklig sich schneidenden Straßen (*gridiron*) einfach ohne jede Rücksicht auf die Bodengestaltung angelegt haben, gibt es in San Francisco steile Rutschbahnen von Straßen, die unter Umständen von genauso steilen Querstraßen gekreuzt werden. So hängt der arme Automobilist aus dem Flachland vor einer roten Ampel an einer solchen steilen Kreuzung und muß bei Grün darauf sehen, sofort wegzukommen, ohne auch nur zwei Zentimeter zurückzurollen, denn jeder schließt hier ganz dicht auf (»bumper to bumper«). Wer bisher noch nicht fahren konnte, lernt es bestimmt in San Francisco, falls er es hier nicht ganz aufgibt. Tagtäglich reißen sich Wagen vom Bordstein los und rasen unaufhaltsam die steilen Straßen hinunter, um irgendwo zu zerschellen. Wolfram Eberhard wohnte in Berkeley hoch oben über der Stadt an der Scenic Avenue, die eine gewundene Einbahnstraße durch ein hübsches Villenquartier mit großen Gärten ist. Als wir ihn nach dem Abendessen verließen, sagte er mir, ich solle einfach geradeaus weiterfahren und würde bald auf einen länglichen Platz kommen, von wo eine Straße zur Stadt hinunterführe.

sich den Weg durch die Schneemassen gebahnt hatte. Diese Menschen ließen sich Kultur wirklich etwas kosten – nicht Geld, wohl aber physische Anstrengungen, um an sie zu gelangen.

Um die Bedeutung dieser Stadt-Universitäten ermessen zu können, muß man sich vergegenwärtigen, daß die dem College vorangehende Unterrichtsstufe der High School nicht im eigentlichen Sinne eine »Lernschule« ist, sondern eine »Erziehungsschule«, in der das Durchschnittsbenehmen des erwachsenen Amerikaners eingeübt wird. Dazu kommen Sport, Musik und eine Fülle von Freizeitbetätigungen, in denen gewissermaßen viele Situationen des späteren gesellschaftlichen Ernstes vorweggenommen werden. Ferner gehört dazu auch z. B. das Wissen, wie man einen Scheck ausstellt, wie man einen Ratenkauf tätigt, einen Vertrag schließt, ein Bewerbungsschreiben abfaßt, auch elementare Bürofertigkeiten (Schreib- und Rechenmaschine etc.). Europäer, deren Kinder die High School besuchen, jammern zumeist, daß dort nichts vernünftiges gelernt werde. Sie vergessen jedoch, daß ihre Kinder nach Abschluß der High School echte Amerikaner geworden sind, selbst wenn sie dort scheinbar nur »big fun« gehabt haben.

Der Schock kommt aber dann mit dem Übergang von der High School zum College. Gerade darum ist es wichtig, daß die Universitätsstädte eine Art von entspannter Atmosphäre ausstrahlen. Der Europäer macht sich zumeist kein Bild von der Strenge des Unterrichts vor der amerikanischen Graduierung (B. A.; B. Sc.), die eigentlich unserem Abitur entspricht, nur mehr im französischen Sinne des »Baccalaureats«, d. h. mit einem viel höheren Niveau. Für den Durchschnittsschüler dauert diese Phase bis zu vier Jahren; danach beginnt eine Zeit der relativen Freiheit des Arbeitens und Lernens, die mit dem M. A. abschließt. Ich sah übrigens gelegentlich, vor allem bei Schwarzen, den Titel M. A. F. (*Master of Arts, Failed*), der zeigt, daß der Betreffende bis zum Master Examen studiert bzw. das College besucht hat. Nach dem M. A. folgt schließlich eine Zeit der totalen Freiheit, die mit dem Ph. D., also dem Doktorgrad endet, mit dem zumeist eine akademische Anstellung verbunden ist.

Die Strenge des Unterrichts am College wird allein schon am Umfang der Pflichtlektüre deutlich. Man rechnet durchschnittlich 500 Seiten Lektüre pro Semesterstunde, also bei einer Vollvorlesung von 3 *credits* 1500 Seiten. Das ist für europäische Verhältnisse

Familie mitgenommen hatte. Mitgespielt hatte dabei auch das oben geschilderte Unbehagen an der Entwicklung in der Bundesrepublik, das mir gelegentlich sogar einen definitiven Absprung nahelegte. So begann meine Erfahrung mit Gastprofessuren in den Vereinigten Staaten, die sich insgesamt von 1957 bis 1975 erstreckten.

Um meine Funktionen an amerikanischen Universitäten genau zu beschreiben, muß ich betonen, daß ich eigentlich kein »Gast« war, sondern jeweils »Vertreter« eines auf *sabbatical leave* abwesenden amerikanischen Kollegen, dessen Pflichten ich voll und ganz übernahm. Mit anderen Worten: ich ordnete mich vollständig in das amerikanische Lehrprogramm ein, hielt sowohl Vorlesungen für *undergraduate students* als auch *graduate courses* und Seminare. So lehrte ich an der University of Michigan in Ann Arbor (1957 und 1975), an der University of California in Berkeley (1957, 1959/60 und 1964/65), an der University of Columbia in New York (1959), an der University of Colorado in Boulder (1962) und an der University of Arizona (1968/69). Zusammen mit meinen übrigen Amerika-Aufenthalten von ca. zwölf Monaten ergab das insgesamt rund fünfundvierzig Monate, die ich jeweils als ungewöhnlich fruchtbar empfand, da in den Vereinigten Staaten sowohl der Kontakt mit den einzelnen Studenten als auch mit den Kollegen meistens viel enger ist als in Europa. Das wird nicht zuletzt durch die Eigenheiten der College Towns gefördert, besonders natürlich in kleineren Städten, wo sich mehr oder weniger das gesamte Leben an der Universität orientiert.

Dabei darf man die Fülle und Intensität der kulturellen Aktivitäten, die von einer solchen Universität ausstrahlen, keineswegs unterschätzen. Das bezieht sich auf Kino, Theater, Konzerte und Ausstellungen aller Art, wobei der Reiz oft gerade in der kleinstädtischen Atmosphäre liegt, in der man bald immer mehr vertraute Gesichter erblickt, sowohl auf dem Campus wie in der Stadt. Im Gedächtnis haftengeblieben sind mir besonders eine Aufführung von Shakespeares »As You Like It« im »Theatre in the Round« in Ann Arbor, die sprachlich in Stratford-on-Avon nicht meisterlicher hätte gestaltet werden können, sowie in St. Paul (Minneapolis) ein Konzert von Madrigalsängern, wie ich es in dieser Qualität nirgends sonst in der Welt je gehört habe. Dabei lagen draußen zwei Meter Schnee, und der Anfang wurde um mehr als eine Stunde hinausgezögert, da man warten wollte, bis das Publikum von Franz Schurmann ein hochkarätiger Spezialist vorhanden. Selbstverständlich finden auch die Probleme der russischen Kolonialgebiete in Ostasien erhöhte Aufmerksamkeit.

In diesem Zusammenhang stieß ich auf einen Umstand, der mich besonders frappierte: auch das heutige Kalifornien (und nicht nur Alaska) hat einen starken russischen Einschlag erhalten, seit die russischen Pelzjäger nach 1811/12, die Schwäche der spanischen Herrschaft nutzend, von Alaska nach Süden kamen und sich dort festsetzten; ihre Spuren sind etwa Fort Ross (früher Rossiya = Rußland genannt) oder Port Roumiantzoff an der Bodega Bay, wo es noch einige russisch-orthodoxe Kirchen gibt. Erst John A. Sutter trieb die Russen um 1841 nach Alaska zurück. Später geschah dann das für die ganze Welt so folgenschwere Wunder, daß die Russen und Amerikaner einander nicht an der Beringstraße begegnet sind, wo man bei gutem Wetter mit ganz kleinen Booten übersetzen kann, sondern erst 1945 in Berlin. Das legt den Gedanken nahe, daß nach der europäischen Ausdehnung nach Osten und Westen – also nach Ausfüllung der verfügbaren Räume –, die großen historischen Kräfte auf beiden Seiten jeweils bis zum Pazifischen Ozean vordrangen, dort abprallten und rückwirkend wieder der Mitte zustrebten. Die expansionistischen Imperialismen gehen seither im Krebsgang und konzentrieren alle ihre Kräfte auf eine virtuelle Mitte. Ausgenommen von diesem Kräftesystem sind bisher einzig Lateinamerika und Afrika.

Auch San Francisco selbst hat einen russischen Einschlag, wie der Name »Russian Hill« für einen der mitten in der Stadt gelegenen steilen Hügel lehrt, wobei man allerdings nicht weiß, wie dieser Name entstanden ist. Wahrscheinlich hat er mit den alten russischen Kolonisten nichts zu tun, obwohl feststeht, daß die russischen Pelzjäger von Fort Ross, das knapp hundert Meilen nördlich vom Golden Gate liegt, seit 1812 in der Bay Area auf Jagd gingen. Da aber dann bald die Vortrupps der großen amerikanischen Westwanderung in Kalifornien erschienen, blieb den Russen keine Zeit mehr, sich dort auszubreiten. Die vielen Russen, die später nach San Francisco kamen, waren ganz andere Leute: sie waren entweder Flüchtlinge vor den Zaren oder später Flüchtlinge vor der Oktoberrevolution 1917, die hier eine neue Heimat suchten wie so viele Millionen anderer Einwanderer zuvor.

Ich lebte mit meiner Frau und unseren Söhnen dreimal für längere Zeit in der Bay Area (1957, 1959/60 und 1964/65). Eine vierte Einladung konnte ich nicht mehr annehmen, da ich bereits eine Berufung an die University of Arizona in Tucson angenommen hatte (1968/69). Unser Verhältnis zu San Francisco war jedoch ein anderes als das zu New York; denn während wir in New York mitten in der Stadt wohnten und uns von dort aus in alle Richtungen bewegten, befanden sich unsere Wohnungen in San Francisco jeweils in einiger Entfernung von der Stadt, nämlich in Berkeley, von wo aus wir einen faszinierenden Blick auf die Golden Gate Bridge und den Mount Tamalpais hatten, der die Bucht nach Norden auf der Seeseite abschließt. Und da das Autofahren in San Francisco so seine Tücken hat, beschränkten sich unsere Kontakte zur Stadt auf viele und regelmäßige »Ausflüge«, die uns aber eigentlich nie über Nacht dort festhielten, höchstens wenn wir am nächsten Morgen ein Flugzeug erreichen mußten, das uns nach Osten brachte. Apropos Autofahren: da die Halbinsel, auf der San Francisco liegt, durch mehrere steile Hügel geteilt wird – außer dem Russian Hill noch durch den Nob Hill (von Nabob, das ursprüngliche Reservat der reichsten Einwohner, speziell der Eisenbahnmagnaten und derer, die mit ihnen groß geworden waren), den Telegraph Hill und Twin Peaks – und da die Stadtplaner (wie die der Inkas in den Anden) ihr System von rechtwinklig sich schneidenden Straßen (*gridiron*) einfach ohne jede Rücksicht auf die Bodengestaltung angelegt haben, gibt es in San Francisco steile Rutschbahnen von Straßen, die unter Umständen von genauso steilen Querstraßen gekreuzt werden. So hängt der arme Automobilist aus dem Flachland vor einer roten Ampel an einer solchen steilen Kreuzung und muß bei Grün darauf sehen, sofort wegzukommen, ohne auch nur zwei Zentimeter zurückzurollen, denn jeder schließt hier ganz dicht auf (»bumper to bumper«). Wer bisher noch nicht fahren konnte, lernt es bestimmt in San Francisco, falls er es hier nicht ganz aufgibt. Tagtäglich reißen sich Wagen vom Bordstein los und rasen unaufhaltsam die steilen Straßen hinunter, um irgendwo zu zerschellen. Wolfram Eberhard wohnte in Berkeley hoch oben über der Stadt an der Scenic Avenue, die eine gewundene Einbahnstraße durch ein hübsches Villenquartier mit großen Gärten ist. Als wir ihn nach dem Abendessen verließen, sagte er mir, ich solle einfach geradeaus weiterfahren und würde bald auf einen länglichen Platz kommen, von wo eine Straße zur Stadt hinunterführe.

Erst sahen wir überhaupt nichts von Straße, sondern ausschließlich Liebespärchen; das Terrain ringsherum schien steil abschüssig, bis wir plötzlich fasziniert auf einen Kühler starrten, der sich mit etwa 25 % Neigung langsam auf den Platz hinaufschob. Da wir schon einiges gewohnt waren, stürzten wir uns im ersten Gang auf dieser Straße in die Tiefe, wo wir wunderbarerweise auf einem ebenen Weg nahe dem Campus landeten, der uns bald nach Hause führte. Die steilste Straße dieser Art, Marin Road, befindet sich ebenfalls in Berkeley; sie ist ein beliebter Platz für Selbstmörder, die einfach die Bremsen ihres Wagens lösen und ihn hinunterrasen lassen. Am besten aber kann man die Straßenstruktur San Franciscos vom Russian Hill oder auf Greenwich Street mit ihrer berühmten Seilbahn, dem Cable Car, der steil auf Telegraph Hill hinaufkriecht, oder auf California Street erkennen. An besonderen Stellen kann man sich sogar nur noch auf Treppen weiterbewegen, wie etwa an der Steilseite von Telegraph Hill. Kurzum: ein reichlich bewegtes Gelände, auf dem sich immer wieder unerwartete Durchblicke durch steil übereinander verschachtelte Häuser in die große Ferne der Bay Area oder des Pazifischen Ozeans eröffnen, den man in der Stadt immer und überall riechen kann. Im Gegensatz zu New York ist San Francisco ganz ungewöhnlich sauber, was sicher auch mit dem Klima zusammenhängt. Im Sommer wird die Stadt buchstäblich Nacht für Nacht durch den Nebel gereinigt, der tagsüber in der Ferne wie eine flache wattige Walze über dem Meer lagert und am Abend in die Stadt hineinweht. So fuhren wir mehrfach über die Golden Gate Bridge und merkten erst beim Passieren der Station für den Brückenzoll, daß wir bereits auf der Brücke waren. Wir waren ringsum in dichten Nebel gehüllt. Das mag vielleicht auch der Grund sein, warum so viele spanische Entdeckungsfahrer auf der Reise nach Nordkalifornien einfach am Eingang der Bucht vorbeifuhren. Der Nebel kommt sogar bis nach Berkeley: wenn ich morgens zur Vorlesung fuhr, wehte er noch durch die Straßen, und die Spitze des Campanile auf dem Campus verschwand wie in Wolken. Erst ab etwa 10 Uhr wurde es sonnig. Als wir eines Tages an Stinson Beach, einem Strand westlich von Mount Tamalpais, trotz des eiskalten Wassers badeten, brach plötzlich mit unheimlicher Geschwindigkeit der Nebel herein, so daß wir trotz schleunigsten Aufbruchs bald ganz ohne Sicht fahren mußten. Aber dieser Lüftungseffekt verbunden mit einer Art ständiger feuchter Durchspülung hält eben die Stadt wunderbar sauber und kühl und beseitigt auch tagtäglich alle Zivilisationsgerüche.

Der größte Reiz San Franciscos liegt aber darin, daß es als Weltstadt von überschaubarer Größe ist. Das hat natürlich mit seiner geographischen Lage auf einer Halbinsel zu tun, aber es macht sich auch kulturell bemerkbar, und die Bewohner sind irgendwie stolz darauf. Wenn man zu meiner Zeit auf der San Francisco-Oakland Bay Bridge über die kleine Insel Yerba Buena in die Stadt fuhr, stieß man an der Stadtgrenze auf ein Schild, das die Einwohnerzahl San Franciscos mit rund 950000 angab.

Die Bedeutung der Gesamtregion als »Metropolitan Area« rührt aus der Vielzahl der Städte rings um die Bucht her, von denen Oakland die größte ist. Das Ganze bleibt jedoch auf erstaunliche Weise übersichtlich und gegliedert, was zum guten Teil daran liegt, daß das weitere Umland durch ein System von Brücken erschlossen wird, die gewissermaßen jeweils von Untereinheit zu Untereinheit eine Zäsur schaffen. San Francisco ist insgesamt die Stadt der Brükken; es wuchs erst zusammen, als deren System abgeschlossen war, also erst kurz vor dem Zweiten Weltkrieg. Damit verlor natürlich der Hafen seine Farbigkeit und Lebhaftigkeit, da die zahllosen Fährschiffe von einem Tag zum anderen verschwanden; dafür wurde aber der Verkehr konzentriert und kanalisiert, und heute ist das Straßensystem der San Francisco Metropolitan Area eines der übersichtlichsten und praktikabelsten der ganzen Vereinigten Staaten, obwohl äußerst schwierige geographische Hindernisse zu überwinden waren. Die schönste Brücke ist zweifellos die Golden Gate Bridge, deren rote Farbe weithin über die Bucht leuchtet. Rot ist überhaupt die vorherrschende Farbe im Gebiet von San Francisco, worin sich ein starker chinesischer und japanischer Einfluß bemerkbar macht. Typisch dafür ist die Arlington Avenue in Berkeley, die in der Mitte zwischen den Fahrbahnen eine große und wohlgepflegte Hecke von Feuerdorn-(Pyracantha)Büschen hat, deren rote Beeren sogar noch im tiefen Winter Heiterkeit verbreiten; die Farbe kehrt überall wieder, so daß man stets das Gefühl hat, sich wie in einem riesigen orientalischen Garten zu bewegen (übrigens sind die unzähligen Gartenspezialisten und Landschaftsgärtner der Region zumeist Japano-Amerikaner).

Dieser landschaftlichen Großkulisse gegenüber steht die Kontemplation und Wissenschaftskultur in der trotz aller Schwierigkeiten wahrscheinlich noch immer bedeutendsten Universität der Welt, der University of California mit ihrem wichtigsten Campus in Berkeley. Als ich einmal meinen Freund Reinhard Bendix zu Hause besuchte und wir in seinem Arbeitszimmer standen, bemerkte ich beim Hinausschauen, ich würde hier sicher niemals arbeiten, sondern ausschließlich in die Landschaft blicken. Er antwortete nur: »Bitte beachte, daß mein Arbeitsplatz nicht zum Fenster ausgerichtet ist!« In der Tat: auf der einen Seite der überwältigende Blick über eine städtische Landschaft, wie sie großartiger nicht gedacht werden kann; auf der anderen die kontemplative Versenkung, die aber nicht gestalt- und weltlos ist, sondern in der die Gänze des Lebens deutlich mitschwingt. Das gilt übrigens buchstäblich, denn nicht nur Wachstumskräfte sind in San Francisco lebendig, sondern auch die tellurische Vernichtungsgewalt; man denke nur an das fürchterliche Erdbeben von 1906. Heute weiß man mehr über diese seismischen Mächte, die von der sogenannten Andreas-Spalte am Grund des Pazifischen Ozeans längs der Seeseite der Halbinsel abhängig sind. Man weiß auch, daß sich ein neues Beben vorbereitet, dem man durch besondere Maßnahmen entgegenzuwirken bestrebt ist. Aber niemand weiß, wann es zuschlagen wird. Das alles sichert die Gegenwart einer übermächtigen Natur.

Ich habe mich niemals besser gefühlt als in Berkeley, was nicht nur meinen Schriften, die ich dort verfaßte, sondern auch, wie ich meinen möchte, meinen Vorlesungen zugute kam. Ein wichtiger Umstand, der Landschaft und Kontemplation miteinander verbindet, war dabei der regelmäßige Weingenuß. In San Francisco und allen umliegenden Städten erhält man in den meisten Restaurants einen kalifornischen Wein ausgeschenkt, der sehr beachtliche Gewächse hervorgebracht hat. Diese halten sich vielleicht nicht so lange in der Flasche wie die französischen, aber die mittleren Lagen sind den europäischen der gleichen Klasse mindestens ebenbürtig. Mit unserem Freund Gayl Ness und seiner französischen Frau Janine unternahmen wir weite Probierreisen nach Napa Valley nördlich von Vallejo, die uns nicht nur die Produkte, sondern auch die menschlichen Originale in diesem Zweig der Landwirtschaft schätzen lehrten. Im übrigen ist der Weinbau in Kalifornien sehr alt; er entstand in der Franziskanermission von San Diego de Alcalá um 1770 (also noch vor der Gründung der Vereinigten Staaten) und zog später Spezialisten aus allen Teilen Europas an, aus Frankreich, Italien, der Schweiz, Ungarn und Deutschland, die die Qualitäten der Trauben fortlaufend verbesserten.

Das alles wirkt sich auf das alltägliche Geschäftsleben aus, das eine Beschwingtheit ganz eigener Natur entwickelt hat. »Smartness« ist die wichtigste Eigenschaft des Geschäftsmannes von San Francisco; d. h. er ist intelligent und zugleich elegant. Diese »smartness« ist völlig verschieden von der »cleverness« der Ostküste oder des Mittelwestens, in der sich neben Intelligenz auch Verschlagenheit entfaltet und die keine Spur von ästhetischem Firnis aufweist. Der westliche Charakter dagegen verbindet sich mit der architektonischen Gestalt der Stadt zu einer vollendeten Form, die San Francisco seit jeher bei der Bohème beliebt gemacht hat, vor allem die Teile zwischen Telegraph Hill, der North Beach und der Fisherman Wharf, und zwar schon seit Robert Louis Stevenson. Nach dem Zweiten Weltkrieg kam die Beat Generation nach San Francisco, die dort eine ähnliche Rolle gespielt hat wie die Existenzialisten in den Kellern von Saint-Germain-des-Prés. Sie waren zu Hause am Ende von Grant Street, ferner gleich anschließend in den Nebensträßchen des Broadway.

Alles in allem: San Francisco ist sicher eine der schönsten Städte der Welt, vergleichbar einzig jenen großen Seestädten wie Istambul mit dem Bosporus und dem Goldenen Horn, das an die Golden Gate von San Francisco erinnert, wie Hongkong oder Rio de Janeiro. Städte dieser Art haben nicht nur miteinander gemeinsam, daß sie vom Geruch des Meeres durchflutet werden, sondern daß ihre Ausrichtung weltweit ist, auch wenn sie selber gar nicht einmal so groß sind. Stets liegen sie an den Kreuzwegen der Kulturen, und auch San Francisco ist nicht nur eine amerikanische Schöpfung, sondern blickt zugleich über den Pazifik hinüber nach Japan und China, wie eine Monumentalstatue von Sun Yat-sen uns lehrt, der oft in San Francisco weilte. Der »Ferne Osten« ist hier im Grunde sehr nahe – so nahe, daß in diesem Jahrhundert ein Krieg der Welten über die unendliche Wasserfläche geführt werden konnte, nachdem vorher viele Chinesen und Japaner friedlich durch dieses Tor in die Vereinigten Staaten eingewandert waren, nicht ohne Spuren in der Landschaftsgestaltung zu hinterlassen.

Obwohl meine Lehrtätigkeit in amerikanischen Departments auch für mich selbst mit einem Lernprozeß verbunden war, beschränkten sich meine amerikanischen Erfahrungen nicht so sehr auf die Universität, sondern umfaßten für das ganze Land typische Vorgänge von zum Teil beträchtlicher Reichweite. Einer davon hing allerdings mit der Universität zusammen, nämlich die Studentenrevolte von 1964 auf dem Campus in Berkeley. Am Tage meines Dienstantritts fiel mir am Sather Gate eine ungewöhnliche Häufung von kleinen Ständen verschiedener studentischer Organisationen auf, an denen irgend etwas verteilt wurde, was ich mir aber nicht näher ansah, da ich mich zunächst im Department melden und die Vorbereitungen für das Winter-Semester abschließen mußte. Außerdem war mir mitgeteilt worden, daß sowohl meine Vorlesung über Familiensoziologie einen ungewöhnlich großen Andrang hatte wie auch das Seminar für fortgeschrittene Graduierte, das ich gemeinsam mit Leo Löwenthal abhielt; es hatte ausgerechnet das höchst brisante Thema »Von Thomas Hobbes bis Karl Marx«. Ich habe selten eine anregendere Seminarveranstaltung mitgemacht als diese. Löwenthal und ich hatten uns den Stoff aufgeteilt; während der eine vortrug, saß der andere als erster Diskussionsredner daneben, wobei wir uns vorgenommen hatten, Kontroversen zwischen uns rückhaltlos auszutragen, weil das für die Studenten sehr lehrreich sein würde. Unterdessen stieg die Spannung auf dem Campus von Stunde zu Stunde, wobei sich der amtierende Kanzler Strong (was ein falscher Name für ihn war, er hätte besser Weak heißen sollen) zahllose Ungeschicklichkeiten zuschulden kommen ließ. Der Präsident Clark Kerr war nicht viel intelligenter; Studenten, die eines Abends etwas mit ihm besprechen wollten, wurden mit dem Argument abgewiesen, er sei unpäßlich, obwohl jedermann auf dem Campus sehen konnte, daß er Gäste im Hause hatte. So polarisierte sich der Konflikt zu einer Auseinandersetzung zwischen der Verwaltung einerseits und der Professorenschaft plus Studenten andererseits. Die Diskussion ging um *»Free Speech«* auf oder vor dem Campus, wobei ein Streit darüber ausbrach, ob Sather Gate, ein Haupteingang zur Universität, der auf Telegraph Avenue führt, Universitätseigentum oder Eigentum der Gemeinde Berkeley sei. Aber all das – und ich kann mich wirklich nicht an alle Einzelheiten erinnern – war nur von nebensächlicher Bedeutung. Entscheidend war vielmehr, daß eine ganze historische Phase zu Ende gegangen war, die zurückreichte bis zum Amtsantritt Franklin D. Roosevelts als Präsident der Vereinigten Staaten. Zu Beginn dieser Phase hatten die Studenten zwar auch gelegentlich protestiert, z. B. gegen den Kriegseintritt Amerikas, aber unter dem Eindruck der Not und der großen Arbeitslosigkeit gewissermaßen nur mit halber Lautstärke. Dann kam der Zweite Weltkrieg und danach die »silent« oder »beat generation«, der »silent student«, der seine Arbeit tat und so schnell wie möglich Karriere machen wollte – ganz ähnlich wie in Europa. Mancher wollte wohl auch nur vergessen. Doch schon seit Ende der fünfziger Jahre wuchs die Unruhe auf dem Campus, die Studenten wollten sich engagieren (*»they were looking for a cause«*), was eine ungeschickte Verwaltung ihnen zu verwehren suchte – obwohl es doch immer hieß, die Universitätsausbildung solle selbständig denkende, kritische junge Menschen hervorbringen. Plötzlich stellte sich also heraus, daß Kritik im Grunde gar nicht erwünscht war. In das Herz dieses auch für den letzten Studenten handgreiflichen Widerspruchs stieß nun der Anführer der rebellischen Studenten, der Philosophiestudent Mario Savio vor und fand – vielleicht zu seinem eigenen Erstaunen – die Mehrheit seiner Kommilitonen hinter sich wie auch die meisten Professoren, von denen sich nur wenige reaktionäre und einige radikale abseits hielten.

Auf einer Massenversammlung im Hearst Greek Theatre sprach erst der Chairman des Departments für politische Wissenschaften, sehr gemessen und vernünftig. Dann erschien plötzlich Mario Savio auf der Tribüne (niemand hatte bemerkt, wie er aus dem Publikum, wo ihn freilich vorher jedermann hatte sehen können, nach oben gekommen war) und wollte das Wort ergreifen, als auf einmal Polizisten hinter Möbeln und Kulissen hervorsprangen, ihn festnahmen und hinaustrugen. Das war der entscheidende Umschwung: alle Professoren sprangen auf und protestierten gegen Polizei auf dem Campus und eine so eklatante Beeinträchtigung der freien Rede. Im Publikum dicht neben mir saß die Protestsängerin Joan Baez und stimmte den Song der Schwarzen an: *»We shall overcome ...«*, aber das wurde übertönt durch den allgemeinen Ruf nach sofortiger Freilassung von Mario Savio. Es war ein schöner Akt diszipliniertester demokratischer Spontaneität. Widerwillig ließen die Polizisten Savio frei, der sich auf die Rednertribüne begab und ohne jedes Zittern in der Stimme sagte: »Ich habe nur ankündigen wollen, daß wir uns um 12.30 Uhr zu einer Diskussion auf den Stufen von Sprout Hall (dem Hauptgebäude der Verwaltung) treffen.« Das war natürlich sehr geschickt, weil es jene, die die Polizei geholt hatten, vor allen Studenten ins Unrecht setzte. Hier entstand jenes Wort, das damals in ganz Amerika die Runde machte: ein Student habe es verstanden, die Universität von Kalifornien »zu einem knirschenden Halt zu bringen« (*»He brought her to a grinding halt«*).

Ich selber wohnte den unmittelbar folgenden Ereignissen nicht bei, sondern erlebte erst am nächsten Morgen das neuerliche Einrücken der Polizei auf dem Campus, woraufhin die Studenten zu einem Vorlesungsstreik aufriefen und wir Professoren zu unseren Hörsälen gingen und, ohne diese zu betreten, von der Tür aus zu den verbliebenen Studenten sagten, es erscheine uns unfair gegenüber den Abwesenden, mit den Vorlesungen fortzufahren; statt dessen empfahlen wir ihnen, in die Bibliothek zu gehen. Im Oberseminar baten Löwenthal und ich die Teilnehmer, ihre schriftlichen Semesterarbeiten wie besprochen unter allen Umständen noch vor Weihnachten einzureichen. Nur dann könnten wir sie bewerten und das Semester wäre gültig, selbst bei eventuellen weiteren Streikaktionen. Diese dauerten dann nur noch ein paar Tage, so daß der Unterricht bald wieder beginnen konnte; aber wir hatten die Genugtuung, durch unseren Trick – der uns dann erhebliche Mehrarbeit machen sollte – das Semester für die Studenten vor allen weiteren Eventualitäten gerettet zu haben. Ich berichte das, um das große Vertrauensverhältnis zu charakterisieren, das Professoren und Studenten verband. Übrigens lieferten ausnahmslos alle Seminarteilnehmer ihre Semesterarbeiten pünktlich zu dem vorgezogenen Termin ab. Die Korrektur und Benotung besorgte ich dann über Weihnachten auf der Navajo-Reservation, wo wir bei Freunden zu Gast waren.

Leider war das aber nicht das Ende der Geschichte. Die Aktionen gingen im nächsten Semester weiter, wobei die vorher so einheitliche Front in verhängnisvoller Weise zerbröckelte; eine Kölner Studentin, die die Fortsetzung in Berkeley erlebte, hat mir brieflich darüber berichtet. Es ging allmählich nicht mehr um die Überwindung der Entfremdung zwischen Wissenschaft und Student, zwischen Mensch und Gesellschaft, sondern die neue Freiheit drückte sich bald nur noch im Gebrauch der berühmten »four letter words«

aus, die die Emotionalisierung bis zum Exzeß trieben. Das schuf und vertiefte allmählich auch eine Kluft zwischen Studenten und Professoren, bis es schließlich zu einer zeitweise totalen inneren Desorganisation dieser großartigsten Institution der höheren Bildung kam.

Ich erwähnte bereits, daß die Amerikaner ihre Universitäten gern in kleinen Städtchen sehen, wo das Leben geruhsam ist. Bildungsinstitutionen sind in der Tat höchst empfindlich und können schon durch ein leises Zittern ihrer inneren Organisation geschädigt werden, geschweige denn durch ein solches Erdbeben, wie es sich in Berkeley im Herbst 1964 und im Frühjahr 1965 ereignete. Dazu kam die Reaktion der Öffentlichkeit, als deren Sprachrohr sich Gouverneur Edmund Brown aus Shoshone am Eingang zum Death Valley fühlte. Er wurde bei den nächsten Wahlen durch den ehemaligen Hollywood-Schauspieler Ronald Reagan ersetzt, der eine ähnlich radikal-reaktionäre Einstellung vertrat wie sein Berufskollege John Wayne. Reagan gelang es schließlich durch schärfste Budgetkürzungen, die University of California auf die Knie zu zwingen; so begann der große Exodus vieler Spitzenkräfte, die ein solches Regime als unerträglich empfanden, und Mittelmäßigkeit machte sich breit. Einzig die Steuerzahler waren darüber beglückt, was dem Sparpolitiker Reagan und allen seinesgleichen neue Sympathien bei jenem kleinbürgerlichen Publikum einbrachte, das die *»Eggheads«*, die feierlichen Eierköpfe einer vermeintlichen Geheimwissenschaft, sowieso schon seit langem zutiefst verabscheute. Auch hier war man viel zu schnell mit dem Ruf »Law and Order« zur Hand, wodurch man eine der bedeutendsten Universitäten der Welt zumindest vorübergehend kaltstellte. Die Studenten waren in den Augen dieser Menschen eine wahre Pest, die man am liebsten ausgerottet hätte. Der richtige Weg wäre wohl gewesen, Professoren und Studenten gewähren zu lassen, um aus dem gärenden Chaos allmählich eine neue Form der Gemeinschaft von Lehrenden und Lernenden herauszudestillieren.

Heute gibt es einen neuen Gouverneur, Jerry Brown, den Sohn des ersten; es wird abzuwarten sein, was unter seinem Einfluß geschieht. Aber er scheint sich mehr für die Präsidentschaft der Vereinigten Staaten als für den Staat Kalifornien zu interessieren. So ist es wohl mindestens für eine Weile um die Universität von Kalifornien geschehen. Im übrigen ist auch hier zu beobachten, daß sich nach dem Abgang der besten akademischen Lehrer und Gelehrten eine akademische Unterwelt breitmacht, die insgeheim viel destruktiver wirkt als die noch so laut Protestierenden. Ihre Aktionen sind verschwiegen, aber nachhaltig. Über die historischen Namen von 1964 ist die Geschichte indessen zur Tagesordnung übergegangen. Die großen Aktionen und Reden sind vorbei, bald werden sich auch die unmittelbaren Teilnehmer ihrer nicht mehr erinnern. Mario Savio soll, wie ich vor einigen Jahren erfuhr, in San Francisco mit seiner Frau eine kleine Bar betreiben. Mehr ist nicht geblieben von diesem einst hochbegabten und auch politisch nicht ungeschickten Studenten der Philosophie.

Ein kleines Nebenergebnis meiner Vorlesungen über Familiensoziologie in Berkeley war die Erkenntnis des rapiden Zerfalls der chinesischen Gemeinde in San Francisco, die bisher den Ruf einer ungewöhnlich festen Struktur gehabt hatte. Sowohl in Diskussionen als auch in schriftlichen Arbeiten drang immer wieder bei zahlreichen chinesischen Studentinnen und Studenten das Bestreben durch, die Nachteile der Familienordnung (die sich in der Emigration vielleicht eher verhärtet als gelockert hatte) mit ihrer kulturellen Identität als Amerikaner chinesischer Abstammung zu vereinigen. Die Aversion dieser jungen Leute entzündete sich vor allem an den »arranged marriages« und dem »Terror-Regime« der alten Männer in ihrem Clan. Interessanterweise wurden oft auch Forderungen laut nach einem Abbau der »racial prejudices« und nach einer Duldung von Mischehen.

Die Vereinigten Staaten sind nach wie vor das Land der schnellen Wandlungen und Reaktionen, wie die Ereignisse beim Abschluß des unseligen Vietnam-Krieges, des Watergate-Skandals und die Absetzung des Präsidenten Nixon zeigen. Acht Tage vor dessen Absetzung meinte ein deutscher Politiker, Professor Karl Carstens, die Absetzung eines amerikanischen Präsidenten sei völlig unvorstellbar. Für bundesdeutsche Politiker gibt es offensichtlich keine Gefährdung ihres Rufes durch Lächerlichkeit – ganz abgesehen davon, daß dies nicht die erste Absetzung dieser Art war. (In Carstens' Habilitationsschrift über amerikanisches Verfassungsrecht wird übrigens die Prozedur des *Impeachment* nicht erwähnt.) Bedenklich scheint mir auch, daß ein deutscher Politiker so wenig Vertrauen in die Regenerationsfähigkeit der Demokratie beweist.

Ein weiteres Beispiel für beschleunigten sozialen Wandel erfuhr ich während meiner verschiedenen Amerika-Aufenthalte denkbar eindringlich mit der Einwanderung der Puertoricaner nach New York. Ich war gewissermaßen mittendrin. Unsere erste Wohnung 1952 in New York war in einem kleinen Residential Hotel an der 97. Straße West, nur einen Block vom Broadway und von Riverside Drive entfernt. Es war nicht sehr sauber, aber doch recht billig und nicht weit bis zur Columbia University an der 116. Straße. Da es sich hier damals um ein gutbürgerlich jüdisches Quartier handelte, war auch der Besitzer Jude und gerade dabei, das Hotel von oben bis unten zu renovieren, als die »Invasion« begann, wie die amerikanischen Ökologen aus Chicago zu sagen pflegten. Es war uns schon aufgefallen, daß ein paar Blöcke aufwärts am Broadway zwei Kinos ausschließlich Filme in spanischer Sprache zeigten – gewiß ein deutliches Zeichen für die bevorstehende Invasion. Sie begann genau an der Grenze zwischen Schwarz und Weiß, also am Rande von Harlem, und bewegte sich den Broadway abwärts. Wir zogen im September in besagtes Hotel und verließen es im November; zu diesem Zeitpunkt waren im Quartier bereits viele der mehr verwahrlosten Häuser von Puertoricanern »genommen«. Als wir wiederkehrten, im März des folgenden Jahres, war es fast unmöglich, dort noch zu wohnen, da es Nacht für Nacht zu Krächen und Schlägereien kam. Unterdessen renovierte der Besitzer ahnungslos sein Hotel, bis ihn mein Freund und Kollege, Conrad M. Arensberg, der uns zur Abreise mit seinem Wagen zum Autobusbahnhof bringen wollte, über den Vorgang informierte, der mittlerweile in voller Entfaltung war. Im Sommer 1955 wohnte ich noch zwei Nächte dort und zeigte es bei meiner Anreise meinem deutschen Kollegen Rainer Lepsius, der gerade rechtzeitig zu einer Schießerei mit dem Überfallkommando ankam. Nun konnte auch ich nicht mehr dort wohnen. Die Invasion hatte voll und ganz gesiegt. In der Nähe war ein sehr ordentliches »Hotel de Paris«, in dem die jüdische Obermittelklasse verkehrte, soweit ich mich erinnere nur einen Block auf Amsterdam Avenue von der 97. Straße entfernt; ich frage mich, was heute wohl daraus geworden ist. Der einzige Vorteil, den die neue Bevölkerung mitbrachte, war, daß man sich (damals) für einen Dollar die Haare von einem »Latino« schneiden lassen konnte (und zwar sehr gut), statt für mindestens 2.50 bei einem »Anglo«. Auch gab es viele Bars, die »Café Latino« anboten.

Aber die Invasion ging wie eine Lawine nieder, die alles mit sich reißt, wie es Oscar Handlin 1959 in seinem Buch »Newcomers« beschrieben hat. 400 000 Erwachsene waren neu eingewandert, die meisten davon nach New York; mit ihren Kindern waren es 600 000 Menschen. Es war dies die Zeit, da die New Yorker Flughäfen jeweils von zahllosen Puertoricanern verstopft waren, wenn ein Flugzeug aus San Juan landete. Denn auf jeden Neuankömmling kamen fünf bis zehn, ja zwanzig Personen seiner Verwandtschaft, die ihn abholten. Hier konnte man die Verschiedenheit zwischen den Familienformen der eingeborenen Amerikaner und denen der Puertoricaner gleichsam mit bloßem Auge erfassen. Im übrigen glaube ich bemerkt zu haben, daß bereits ein neuer Akt der Entwicklung im Gange ist, nachdem manche Puertoricaner der ersten Welle inzwischen arriviert sind. Sie verlassen das Ghetto und ziehen in andere Teile New Yorks, oder sie verlassen die Stadt überhaupt (insbesondere ihre Kinder), um in den Mittelwesten zu gehen.

Unter dem Einfluß dieser Erfahrungen wurde ich schließlich aufmerksam auf die konjunkturbedingten Binnenwanderungen in den fortgeschrittenen Industriegesellschaften Europas, z. B. auch in der Bundesrepublik. So habe ich damals vorgeschlagen, die durch das langsame Abbröckeln des alten Ruhrgebiets ausgelösten Wanderungen innerhalb des Landes Nordrhein-Westfalen, etwa nach Gummersbach, ferner nach Hessen und neuerdings auch nach Bayern zu untersuchen, zusammen mit den daraus resultierenden Notwendigkeiten der Umschulung, nachdem die gesetzlichen Voraussetzungen dafür geschaffen waren. Diese Aufgaben sind jedoch vorläufig noch kaum richtig in Angriff genommen worden.

XVI. Indianer, Anglos und Latinos: Eine plurikulturale Gesellschaft im Südwesten der Vereinigten Staaten

Schon bei meiner ersten Reise als Rockefeller-Stipendiat begegnete mir im Jahre 1953, also vor mehr als einem Vierteljahrhundert, das Problem der Indianer im Südwesten der Vereinigten Staaten. Wie ich bereits erwähnt habe, war ich zuerst an den Pueblo-Indianern in New Mexico interessiert gewesen, über die ich bei Richard Thurnwald viel erfahren hatte, selbstverständlich auch aus den Werken von Emile Durkheim und der Durkheim-Schule (mit den bekannten Mißverständnissen, namentlich in bezug auf die Zuñis im Nordwesten von New Mexico). Natürlich spielte dabei ein romantisches Element mit, dem man sich bei diesen erstaunlich intakten Kulturen kaum entziehen kann. Durch verschiedene Kanäle waren Nachrichten zu mir durchgesickert über die Künstlerkolonie in Don Fernando de Taos, die von Europaflüchtlingen wie dem britischen Dichter David H. Lawrence (der übrigens Giovanni Verga ins Englische übersetzt hat) und dem Genfer Archäologen Adolphe Bandelier sowie anderen eingeborenen Persönlichkeiten wie Oliver LaFarge, Frances Gillmor u. a. präsidiert wurde; dieses Städtchen lag in unmittelbarer Nähe des Pueblo de Taos, richtiger San Geronimo de Taos, und war gewissermaßen das Ascona des amerikanischen Südwestens. Dies ist übrigens kein ganz aus der Luft gegriffener Vergleich, vielmehr gibt es überraschenderweise ein echtes Bindeglied zwischen den beiden Orten, nämlich den Psychologen Carl Gustav Jung, damals die tragende Säule der Eranos-Stiftung in Ascona, der zeitweise in Santa Fé gearbeitet hat. Wie Ascona hat auch Don Fernando de Taos eine Vorgeschichte, die bis auf etwa 1880 zurückgeht und wesentlich durch zivilisationsflüchtige Europäer bestimmt worden ist, wie Ascona durch Anarchisten und Vegetarier. Ich möchte hier anfügen, daß mein Romantizismus verschieden war von der Kulturkritik Jungs, dem ich während meiner ganzen Zeit in der Schweiz mit großem Abstand, ja sogar Mißtrauen (das übrigens auf Gegenseitigkeit beruhte) gegenüberstand, und sei es nur wegen seiner mit dem Nazismus liebäugelnden Phantasien über Wotan. (Auch die Eranos-Tagungen in Ascona habe ich nur zweimal besucht, einmal vor dem Kriege, als ich John Layard dort kennenlernte, dann nochmals nach dem Kriege. Aber ich war jedesmal abgestoßen durch das feierliche Getue der Jung-Adepten, die im Garten der Villa Froebe-Kapteyn Schlange standen, um vorn am See auf einer kleinen Terrasse den Meister persönlich fünf Minuten sprechen zu dürfen.)

Allerdings hatte Jung seine Theorie der »großen Mutter« auch bei den Pueblos und anderen Indianern gesucht und insbesondere im Wheelwright-Museum of Navajo Ceremonial Art in Santa Fé bestätigt gefunden. In Berlin hatte ich mich – veranlaßt durch Thurnwald – mit seinem Begriff des Kollektiv-Unbewußten beschäftigt, später auch mit seiner Archetypenlehre. Ich erkannte aber bald (auch im Gegensatz zu Sigmund Freud, dem geistigen Bruder Jungs), daß Kulturgestalten in bestimmten höchst komplexen historischen und wirtschaftlichen Entwicklungen heranwachsen, und daß es vielleicht nur einen relativ begrenzten Schatz an kulturellen Themen gibt, die allesamt erst mit ihrer Einbettung in soziale Prozesse wirklich werden, aber dies dann sofort in einer derart unerhörten Variabilität, daß man sie kaum mehr aufeinander zurückführen kann. Aus diesem Grunde vermag ich auch Lévi-Strauss nicht auf allen seinen Wegen zu folgen.

So hatte ich zwar einige, wenn auch schwache, romantische Motive, die mich in diese Region der Vereinigten Staaten zogen, aber sie wurden bald durch andere mehr handgreiflicher Natur überdeckt. Die Liebe zu den Pueblos, speziell zu den Hopis, wurde bei mir durch Frank Waters' »Book of the Hopis« (1963) verstärkt, das mich immer wieder an Ugo Foscolos Roman »Piccolo mondo antico« erinnerte, in dem die gleiche Wehmut herrscht, da beide im Grunde etwas beschreiben, das schon lange vergangen ist und auch niemals mehr wiederkehren wird. Die Erinnerung an das Vergangene lebt in Texten fort, doch wir müssen es lernen, von der Literatur zur Wirklichkeit fortzuschreiten. Mir schwebt noch ein Bild vor Augen, wie ich es ein paar Jahre später im Hopi-Dorf Polacca auf der zweiten Mesa in Arizona sah – ein Bild, in dem sich die alte Welt mit ihrer ganzen Prägnanz aussprach. Wir hatten schon ge-

spürt, daß sich im Pueblo etwas vorbereitete, und wir wollten uns gerade zurückziehen, als wir an einem langen gedeckten Tisch unter einer strohbedeckten Ramadah vorbeikamen, an dem sich soeben der Governador des Dorfes niederließ, zeremoniell gekleidet und mit schwerem Schmuck angetan. Andere Männer standen um den Tisch, während die Frauen in den umliegenden Häusern eifrig beim Kochen und Vorbereiten des Festes waren. Es wurde Besuch von einem benachbarten Pueblo erwartet. Nie wieder habe ich einen ähnlichen Ausdruck von Würde und Gesammeltheit auf dem Gesicht eines Menschen gesehen wie bei diesem Dorfvorsteher, der sich auch durch unsere Anwesenheit nicht im mindesten beeindrucken ließ; er übersah uns einfach. Diese Fähigkeit zur Sammlung schafft nicht nur Physiognomien von faszinierender Schönheit, sondern gibt gleichzeitig jedem einzelnen Kulturzug im zeremonialen Verhalten eine erstaunlich beeindruckende Präsenz. Man muß schon geistig sehr heruntergekommen sein, um diese Menschen nicht zu lieben.

Mit dieser Liebe verband sich in den Vereinigten Staaten eine Kulturrevolution im kleinen, die in den zwanziger Jahren vor sich ging, aber seither mit ihren Ergebnissen in der Welt weithin gewirkt hat. Sicher gab es schon früher Ethnologen, die sich in dieser Region mit den Indianern befaßt hatten, darunter so großartige Erscheinungen wie Frank Hamilton Cushing und Washington Matthews. Aber im Frühling des Jahres 1925 begann etwas Neues mit der Ankunft von Clyde Kluckhohn, der an Tuberkulose litt und wie damals viele Amerikaner der gebildeten Klasse nach dem Südwesten kam, um sich auszuheilen. Er war genau zwanzig Jahre alt, an der Princeton University eingeschrieben und grenzenlos begeisterungsfähig. So unternahm er eine Tour über das Colorado Plateau, weil er irgendwo etwas von der Rainbow Bridge hinter Navajo Mountain in Utah gehört hatte, einem natürlichen, durch vorgeschichtliche Wasserströme aus dem Gestein herausgewaschenen Brückenbogen, den ich selber erst 1979 erreichte, da man erst heute auf dem großen Powell-Stausee von dem Ort Page aus mit dem Motorboot ziemlich dicht heranfahren kann. Kluckhohns Reisebericht »To the Foot of the Rainbow« wurde zuerst 1927 veröffentlicht, 1967 erschien ein Neudruck des alten Buches, das heute eine antiquarische Rarität geworden ist; ich fand die Neuausgabe im Herbst 1968 zufälligerweise auf der Navajo-Reservation.

Es ist schwer, dieses Buch einzuordnen, obwohl es für jenen Moment der amerikanischen Kulturentwicklung äußerst bezeichnend ist. Es war übrigens im selben Jahr entstanden, in dem Margaret Mead beschloß, nach Polynesien zu gehen; allerdings war sie vier Jahre älter als Kluckhohn und zu dieser Zeit wissenschaftlich bereits weiter fortgeschritten. Dafür aber können wir in Kluckhohns Buch genau der geistigen Geburt eines werdenden Kulturanthropologen beiwohnen, was bei der Bedeutung, die Kluckhohn seit Mitte der dreißiger Jahre auf diesem Gebiet gewinnen sollte, nicht das geringste Verdienst seines Buches ist. Kluckhohn war einer der ersten Amerikaner, der »Primitive« untersuchte, um die Differenz zum gegenwärtigen Amerikaner besser zu verstehen.

Kluckhohn hatte bereits elementare Kenntnisse der Navajo-Sprache, als er sich nach dem Südwesten der Vereinigten Staaten aufmachte, aber man darf daraus beileibe nicht schließen, daß er sich als angehenden Wissenschaftler betrachtet hätte. Ganz im Gegenteil. Zwei Momente lassen sich in seinem Buch ausmachen: einerseits eine keineswegs verborgene, sondern offen zutage liegende romantische Ader, eine Sehnsucht in die unbekannte Ferne und nach atemberaubenden Abenteuern; andererseits, etwas weniger deutlich, Überdruß an der modernen Zivilisation, wie seine Antipathie gegen Kaugummi und amerikanische Touristen bezeugt, gelegentlich auch Zweifel an dem vermeintlich alleinseligmachenden American Way of Life. In Santa Fé fand er sich zunächst enttäuscht und verwirrt durch den Umstand, daß so unamerikanische Menschen in dieser Stadt leben konnten und kaum ein Wort Englisch sprachen. Am Samstagabend fühlte er sich wie in Spanien: einprägsam beschreibt er, wie spanische Menschen über die Plaza wandeln, während eine Kapelle spanische Musik spielt und hübsche Mädchen mit »Mantillas« unter dem Schutz mißtrauischer »Dueñas« sich bewundern lassen; junge und alte Männer, Mönche und Nonnen – niemand hastet, die Bewegungen sind langsam und gemächlich. Hört man schon einmal ein englisches Wort, so wirkt es irgendwie unpassend. Man spürt förmlich in Kluckhohns Bericht, wie der »Anglo« aus dem Osten langsam aber sicher lateinischem Charme erliegt – wenn auch im Inneren verwundert, daß es so etwas überhaupt gibt. Das ist schon mehr als Romantik und Neugier: hier meldet sich zum erstenmal das Gefühl der Verschiedenartigkeit zwischen spanischer und angelsächsischer Kultur zu

Wort. Ich erinnere mich, daß meine Frau und ich genauso fasziniert waren wie er, und zwar am gleichen Ort in der Nähe des großen Hotels La Fonda, von dem er spricht, als sich uns 1953 zu Beginn des Frühjahrs noch immer das gleiche Bild bot und ich in den Vereinigten Staaten spanisch sprechen mußte, um verstanden zu werden. Nur war es für uns ein ganz anders gerichtetes Erlebnis, nämlich eine vertraute Welt, während Kluckhohn hier etwas erlebte, was mein verstorbener holländischer Freund A. N. J. den Hollander die »ferne Fremde« genannt hat. Angesichts dieser Erfahrung begann bei Kluckhohn der Anthropologe hervorzutreten, wenn auch noch in ganz rudimentärer, gleichsam naiver Weise. Dasselbe wird spürbar, wenn er die Zuñi- und Hopi-Indianer mit den Navajo vergleicht. Natürlich war er überwältigt vom Pueblo de Taos, aber er fand die Pueblo-Indianer insgesamt untersetzt und plump und zeigte relativ wenig Sinn für die Ruhe und Ausgeglichenheit ihres Charakters, obwohl sie sich so unverkennbar physiognomisch niederschlägt in Gesichtern, die wie aus Lehm gebakken erscheinen und noch die Einheit von Mensch und Kosmos widerspiegeln. Dagegen ließ er sich fangen von den hochaufgeschossenen, schlanken Navajos mit ihren hageren, häufig wie ausgemergelten Gesichtern, in denen eine tiefe Unruhe lauert. Letzteres war ihm freilich noch kaum bewußt, wie er auch noch nicht berührt war von ihrem Hexenglauben, über den er später so erleuchtende Analysen vorlegen sollte. Sollte dem schlanken Anglo der hagere Navajo verwandter erschienen sein als der untersetzte, relativ kleine und rundliche Bewohner der Pueblos, dessen körperliche Gestalt so gut zusammenpaßt mit der behäbigen Stetigkeit seines Charakters – im Gegensatz zu der nervigen Unrast und aufbrausenden Unberechenbarkeit des Navajo? Ich will darüber nicht rechten, denn mir ging es im Grunde genauso: ich wollte ursprünglich zu den Pueblo-Indianern, von denen ich schon während meines Studiums soviel bei Thurnwald gehört hatte, und landete schließlich ebenfalls bei den Navajo!

Die langen Ritte über unwegsame »Straßen« bzw. Pisten oder Pfade, die Kämpfe mit den Pferden, die immer anders wollen als ihr des Reitens ungewohnter Herr, der mühselige Lernprozeß, wie man ein Packpferd so aufzäumt, daß nicht die ganze Ware an der nächsten Kurve abrutscht oder das Tier kopflastig wird, so daß es wie betrunken hin- und herschaukelt, steile Aufstiege, die für Ziegen bedenklich wären, ebenso steile Talfahrten, auf denen es keinerlei Halt gibt und die Pferde auf der Hinterhand hinabrutschten – das sind die Stationen, durch die sich Kluckhohn mit einem Freund, den er auf der Straße kennengelernt hat, durchkämpft, alles um sein ersehntes Ziel zu erreichen: die Rainbow Bridge. Soviel für die Romantik. Auf diesem Wege, der die beiden Wanderer am Schluß durch eine Wüste von geschlossenen Steinplatten führt, wo sich die Pferde die Füße durchtreten, hinunter in tiefe Cañons, aus denen man aber am Ende wieder steil hinaus muß, gelangt er unversehens der Navajo-Realität immer näher. Gewiß ist das etwas metaphorisch gesprochen: wer das Ziel will, muß auch den Weg wollen, wie ein altes chinesisches Sprichwort lautet. Aber Kluckhohn trifft nicht nur unterwegs viele Navajos und erkennt ihre Liebe zu einer isolierten Lebensweise, sondern er sieht auch, daß sie um so herzlicher und aufgeschlossener, um so hilfsbereiter und gastfreundlicher sind, je weiter man sich von der weißen Zivilisation entfernt. Er nimmt an mehreren Festen teil, vor allem an einem Squaw Dance, bei dem sich die jungen Mädchen ihre Tänzer aussuchen, erlebt ein Heilungsritual mit Singing, wird schließlich Zeuge eines Tanzes der Yei Bi Chei in Thoreau (New Mexico), wo er das wohl großartigste Gebet vernimmt, das jemals konzipiert wurde, aus dem man wie aus einem Wunderkern die ganze Kultur der Navajo herausentwikkeln kann. In der englischen Übersetzung des Ethnologen Washington Matthews lautet es:

Medicine house!
House made of purple dawn,
House made of evening light,
House made of dark cloud,

House made of male rain,
House made of dark mist,
House made of female rain,
House made of pollen!
Dark cloud is at the door.
The trail of it is dark cloud.
The crooked thunderbolt is high upon it.

Male deity!
Your offering I make.
I have prepared a smoke for you.
Restore our hearts for us.
Restore our legs for us.
Restore our minds for us.
Restore our bodies for us.
Restore the sounds for us.

Happily may I walk.
Happily, with abundant dark clouds, may I walk.
Happily, with abundant showers, may I walk.
Happily may I walk.

Being as it used to be long ago, may I walk.
May it be beautiful before me.
May it be beautiful behind me.
May it be beautiful above me.
May it be beautiful all around me.
In beauty it is finished.
In beauty it is finished.

Damit erst hat er sein wahres Ziel erreicht: alles übrige war nur Vorbereitung auf diesen Höhepunkt. Nach all der Mühsal, die auch der Überwindung der eigenen kulturellen Vorurteile dient, steht der Anthropologe Clyde Kluckhohn vor uns, der damit gleichzeitig höchst eindrucksvoll ein Paradigma dafür gibt, wie man Anthropologe wird: dazu gehört vor allem, daß man wie die Eingeborenen lebt; denn einzig wer die Mühe und Gefahr des Alltags ständig erprobt hat, kann ihr Verhalten verstehen. Aus einem Hilton-Hotel kann man keine Anthropologie betreiben. Im Grunde ist Kluckhohns Werdegang der gleiche wie der von Claude Lévi-Strauss mit seinem nach wie vor packenden Werk »Tristes Tropiques«, in dem gelegentlich ganz ähnliche Töne aufklingen.

Als ich Kluckhohn Anfang der dreißiger Jahre in Berlin bei Richard Thurnwald kennenlernte, den er auf der Rückreise von Wien besuchte, wo er in Mödling mit Pater Wilhelm Schmidt und Pater Wilhelm Koppers Gespräche geführt hatte, war er bereits nach amerikanischer Terminologie ein fertiger Kulturanthropologe, spezialisiert auf die Indianer des Südwestens der Vereinigten Staaten und auf Probleme der En- und Akkulturation. In Amerika aber gab er den Auftakt zu jener Kulturrevolution, die an der Allgültigkeit des American Dream zu zweifeln begann, indem sie die Industriegesellschaft mit den Indianerkulturen verglich – Kluckhohn mit denen der Navajo, Margaret Mead später mit polynesischen Kulturen. Die Veröffentlichungen aus diesem Kreise begannen bereits vor dem Kriege, wobei ich betonen möchte, daß es sich hierbei nicht um Ethnologie im traditionellen Sinne handelte, die natürlich viel älter war, sondern eher um eine Realpsychologie, die vordringlich an der Personwerdung interessiert war, um den erwachsenen Durchschnittsamerikaner mit der Person des Indianers konfrontieren zu können. So lag auch ein starkes Gewicht auf dem Problem der Primärsozialisierung, also der Kleinkindererziehung von der Geburt bis zum vierten Lebensjahr. Doch im Unterschied zu Margaret Mead oder Ruth Benedict beschränkten sich diese Anthropologen weitgehend auf die verschiedenen Urbevölkerungen der Vereinigten Staaten und lösten damit eine Bewegung aus, die bis zur Hippie-Bewegung der sechziger Jahre reicht und gerade darum als eigentliche Kulturrevolution, wenn auch im kleinen, bezeichnet werden darf. Charakteristisch dafür ist auch die Ausweitung in den Bereich der Psychoanalyse.

Das alles habe ich hier nur skizziert, um den Rahmen anzudeuten, innerhalb dessen ich mich bereits in Berlin mit den Indianern des Südwestens beschäftigt hatte. Nun ergab es sich aber zufällig, wie so oft im Leben, daß ich auf meiner ersten Amerika-Reise 1953 an der Cornell University in Ithaca, N. Y., mit einigen wichtigen Vertretern dieser Forschungsrichtung zusammentraf, vor allem auch mit dem vielleicht bedeutendsten Einzelprojekt, das aus diesem Ansatz erwachsen war, dem sogenannten Ramah-Projekt über eine Navajo-Siedlung im Südwesten, außerhalb der Reservation, in der verschiedenartige Bevölkerungen (Navajo, Spanisch-Amerikaner, Mexikaner, Texaner und Mormonen) mit total verschiedenen Wertvorstellungen in nächster Nähe zusammenlebten, ohne sich zu einer homogenen Population zu assimilieren, auch ohne Tendenz zum Synkretismus. Ich habe einmal dafür den Ausdruck der »ethnischen Würfelung« verschiedener Kulturen benutzt, den ich aus Anregungen von Thurnwald weiterentwickelte. In meinen amerikanischen Vorlesungen sprach ich von einem »chequer board system of values«, was in etwa dem Thurnwaldschen Ausdruck entspricht. Es liegt auf der Hand, daß die bloße Idee eines solchen Wertsystems der traditionellen Vorstellung von Amerika als einem »melting pot« verschiedener Kulturen widerspricht, darüber hinaus aber auch der Vorstellung vom Ganzheitscharakter einer Kultur. Hieran zeigt sich die sehr weitreichende Bedeutung von Forschungen dieser Art.

Der unmittelbare Anlaß, mich mit diesen Fragen zu befassen, war wie gesagt unser Aufenthalt in Ithaca, wo wir in einer Fraternity von Studenten namens »Telluride« wohnten, in die uns unser Zürcher Freund Peter Atteslander eingeführt hatte. Kurz nach Neujahr 1953 verbrachten wir im Hause des Anthropologen Bryce Ryan, heute University of Miami in Coral Gables, eine heitere Abendgesellschaft im Kreise der Anthropologen von Cornell University. Anwesend waren Alexander H. Leighton und seine Frau, Allan R. Holmberg, Morris Opler und John Adair, der sich gerade anschickte, in die Navajo-Reservation zurückzukehren, wo er schon seit Mitte der dreißiger Jahre gearbeitet hatte. Einer der Teilnehmer hatte zwei Schallplatten aus Indonesien mitgebracht, die die Stimmen des Dschungels am Tage und in der Nacht wiedergaben. Wir hörten uns die Platten mit größtem Interesse an, sie waren das Ergebnis unheimlicher Geduld und großer technischer Kunstfertigkeit. Doch während wir zuhörten, wurden wir mehr und mehr von einem anderen Schauspiel fasziniert, das sich zunächst von uns unbemerkt ganz allmählich angebahnt hatte. Ryan besaß zwei wunderbare siamesische Katzen; kaum daß sie die Laute des Dschungels vernahmen, waren sie wie gebannt: bald standen sie reglos lauschend, bald duckten sie sich dicht zusammen, bald sprangen sie panisch erschreckt nach verschiedenen Richtungen auseinander und verschwanden hinter Gardinen und Möbelstücken. Dann kamen sie wieder langsam hervor, magisch angezogen vom Vogelgezwitscher und je nachdem abgeschreckt oder kätzisch-snobistisch und verächtlich-erhaben vor dem Gekreische der Affen. Wir fragten uns in einer plötzlich entbrannten Diskussion, die viele Stunden dauerte, ob Katzen womöglich ein artbedingtes Gedächtnis besitzen, das sich seit Urzeiten – vielleicht im Stammhirn – erhalten hat, obwohl ihre Lebensumstände inzwischen ganz anders geworden sind. Auch waren die Schallplatten gar nicht in ihrer Heimat Siam aufgenommen worden, sondern in Indonesien. Wieso also sagten ihnen diese Stimmen etwas, daß sie so aufmerksam zuhörten, um sich einen Moment später gleichgültig abzuwenden oder aber mit einem Sprung vor einem vermeintlichen Feind in Sicherheit zu bringen?

Gab es ein solches Artgedächtnis bei Tieren? Wir kamen zu keinem Schluß, zumal kein Zoologe oder Biologe unter uns war, der uns hätte weiterhelfen können. Dennoch: es war ein unvergleichliches, echt platonisches Symposion. Schließlich wichen wir auf das menschliche Verhalten aus und waren mitten im Thema der Kulturanthropologie, das ich viel früher schon bei Marcel Mauss in Paris diskutiert hatte. Diesmal blieb es aber nicht bei der Theorie, sondern führte dazu, daß wir uns am Ende der Diskussion in tiefer Winternacht mit John Adair an einem bestimmten Tag am Flugplatz von Farmington, einem kleinen Städtchen im Nordwesten von New Mexico verabredeten, wo er gerade damit befaßt war, eine Feldstation aufzulösen und anderswohin zu überführen.

Es war ein wirklicher Glücksfall, daß wir diese Verabredung einhalten konnten. Schon in Ithaca, mehr noch in Minneapolis, aber am schlimmsten in Boulder, Colorado, wurden wir von schweren Schneestürmen verfolgt. In Boulder hatte – auf etwa 2000 m Höhe – zunächst die Sonne geschienen, dann aber war ein Blizzard losgebrochen, der den Verkehr total zum Erliegen brachte, und wir bangten, ob wir das verabredete Flugzeug auch wirklich würden benutzen können. Schließlich klappte es aber doch, und während hoch im Himmel noch die Blizzardwolken standen, lenkte das Flugzeug in die Seitentäler der Rockies ein, um einige kleine Städtchen (Durango, Alamosa) anzufliegen und schließlich in Farmington zu landen, wo uns John Adair erwartete. Wie provinziell hier das Leben war, erfuhr ich augenfällig, als bei einer der Zwischenlandungen ein Mann einen Korb mit Blumen an der Pilotenkabine ablegte und nur kurz bemerkte, der Korb werde an der nächsten Station von einem gewissen Jimmy abgeholt, was dann auch mit der gleichen Selbstverständlichkeit geschah. Es war eine kleine Welt – über ziemlich große Distanzen – von erstaunlich gleichgestimmten Menschen, die einander mehr oder weniger kannten oder wenigstens hätten kennen können. Man muß dazu auch bedenken, was dem Durchschnittseuropäer zumeist entgeht, daß die Staaten Colorado, New Mexico, Utah und Arizona bei riesiger Ausdehnung bis heute weitgehend unbewohnt sind; das hat sich erst kürzlich in Colorado etwas verändert auf Grund der neu eingeführten Raketenindustrie. In den anderen genannten Staaten liegt die Einwohnerzahl kurz unter oder kurz über der Zwei-Millionen-Grenze.

Mein primäres Interesse galt wie gesagt zunächst vorwiegend den Pueblo-Indianern, die wir im großen Pueblo de Taos, danach auch in kleineren wie San Ildefonso, Santa Aña, Zia, Santa Clara, Jimez, später noch Zuñi und Acoma und schließlich in den Pueblos der Hopi auf den verschiedenen Mesas besuchten. Es konnte jedoch nicht ausbleiben, daß wir gleichzeitig mit den Navajo in Kontakt kamen, dem größten aller amerikanischen Indianerstämme. Auch dieser Kontakt kam zufällig zustande; denn nach der ersten Nacht im Avery Hotel in Farmington sahen wir, daß wir in eine typische Boom Town geraten waren, wo seit 1950 Uranerz, Erdöl und Erdgas gewonnen wird, was eine entsprechende wirtschaftliche Explosion ausgelöst und beträchtliche Folgen für die Navajo mit sich gebracht hatte.

Deren Lebensweise war in der Tat von der der Pueblo-Indianer völlig verschieden. Das wurde mir besonders klar, als ich an bestimmten Stellen Gruppen von frierenden Gestalten stehen sah, die auf einen »Contractor« warteten: Indianer auf Arbeitsuche. Natürlich arbeiten auch die Pueblo-Indianer, und zwar nicht nur in der Landwirtschaft, sondern auch in den Städten Santa Fé und Albuquerque; abends im Pueblo sah ich sie mit dem Autobus von der Arbeit kommen. Aber es war jeweils nur eine kleine Gruppe, während bei den Navajos Zehntausende von Männern nach Arbeit suchten. So stieß ich unversehens und unvorbereitet auf ein Problem, das damals kaum irgendein amerikanischer Anthropologe aufgegriffen hatte, nämlich die Lebensbedingungen der Indianer. Dabei ging es mir aber nicht so sehr um den Lebensstil im Sinne der Kulturanthropologie, und in dieser Hinsicht entfernte ich mich von allem Anfang an von Clyde Kluckhohn und den anderen (mit Ausnahme von John Adair, der sich schon 1937 mit einem wichtigen Aspekt der Wirtschaft auf der Navajo-Reservation beschäftigt hatte, nämlich den weißen Trading Posts); vielmehr befaßte ich mich mit der Frage *»how do they make a living?«*, die vielleicht etwas banaler erscheint gegenüber der Kulturanalyse, aber im Zeitalter der Entwicklungssoziologie und der Dritten Welt eine neuartige Bedeutung gewonnen hat. Damals war sie jedoch für die anderen Kulturanthropologen noch nicht so aktuell, beziehungsweise wurde durch ein anderes Problem verdrängt, nämlich die Frage der Relativierung mancher Werte der weißen amerikanischen Welt. Die Analyse dieser wirtschaftlichen Probleme habe ich bei insgesamt acht Aufenthalten auf der Navajo-Reservation zu vertiefen gesucht, bis ich 1973 ein Buch darüber veröffentlichte. Ein zweites ist 1980 erschienen, nachdem ich im Frühjahr 1979 weitere drei Monate dort verbracht hatte.

Kurz zusammengefaßt kann man sagen, daß die Lebensbedingungen auf der Navajo-Reservation bei der herrschenden Bevölkerungsexplosion nur immer schlechter werden können. Selbst wenn wir annehmen, daß sich die Landwirtschaft verbessern wird, bleibt doch der Umstand, daß es sich – insbesondere im Westen – um marginale Böden handelt. So mußten schon im Jahre 1947 rund 60 000 Navajo auf einem Gebiet ernährt werden, von dessen Erträgen bestenfalls 25 000 leben konnten. Zudem wuchs die Einwohnerzahl nach meinen Untersuchungen bis zum 1. Januar 1971 auf rund 130 000 an (für 1980 erwartet man 150 000), und das bei einer jährlichen Reproduktionsrate von ca. 3,4. So blieb und bleibt ihnen als Alternative nur die Auswanderung. Nun gibt es jedoch für sie zwei grundsätzlich verschiedene Möglichkeiten der Auswanderung, nämlich eine in die Ferne an die Westküste oder in den Mittelwesten und eine andere in die vielen kleinen Städtchen, die in nächster Nähe um die Reservation herumliegen und in denen relativ leicht mehr Arbeitsplätze für die Navajo bereitgestellt werden könnten. Das Ergebnis einer solchen »Nahwanderung« könnte eine indianisch bestimmte Region rings um die Reservation sein, aus der sich natürlich mit Sicherheit auch manche politischen Probleme ergeben würden, die man aber eher in Kauf nehmen sollte als die Gefahren, denen die stadtungewohnten Indianer in den großen Industriestädten ausgesetzt sind, wie zahllose Untersuchungen erwiesen haben. Eine Nahwanderung würde die Navajo ihrer angestammten Umgebung nicht entfremden, sie könnten selbstverständlich an allen Vorgängen des Stammeslebens Anteil nehmen und trotzdem einen höheren Ausbildungsstand erreichen. In welchem Umfang und mit welchen Resultaten eine solche Nahwanderung seit 1970 stattgefunden hat, war daher mein letztes Forschungsziel auf der Navajo-Reservation.

Warum die Navajo ihr Land nicht verlassen wollen, kann man nur erfahren, wenn man mit ihnen lebt und in die Landschaft des Colorado-Plateaus so tief wie möglich eintaucht. Es war mir daher ein dringendes Bedürfnis, für einige Zeit in der Wüste zu leben, was wir an mehreren Orten auch taten, am längsten in Kayenta, dicht an der Grenze nach Utah am Eingang des Monument Valley. Freilich nicht, um dort den kitschigen Reiseprospekten nachzugehen, die auf felsiger Höhe berittene Indianer zeigen, den Blick in die unendlichen Weiten gerichtet. In diesem Tal gibt es nur sehr wenig Indianer, bestenfalls am Anfang bei Goulding's Trading Post; später ist die Gegend unbewohnt, wenn auch enorm eindrucksvoll, besonders wenn man vom neuerdings asphaltgedeckten Highway auf die seitlichen Pisten ausweicht. Der Highway wurde erst 1961 fertiggestellt, um eine kürzere Verbindung zwischen Denver, Colorado, und Los Angeles zu schaffen, was gleichzeitig viel Tourismus auf die Navajo-Reservation gebracht hat, wovon heute in Kayenta eine Holliday Inn zeugt, die nachts ihre Lichtreklame in die leere Einöde leuchten läßt. Immerhin findet man hier Quartier und ein gutes Restaurant, was es bis 1967 kaum gab, so daß man auf private Gastfreundschaft angewiesen war. Eine Piste nach Westen, kurz vor Goulding's Trading Post, führt ins Narrow Canyon und auf Hoskinini Mesa, auf der sich zahllose Spuren vorkolumbischer Indianer finden. Zufällig erfuhren wir einmal, als wir auf der Straße von Denver nach Salt Lake City fuhren, in einem kleinen Straßencafé von einer Piste nach Süden, die in Monument Valley ungefähr bei Blanding den großen Highway wieder erreicht. Diese Piste führt durch eine völlig menschenleere Wüste, die in der Mitte von einem Flüßchen durchzogen wird: dieses Flüßchen, über das eine Brücke führt, ist der Colorado, man glaubt es kaum, so friedlich ist er. Ab und zu sieht man Wild, sonst gar nichts außer den Resten gewaltiger vorgeschichtlicher vulkanischer Tätigkeit. Wenn man von Amerika gesagt hat, es sei »God's own country«, so muß man angesichts dieser Landschaft ergänzen: es ist auch Gottes unvollendeter Kontinent, auf dem gelegentlich das Leben seltsam durchsichtig wird, wenn Kultur und Geschichte auf ein kaum mehr unterschreitbares Minimum zusammenschrumpfen vor der Mächtigkeit einer noch ganz im Werden befindlichen Natur.

Gerade in dieser Landschaft bereitet sich aber in unseren Tagen eine neue Kulturrevolution vor, die weit über die von Clyde Kluckhohn ausgelöste hinausgeht, wenn er sie auch sicher mitverursacht hat. Diesmal wird die Essenz des amerikanischen Glaubens berührt und grundsätzlich in Frage gestellt. Edward H. Spicer, Anthropologe an der Universität von Arizona in Tucson, langjähriger Erforscher der Indianerkulturen des amerikanischen Südwestens, hat 1970 mit einer Konferenz in Patagonia (Arizona) den entscheidenden Schritt zu ihrer Erkenntnis getan, als er das Wort prägte von den »Plural Societies in the Southwest«. Diese Konzeption ist zweifellos die logische Fortsetzung der alten »Ramah Study« aus der rein analytisch-anthropologischen in die politische Dimension. Diese hat in der Stille gewirkt wie ein Zeitzünder, der jetzt Wirkungen größten Ausmaßes sichtbar werden läßt. Der gleiche Aspekt hatte mich bei meinen Untersuchungen des Navajo-Stammes dazu veranlaßt, von der Entstehung einer indianisch bestimmten Region im amerikanischen Südwesten zu sprechen, mit der eine engere kulturelle, soziale und politische Kooperation zwischen Indianern und den verschiedenen weißen Gruppen angebahnt wäre. Spicer hebt mit Recht hervor, daß sich heute die Perspektive auch insofern erweitert hat, als man sich nicht mehr auf die kleine Gemeinde Ramah bei Rimrock beschränken darf, sondern etwa die Spanisch-Amerikaner im Zusammenhang mit den Mexikanern und überhaupt der spanischen Kulturtradition sehen muß, ebenso die dortigen Indianer im Zusammenhang mit allen Indianern beider Amerikas sowie die weißen Amerikaner mit ihren jeweiligen Herkunftskulturen. Ich möchte hinzufügen, daß auch die anglo-amerikanische Perspektive eine Veränderung erfahren hat, die allerdings Spicer und den anderen Beobachtern bisher noch nicht aufgefallen ist, so daß die alte Triade Anglo-Latino-Indian auch in ihrem ersten Glied verändert beziehungsweise differenziert werden muß. Mir fiel das auf, als bei einem Besuch im April 1979 der Bürgermeister der Stadt Gallup in New Mexico, Edward Junker, von sich als »Anglo« sprach, obwohl er mir gerade erklärt hatte, seine Mutter habe wie ich König geheißen und stamme von der österreichisch-tschechischen Grenze, während sein Vater »Preuße« gewesen sei. In der Tat bezeichnen sich heute Menschen als »Anglos«, die ganz eindeutig *nicht* angelsächsischen Ursprungs sind, womit sie ein neues Ferment in die Landschaft des Südwestens, speziell in die Städte bringen, in denen die »Anglos« schon seit langem eine immer mehr schrumpfende Minorität sind. Was sich hier abzeichnet, ist also eine Koexistenz kultureller Systeme, die sich nochmals um Elemente vor allem slawischer, ungarischer und insbesondere deutscher Provenienz vermehrt, was die These von Spicer nicht nur unterstützt, sondern auch erweitert.

Das Ganze darf aber nicht nur als bloße Erweiterung der Optik betrachtet werden, sondern muß auch und gerade – und das ist das Entscheidende – im Hinblick auf die Beeinflussung und Modifikation des bisher rückhaltlos akzeptierten Wertsystems gesehen werden. Bisher glaubte man, daß eine allmähliche Assimilation an ein allgemeines Wertsystem – an den »american creed« und zugleich an die »mainstream economy« – unausweichlich sei, daß man also im Grunde nur einem einzigen Kulturstrang folgen dürfe. Damit wurde all das vernachlässigt, was außerhalb der nordamerikanischen und der mexikanischen Gesellschaft geschah. Tatsächlich bahnt sich jedoch im Südwesten sehr viel mehr an als nur eine einseitige Anpassung an die dominanten Kulturen Mexikos und der Vereinigten Staaten, wir stehen vielmehr vor dem Aufkommen einer »multiformen Kultur«, die nicht nur die kleinen Splitterkulturen, sondern umgekehrt auch die dominanten Kulturen umformen wird oder bereits umgeformt hat. Mit anderen Worten: es gibt auf einmal zahlreiche Alternativen zum Hauptstrom der Kultur, ja dieser selbst ist bereits umgeformt worden.

Was aber all diese verschiedenen Kulturen in einen übergreifenden sozialen Kontext zwingt, ist gerade die unbezähmbare Natur von Gottes unvollendetem Kontinent mit seinen riesigen Wüsten aus Sand und Stein, seinen kargen Steppen mit ihren unendlichen Horizonten und tiefen Canyons, in denen die Ströme kilometertief in der Erde versinken wie der Colorado oder der San Juan, mit jenen gewaltigen Regenfluten, die gelegentlich wahre Wände von Wasser aufsteigen lassen, Pflanzen und Felsen davonschwemmen sowie den Boden erodieren und jüngst noch (im November 1978) mitten in der Großstadt Phoenix wieder einmal das Brückensystem des Salt River vorübergehend zerstörten. Das aber führt uns zurück auf den letzten Hintergrund, der die plurale Kooperation erzwingt und zu dessen Bändigung die verschiedenen Menschengruppen zusammenstehen müssen. Genau hier treffen sich alle Elemente dieses Teils der Welt in dem uralten Credo der Indianer des Südwestens von der Übermacht der Natur, als deren Teil sie sich fühlen. Der letzte Urgrund dieser neuen Gesellschaft ist also ein geo-ökologischer – derselbe, der den Südwesten der Vereinigten Staaten zu dem gemacht hat, was er ist.

XVII. Heute in Italien

Ich habe schon mehrfach betont, daß ich mich, wann immer ich gesundheitliche oder moralische Schwierigkeiten hatte, nach Italien zurückzuziehen pflegte, wo es mir nicht schwerfiel, mich nach kurzer Zeit zu regenerieren und mein Gleichgewicht wiederzufinden. So ist auch der Titel dieses Kapitels nicht ganz adäquat; denn das »heute« hat eine sehr lange Geschichte. Im Grunde gehen meine ältesten Erinnerungen überhaupt außer auf Paris vor allem auf Bologna zurück, wo mein Vater um 1910 herum die Montage einer Zuckerfabrik leitete. Weitere Erinnerungen sind mit Piacenza verknüpft, wo die Zuckerfabrik, die mein Vater um 1912 baute, heute noch immer existiert. Die Menschen, mit denen mein Vater damals umging, sind unterdessen sicher alle gestorben. So schweben diese Erinnerungen heute gewissermaßen erratisch im Leeren, da unser Gedächtnis nur dann Zusammenhänge produziert, wenn wir sie mit anderen teilen, wenn es also gestützt wird von sozialen Beziehungen. Schwinden diese, dann bleiben nur unzusammenhängende Scherben, aus denen man immer schwerer einen lesbaren Text herstellen kann. So geht es mir auch mit diesen frühesten Erinnerungen, selbst wenn mir einzelne Bilder noch deutlich vor Augen stehen.

So sehe ich meine Mutter in Bologna am Postschalter stehen und irgend etwas schreiben; plötzlich kommt die Hand des Beamten ganz am Rande des Schalters heraus und greift mit einer schlangenhaften Bewegung nach ihrem Portemonnaie, das dann in geradezu magischer Eile verschwindet. Die Szene wirkte auf mich so unwirklich, daß ich vor Staunen verstummte. Erst später, als wir nach Hause kamen und meine Mutter den Verlust bemerkte, sprach ich wohl über meine Beobachtung. Im übrigen läßt mich genau hier schon mein Gedächtnis im Stich; denn ich vermag auch bei genauester Überlegung nicht mehr zu sagen, ob ich wirklich jemals über diese Erfahrung gesprochen habe. Aber das Bild der langsam herausschleichenden weißen Hand ist mir unauslöschlich haftengeblieben. Und irgendwie gehört es auch zu Italien, wenn man es realistisch betrachtet. Diesen Realismus teile ich übrigens mit der italienischen Mentalität, die bei allem gelegentlichen Enthusiasmus, wie man in Goethes Weimar gesagt hätte, die handgreifliche Selbsterkenntnis weder verleugnet noch verdrängt.

Es vergingen 13 Jahre, bevor ich im Sommer 1925, am Ende meines ersten Studiensemesters in Wien, wieder nach Italien zurückkehrte, und zwar nach Florenz, wo ich mich an der Ferienuniversität für Ausländer einschrieb. Das ist eine wunderbare Einrichtung, an der nicht nur vorzügliche Sprachkurse für alle Arten von Studenten abgehalten werden, sondern zusätzliche Vorlesungen über Kunst, Literatur, Musik, politische und Wirtschaftsgeschichte Italiens, das alles aufgelockert durch gemeinsame Besichtigungen und Touren durch die Toskana. Die Teilnehmer sind meistens aufgeschlossene Leute, so daß sich auch viele Möglichkeiten für persönliche Begegnungen und Freundschaften ergeben, von denen manche bei mir sehr lange gehalten haben, wie etwa die zu meinem Freunde Herbert Fleischer, Philosoph und Musikwissenschaftler, mit dem ich später in Berlin zeitweilig sehr eng zusammenarbeitete, als ich ihn bei seiner Dissertation über das Verhältnis von Klang und Farbe in der Musik unter Rückgriff auf Denis Diderot beriet, während er mich theoretisch und praktisch in die Musik Igor Strawinskys einführte, über den er später ein Buch veröffentlichte. Insbesondere erinnere ich mich aber eines anderen Musikwissenschaftlers, Rolf Jakobi, der in irgendeiner Weise, die ich vergessen habe, an den Händel-Festspielen beteiligt war. Er fand viel später in einem Brief an mich die entscheidenden Worte über unser aller Entwicklung nach der Rückkehr aus Italien: »Alles fing in Florenz an.« Das war wirklich die ganze Wahrheit. Der kulturelle Schock, den ich während jener zwei Monate erhielt, bewegte mich mehr als fünfzehn Jahre lang. Im ersten Kapitel meines Buches über Machiavelli habe ich 1940 das damalige Erlebnis von Florenz auf eine Formel zu bringen versucht. Florenz ist für mich seither die Stadt geblieben, in der ich mich am besten auskenne.

Ich habe später an vielen Orten in Florenz gewohnt, in Hotels und Pensionen, doch meine erste Bleibe ist mir immer noch unvergeßlich. Ich wohnte an der Piazza della Signoria Nr. 4 in einer kleinen Familienpension im vierten Stock gemeinsam mit einem Studienkameraden aus Wien. Das Haus war das zweite rechts neben der Loggia dei Lanzi, unsere Fenster gingen auf die Piazza. Jeden Morgen nach dem Aufwachen hing ich stundenlang zum Fenster hinaus und füllte mich bis zum Bersten mit diesem Anblick, durch den ich allmählich die ganze Stadt in mich aufnahm. Schon der erste Eindruck nahm mir eine Illusion, die ich allerdings mehr vom Hörensagen als aus eigener Erfahrung übernommen hatte. Ich meine die Vorstellung von der vermeintlichen Heiterkeit des italienischen Lebens, die in schroffem Gegensatz stand zu der Härte und dunklen Verschlossenheit des Palazzo Vecchio, den ich von meinem Fenster aus täglich sah – im Grunde der reinste Ausdruck des stoischen Bürgertums der Frühperiode von Florenz, von manchen auch als Zwingburg bezeichnet. Der gleiche Ernst spricht aus dem Baptisterium (unbekannten Ursprungs) und aus dem Campanile von Giotto, der auf halber Höhe die wunderbaren Figuren der Propheten von Donatello und seinen Gehilfen zeigt, vor allem aber auch die Reliefs von Andrea Pisano und Luca della Robbia, in denen die Entwicklung der Menschheit und der Handwerke und Gewerbe beschrieben wird, die Florenz groß gemacht und auch zum Bau des Domes beigetragen haben. Die gleiche Grundstimmung eines gesammelten Ernstes findet man in der Kirche der Handwerkergilden Or' San Michele in der Via Calzaioli, und zwar sowohl in ihrem dunkel verhängten Inneren wie an der Front und den Seitenfassaden mit unvergeßlichen Meisterwerken florentinischer Bildhauer und Metallgießer. Gewiß hat sich dieser Ernst später in den zahlreichen toskanischen Villen der Umwelt geöffnet; dann aber wurde die strenge Disziplin des Baugesetzes durch die ebenso unerbittlich geraden Linien der Gärten, die Würde und strenge Haltung der Gründer ersetzt, die mit ihren Stadtvätertugenden auch politisch entschiedene Republikaner waren. Und das in einem solchen Ausmaß, daß selbst die ersten Medici davon angesteckt wurden wie der große Cosimo, genannt »Pater Patriae«. Aber man denkt gemeinhin nur an Lorenzo Magnifico dei Medici, also einen schon feudalisierten späteren Sproß eines Geschlechtes, das bald darauf mit Catarina dei Medici in europäische Dimensionen hineinwuchs und damit die Vaterstadt nur von einer unglückseligen Verstrickung in die andere stürzte, so daß die alte Nüchternheit weitgehend in Vergessenheit geriet.

Es ist eigenartig zu sehen, wie Gegenwartsbilder alter Kulturen häufig aus Dekadenzperioden herauswachsen und damit die Frage im Grunde unbeantwortbar machen, was diese Kulturen eigentlich groß gemacht hat. So gibt es ein – insbesondere in Frankreich – verbreitetes Bild von Florenz, das sich nährt von der Vorstellung eines fröhlichen Lasters, wie es etwa im 18. Jahrhundert zeitweise vorherrschte, nachdem Forenz schon längst seine kulturelle Bedeutung verloren hatte. Vielfach ist dies Bild auch nur ein Ergebnis bewußter Verleumdung wie etwa von seiten der Protestanten in England, für die Italien nicht nur die Heimat des Papstes, sondern überhaupt aller erdenklichen Laster und Scheußlichkeiten war. Als schlimmster von allen galt ihnen der Florentiner Machiavelli. Die Florentiner revanchierten sich dafür mit dem Spruch *»Inglese italianizzato è diavolo incarnato«* (Ein italianisierter Engländer ist der leibhaftige Teufel), was auf den Condottiere Giovanni Alicudi gemünzt war (mit seinem richtigen Namen John Hawkwood). Die Katholiken dagegen antworteten darauf mit ihrem Zerrbild Heinrichs VIII., der nicht nur ein großer Herrscher, sondern auch einer der kultiviertesten Menschen seiner Zeit war. Diese Verleumdungskampagne reicht übrigens bis in einige moderne Filme hinein. Ähnlich ist es mit der deutschen Vorstellung vom französischen Absolutismus bestellt, die an dem Prachtabsolutismus des greisen Ludwig XIV. und die Verkommenheit der Régence anschließt und den großartigen François Premier ebenso wie den nüchternen Ludwig XI. völlig vergißt, obwohl die entscheidenden Planungsimpulse der französischen Monarchie im Grunde auf diese Herrscher zurückgehen. Die frischere Erinnerung an jüngste Erfahrungen wird allzuoft in die Vergangenheit projiziert. Das ist im Grunde die Umkehrung jenes Vorgangs, den mein verstorbener Freund Arie N. J. den Hollander in seiner Theorie der nationalen Vorurteile zeichnet, nämlich daß häufig Erinnerungsbestandteile von früher zur Begründung gegenwärtiger Vorurteile herangezogen werden.

Natürlich fielen wir auch zuweilen auf den süßlichen Kitsch herein, den die Renaissance ebenfalls produziert hat, wie etwa Carlo Dolci oder andere ähnlichen Kalibers, zu denen sogar große Namen zählen. Aber das waren im Grunde Ausnahmen. Viel wichtiger war dagegen der Umstand, daß uns in den Landschaften von Fra Beato Angelico das künstlerische Gesetz des gegenwärtigen Kubismus aufging, was uns dazu veranlaßte, ähnliche Analogien in den Kompositionselementen anderer Maler aufzuspüren, z. B. bei Giotto. Raffung eines Gegenstandes auf seine essentielle Kontur erschien uns plötzlich als elementares malerisches Prinzip. Das war im Grunde eine ganz ähnliche Entdeckung, wie sie mein Freund Gustav René Hocke bei der Analyse des Malers Jacopo da Pontormo, des »Manieristen« gemacht hat, nämlich daß es sich hierbei nicht um eine persönliche Marotte, sondern um ein Stilprinzip handelt, was mir nicht nur einleuchtete, sondern im Verständnis bestimmter moderner Kunstformen außerordentlich geholfen hat.

Wir erkannten damals aber auch schnell, daß das Phänomen der »Reproduzierbarkeit« von Kunst, etwa bei der Familie der della Robbia und bei anderen, schon in der Renaissance bestand, was die Produktion großer Kunst seitens derselben Meister keineswegs verhindert hat, wie die vier Evangelisten in der Capella dei Pazzi von Brunelleschi neben der Kirche von Santa Croce zeigen. Der Grund dafür liegt wohl unter anderem darin, daß die großen Renaissance-Künstler in Florenz trotz ihrer bis ins Phantastische übersteigerten Individualitäten dank ihrer unglaublichen Fruchtbarkeit dem einzelnen »Objekt« nicht soviel Aufmerksamkeit zuwandten. Man kann das auch salopper ausdrücken und sagen, daß das elitäre Geschwätz um das einzelne Werk abnimmt, je mehr ein Künstler produziert. Die Angst vor der Reproduzierbarkeit wächst im Grunde aus der Angst vor der Sterilität; nur darin gewinnt die kleinste Hervorbringung (ich vermeide das Wort Kreation geflissentlich) für sich eine so überspannte Bedeutung, daß die geringste Form von Reproduzierbarkeit sie zu zerstören droht. Umgekehrt erwachsen aus einer reichen Kreativität sehr bald Gebrauchsformen der Kunst, die einen festen Kanon für einzelne Schmuckfunktionen setzen, den man als »Stil« bezeichnen darf. Und Stil in diesem Sinne war seit jeher der italienischen, vor allem der florentinischen Kunst zu eigen, die ihre Werke – auch in der Reproduktion oder Imitation – in einen Alltag einbrachte, den man tatsächlich als Einheit von historischer und künstlerisch-präsenter Vision erfassen kann.

Die Piazza della Signoria ist ein einziges großes Beispiel für die Wahrheit dieses Satzes. Hier ist wirklich Kunst zum Alltag geworden, was der eigentliche Sinn aller Kultur sein sollte. Die großen und kleinen Figuren, die ich von meinem Fenster aus sah, brachten auch das Widersprüchliche zusammen – wie den David von Michelangelo, den Herkules mit dem Riesen Kakus von Baccio Bandinelli, dem unerbittlichsten Feinde Michelangelos, den Neptunsbrunnen von Amanati und Schülern des Giambologna und all die anderen Statuen in der Loggia, auch den großartigen Perseus mit dem Medusenhaupt von dem Allerweltskünstler Benvenuto Cellini, ein Werk, von dem man nicht zu entscheiden wagt, ob es Kitsch oder Kunst ist, so oft wurde es imitiert. Es ist gewissermaßen zu einem Versatzstück der bürgerlichen Kultur unserer Großväter geworden (auch bei Großvater König stand eine verkleinerte Kopie), wobei das Geheimnis der Gorgo Medusa natürlich völlig zurücktritt vor der eleganten Gestalt des jungen Helden.

Doch das wahre Florenz liegt nicht so einfach auf der Straße, man muß ihm schon sorgsam nachgehen. So etwa einem der größten Werke der »modernen« Kunst, den Sklaven zum Grab Julius' II. von Michelangelo in der Akademie. Auch wenn es Abgüsse sind, haben mich diese Figuren immer wieder erschrecken lassen, wenn ich sie von neuem sah, ob der Intensität eines solchen expressiven Kunstwollens. Ihre Größe liegt in ihrer Unfertigkeit; denn darin zeigt sich der Schöpfungsakt mit einer derartigen Vehemenz, daß man sich nicht bei müßiger Betrachtung beruhigen kann, sondern wie von einem erstickenden Alptraum ergriffen und fortgetragen wird. Für mich wurden diese Figuren später zum reinsten Dokument existenzieller Angst und Qual, in meinen Augen die Grundstimmung der Renaissance, wie ich sie in meinem Machiavelli-Buch darzustellen versucht habe. Im Museo Nazionale in Florenz steht eine andere unfertige Figur Michelangelos, nämlich der Brutus, das Symbol der florentinischen Republik. Es ist der gleiche Brutus, von dem Niccolò Machiavelli sagte, zur Sicherung der Herrschaft eines großen Herrn genüge es nicht, den Brutus zu erschlagen, sondern man müsse auch seine Söhne eliminieren, da sie sonst den Ruf der Freiheit weitertragen. Diese Sätze gewannen natürlich für uns in der Zeit des Faschismus, noch dazu unmittelbar nach der Ermordung Matteottis, eine erregende Bedeutung, machte sich doch Mussolini selber zum Fürsprecher der Maximen Machiavellis in einer Schrift zur »Einleitung« in dessen Werk (1925), während ihm der Brutus des Michelangelo im Wege stand, an dem alle unsere Hoffnungen hingen.

Aber, und das ist vielleicht das erstaunlichste Erlebnis von Florenz, Machiavelli und Michelangelo waren gleichermaßen Florentiner Patrioten, die im Todesjahr Machiavellis 1527 engstens am Bau der Befestigungswerke für die von den Spaniern und den Deutschen bedrohte Stadt zusammenarbeiteten. Beiden ging es letztlich nur um ihre Stadt, und damit stehen sie den Vertretern des alten stoischen Bürgertums von Florenz im Grunde näher als ihrer hochgradig politisierten Gegenwart, wie es auch in den Sonetten Michelangelos spürbar wird. Eigentlich sind sie also beide »Söhne des Brutus«, aus dem gleichen Stamm eines unbändigen Willens zur Selbstdarstellung entsprungen, selbst wenn ihre politische Einstellung gelegentlich konträr war. Ihr Leben aber war eine einzige Selbstqual, der sie das Höchstmaß an Schönheit abzugewinnen suchten. Das Selbstportrait Michelangelos macht die ganze Tiefe dieser Qual nur zu deutlich. Doch es zeigt denselben Mann, der die eiskalte Vollendung des David aus dem Marmor schlug. In einem ähnlichen Verhältnis stehen Machiavellis Briefe unmittelbar vor seinem Tode zur künstlerischen Perfektion des »Principe«. Die Schönheit ist beiden nicht von selber zugefallen, sonst wäre daraus nur die oberflächliche Attraktivität der kitschigen Produktion so mancher Renaissancekünstler geworden, von denen ich schon gesprochen habe; wahre Schönheit ist immer nur das Resultat eines umwegreichen Bemühens, sie der Unbill der Zeiten und der Verhältnisse abzutrotzen. Damit distanziert sich die florentinische Malerei deutlich von der römischen und auch von Raffael, der von Florenz aus gesehen zu einer undramatisch-erzählerischen Virtuosität herabsinkt. Umgekehrt wirkt Michelangelo in Rom wie ein hochexplosiver Fremdkörper, den auch seine engsten Gönner und Freunde am liebsten in sicherer Entfernung wissen.

Alle indessen teilen sie das Gefühl, das ein anderer großer Florentiner auf eine einzigartige Formel gebracht hat, die mich jahrzehntelang verfolgte:

Nessun maggior dolore
Che ricordarsi del tempo felice
Nella miseria . . .

Dante hat seinen »bel San Giovanni«, die Taufkapelle des Doms, nie wiedergesehen und trotzdem (oder vielleicht gerade darum) aus Sehnsucht oder Verzweiflung eines der größten Dichtwerke der Weltliteratur hervorgebracht, in das ich mich 1925 in einem Seminar über »Lettura Dantis« einführen ließ. Auch Petrarca blieb ein Wanderer zwischen vielen Welten, dessen Sehnsucht zu seiner Geliebten ebenso unerfüllt blieb wie die nach einem geeinten Italien.

Die Dramatik der Exilsituation erkannte ich allerdings erst sehr viel später, als ich mir seit Ausbruch des Nationalsozialismus in Deutschland überlegen mußte, was ich künftig tun sollte. Das war sicher die größte moralische Krise meines Lebens – und auch sie löste sich in Italien. Im Gegensatz zu der Behauptung des durchschnittlichen Nationalsozialisten, der zeitweise fast identisch war (ich betone »fast«, um mich vor bösartigen Interpretationen der Neo-Nazis zu schützen) mit den Deutschen insgesamt, haben wir Exilierten, vor allem auch die deutschen Juden, wesentlich mehr über das deutsche Problem nachgedacht als die Zuhausegebliebenen, die Profiteure, die feigen Anpasser, die mit den Wölfen heulten und nach 1945 von allem nichts gewußt haben wollten. Auch ich habe über die deutsche Einheit nachgedacht, bin aber heute zufrieden damit, daß es sie nicht mehr gibt. Doch ich bin von der langen Wanderung nicht als Deutscher zurückgekehrt, auch nicht als Anpasser an irgendeine andere Macht, sondern als Weltbürger, der sich das Recht zur Kritik an den Deutschen vorbehält wie auch an allen anderen Mächten; denn die Macht ist böse an sich und verdirbt den Menschen.

In den kurzen Jahren des »glücklichen Lebens« nach 1925 kam ich regelmäßig nach Italien, wobei ich jedesmal eine andere Region zu ergründen suchte. So lernte ich die unübertreffliche Vielfalt Italiens kennen. Einer unserer Lehrer in dem erwähnten Ferienkurs, der uns gewissermaßen in die italienische Mentalität einführte (er hieß Fasola und war eigentlich gar kein Universitätslehrer, sondern ein kultivierter florentinischer Landmann, den seine Freunde für diesen Kurs gewonnen hatten, um ihn von einem schweren persönlichen Verlust abzulenken), diskutierte mit uns einmal einen Satz, der unseren heftigsten Widerspruch erregte: Italien sei charakterisiert durch *»una lingua, una religione ed una bibite«* (eine Sprache, eine Religion und ein Getränk). Ein Land mit so vielen Dialekten, die teilweise füreinander völlig undurchdringlich sind, sollte man nicht als »einsprachig« bezeichnen. Später lernte ich als Soziologe verstehen, daß die Diglossie (die Kluft zwischen Hochsprache und Dialekt) in einem Lande, das jahrhundertelang durch schwere, von außen bedingte politische Konflikte erschüttert worden ist, zu einem Mittel des Widerstands gegen offizielle Herrschaften, legitime und illegitime, Usurpatoren und Eroberer werden kann, wie es sich beispielsweise in der Geheimsprache der »Carbonari« oder schon früher der Freimaurer ausdrückte, die im Italien des 18. und beginnenden 19. Jahrhunderts eine wichtige Rolle in der Fortführung der »Aufklärung« unter der nachrevolutionären Reaktion gespielt haben. Aber es gibt in der Hochsprache Italiens noch einen anderen eigenartigen Widerspruch, den wir unserem Lehrer entgegenhielten: *»Lingua toscana in bocca romana«*, so heißt es, sei das beste Italienisch; also toskanische Grammatik und Syntax in römischer Aussprache. In der Tat ist die toskanische Aussprache rauh bis bäuerlich; so spricht der Florentiner ein stark aspiriertes k vor Vokalen, das im Wort für Haus fast wie »chasa« klingt; die römische Aussprache ist dagegen klangvoll rollend, sie läßt doppelte Konsonanten deutlich als doppelte klingen und ist geprägt von metropolitanischer Rhetorik. Gewiß, auch die florentinischen Straßenredner, die wie die antiken Sophisten über jedes beliebige Thema reden, das die zahlenden Zuhörer fordern, verfügen über eine großartige Suada. Aber es ist eben florentinisch und nicht römisch. Leider sind diese Redner immer mehr im Aussterben begriffen, und es ist sicher schon viele Jahre her, daß ich einem von ihnen zum letzten Mal auf der Straße zugehört habe. Es war erstaunlich zu sehen, wie die Zuschauer die schwierigsten rhetorischen Figuren und syntaktischen Perioden aufnahmen und sogar im richtigen Moment applaudierten. Vor dem Lärm des Verkehrs im heutigen Florenz haben sich diese Redner zurückziehen müssen, aber sie haben ein Stadtvolk hinterlassen, das im Gegensatz zu den meisten Großstädten der Welt eine einzigartige Sprache auch im Alltag verwendet, eine Sprache, die an Korrektheit nicht ihresgleichen hat. Keine andere Region Italiens kann das von sich behaupten.

Ähnlich wie mit der Sprache steht es mit der Religion. Gewiß ist Italien – äußerlich gesehen – katholisch und hat den Papst. Aber man darf nicht vergessen, daß es auch eine beachtliche protestantische Minorität gibt wie die Waldenser in den Tälern des Piemonte (neben anderen Protestanten wie denen von Locarno, die später nach Zürich gingen, wo noch Namen wie Pestalozzi und andere davon künden). Diese protestantische Minderheit hat in der Entwicklung von Industrie und Kapitalismus in Italien eine hervorragende Rolle gespielt, wovon die enorme wirtschaftliche Potenz einer Stadt wie Mailand ein deutliches Zeugnis ablegt. Viel wichtiger ist aber noch der Umstand, daß sich das Papsttum jahrhundertelang als politische Autorität aufführte, was ihm die Feindschaft vieler italienischer Stadtstaaten eintrug. So waren bestimmte Teile Italiens zu Zeiten des Kirchenstaates hartnäckige und resolute Gegner des Papstes und seiner Religion; sie ließen – wie etwa die Herzöge von Este – die Standbilder der Päpste zu Kanonenkugeln umgießen. Das wirkt sich bis heute aus in einer prononcierten Areligiosität in der Region Emilia-Romagna, besonders in den Provinzen Bologna und Ferrara, wo nur etwa 5 % der Männer praktizierende Katholiken sind, im Gegensatz zu den 85–90 % in den angrenzenden Gebieten. Dazu kommen noch zahllose Überbleibsel antiker Religionen, wie sie vor allem in Neapel, in der Lukania, in Kalabrien und Sizilien weiterleben, worüber man vor etwa zehn Jahren gute Dokumentarfilme auf dem »Festival dei Popoli« in Florenz sehen konnte. Schließlich gibt es auch noch einen folkloristischen Aberglauben mit zahllosen eklektizistischen Religionstrümmern, deren Herkunft sich im Dunkel der Geschichte verliert.

Auch abgesehen von alledem liegt das Problem des Katholizismus in Italien bei weitem nicht so einfach, wie es die oben zitierte Formel behauptet. Allem voran aber steht ihr entgegen, daß das italienische Volk, an dem sich so viele vergriffen haben, allmählich eine wahrhaft abgründige Skepsis zu entwickeln vermag, die man als eine gleichsam zur zweiten Natur gewordene Ungläubigkeit bezeichnen kann. Das ist auch der Grund dafür, warum der Faschismus im Gegensatz zu Deutschland in Italien nicht richtig Fuß fassen konnte (außer in einer kleinen bürgerlich-nationalen Schicht). Die Deutschen *wollten* glauben, und so folgten sie einem phänotypischen Schreckbild aus Dreck und Spucke wie Adolf Hitler als Offenbarung der »arischen Rasse«. Die Italiener dagegen blieben selbst für den von Mussolini erfundenen Mythos der »Romanità« völlig unansprechbar. Das Evangelium lief an ihnen ab wie das Wasser an der Ente. Und während sie auf diesem Ohr taub blieben, gewannen sie auf der anderen Seite eine fundamentale Toleranz, sowohl gegenüber all jenen Fremden, die in ihr Land kamen, wie auch sogar gegenüber dem Katholizismus – eine Toleranz, die selbst zwischen so extremen politischen Gegnern wie den Kommunisten und den Katholiken gepflegt wird. Der echte italienische Mythos von heute ist die innere Verbundenheit von Don Camillo und Peppone.

Schließlich gilt auch der Satz, das wahre Unglück Italiens seien der Katholizismus und insbesondere der Papst, von dem Machiavelli sagte, er sei nicht stark genug gewesen, um die Einheit Italiens herbeizuführen, wohl aber stark genug, um sie fortwährend zu stören. Viele andere große Italiener teilen diese Meinung. Mein Freund Franco Lombardi, der Philosoph, erklärte einmal sogar in einem Vortrag in Köln »Wir Italiener sind zutiefst areligiös, dafür haben wir den Papst«, womit er die bigotten Kölner der fünfziger Jahre weidlich entsetzte. Trotz allem wird auch heute noch der Papst in Rom bejubelt wie ein großer Herr, der einen entsprechend großen Pomp entfalten kann, da die Kirche ja zweifellos eine der reichsten Organisationen der Welt mit höchst stabilem Einkommen ist, die virtuos auf der Klaviatur der ästhetischen Selbstdarstellung zu spielen weiß. Ich behaupte nicht, daß ich imstande wäre, dieser Verzauberungsgewalt immer zu widerstehen. Die Kirche ist nicht nur die einzige totalitäre Macht, der es gelungen ist, zweitausend Jahre zu überleben, wie Heinrich Böll einmal gesagt hat. Sie hat auch ein Ritual teils erfunden, teils synkretistisch rechts und links aufgesammelt, gepflegt und weiterentwickelt, das für zahllose menschliche Situationen eine Verhaltensregel hergibt. Nur sage man mir nicht, die Kirche sei Ausdruck der Wahrheit. Sie ist eine Macht mit gelegentlich großer kultureller Gestaltungskraft; die Wahrheit aber ist sie nicht.

Nun zum letzten Teil unserer falschen Formel »eine Sprache, eine Religion und ein Getränk«, nämlich zum Wein. Ich will gar nicht davon sprechen, daß seit der Mitte des 19. Jahrhunderts das nordische Bier seinen Einzug in Italien gehalten hat, was schließlich nur eine Folge der Modernisierung ist, also verhältnismäßig gleichgültig, da relativ jungen Datums. Das gleiche geschah ungefähr um dieselbe Zeit auch in Griechenland (unter der Bayernregierung) und in Spanien. Vielmehr sind hier zwei andere Züge hervorzuheben: besonders im Norden und Nordosten ist gebrannter Alkohol seit langer Zeit ein vielkonsumiertes Genußmittel, das auch zum Kaffee genossen wird, wie im Friaul, bei den bäuerlichen Bergkulturen in Piemont und im Tessin (wie auch in der Zentralschweiz und in den französischen Seealpen). Diese lange Gewöhnung an ein »hartes« Getränk ist wohl mindestens teilweise dafür verantwortlich, daß die Italiener nach 1945 mit zu den stärksten Whisky-Trinkern Europas wurden, und zwar sogar die unteren Mittelklassen und nicht nur im Norden. Doch auch damit haben wir den entscheidenden Punkt dieses dritten vermeintlichen Einheitsmoments noch nicht erfaßt: es gibt nämlich nicht »einen« Wein, der ganz Italien einigt, sondern die italienische Weinkarte enthält genauso viele sehr verschiedene Weine, wie es Regionen und Unterregionen gibt. Ich bekenne meine persönliche Vorliebe für toskanische Weine und besonders die von Orvieto. Im übrigen zwinge ich mich zur Zurückhaltung, hier eine Charakteristik der mir bekannten italienischen Weine zu geben, da ich noch immer Jahr für Jahr neue kennenlerne, die ich vorher nicht einmal dem Namen nach kannte. Auch in dieser Hinsicht ist Italien reich, selbst wenn es noch immer zu den armen Nationen des Südens gehört.

Der langen Schreibe kurzer Sinn führt uns nicht nur zur Frage der italienischen Einheit, sondern darüber hinaus der italienischen Vielfalt. Es ist zu bemerken, daß sich diese Kultur als einheitliche verstehen läßt, wobei diese Einheit auf Subkulturen aufbaut, die die Fähigkeit und Hartnäckigkeit besessen haben, sich mit den Jahrhunderten gewissermaßen in Reinkultur auszuprägen. Diese zahlreichen italienischen Subkulturen und ihre Typen ersetzen den sogenannten »Durchschnitt«. Es gibt keinen »Durchschnittsitaliener« wie den »Français moyen«. Vielmehr steht auch hier die Ausprägung von kollektiven Individualitäten im Vordergrund, was besonders auffällig wird in der Unterklasse. Im Gegensatz zu den meisten Industrieländern ist die italienische Unterklasse nicht charakterlos verwaschen und proletarisiert, sondern »typisiert«. Daher ist auch das italienische Typentheater im Grunde höchst naturalistisch, denn es hält sich an diese Ausprägungen in ihren unendlich variierten sprachlichen, politischen und regionalen Formen, die natürlich eine höchst komplizierte Folklore von gegenseitigen Bewertungen und Vorurteilen provoziert haben. So erzählte mir z. B. der verstorbene Adriano Olivetti aus Ivrea im Valle Aosta, daß sein Vater es sehr ungern sah, als ihm die Militärverwaltung im ersten Weltkrieg Venezianer, die durch den österreichischen Vorstoß ins Veneto vertrieben worden waren, als Arbeiter überstellte. Er »mochte ihre Gesichter nicht« und auch nicht ihre Sprache, die für sein Gefühl unangenehm vom piemontesischen Dialekt abstach.

Wenn es ein Italienerbild des Tourismus und der Literatur gibt, so gestehe ich freimütig, daß ich es nicht kenne. Wohl aber glaube ich, das Italien der Italiener zu kennen, und das ist ein wesentlicher Grund, warum ich mich in diesem Lande zu Hause fühle, das in seiner jeweiligen Ausprägung und Andersartigkeit immer stark und nie banal ist. Ein Einwand wäre, daß dieses Gestaltungsprinzip provinziell sei, was viele Italiener selber von sich behaupten. Das scheint mir aber darum abwegig, weil Provinzialismus nur im Kontrast zu einer Metropole wie etwa Paris besteht. Rom dagegen ist zwar Hauptstadt, aber keine Metropole; es ist nur eine der subkulturellen Ausgestaltungen neben anderen, mit einer eigenen Sprache, dem Romanesco, in dem es sogar einen hervorragenden Dichter wie Giovanni Belli und viele Moritaten- und Coupletsänger gibt.

Der Sinn dieser Vielfalt als Lebensform wurde mir eines Abends blitzartig klar, als ich mit meiner Frau am Ende der Saison in Ravenna auf einer Piazza mit zwei Straßencafés saß. Ravenna hat zwei Kunstakademien und damit viel junges Volk, das die Tische besetzte, nachdem die Touristen gegangen waren. Aber daneben sah man auch die Honoratioren der Stadt und ihren Anhang. Jeder kannte jeden, obwohl er nicht mit jedem verkehrte, und man sah es ihnen an, daß sie schon viele Generationen miteinander gelebt hatten. Obwohl es keinem von ihnen sehr gut ging und sie sich alle nach der Decke strecken mußten, strahlte eine starke und warme Lebensgewißheit von ihnen aus, die sich auch im Alltagsverhalten in einer höchst differenzierten Etikette ausdrückt. Diese Menschen haben »Lebensart«, wie man mit einem altmodischen Ausdruck sagen könnte. Sie selber sagen *»civiltà«* – und damit haben wir eine Formel, mit der ich meine Stellung zu diesem Land, das mich so viele Jahrzehnte begleitet hat und das aus meinem Leben nicht wegzudenken ist, in einem Wort zusammenfassen kann.

Es gibt viele Menschen, die Italien als kulturelle Gestalt lieben, ohne jedoch davon Kenntnis zu nehmen, daß es eine Kultur ohne Menschen nicht geben kann. Sie bliebe ein reines Bildungsgespinst, das sich sogar mit einer (bewußt oder unbewußt) ausgesprochen negativ präjudizierten Haltung gegen alles Italienische und besonders die italienischen Menschen vereinbaren ließe. Meine Stellung ist davon völlig verschieden: ich liebe den italienischen Menschen in seiner unglaublichen Varietät und Individualität, also mit allen seinen Fehlern und Tugenden, wobei mir die Gesamtbilanz doch positiv aufzugehen scheint. Das ist wohl auch der Grund, warum ich hier seit jeher mit meinen menschlichen, moralischen und gesundheitlichen Problemen ohne Krampf und in kürzester Zeit fertig geworden bin.

Die erste Phase meiner Vertrautheit mit Italien hatte allerdings deutliche Grenzen. Ich stieß zunächst nicht weiter nach Süden vor als bis Siena, Pisa, Perugia und Orvieto. Nach Rom und Neapel kam ich erst Anfang der dreißiger Jahre, womit für mich auch eine neue Lebensphase begann, die mein Verhältnis zu Italien veränderte und vertiefte. Damals herrschte der Faschismus unangefochten eigentlich nur in Rom. So neigte ich dazu, Rom auf meinen Reisen zu überspringen, und lernte es erst nach dem Zweiten Weltkrieg näher kennen. Zeitweise kannte ich von Rom einzig den (alten) Bahnhof, auf dem ich mich nur wenige Stunden aufhielt, bevor ich den Zug nach Sizilien bestieg oder umgekehrt nach Norden. So war ich insgesamt sechsmal in Rom jeweils auf einer Hin- oder Rückfahrt nach Sizilien, ohne auch nur einen einzigen Schritt in die Stadt getan zu haben, während ich mich häufig in Neapel aufhielt. Auch später bin ich kein Freund Roms geworden; mein Einstieg nach Italien war eben Florenz gewesen, und die beiden Zentren schließen einander eigentlich aus.

Ich habe schon mehrfach gesagt, daß ich für die Symptome der Macht nicht ansprechbar bin. Diese traten mir aber in Rom in dreifachem Gewande entgegen: als Selbstbeweihräucherung des Faschismus, als Machtorganisation der Kirche und schließlich als Kulissenrest des antiken römischen Imperiums, wobei sich Mussolini zumeist recht lautstark auf die alte »Romanità« zu berufen pflegte, so daß man immer wieder mit der Nase auf diese ultima ratio der imperialen Macht gestoßen wurde. Ich glaubte zudem, diesen Faden durch die ganze Geschichte der Stadt verfolgen zu können, mit Ausnahme vielleicht des mittelalterlichen Rom, das ein verkommenes und verschlafenes Provinzstädtchen gewesen ist, wie es Gregorovius so meisterlich gezeichnet hat. Nach dem Zweiten Weltkrieg erhielt Rom aber eine ganz neuartige und unerwartete Bedeutung, indem es zur eigentlichen Scheide zwischen dem höchstentwickelten Norden und dem unterentwickelten Süden wurde. Wie die bösartigen Mailänder zu bemerken pflegen, wird in Rom das Geld verschwendet, das im Norden verdient wird. Dieses Sprichwort gab es aber schon vor dem Zweiten Weltkrieg, weshalb man nicht fehlgeht in der Annahme, daß sich darin eine strukturelle Konstante der italienischen Wirtschaft ausdrückt. In der Tat ist das Dreieck zwischen Mailand, Turin und Genua eine der höchstentwickelten Industriezonen ganz Europas. Demgegenüber muß Rom geradezu als unterentwickelt erscheinen. In dieser Spannung schwingt auch die Animosität nach, die italienische Industrielle und Unternehmer seit jeher gegen die Staatsbürokratie empfunden haben. Auch alle Bemühungen der »Cassa del Mezzogiorno«, der Entwicklungsbank für den Süden, haben das bis heute nicht aus der Welt zu schaffen vermocht.

Mein erster Vorstoß nach Süden im Jahre 1934 war die Folge der bereits geschilderten Entwicklung in Deutschland. Ich hatte noch in Florenz Halt gemacht und mit Herbert Fleischer zu Abend gegessen, der sich bereits dort niedergelassen hatte: unser gemeinsames Jugenderlebnis hatte ihm wie von selbst einen neuen Lebensraum geöffnet. Am nächsten Morgen fuhr ich direkt nach Taormina in Sizilien, wo ich bis zum Ende des Sommers blieb. Die erste Gewißheit der Heilung meiner Bronchitis erfuhr ich bereits auf dem Fährschiff zwischen Reggio Calabria und Sizilien im kühlen Morgenwind. Ich verließ das Festland und setzte über auf eine Insel, die zwar geographisch getrennt ist von Europa, aber doch mit zahllosen Fäden – echten und mythischen – an ihm hängt. Die gleiche Reise unternahm ich drei Jahre hintereinander bis 1936. Unmittelbar nach der letzten Rückkehr nach Berlin wagte ich den Absprung nach Zürich. Die Zeit zwischen diesen beiden Daten nutzte ich zum Nachdenken, wobei mir die wesentlichen Impulse zur Lösung meines Dilemmas zweifellos aus meinem Erlebnis Siziliens zuflossen.

Bis dahin war mein Schlüsselwort zur Rettung der Demokratie vor dem Nationalsozialismus der Titel einer radikal-liberalen französischen Zeitung gewesen: *L'Intransigeant.* Unbeugsamkeit versuchte ich meinen Freunden in vielen Gesprächen einzugeben. Doch trotz aller ihm anhängenden Bedeutungen war das nur ein Wort, ein flatus vocis. Ich war irgendwie unruhig, da ich immer deutlicher spürte, daß hier mit Worten allein nicht mehr gekämpft werden konnte, sondern Ressourcen aus einer anderen Dimension mobilisiert werden mußten. Und diese Tiefendimension des Widerstands eröffnete sich mir nun in Sizilien.

Das Wort »Widerstand« las ich zum ersten Male als Titel einer illegalen Zeitschrift, die Ernst Niekisch in Berlin herausgab und in der Alexander Mitscherlich mein Universitätsbuch besprochen hatte. Doch auch dies war vorläufig nur ein Wort. Seine reale Bedeutung erfuhr ich in Sizilien als eine der Grundverhaltensweisen des sizilianischen Volkes gegen fremde Herrschaften. Ich erkannte auch bald, daß der Faschismus in Sizilien ganz und gar als fremder Import aufgefaßt wurde, den man einfach ignorierte. Die politische Macht wurde mit der wirksamsten Waffe bekämpft, die der Sizilianer kennt: mit Schweigen. Der Sizilianer vermag das Schweigen zu einer echten Tortur für den Dialogpartner auswachsen zu lassen. Wenn ein Außenstehender von diesem Schweigen getroffen wird, kann er nur mit spontaner Verwirrung reagieren, die sehr bald in eine Fluchtreaktion umschlägt. Ich sah einmal einen Film (*In nome della legge*) aus der Schule des Neoverismus nach 1945, in dem zu Beginn beschrieben wird, wie ein neuer Lehrer aus Oberitalien in einem sizilianischen Städtchen des Innern mit der Kleinbahn ankommt, um seinen Dienst anzutreten. Als erstes stürzt er, während er aussteigt, weil der Zug gerade in diesem Moment noch einen kleinen Ruck macht. Vor dem Bahnhof sitzen auf einer langen, niedrigen Mauer in unregelmäßigen Abständen viele alte Männer, die klein und verhutzelt erscheinen, die Schirmmützen in die Stirn gezogen, einen Wollschal um Hals und Mund gelegt (denn viele Krankheiten kommen nach sizilianischem Glauben durch die Atemluft in den Körper). Alle halten den Blick starr auf den Neuankömmling gerichtet, der im Vorübergehen grüßt, aber keiner gibt im mindesten zu erkennen, daß man von seiner Anwesenheit auch nur die geringste Notiz genommen hätte. Das Schweigen ist derart lastend, daß man es geradezu sehen kann. Schließlich geht der Lehrer nach kurzem Zögern eilends davon in das Städtchen, das wie meist in Sizilien auf einer Bergkuppe liegt.

Genauso hatte ich es am 28. Oktober 1936 in der Töpferstadt Caltanisetta unweit von Enna erlebt. Es war der Jahrestag des faschistischen »Marsches auf Rom«. Irgendein uniformierter *Gerarca* (Ausdruck für die höheren Parteispitzen) mit einer Troddel an der schwarzen Schiffchenmütze hatte eine kurze Ansprache gehalten. Darauf folgte die Übertragung der Festrede Mussolinis über Lautsprecher. Die abgehackte Stimme hallte blechern und wie aus der Retorte über die Piazza, auf der sich die Bauern in unregelmäßigen Gruppen drängten, alle mit Mützen und Pelerinen, unter denen Arme und Hände verschwanden, manche waren bewegungslos an lange Stöcke gelehnt. Die Augen schienen leer, die Gesichter stumpf, wie aus Lava geformt. Um so ausdrucksvoller war das Schweigen, das über der weiten Piazza hing. Am Schluß tönte von dem Schwarzbemützten der Kampfruf der faschistischen Squadristen *»Eja, eja, allallà«*, der gewissermaßen völlig unmotiviert für ein paar Sekunden über den Köpfen schwebte, ohne ein Echo zu finden. Das Schweigen hatte ihn buchstäblich verschlungen. Der Potentat mit der schwarzen Troddel machte ein paar unruhige und abgerissene Bewegungen, dann kehrte er wie auf dem Kasernenhof links um und verschwand mit seiner Begleitung flüchtigen Schrittes, während sich die stummen kleinen Männer auf der Piazza langsam in Bewegung setzten und, ohne auch nur ein leises Gemurmel hören zu lassen, gemessen davongingen. Das sizilianische Schweigen ist in der Tat fürchterlich. Es geht eine stumme, aber intensive Drohung von ihm aus, in der ich zum ersten Mal das Phänomen Widerstand existentiell zu spüren bekam.

Was für den Fremden wie eine Unterbrechung jeglicher Kommunikation erscheint, erfüllt sich aber für den Sizilianer mit Leben. Wenn überhaupt, so kann man hier von einem beredten Schweigen sprechen, das nur gelegentlich durch eine höchst differenzierte Gestensprache unterbrochen wird. Ein Sizilianerwitz von damals berichtete, daß zwei angesehene Männer einer Stadt ohne Angabe von Gründen in ein Amtsgebäude vorgeladen worden waren. In der einen Wand befand sich ein Guckloch, hinter dem der König von Italien aus dem Verborgenen zuschaute. Die erste halbe Stunde saßen die beiden schweigend auf ihren Stühlen, scheinbar ohne voneinander Notiz zu nehmen. Dann unterbrach der erste lautlos das Schweigen, nachdem er den anderen ein paar Sekunden unbewegten Gesichts angesehen hatte. Er schüttelte die rechte Hand mit zusammengehaltenen Fingern, den Daumen in der Mitte, ein paarmal in Brusthöhe und zog dabei die Brauen hoch. Nach einer Weile legte der andere die Hände flach zusammen, bewegte sie nur leicht. Dann fuhr er sich mit dem Handrücken der Rechten von unten über Hals und Kinn, während er die geschlossenen Lippen vorschob und den Kopf leicht nach hinten bewegte. Im Klartext lautete der Dialog: »Was soll das hier? Weißt du, was los ist?« – »Mir völlig rätselhaft, ich habe absolut keine Ahnung.« Auf diese Weise können sich Sizilianer (aber auch Kalabresen und Lukanier) über vieles verständigen, ohne auch nur einen einzigen Laut von sich zu geben, was natürlich ihr Schweigen noch aufdringlicher erscheinen läßt. Der König soll seinen Lauscherposten sehr nachdenklich verlassen haben, vielleicht war ihm dabei klargeworden, daß er soeben an die absolut letzte und unübersteigbare Grenze seines Herrschaftsbereichs gestoßen war. Dabei war dies nur ein ganz kleiner Ausschnitt aus der sizilianischen *Omertà,* der Schweigepflicht unter Zusammengehörigen: Verwandten, Freunden, Gevattern, Klienten, Dorfgenossen, gewissermaßen dem Ozean des kollektiven Schweigens, auf dessen Oberfläche die Gesten hier und da wie kleine Inseln für eine Sekunde aufscheinen, um sofort wieder zu verschwinden.

Zum Widerstand gehört auch die von den Umständen verhängte oder selbstgewählte Armut, die einfach da ist, ohne daß man sich gegen sie auflehnen könnte. Es ist nicht die Armut des Mönches, für den ja gesorgt wird, sondern die stumme Armut des Hirten, der weiß, daß ihm niemand hilft. In meinem Sizilienbuch habe ich versucht, der sizilianischen Kultur der Armut ein Denkmal zu setzen, nachdem ich selber bereits als Emigrant in den Kreis der Armut eingetreten war. Ich erinnere mich noch, wie mein Lehrer Max Dessoir sich sorgte, als er mich kurz vor dem Kriege in Zürich besuchte, wovon ich denn nun leben könnte, und bitter meinte: »In Berlin wären Sie jetzt nach Ihren bisherigen Leistungen sicher schon Extraordinarius.« Nun – ich war gar nichts, mehr noch: ich hatte mich schon recht munter daran gewöhnt, während meine Eltern mich sicher als einen verlorenen Sohn betrachteten und meine Studienkollegen ohne Zögern Stufe um Stufe ihrer Karrieren erklommen. Um welchen Preis das geschah, soll hier nicht diskutiert werden. Vielleicht kostete es sie auch gar keine Mühe. Ich schließe das aus der biederen Unverfrorenheit, mit der sie mir nach dem Kriege begegneten. Darunter übrigens auch ein Schweizer, den sein vermeintlich demokratischer Geist nicht daran gehindert hatte, bis in die höchsten Ränge der deutschen akademischen Welt hinaufzusteigen. Nur bei einem fand ich ein Zugeständnis der Scham, nämlich bei Bruno E. Werner, in seinem Roman »Die Galeere«, wo es einmal heißt: »Von einem, der immer dagegen war und nichts dagegen tat.« Trotzdem beflügelte uns damals alle, die wir uns in Zürich und in der Schweiz kennenlernten, eine irgendwie unglaubliche Heiterkeit, die im Grunde das Erlebnis jener Freiheit war, die uns nun ermöglichen sollte, geistig das zu realisieren, was wir für richtig hielten. War das nicht ein Privileg sondergleichen? Eines Nachts sprach ich darüber mit meinem italienischen Freund Giuseppe Delogu aus Catania, der in Venedig vor seiner

Flucht in die Schweiz Kunsthistoriker und Kustos an einem Museum gewesen war. Er war genauso arm wie ich; die Zürcher Straßenbahn war für uns eine unerschwingliche Ausgabe, darum waren wir auch noch zu unbürgerlicher Nachtzeit auf der Straße. Aber wir wurden uns schnell darüber klar, daß diese Freiheit in allem Unglück gleichzeitig eine Verpflichtung war, die nach dem Kriege eingelöst werden mußte. Im übrigen war das der gleiche Umschwung, den Sizilien während jener Periode des Krieges durchmachen sollte, vom passiven Ausgeliefertsein an ein unüberwindliches Schicksal zu einer neuartigen Aktivität, die dann je nach der politischen Einstellung in verschiedene Richtungen lief.

Darüber konnte ich mir schon damals bei den italienischen Flüchtlingen in der Schweiz ein Bild machen. Wir trafen uns regelmäßig in Zürich-Aussersihl im Ristorante Internazionale von Curzio Bertozzi und seiner Frau Vilma. Es gab besondere Preise für Emigranten und immer gute Gespräche. Es war auch ein Restaurant mit Weltanschauung, in diesem Falle mit linksliberaler bis sozialdemokratischer. Eine echte Oase menschlichen Verständnisses, die einzig gegen Ende des Krieges dadurch gestört wurde, daß sich ein faschistischer Spitzel eingeschlichen hatte, der uns insbesondere zur Zeit der letzten norditalienischen Republik Mussolinis, der sogenannten »Repubblichina«, Sorge machte.

Das war übrigens auch die Zeit, als Adriano Olivetti mit einer Mappe unter dem Arm zu Fuß über die Grenze kam. Nun – er hatte keine Sorgen; denn in dieser Mappe fanden sich Ausweise und andere Mittel, um auch längere Zeit in der Schweiz leben zu können. Aber er verbrauchte nichts für sich. Ich wurde bei ihm eingeführt, als er in einem kleinen Häuschen in Campfer im Engadin wohnte. Ich selber war damals häufig bei Gottardo Segantini und seiner Familie in Maloja zu Gast. Gottardo war ein weiser und irgendwie sehr souveräner Mann, als Maler nicht so differenziert wie sein Vater Giovanni, aber doch recht beachtlich. Wichtiger aber war seine Beziehung zum norditalienischen Agrarsozialismus, über den wir lange Gespräche hatten. Mit Adriano Olivetti sprach ich vor allem über die Entwicklung der Sozialforschung in Italien. Seine politische Philosophie entsprach mehr der Weltfremdheit des genialen Erfinders und großartigen Betriebsleiters, der er war; nach Kriegsende gab er es denn auch bald auf, an der italienischen Politik teilzunehmen, obwohl er ein leidenschaftlicher Republikaner war.

Aber er wurde doch abgeschreckt von der schmutzigen Realität der Politik; so hörte ich ihn einmal 1946 in Mailand zu jemandem sagen, der ihn nach dem Ergehen der christdemokratischen Partei fragte: *»Non siamo nè democratici nè cristiani«* (wir sind weder Demokraten noch Christen). Das war hart, traf aber wohl den Nagel auf den Kopf. Das Büro, das er sich unmittelbar nach Kriegsende bei der Piazza Barberini hatte einrichten lassen, um gewissermaßen einen Fuß in der Tür zu haben, gab er Ende 1946 schon wieder auf. Ich erinnere mich, damals in einem Firmen-Lastwagen von Rom nach Mailand gefahren zu sein, in dem sich ein Teil der Möbel und vor allem seine Bibliothek befanden, die er nach Ivrea ins Valle Aosta zurückbrachte. Andererseits gab er viel Geld aus für eine kleine Lehr- und Forschungsstätte, an der Italo-Amerikaner lehrten und viele junge Soziologen ausgebildet wurden, die bald in akademische Stellungen einrückten. Auf der Schlußsitzung des vierten Weltkongresses für Soziologie in Stresa konnte ich dann den damaligen Kultusminister Gonella (wenn ich nicht irre) öffentlich auffordern (was in der Presse überall erwähnt wurde), mehr Lehrstühle für Soziologie in Italien bereitzustellen, was dann auch geschah. Der erste Schritt dazu war aber Adriano Olivettis Rückkehr nach Italien in den ersten Maitagen 1945 mit einer Reihe von Lastwagen voller sozialwissenschaftlicher Literatur, die er in der Schweiz hatte drucken lassen; damit schuf er den Grundstock des Verlags »Communità«, zu dem zeitweise auch eine Zeitschrift gleichen Namens gehörte. Nach Olivettis vorzeitigem Tode ist das alles aufgelöst worden, wohl auch weil seine Familie die Ausgaben scheute, aber man kann die Entwicklung der italienischen Nachkriegssoziologie nicht von seinem Namen trennen; so bezeichnete man damals die in Italien noch ungewohnte Gattung der Soziologen gern als die »Olivetti-Boys«. Sein Schritt war eine großartige Initiative und ein kühner Anfang, und ich weiß, daß keiner der damals Beteiligten den Namen Adriano Olivetti vergessen hat.

Ein anderer zentral wichtiger Ansatz für die Sozialwissenschaften hatte sich unmittelbar nach dem Kriege in Mailand aus einer alten italienischen Tradition, der Kriminalsoziologie, entwickelt, und zwar unter dem Einfluß des Richters Adolfo Beria di Argentine und des Begründers der »Difesa Sociale«, des Grafen Filippo Gramatica; zu der deutschen Übersetzung seines Hauptwerkes habe ich später ein Vorwort beigetragen. Schon 1947 organisierte

Beria di Argentine in San Remo einen ersten Kongreß für »Gesellschaftsschutz« (der Ausdruck scheint mir adäquater als der der »gesellschaftlichen Verteidigung«, den man im Deutschen gelegentlich dafür benutzt, denn er zeigt deutlicher, daß es dabei um eine Strafrechtsreform ging, wie auch bald die Beziehungen zu den belgischen und französischen Strafrechtsreformern sehr eng wurden; außerdem ist der deutsche Ausdruck »gesellschaftliche Verteidigung« für meinen Geschmack zu aggressiv und widerspricht damit unseren Absichten). Ich selber hielt ein erstes Referat über Soziale Planung und Strafrechtsreform, worin dem Problem der »Prävention« besondere Beachtung gewidmet wurde, worüber ich auch zum IV. Kongreß in Mailand 1956 und zum IX. Kongreß in Caracas 1977 längere Berichte verfaßte.

Es war nicht ganz einfach gewesen, pünktlich nach San Remo zu gelangen. Wir befanden uns ja noch in der unmittelbaren Nachkriegszeit, und ich erinnere mich, zeitweise in einem Waggon gefahren zu sein, bei dem der Fußboden fehlte: man konnte also nur sitzen. Das war allerdings schon viel, denn in anderen Zügen konnte man nur stehen, ausnahmsweise sogar auf beiden Füßen. Da meine Frau unser erstes Kind erwartete, packte mich am Ende des Kongresses die Unruhe, und ich bestieg in aller Herrgottsfrühe den ersten Zug nach Genua, wo ich auch eine Fahrgelegenheit nach Mailand und Chiasso fand. Als ich von Chiasso aus in Zürich anrief, sagte mir meine Frau, die Wehen hätten begonnen. Kurz vor Mitternacht war ich zu Hause, um mich mit meiner Frau sofort wieder aufzumachen und ins Spital zu gehen, wo unser Sohn Mario ein paar Stunden später, am 12. November, geboren wurde. Der Graf Gramatica bezeichnete ihn später als den ersten natürlichen Sohn der Difesa Sociale!

Unversehens bin ich aber schon von der Vorkriegs- in die Nachkriegszeit hinübergeglitten, ohne der großen Zäsur zu gedenken, die es mir erlaubte, das Gewesene hinter mir zu lassen und mich auf die neuen Aufgaben und Belastungen vorzubereiten.

Veranlaßt durch eine Familie in Neapel reiste ich im Sommer 1946 nach Capri, wo ich mit einem Freund ein paar wunderbare Wochen verbrachte. Wir badeten den ganzen Tag lang und liefen abends stundenlang über die Insel. Capri war damals noch, was es vielleicht einmal sehr viel früher gewesen war: außer ein paar Amerikanern gab es keine Fremden, vor allem keine Deutschen, die Italiener beherrschten die Insel unangefochten: anerkannte Respektsperson war der snobbisch-originelle Curzio Malaparte aus Triest, der in seinem Roman »Kaputt« ein anschauliches Bild des deutschen Debakels von 1943 gegeben hat. Kurz: man konnte aufatmen. Nachdem ich im Frühjahr 1947 geheiratet hatte, verbrachten wir die ersten paar Wochen zwischen den Semestern ebenfalls in Capri, und das wiederholten wir mehrere Jahre hintereinander. Hierbei fiel mir wieder einmal die große Toleranz der Italiener auf. Die Deutschen hatten es verstanden, auch bei ihren »Verbündeten« eine denkbar schlechte Presse zu hinterlassen, insbesondere bei den Angehörigen des Widerstands. Zwar gab es bei mir persönlich keine Probleme, da man meine Positionen kannte, doch hätte man meiner Frau gegenüber, die ich erst 1947 aus Deutschland »exportiert« hatte, eine gewisse Zurückhaltung erwarten können. Genau das geschah aber nicht, vielmehr wurde sie überall mit freundlicher Neugier aufgenommen.

Es ist übrigens kein Zufall, wenn ich im Vorstehenden unversehens zwischen Vor- und Nachkriegszeit hin- und hergesprungen bin. Denn ich war in der Tat auch außerhalb Italiens und während des Krieges nie ganz von Italien getrennt. Italien ist der italienische Mensch, also gibt es Italien auch in der Schweiz und überhaupt überall in der Welt, wo Italiener sind. Und wo wären sie nicht? Ein großer Teil meines Freundeskreises in Zürich bestand aus Italienern, bei denen ich viele italienische Probleme in ihren Feinheiten verstehen lernte. Mit Giuseppe Delogu besprach ich auch mein Sizilienbuch, das ich 1941 schrieb, ferner vor allem sprachliche Probleme bei Giovanni Verga, den ich 1943 für die Büchergilde Gutenberg übersetzte. Obwohl ursprünglich sardischer Abstammung, war Delogu in Sizilien aufgewachsen; aber selbst er versagte vor ein paar Stellen des Textes von Verga, die ich in meiner Übersetzung dann weggelassen habe. Ein zentrales Moment der großen Kunst Vergas bestand darin, seine »gesprochene Prosa« (*prosa parlante*) aus dem Dialekt ins Hochitalienische zu übertragen. Später versuchte ich mich auch an der Übersetzung von »Mastro Don Gesualdo«, gab dann aber auf, da ich mich mit den Jahren doch zu sehr als Soziologe »professionalisiert« hatte und Nebenbeschäftigungen dieser Art aufgeben mußte. Nur ein Projekt führte ich durch, nämlich den Abschluß meines Sizilienbuches, das mir die

Freundschaft von Jacob Bührer einbrachte, der einen der großen Schweizer Erziehungsromane verfaßt hat (»Im Roten Feld«).

Es gab zu diesem Sizilienbuch eine Vorarbeit von 1936, zu der mich der große Anreger Peter Suhrkamp veranlaßt hatte und die er dann unter dem Titel »Natur und Geschichte« mit dem Untertitel »Eine vergleichende Studie« in der »Neuen Rundschau« herausbrachte. Ich habe bereits früher auf diese Schrift hingewiesen, in der ich mir einen neuen ontologischen Standort erarbeitet hatte. Wie aber der Doppeltitel zeigt, war das Erlebnis Sizilien noch nicht ganz selbständig herauspräpariert, sondern durchaus noch überschattet von gewissen fachphilosophischen Problemen, wie sie mir beim Grafen York von Wartenburg in seinem italienischen Tagebuch und bei Wilhelm Dilthey begegnet waren. Ich war also in meiner Argumentation in gewisser Weise noch durchaus unfrei, wenn ich mir auch mit dieser Abhandlung den Weg aufschloß für meinen eigenen Ansatz. Dieser freilich wäre dem Grafen Yorck von Wartenburg durchaus ein Ärgernis gewesen. Denn Geschichte war für ihn (wie übrigens auch für Dilthey) eine »Potenz der Innerlichkeit«, wie ich es damals nannte. In einer anderen Abhandlung über Friedrich Meineckes Historismus-Werk vertiefte ich diesen Gedanken durch den Aufweis der plotinischen Elemente in Meineckes Geschichtsbegriff, dem gegenüber ich eine Seinsdimension in der Geschichte aufzuweisen suchte. In meiner Abhandlung von 1936 tat ich das in philosophischer Weise, in dem Buch von 1943 wiederholte ich es unabhängig von jeder Schulphilosophie, rein aus dem anschaulichen Material heraus (von dem ich übrigens einiges aus der ersten Arbeit übernahm). So besteht schon ein gewisser Zusammenhang zwischen den beiden Veröffentlichungen. Daneben besteht jedoch auch ein tiefer Gegensatz, der sich dann in meiner weiteren Arbeit vertieft hat. Am besten kann ich das an einem längeren Zitat verdeutlichen:

»Es scheint das Schicksal der europäischen Menschheit zu sein, daß sie in einem unfaßbaren Momente ihrer Vergangenheit durch ein ebenso unfaßbares Ereignis ihre Wurzeln im Ganzen des Seins verlor und seitdem sich auf der Suche befindet nach der Glückseligkeit des Urzustandes. Gewiß mag der einzelne in seltenen Augenblicken oder auch durch ein ganzes Leben hindurch in der Gegenwärtigkeit seines Handelns und Denkens noch ein fernes Echo spüren dieser Eingeschlossenheit in das Ganze des Seins, eine Verwandtschaft mit Berg und Meer, Tag und Nacht, Pflanze und Tier. Aber er bleibt ein Einzelner und mit seiner kosmischen Sprachfertigkeit eher ein Fremdling unter den Menschen, deren Worte zwar Klang und Bedeutung haben, nicht mehr aber die Magie der Beschwörung. Die Umwelt drückt auf ihn und drängt ihn ab vom gegenwärtigen Leben, er wird ein Einsiedler mitten in unseren bewegten Straßen, das Leuchten des Glücks in seinen Augen macht ihn verdächtig, er wird ausgetrieben in das Exil seiner Innerlichkeit, in der er dann der Erinnerung einer um ihn herum versunkenen Welt nachtrauert. So wird seine Welt zum Traum. Selbst im Wachen ist er noch ein Träumender, der seine Welt nicht mehr ausleben kann. Es bleibt ihm nur, durch Wort und Zeichnung festzuhalten, was ihm im Bild erschien. Und gerade damit verfängt er sich wieder in das abendländische Schicksal, zu bereden, was er leben sollte, als Bild aus sich herauszustellen, was er selber sein sollte. Seine Welt ist eine Sehnsucht und keine Erfüllung.

Längst bevor der Ruf vom Tod des großen Pan über das Mittelländische Meer hallte und mit einem Schlage das Leben der alten Götter erstarren ließ, war das europäische Schicksal in Gang gekommen. Diese mythische Todesnachricht hatte sich gewissermaßen säkular verspätet. Man kann wohl sagen, daß seit dem Ausgang des Menschen aus der kosmischen Weltverbundenheit der Urwelt, die schon aus Homer nur noch gebrochen zu uns klingt, alles geistige Bemühen der Menschheit darum kreist, in Zukunft wiederherzustellen, was in einer dunklen Vergangenheit schon war und durch die mythische Erinnerung der Völker noch in die Gegenwart hineinragt. Platons Kampf um die Wahrheit, der christliche Erlösungsweg durch die Gnade, das absolute Wissen des Idealismus als Teilhabe am Weltgeist – all das sind nur Mittel, die Menschheit aus dem Sündenstande der Zerfallenheit mit sich selbst und der Welt herauszuführen in neue Heimatseligkeit, die das Ganze des Seins umfaßt. Wie eine Brücke erhebt sich dies eschatologische Denken, aufruhend auf der Erinnerung der Vergangenheit und auf einer ungewissen Zukunft, die Gegenwart hoch überwölbend. Die Einheit dieses Denkens ist aber ganz und gar Entwurf und niemals Erfüllung, da seine unaufgebbare Voraussetzung das Erlebnis einer zerrissenen Gegenwart ist. Dabei untersteht es ständig der Gefahr, da die einzigen Stützpunkte in die Ungewißheit (der fernen Vergangenheit und der fernen Zukunft) sich verlieren, ins weltlose

Schweben zu geraten wie ein Regenbogen, der über die Erde sich spannt und dennoch nirgends aufruht.

In der allmählich durchbrechenden Erkenntnis dieses Schwebens stürzte eines nach dem anderen der genannten Denksysteme in sich zusammen. Totengräber wurde, was schon immer in ihnen lebendig gewesen war, aber gleichsam gebändigt von Vergangenheit und Zukunft: das Erlebnis der Gegenwart. Gegenwart aber war die so und so beschaffene geschichtliche Menschenwelt. Seit anderthalb Jahrhunderten etwa schiebt sich unaufhaltsam das geschichtliche Weltbild in den Vordergrund der geistigen Bühne Europas. Das geschichtliche Sehen erscheint als das realistische Fazit von zwei Jahrtausenden idealistischer Ausschweifung. Durch die geschichtliche Anschauung der Menschenwelt strebt der Mensch, wieder Eingang zu finden in das Ganze des Seins, dessen Verlust nun als Errungenschaft des idealistischen Wollens erscheint. Und in der Tat scheint die geschichtliche Weltschau im Begriff des Lebens, das die Geschichte trägt, einen Zugang zur Welt gefunden zu haben, der dem entwurzelten Menschen der Moderne neue Sicherheiten verheißt. Jenseits aller Fragen vom Nutzen und Nachteil der Historie für das Leben und aller Diskussionen um den Historismus und seine Überwindung erscheint es uns höchst fraglich, ob mit der historischen Weltschau, wie sie bisher vor uns steht, wesentlich mehr gewonnen ist als ein Gegenbild zu idealistischer Weltflüchtigkeit, das gerade durch seine Entgegensetzung zu ihr in die verborgene Abhängigkeit der Opposition gerät. Hat wirklich die geschichtliche Weltschau die Weltlosigkeit des Idealismus überwunden, oder verfällt sie ihr nicht doch gleichsam »hinten herum«? Bedingt wäre solches Verfallen durch das Sichmessen auf ein und derselben Ebene; denn immer schafft Entgegensetzung Einheit der Unterlage. Dies zu erklären, dürften theoretische Erörterungen unzulänglich sein, wie wir selber auch die Fragwürdigkeit der historischen Weltschau nicht konstruktiv ableiten, sondern lebendig erfuhren im äußersten Süden Europas. Wir müssen historische Weltschau gleichsam in ihrer Intimsphäre belauschen; nicht nach den großen Wurzeln fragen, die offen vor aller Augen in der Geistesgeschichte Europas zutage treten, sondern den feinen und feinsten Saftwürzelchen zu folgen trachten, durch die historische Weltschau sich im Leben verzweigt. In diesem Bemühen stießen wir auf das italienische Tagebuch des Grafen Yorck von Wartenburg, der zugleich mit Wilhelm Dilthey die bedeutsamste Zusammenfassung der historischen Weltschau geboten hat. Es war ein glückliches Übereintreffen, daß er fast die gleiche Reiseroute beging wie wir, von den Alpen nach dem Süden bis nach Sizilien, wo wir selber mit schmerzlicher Klarheit die Seinslosigkeit der modernen Welt erlebten. Diese Zeilen aber wollen sein die getreuliche Wiedergabe eines Dialogs, der – anknüpfend an zahlreiche Begegnisse einer Italienreise – dennoch nur einen Gegenstand hat: die geistig-seelische Krisenlage des modernen Europa.«

Diese Abschnitte und auch ähnliche, die ihm folgen, sind in das Sizilienbuch nicht mehr eingegangen, obwohl einige Konsequenzen des Ansatzes in Form kulturkritischer Bemerkungen noch daran erinnern. Aber im wesentlichen habe ich mich von dieser »Entfremdungstheorie« sowohl in ihrer Hegelschen als auch in ihrer Marxschen Version völlig entfernt, seit ich erkannte, daß das Gegenständliche in der Geschichte eben die Gesellschaft ist, die aus der Sicht der Innerlichkeit völlig verfehlt werden muß. Umgekehrt führt eine Auffassung wie die meine nicht zur Aufhebung der Innerlichkeit, sondern stellt diese nur an einen besonderen Platz. Innerlichkeit bildet sich im Lebenslauf eines jeden Menschen als seine Reaktion auf umfassende Sozialisierungsprozesse und soweit im Wertsystem einer gegebenen Gesellschaft zu einem gegebenen Moment ihrer Geschichte dafür Raum ist. Ich habe diese Auffassung sehr eingehend gegen Ralf Dahrendorfs Konzept von der »ärgerlichen Tatsache der Gesellschaft« begründet.

Zwischen der ersten und der zweiten Darstellung meines Sizilienerlebnisses liegt also nicht nur mein Eintritt in den Widerstand, sondern auch mein existenzieller Entschluß zur Soziologie, der mindestens indirekt auch insofern mit Italien zu tun hat, als ich mich schon früh im schweizerischen »Archiv für Geschichte der Philosophie« mit Benedetto Croces Geschichtsphilosophie auseinandergesetzt hatte, was mir übrigens die große Chance gab, in Neapel von Croce empfangen zu werden. Wir einigten uns natürlich nicht, dafür durfte ich aber an der Atmosphäre schnuppern, die in der Via Trinità Maggiore 12 in Neapel herrschte, wo man zugelassen wurde *»per ossequiare il Maestro«* (um dem Meister die Verehrung auszusprechen). Croce war übrigens nicht nur ein großer Gelehrter, sondern gleichzeitig auch eine höchst populäre Figur, vor der die Neapolitaner auf der Straße zur Seite traten und den

Hut zogen. Croce war das erstaunliche Beispiel eines vom Volke akzeptierten Intellektuellen, auf den man auch in der entscheidenden Minute hörte, als er 1945 die Ausrufung der italienischen Republik verlangte.

Nach meiner langen Vertrautheit mit Italien wird man es verstehen, daß ich seit 1971 mindestens einen Teil des Jahres (der seit meiner Emeritierung im Wachsen ist) in einem Landhaus in Latium verbringe, wo ich den Lebensrhythmus gefunden habe, der meiner Mentalität am besten entspricht. Dieser wird nicht nur bestimmt durch die Landschaft, selbst wenn ich hier von Ostia bis Anzio-Nettuno und in der Ferne bis zu den Pontinischen Inseln sehen kann, sondern von einer menschlichen Realität eigener Art.

Die italienische Realität ist ein ungemein komplexes Ganzes, das sich aus Geräuschen, Klängen, Stimmen, die auf einen zukommen oder sich entfernen wie ein Echo, aus Düften und Geschmäckern, aus Bildern von Bewegungen und schließlich aus dem Gefühl unmittelbarer Nähe zusammensetzt. Allein und für sich genommen mögen die Elemente belanglos sein, sie kommen und gehen. Aber als Ganzes geben sie dem Lebensstil eine unverkennbar einzigartige Note. Gelegentlich finde ich darunter Erinnerungssplitter aus unbestimmter Vergangenheit. So habe ich noch eine Erinnerung an das früher übliche Abfahrtssignal der Eisenbahn. Der Beamte, der die Bremsen kontrollierte, gab mit einem langarmigen Hammer, nachdem er den Zug von vorn nach hinten abgeschritten hatte, auf den Puffer des letzten Waggons einen Schlag. Dieser durchdringende schwingende Ton von Stahl auf Stahl, dem bald darauf das schlurfende Geräusch des sich langsam in Bewegung setzenden Zuges folgte, bedeutete tags oder nachts das Verlassen irgendeiner Station. Nach dem Zweiten Weltkrieg habe ich dieses Geräusch nicht mehr gehört, aber ich muß noch immer daran denken, wenn ein Zug irgendwo abfährt. Es ist wie ein Schlußpunkt nach einer Zeit, die nicht mehr wiederkehrt. Auch haben die Bahnhöfe ihre eigenen Klangkulissen, wenngleich der Zeitungshändler verschwunden ist, der in der hohen geschwungenen Bahnhofshalle von Mailand den »Corriere della Sera« im Tonfall der kirchlichen Litanei ausrief, auf diese Weise den Geist der liberalen Wirtschaft mit dem klerikalen auf unschuldigste Weise vereinend. Die italienischen Bahnhöfe machen einander auch Konkurrenz mit den *»Ce-*

stini«, einem Mittags- oder Abendmenü in einer kleinen papierenen Tragetasche, das auf den Bahnsteigen zu den betreffenden Tageszeiten ausgerufen wird, selbst wenn der Zug nur zwei, drei Minuten hält. Aber die erfahrenen Reisenden wissen: hier gibt es irgendeine Spezialität. In Rom und Neapel waren seit jeher die Cestini besonders schlecht. Darum kaufte man sie in der nächsten Stadt, in Orte oder Cisterna oder auch in Salerno. Die besten aber gab es (und gibt es noch immer) in Bologna, womit die sowohl industriell als auch landwirtschaftlich hochentwickelte Stadt für sich zu werben versteht.

Selbst die Tagesstunden haben in Italien ihre eigenen Geruchsqualitäten. Morgens früh erhält man in Mailand, Turin, Genua oder Bologna und Florenz an den Bahnhöfen oder den kleinen Café-Bars in der Stadt ein leicht nach Zimt riechendes Frühstücksgebäck, wie in Neapel zur gleichen Zeit Hörnchen oder Taschen aus Blätterteig mit einer Füllung von Vanille-Creme. Und man hat zudem das deutliche Gefühl, diese Geschmacks- und Duftnoten sind jahrhundertealt und sich immer gleich geblieben. Die Filme von Visconti, vollgestopft mit Urväterhausrat wie etwa der »Gattopardo«, scheinen manchmal einen ähnlichen Geruch auszuströmen, der gelegentlich noch durch Lavendel unterstrichen oder unterbrochen wird. Mittags zwischen zwei und drei Uhr empfängt einen in den gleichen Bars der bitter-süße Geruch des Espresso.

Der vorwiegende Geschmack, der die italienische Genußatmosphäre insgesamt prägt, ist aber die Bitterkeit, die als *»amarezza«* auch eine emotional hervorgehobene kulturelle Tönung hat. Sie bildet gewissermaßen eine Einheit mit der stoischen Strenge der Architektur des aufsteigenden Bürgertums. Dagegen haben sich seit jeher die nordischen, vor allem die britischen und deutschen Touristen gewehrt, die Italien einfach »süß« haben wollten, weil das ihrer sentimentalen Vorstellung des »heiteren« Südens entspricht. So ist aus dem bitter-strengen Geschmack des Wermuths meiner Jugend heute ein schlechterdings untrinkbares klebrig-süßes Gesöff geworden. Ein gleiches Schicksal scheint heute dem Campari zu blühen. Die Italiener wehren sich gegen diese ausländische Intervention in Geschmacksfragen und sind zu den älteren kleinen Firmen zurückgekehrt, die am alten Stil festhalten, wie dem piemontesischen Punt-e-mes, dem Zucca Rabarbaro, dem Cora Bitter oder Cynar, der aus Artischocken gewonnen wird. Das

Greuel der Greuel ist aber der Marsala, eine britische Erfindung in Sizilien, die eine Verwendung der übersüßen und alkoholschweren (16- bis 20prozentigen) sizilianischen Weine ermöglicht. Die charakteristische italienische Bitterkeit blüht auch aus zahllosen Zichorienarten, kleinen und großen, roh oder gekocht zu genießen, grünen, weißen und roten, auch aus den klassischen Gewürzpflanzen des mediterranen Maquis wie Rosmarin, Salbei, Minze und Oreganum. Dazu als eigene Geschmackstonleiter der Fenchel, der den Hauptcharakter der Mortadella von Bologna ausmacht, aber auch in der römischen Campagna über geröstetes Fleisch gegeben wird. Dazu kommt das hinreißende Basilikum, mit Olivenöl und Tomatenstückchen auf gerösteten Weißbrotschnitten gegessen, oder Majoran und Thymian. Und in der echten italienischen Küche überwiegen ebenfalls die bitteren Noten, die etwa bei den in der römischen Campagna bis zu zehn oder gar zwölf Stunden lang ganz langsam gerösteten Schweinen eine einzigartige Variante des sonst eher süßen Schweinefleischs kreiert haben. Sogar im Gebäck kommt mit den Pinienkernen eine harzig-bittere Note zum Zuge, die durch Pistazienkerne noch unterstrichen wird. In der Höhenluft der Abbruzzen gedeihen die feinsten bitter-süßen Schinken, die vom Schlachten des Tieres bis zum Verkauf neun bis zwölf Monate lang reifen – während dieselben nördlich der Alpen bestenfalls zehn Tage bis zum Verkauf benötigen, also ein rein industrielles Kunstprodukt darstellen, das am Ende nur noch nach Salz schmeckt – nach jenem Salz, ohne das zweifellos die Menschheit und die meisten Tiere nicht leben könnten, das aber doch das kommunste Gewürz darstellt, das im Laufe der letzten zwei Millionen Jahre auf unserem Planeten erfunden wurde.

Die italienische Küche ist klassizistisch geronnener gastronomischer Stil. Es kocht also nicht jeder phantasievoll sein eigenes Repertoire, sondern man sieht die Perfektion im Standard, der ein höchstmögliches Niveau einhält. Das klingt reichlich professionell, obwohl ich eigentlich genau das Gegenteil sagen möchte. Denn die italienische Kochkunst ist nicht die von hochgestochenen Fachleuten wie die französische, sondern wird im wesentlichen in der Familie geübt. Der hohe Standard ist Ausdruck des Umstandes, daß ein mehr oder weniger allgemein verbreiteter und bekannter »Stil« herrscht, der grundsätzlich in jeder Familie reproduzierbar ist. Natürlich gibt es dabei Gradunterschiede, im Norden überwiegt die professionelle Küche, im Süden (und Rom gehört sicher zum Süden) die mehr familiäre. Und wenn man in Italien im allgemeinen gut ißt, so liegt das daran, daß in der Gastronomie der Familienbetrieb weitgehend noch immer die Regel ist.

Wenn man nun gewiß sagen kann, daß der Familienbetrieb seine engen Grenzen hat (gemessen an den Forderungen der Wirtschaftlichkeit), und wenn es auch wahr ist, daß sein Überwiegen einer vergangenen Wirtschaftsstufe angehört, so gibt er dennoch dem italienischen Wirtschaftsgefüge – insbesondere in Krisenzeiten – eine enorme Sicherheit. Das hat sich seit Anfang der siebziger Jahre bewährt, so daß man heute geradezu von einer Rückkehr zu Lebensformen sprechen kann, die man für archaisch gehalten hatte. Mein Freund und Kollege Carlo Tullio-Altan ist sicher nicht mit mir einverstanden; denn für ihn liegt die Zukunft Italiens einzig und allein in einer weiteren Industrialisierung und Modernisierung, und er hat sicher recht damit. Trotzdem darf man aber die positiven Auswirkungen der erwähnten Rückbesinnung auf die regenerativen Kräfte nicht unterschätzen: im Kampf gegen die inflationären Tendenzen der modernen Wirtschaft und gegen die steigenden Preise kann sie durch Mobilisierung der Familiensolidarität, Selbsthilfe und Eigenproduktion ein ganz eindeutiger Vorteil sein. Freilich wirkt sie am besten in landwirtschaftlich-industriellen Mischgebieten wie etwa in Latium; aber sie macht sich in minderem Maße auch in den Städten bemerkbar, da in Italien die Beziehungen zwischen Stadt und Land nicht in dem Ausmaß abgerissen sind wie anderswo.

Dazu kommt schließlich als größtes Plus die italienische Kunst des Improvisierens, die noch aus den verworrensten Situationen einen Ausweg findet. Hieraus erwächst eine eigene Vitalität, an die auch Machiavelli dachte, als er von den *»Ricorsi«* der Völker sprach, einer Kraft, die sich auch unter schwersten Belastungen zu erhalten weiß. Man hat demgegenüber jüngst sehr richtig bemerkt, daß ein bloßes »Wissen« um diese Verhältnisse nicht ausreicht; es muß auch der Abgrund zwischen der Weisheit der Menschen und der Unbelehrbarkeit der realen Verhältnisse überbrückt werden. Doch trotz der ungeheuren Schwierigkeit dieser Aufgabe liegt es dem Italiener heute nicht, in Katastrophengeschrei auszubrechen. Die Wahrheit ist: er macht nicht gern viel her von sich und seiner Lage, und darin liegt wahrscheinlich seine wirkliche Größe.

Die italienische Kultur ist schließlich auch die Umgebung, in der wesentliche Teile dieses Buches entstanden sind, denn genau hier fand ich die Atmosphäre, die der unbefangenen Entwicklung einer Situations- und Selbstanalyse günstig war. Mein Unternehmen war also kein Rückzug in die Privatheit, sondern ganz im Gegenteil ein Ausblick in größeren Perspektiven, in denen sich Gegenwart und Vergangenheit vereinen und zur Zukunft hin aufschließen. So habe ich dieses Buch auch nicht für mich geschrieben, sondern in der Erinnerung an alle, die mir in den letzten fünfzig Jahren begegneten und auf der Strecke geblieben sind. Daß dies weitgehend in Deutschland und durch Deutsche veranlaßt geschah, ist wohl eine unbestreitbare Tatsache, weshalb den Ursachen dafür nachgegangen werden mußte. Ich habe mich bemüht, das nach bestem Wissen und Gewissen zu tun, wobei ich eher zuwenig als zuviel gesagt habe. In der ständigen Beschwörung dieser Vergangenheit von Widerspruch und Widerstand, bei der ich viele Male mit dem Rücken zur Wand stand, um eine letzte unaufgebbare Position zu verteidigen, habe ich meinen Beruf gefunden und nicht ohne Erfolg ausgeübt. Er war ganz und gar jenen gewidmet, denen die Frage zu lösen obliegen wird, wie man nach uns wird leben können. Ich habe mich bemüht, diese Frage nicht von der Vergangenheit, sondern von der Zukunft her anzugehen. Comment vivra-t-on après nous?

Namenregister

Bildnachweis:

Fotos von Klaus Mann und Wolfgang Hellmert: Klaus Mann-Archiv, München; alle anderen Abbildungen im Besitz des Verfassers

Ausgewählte Buchpublikationen von René König

Die naturalistische Künstlerästhetik in Frankreich und ihre Auflösung, Leipzig 1931

Vom Wesen der deutschen Universität, Berlin 1935 (2. Aufl. 1970)

Niccolò Machiavelli. Zur Krisenanalyse einer Zeitenwende, Zürich 1941 (2. Aufl. München 1979)

Sizilien. Ein Buch von Städten und Höhlen, von Fels und Lava und von der großen Freiheit des Vulkans, Zürich 1943 (3. Aufl. München 1957)

Soziologie heute, Zürich 1949 (Übersetzungen ins Japanische, Holländische, Spanische, Französische und Italienische)

Soziologie (Fischer Lexikon), Frankfurt 1958 (Neuausgabe 1967 und 1971; 19. Aufl. 1980, 410 000 Exemplare, Übersetzungen ins Holländische, Italienische, Spanische, Französische und Neuhebräische)

Grundformen der Gesellschaft: die Gemeinde, Hamburg 1958 (Übersetzungen ins Englische und Spanische)

Durkheim: Die Regeln der soziologischen Methode, Neuwied 1961 (6. Aufl. 1980)

Handbuch der empirischen Sozialforschung, 2 Bände, Stuttgart 1962, 1969 (2. und 3. Aufl. in 14 Bänden bei dtv, München 1973–1979)

Soziologische Orientierungen, Köln 1965 (2. Aufl. 1975)

Macht und Reiz der Mode, Düsseldorf 1971 (Übersetzungen ins Spanische, Holländische, Französische, Italienische, Englische und Polnische)

Soziologische Studien, Frankfurt 1971

Indianer wohin? Alternativen in Arizona, Opladen 1973

Kritik der historisch-existenzialistischen Soziologie (Habilitationsschrift), München 1975

Praktische Sozialforschung, 2 Bände, I: Das Interview, 7. Aufl. Köln 1974; II: Beobachtung und Experiment, 8. Aufl. Köln 1974

Materialien zur Soziologie der Familie, 2. Aufl. Köln 1974

Die Familie der Gegenwart. Ein interkultureller Vergleich, München 1974 (3. Aufl. 1978)

Emile Durkheim zur Diskussion. Jenseits von Dogmatismus und Skepsis, München 1978

Navajo Report 1970–1980, Neustadt/Weinstraße 1980

René König im Carl Hanser Verlag

Emile Durkheim zur Diskussion. Jenseits von Dogmatismus und Skepsis

(Hanser Anthropologie, herausgegeben von Wolf Lepenies und Henning Ritter, 1978)

»Der Gegenstand dieses imponierenden Werkes ist letztlich die Entwicklung der Soziologie in ihrem Ursprungsland und dabei auch ein Bericht über einen zentralen Teil des Lebenswerkes von René König ... Man muß dieser Arbeit sehr wünschen, daß sie ihr von René König in seinem Vorwort umrissenes Ziel erreicht, die überragende Gestalt des ›lebendigen Durkheim‹, des Durkheim ›jenseits von Dogmatismus und Skepsis‹ in seiner unverminderten Ausstrahlungskraft der deutschen Soziologie näherzubringen. Dies wäre ein wichtiger Beitrag zum Abbau unserer immer noch vorhandenen Wissenslücken, Sprachbarrieren und sonstigen Provinzialismen bezüglich Wissenschaft und Kultur unseres Nachbarlandes.«

Bálint Balla, Soziologische Revue

Niccolò Machiavelli Zur Krisenanalyse einer Zeitenwende

(1979, Nachdruck der Erstausgabe Zürich 1941)

»Königs Machiavelli-Buch ist ein heimlicher Klassiker, ein Geniestreich des damals nicht einmal 35jährigen Wissenschaftlers, der das Porträt in persönlich bedrängter Lage vor dem Hintergrund der bedrückenden politischen Situation schrieb. So bleibt das Buch auch ein Zeitdokument und ein Beitrag zur Biographie René Königs ...
König plädiert gegen ein ›Aufreißen von Gegensätzen‹ in der Politik, für ein Ausharren in der Mitte und die ›bedächtige Redlichkeit behutsamen Handelns‹. Was heute altväterlich wirkt und für einen gut Dreißigjährigen ungeheuer ›weise‹ (ein Lieblingswort Königs), mußte die größten ›Aufreißer‹ aller Zeiten, die Nazis, seinerzeit herausfordern. Sie haben das Buch verboten. Hier ist es wieder.«

Christian Potyka, Süddeutsche Zeitung